2013年
中国公共文化服务
发展报告

孙 逊／主编

商务印书馆
The Commercial Press

图书在版编目(CIP)数据

2013 年中国公共文化服务发展报告 / 孙逊主编. ——北京:商务印书馆,2014
ISBN 978-7-100-09452-8

Ⅰ.①2… Ⅱ.①孙… Ⅲ.①公共管理—文化工作—研究报告—中国—2013 Ⅳ.①G123

中国版本图书馆 CIP 数据核字(2014)第 112527 号

所有权利保留。
未经许可,不得以任何方式使用。

2013 年中国公共文化服务发展报告
孙　逊　主编

商　务　印　书　馆　出　版
(北京王府井大街36号　邮政编码100710)
商　务　印　书　馆　发　行
山东临沂新华印刷物流集团
有　限　责　任　公　司　印刷
ISBN 978-7-100-09452-8

2014 年 6 月第 1 版　　开本 640×960　1/16
2014 年 6 月第 1 次印刷　　印张 29.5
定价:65.00 元

前　言

继《2011年全国31个省市自治区公共文化服务指数蓝皮书》、《2012年中国公共文化服务发展报告》之后，今年我们又撰写出版了这本《2013年中国公共文化服务发展报告》。这是连续第三年发布有关我国公共文化服务的讯息，连续第二年以《中国公共文化服务发展报告》的名称出版。

有关本报告的缘起和编撰原则在之前出版的书中均已有交代，这里不再赘述。下面仅就有变动的部分略作说明。

2013年度的发展报告仍然分上、下两编，上编是"2013年中国公共文化服务发展指数研究"，下编是"2013年中国公共文化服务深度分析报告"。不同的是，2012年的深度分析报告是按条线撰稿，即分别从公共图书馆、新闻出版、广播电视、群众艺术馆和文化馆、公共表演艺术，以及文物和文博等六个方面撰写，而2013年度的深度分析报告则改为每个省市自治区一篇，类似一张"诊断书"，具体内容包括：取得的进步和成绩，存在的问题和不足，以及对策与建议。之所以要做如此调整，是考虑到这样做或许比一般的泛泛而谈更有针对性，更切合各个省市自治区的需要。这也是我们听了教育部社政司领导同志的建议而决定这样做的。如果实践证明这样做效果明显要好，那我们以后就坚持这样做下去。

此外，由于2013年国家统计局公布的数据内容发生了一些变化，主要是有些数据取消发布了，又另增加了一些新的统计数据，因此我们原来设计的6个一级指标及其下设的58个二级指标数量不变，但具体内容发生了一些变化。例如原先"公共文化产品"一级指标下有"录像制品出版品种（种）、出版发行数（万盒、万张）"、"录音制品出版品种（种）、出版发行数（万盒、万张）"和"电子出版物品种（种）、数量（万张)"3个二级指标；而现在变为"动漫企业原创动画作品(部)"、"全国文化产业示范基地(试验)园区和产业示范基地获得著作权、发明专利总数(项)"以及"电视剧播出数(部)"3个二级指标。由于今年具体的数据内容发生了变化，原有的与前一年做比较的进步指数就难以与2012年正式发布的数据完全取得一致，因此我们只能把进步指数这一部分舍弃，而加强了"31个省市自治区公共文化服务核心指标分析排序"，一共取了20个核心指标进行分析排序，因为这些核心指标的数据是不会随意取消和更改的，而且核心指标更能具体体现出各个省市自治区公共文化服务的数量和品质。

以上是《2013年中国公共文化服务发展报告》中和往年不同的地方，特此说明。

本报告由教育部人文社科重点研究基地上海师范大学都市文化研究中心编撰，具体分工如下：

主　编　孙　逊　　副主编　鲍宗豪　陈　恒

上编
第一章至第六章
　　　　　　　主　编　鲍宗豪
　　　　　　　副主编　陆元鸿　向　昆　张　堃
　　　　　　　参编人员　金家厚　王　瑞　崔　翔
　　　　　　　　　　　　赵晓红　鲍　琳

下编
第七、八、十一、十二、十三、十四章　　　撰稿　刘　畅
第九、十、二十二、二十三、二十四章　　　撰稿　钱文亮
第十五、十六、十七、十八、二十一章　　　撰稿　洪庆明
第十九、二十、二十五、二十六、二十七章　撰稿　潘黎勇
第二十八章至第三十二章　　　　　　　　　撰稿　石力月
第三十三章至第三十七章　　　　　　　　　撰稿　陆伟芳

目 录
CONTENTS

前言 ··· 001

上 编　2013年中国公共文化服务发展指数研究 ················· 001

第一章　2013年全国公共文化服务体系建设的新要求、
　　　　新特点、新趋势 ··· 003
　一、全国公共文化服务体系建设的新要求 ···················· 003
　二、全国公共文化服务体系建设的新特点 ···················· 006
　三、全国公共文化服务体系建设新趋势 ······················· 010

第二章　31个省市自治区公共文化服务指数的体系结构及
　　　　其计算方法 ·· 014
　一、公共文化服务指数体系的框架结构 ······················· 014
　二、公共文化服务指数体系的内在逻辑 ······················· 014
　三、计算31个省市自治区公共文化服务指数的方法 ······ 020
　四、用主成分分析法计算31个省市自治区公共文化
　　　服务指数 ··· 021

第三章　31个省市自治区公共文化服务综合指数（总量）排序 ··· 025
　一、公共文化服务综合指数（总量）得分和排名 ············ 025
　二、"公共文化投入"综合指数（总量）得分和排名 ········ 029
　三、"公共文化机构"综合指数（总量）得分和排名 ········ 033
　四、"公共文化产品"综合指数（总量）得分和排名 ········ 036
　五、"公共文化活动"综合指数（总量）得分和排名 ········ 039
　六、"公共文化队伍"综合指数（总量）得分和排名 ········ 042

七、"公共文化享受"综合指数（总量）得分和排名 ………… 045

第四章　31个省市自治区公共文化服务综合指数（人均）排序 … 049
　　一、公共文化服务综合指数（人均）得分和排名 ……………… 049
　　二、"公共文化投入"综合指数（人均）得分和排名 …………… 052
　　三、"公共文化机构"综合指数（人均）得分和排名 …………… 055
　　四、"公共文化产品"综合指数（人均）得分和排名 …………… 057
　　五、"公共文化活动"综合指数（人均）得分和排名 …………… 060
　　六、"公共文化队伍"综合指数（人均）得分和排名 …………… 063
　　七、"公共文化享受"综合指数（人均）得分和排名 …………… 065

第五章　31个省市自治区公共文化服务投入与产出绩效指数 … 069
　　一、公共文化服务投入与产出绩效指数（总量）得分和排名 … 069
　　二、公共文化服务投入与产出绩效指数（人均）得分和排名 … 072

第六章　31个省市自治区公共文化服务核心指标分析排序 …… 076
　　一、公共文化投入分析 …………………………………………… 076
　　二、公共文化机构分析 …………………………………………… 088
　　三、公共文化产品分析 …………………………………………… 103
　　四、公共文化活动分析 …………………………………………… 108
　　五、公共文化队伍分析 …………………………………………… 120
　　六、公共文化享受分析 …………………………………………… 135

下　编　2013年中国公共文化服务深度分析报告 ……………… 157
第七章　2013年北京市公共文化服务分析报告 ………………… 159
　　一、进步与成就 …………………………………………………… 159
　　二、问题与不足 …………………………………………………… 161
　　三、对策与建议 …………………………………………………… 163

第八章　2013年天津市公共文化服务分析报告 ………………… 165
　　一、进步与成就 …………………………………………………… 165

二、问题与不足 …………………………………………… 167
三、对策与建议 …………………………………………… 168

第九章　2013年河北省公共文化服务分析报告 ………… 170
一、进步与成就 …………………………………………… 170
二、问题与不足 …………………………………………… 172
三、对策与建议 …………………………………………… 174

第十章　2013年山西省公共文化服务分析报告 …………… 176
一、进步与成就 …………………………………………… 176
二、问题与不足 …………………………………………… 178
三、对策与建议 …………………………………………… 181

第十一章　2013年内蒙古自治区公共文化服务分析报告 ……… 183
一、进步与成就 …………………………………………… 183
二、问题与不足 …………………………………………… 185
三、对策与建议 …………………………………………… 186

第十二章　2013年辽宁省公共文化服务分析报告 ………… 188
一、进步与成就 …………………………………………… 188
二、问题与不足 …………………………………………… 190
三、对策与建议 …………………………………………… 191

第十三章　2013年吉林省公共文化服务分析报告 ………… 193
一、进步与成就 …………………………………………… 193
二、问题与不足 …………………………………………… 195
三、对策与建议 …………………………………………… 196

第十四章　2013年黑龙江省公共文化服务分析报告 ……… 198
一、进步与成就 …………………………………………… 198
二、问题与不足 …………………………………………… 200

三、对策与建议 …………………………………………………… 201

第十五章　2013年上海市公共文化服务分析报告 …………… 203
一、进步与成就 …………………………………………………… 203
二、问题与不足 …………………………………………………… 205
三、对策与建议 …………………………………………………… 207

第十六章　2013年江苏省公共文化服务分析报告 …………… 209
一、进步与成就 …………………………………………………… 209
二、问题与不足 …………………………………………………… 211
三、对策与建议 …………………………………………………… 212

第十七章　2013年浙江省公共文化服务分析报告 …………… 213
一、进步与成就 …………………………………………………… 213
二、问题与不足 …………………………………………………… 216
三、对策与建议 …………………………………………………… 216

第十八章　2013年安徽省公共文化服务分析报告 …………… 218
一、进步与成就 …………………………………………………… 218
二、问题与不足 …………………………………………………… 220
三、对策与建议 …………………………………………………… 221

第十九章　2013年福建省公共文化服务分析报告 …………… 223
一、进步与成就 …………………………………………………… 223
二、问题与不足 …………………………………………………… 225
三、对策与建议 …………………………………………………… 226

第二十章　2013年江西省公共文化服务分析报告 …………… 228
一、进步与成就 …………………………………………………… 228
二、问题与不足 …………………………………………………… 230
三、对策与建议 …………………………………………………… 231

第二十一章　2013年山东省公共文化服务分析报告 …… 233
　　一、进步与成就 …… 233
　　二、问题与不足 …… 236
　　三、对策与建议 …… 236

第二十二章　2013年河南省公共文化服务分析报告 …… 238
　　一、进步与成就 …… 238
　　二、问题与不足 …… 240
　　三、对策与建议 …… 242

第二十三章　2013年湖北省公共文化服务分析报告 …… 244
　　一、进步与成就 …… 244
　　二、问题与不足 …… 246
　　三、对策与建议 …… 248

第二十四章　2013年湖南省公共文化服务分析报告 …… 250
　　一、进步与成就 …… 250
　　二、问题与不足 …… 253
　　三、对策与建议 …… 255

第二十五章　2013年广东省公共文化服务分析报告 …… 256
　　一、进步与成就 …… 256
　　二、问题与不足 …… 257
　　三、对策与建议 …… 258

第二十六章　2013年广西壮族自治区公共文化服务分析报告 … 260
　　一、进步与成就 …… 260
　　二、问题与不足 …… 262
　　三、对策与建议 …… 263

第二十七章 2013年海南省公共文化服务分析报告 ……… 265
　　一、进步与成就 ……………………………………… 265
　　二、问题与不足 ……………………………………… 266
　　三、对策与建议 ……………………………………… 269

第二十八章 2013年重庆市公共文化服务分析报告 ……… 271
　　一、进步与成就 ……………………………………… 271
　　二、问题与不足 ……………………………………… 272
　　三、对策与建议 ……………………………………… 274

第二十九章 2013年四川省公共文化服务分析报告 ……… 277
　　一、进步与成就 ……………………………………… 277
　　二、问题与不足 ……………………………………… 279
　　三、对策与建议 ……………………………………… 280

第三十章 2013年贵州省公共文化服务分析报告 ……… 282
　　一、进步与成就 ……………………………………… 282
　　二、问题与不足 ……………………………………… 283
　　三、对策与建议 ……………………………………… 286

第三十一章 2013年云南省公共文化服务分析报告 ……… 288
　　一、进步与成就 ……………………………………… 288
　　二、问题与不足 ……………………………………… 290
　　三、对策与建议 ……………………………………… 292

第三十二章 2013年西藏自治区公共文化服务分析报告 ……… 294
　　一、进步与成就 ……………………………………… 294
　　二、问题与不足 ……………………………………… 296
　　三、对策与建议 ……………………………………… 298

第三十三章 2013年陕西省公共文化服务分析报告 ……… 300

一、进步与成就 …………………………………………… 300
二、问题与不足 …………………………………………… 303
三、对策与建议 …………………………………………… 304

第三十四章　2013年甘肃省公共文化服务分析报告 ………… 306
一、进步与成就 …………………………………………… 306
二、问题与不足 …………………………………………… 309
三、对策与建议 …………………………………………… 310

第三十五章　2013年青海省公共文化服务分析报告 ………… 312
一、进步与成就 …………………………………………… 312
二、问题与不足 …………………………………………… 315
三、对策与建议 …………………………………………… 316

第三十六章　2013年宁夏回族自治区公共文化服务分析报告 … 318
一、进步与成就 …………………………………………… 318
二、问题与不足 …………………………………………… 322
三、对策与建议 …………………………………………… 323

第三十七章　2013年新疆维吾尔自治区公共文化服务分析报告 … 325
一、进步与成就 …………………………………………… 325
二、问题与不足 …………………………………………… 329
三、对策与建议 …………………………………………… 330

附录一　2013年综合指数(总量)的主成分分析计算结果 ……… 331
附录二　2013年综合指数(人均)的主成分分析计算结果 ……… 359
附录三　31省市自治区公共文化服务各评价指标的原始数据 … 387
附录四　我国31省市自治区2010年第六次人口
　　　　普查人口数 ……………………………………… 405
附录五　2013年公共文化服务指数相关统计指标解释 ………… 407
参考文献 ……………………………………………………… 420

一、国外公共文化类 …………………………………… 420
二、统计年鉴类 ………………………………………… 422
三、发展报告类 ………………………………………… 423
四、蓝皮书类 …………………………………………… 425
五、国内公共文化类 …………………………………… 425
六、公共图书馆类 ……………………………………… 446

上编
2013年中国公共文化服务发展指数研究

第一章 2013年全国公共文化服务体系建设的新要求、新特点、新趋势

按照党的十八届三中全会关于"构建现代公共文化服务体系","促进基本公共文化服务标准化、均等化"的精神,教育部人文社科重点研究基地上海师范大学都市文化研究中心"公共文化服务指数"研究课题组,继2012年研究和发布全国31个省市自治区公共文化服务指数之后,又根据全国公共文化服务体系建设的新要求、新特点,从《中国统计年鉴》(2013年)、《中国文化文物统计年鉴》(2013年)等统计年鉴中,采集全国31个省市自治区关于公共文化投入、公共文化机构、公共文化产品、公共文化活动、公共文化队伍、公共文化享受的相关数据,经研究分析,运用主成分分析模型,计算并形成2013年全国31个省市自治区公共文化服务指数。2013年"公共文化服务指数"的研究,立足全国公共文化服务建设的新形势、新要求,进而在对全国31个省市自治区公共文化服务指数的分析研究中,揭示全国公共文化服务体系建设的新特点、新趋势。

一、全国公共文化服务体系建设的新要求

党的十七届六中全会,特别是十八大以来,党和国家高度重视文化建设,根据建设社会主义文化强国,增强国家文化软实力的战略定位,在党的十八届三中全会上提出了"构建现代公共文化服务体系"的新目标、新要求。文化部长蔡武认为,把握十八届三中全会关于公共文化服务体系建设的精神,有四个关键词:一是"现代",二是"基本",三是"均等化",四是"标准化"。这四个关键词既是对十八届三中

全会关于构建现代公共文化服务体系的精准解读,又是研究全国 31 个省市自治区公共文化服务指数(以下简称"公共文化服务指数")的新要求,课题组将其贯穿、渗透于"公共文化服务指数"研制的全过程。

(一)把对公共文化服务体系的"现代"要求贯穿于"公共文化指数"体系之中

现代公共文化服务体系是以时代性、创新性和开放性为特征,具有中国特色的公共文化服务保障体制机制的总称。现代公共文化服务体系,以塑造体现时代精神和中国特色的社会主义核心价值观为目标,以保障广大人民群众基本的文化权益为基础,以政府职能转变和文化体制改革为驱动力,以政府政策和公共财政为支撑,充分发挥市场资源配置和社会力量积极作用,科学运用现代传播方式,在公众多元文化需求表达基础上,实现对社会主义价值观的正确引导。

现代公共服务文化体系特别强调政府主导,充分发挥社会和市场的力量,形成政府主导社会积极参与公共服务文化建设的良好局面,具体包括以下四个方面的"现代"要求:一是价值取向的现代化,即公共文化服务要培养符合时代精神的社会主义的核心价值观;二是政府行政理念的现代化,强调要把公共文化体系建设纳入现代政府的基本职能,政府既要履行主导职责,同时又要为社会参与创造良好的政策环境;三是服务效能的现代化,突出文化体制改革重点任务之一就是要深化公益性的文化事业单位改革,充分提升公益性文化单位的活力;四是服务手段的现代化,通过科技创新,综合运用现代传播手段推进公共文化服务体系建设。

公共文化服务体系的"现代"要求,既是架构全国 31 个省市自治区公共文化服务指数的指导思想,又可转化为对"公共文化投入"、"公共文化产品"、"公共文化活动"的具体要求,如通过"公共电视、广播节目播出时间"指标,评价各地政府传播社会主义核心价值观的情况;通过"文化事业费占财政支出比重"指标,评价各地政府为人民群众提供基本公共文化服务的重视及其保障程度。

(二)把"公共文化服务"的"基本"要求转化为公共文化享受指数

公共文化服务的目的是为了满足社会成员的基本文化需求、保障公民基本文化权益,这就决定了公民的基本文化权利在基本性公共文化服务中的核心地位。公民文化诉求的满足与实现是衡量一个国家社会进步和文明程度的重要标准。关于文化权利的概念，尽管各界表述不一、内容各异，但基本的共识是：公民的文化权利既是一种道德权利，又是一种法律权利，它们都是基本人权的重要组成部分。但是，道德权利的文化权的层次要高于法律权利的文化权，法律权利的文化权是道德权利的文化权的最低要求。在各国的实践中，都以立宪的形式确认公民的文化权利，使其在权利体系中处于核心的地位。

公民的基本文化权利是指公民为了实现基本生存和发展，在国家的文化生活领域中应该享有的参与文化活动、创造文化产品和分享文化成果等的一种资格或权利。人们基本的文化诉求是公民基本文化权利获得表达与满足的现实起点和价值原点。公民基本文化权利主要包括文化生存权和文化发展权两个方面。基本文化生存权主要包括：（1）享受维护人的尊严的最低限度的文化生活权。如公民享受图书馆、文化馆、文化站、博物馆、影剧院等公共文化基础设施建设，以及文学、戏剧、广播影视、文艺演出、网络等产品的生产与供应；（2）享有参与维持健康的最低限度的文化活动权。所谓文化发展权是指社会对于每个公民在文化发展的机会上要均等，在文化发展的利益上能够共同享受。如文化选择的权利，参与文化事务管理的权利，进行文化创造的权利，以及文化成果受到保护的权利。在当今的知识与信息化时代，对公民的智力性文化创造成果的保护是将智力资源作为生产力第一要素进行资源配置的必要条件。当然，这种保护不仅体现在对当前文化创造成果的保护，也包括前人的文化遗产受到社会保护；不仅包括物质性文化遗产，还包括非物质性文化遗产。

全国31个省市自治区公共文化服务指数的设计理念和价值取向，立足公民基本文化权利的保障，所以，公共文化服务指数既从"公共文化产品"的维度评价各省市自治区，又从"公共文化享受"的11个软硬指标评价各省市自治区保障公民基本文化权利的水平，从不同水平的排序中发现各省市自治区的优势与不足。

（三）以标准化、均等化为途径，促进现代公共文化服务体系的构建

如前所述，文化部部长蔡武认为，构建现代公共文化服务体系有四个关键词：即"现代"、"基本"、"标准化"和"均等化"。"均等化"，最根本的是要努力消除城乡二元结构在公共文化服务上的影响，逐步缩小城乡差距、地区差距；不仅是结果的均等，更应该是机会均等、过程均等。当今中国公共文化服务在区域间的差距很大，这些年区域间的差距并没有缩小而是有扩大的趋势，这是东中西部发展不均衡造成的。新型城镇化就是要致力于消除二元结构带来的影响，均等化要求正是消除二元结构的一种努力。

"标准化"，是实现均等化的有效手段，蔡武认为，标准化有三个重要因素：一是基本权益的确定，要确定在全国范围内给公民提供的基本文化权益是哪些；二是要提升公共文化服务的能力，各级文化机构应该具备什么样的能力，提供哪些服务；三是合理机制和实现手段，我们确定了这样的目标，怎么样实现这样一个目标，建立一种什么样的机制，通过什么样的措施和手段才能实现我们确定的标准，这是很重要的内容建设。[①]所以标准化、均等化的建设是构建现代公共文化服务体系的内在要求，也是深化文化体制改革、增强文化治理能力的重要途径。

公共文化服务指数，本身就是通过58个指标"一把尺子"，对31个省市自治区公共文化服务体系建设的标准化评估；运用"一把尺子"进行标准评估的一个目的，就是要发现东、中、西部各省市自治区公共文化服务体系建设的不均衡、不平衡，以实现均等化推进各省市自治区公共文化服务体系建设的要求。

二、全国公共文化服务体系建设的新特点

2013年，构建现代公共文化服务体系建设的新要求，在全国31个省市自治区公共文化服务体系的建设中得到了不同程度的体现，并呈现出以下特点。

---

① 蔡武："国新办举行2013年文化改革发展情况和2014年重点工作新闻发布会"，http://www.scio.gov.cn/ztk/xwfb/2014/gxbjh2013nwhggfzqkh2014n/30510/Document/1364582/1364582.htm。

(一)设施网络更加健全,服务水平明显提高

2013年以来,党中央、国务院高度重视基层公共文化设施建设,通过转移支付形式支持地方文化设施建设,也带动了地方资金的大量投入,基本实现了全国范围内"县有图书馆、文化馆,乡有综合文化站"的建设目标,公共文化设施条件大为改善。

据统计,截至2012年底,全国共有公共图书馆3 076个(其中县级公共图书馆2 683个),比上年增加了124个;全国平均每万人拥有公共图书馆建筑面积78.2平方米,比上年增长6.0%;阅览室坐席数73.46万个,比上年增长7.9%;全国人均拥有图书馆藏量0.58册,比上年增加0.06册。全国共有群众文化机构43 876个(其中乡镇综合文化站34 101个),比上年增加了201个;藏书总量达到2.08亿册,比上年增长15.4%;对公众开放阅览室85.83万平方米,增长10.3%;全国平均每万人拥有群众文化馆(站)建筑面积由2011年的221.23平方米,提高到234.24平方米,增长5.9%。①

值得注意的是,西部地区加大了公共文化投入力度。四川作为西部省份,公共文化投入综合指数(总量)排进了全国前五位,并且在公共文化机构综合指数(总量)、公共文化产品综合指数(总量)等其他四大维度的指标得分上排进全国前十位,标志着四川省的公共文化建设已迈入中国公共文化发展的第一方阵。据统计,自2010~2012年,四川省公共图书馆由161个增至188个,文化馆(站)由4 652个增至4 800个,建成了全国数量最大、战线最长、网点最多、服务人口众多的公共文化服务网络。公共文化投入不仅能够满足公众的文化需求,而且可以提升公众的素质和能力,并催化带动相关产业的发展,从而助推经济增长,体现出公共文化服务在社会领域和经济领域中的双重效能。因此,加大公共文化投入,一方面可以带动公众潜在的公共文化需求转变为现实需求,另一方面则在满足公众文化需求之外产生更多的社会效益和经济效益,从而使公共文化事业融入到地区社会经济发展之中。

---

① 中华人民共和国文化部:《中国文化文物统计年鉴》,国家图书馆出版社2013年版,第6页。

随着全国各省市自治区公共文化投入的增长,服务条件的进一步改善,公共文化服务水平显著提升。2012 年,全国公共图书馆全年共发放借书证 2 485 万个,比上年增加 271 万个,增长 12.2%;总流通人次 43 437 万人次,比上年增加 5 287 万人次,增长 13.9%;书刊文献外借 17 402 万人次和 33 191 万册次,分别比上年增加了 2 086 万人次和 4 739 万册次,分别增长 13.6% 和 16.7%。

(二)覆盖城乡的公共文化设施网络体系基本建成,促进了城乡公共文化服务的均等化

"十五"和"十一五"期间,中央通过实施县级公共图书馆文化馆建设、乡镇综合文化站建设等重大工程,有效地带动了基层公共文化设施网络的建立。据统计,2002 年以来,全国共竣工公共文化设施项目近 35 000 个,其中县及县以下的占 99%;竣工项目总面积 2 800 多万平方米,其中县及县以下占 88%。截至 2012 年底,全国共有文化馆 3 301 个(其中县级文化馆 2 919 个),乡镇(街道)文化站 40 575 个(其中乡镇综合文化站 34 101 个)。全国县级图书馆、文化馆和乡镇综合文化站基本全覆盖,村文化活动室覆盖率达到 65.3%,国家、省、市、县、乡、村六级公共文化设施网络已基本建立。①

基层公共文化设施的大规模建设,使公共文化设施条件得到显著改善。据统计,全国每万人拥有公共图书馆面积由 2002 年的 45.4 平方米提高到 2012 年的 78.2 平方米,增长 72.2%;每万人拥有文化馆(站)面积由 2002 年的 93.7 平方米提高到 2012 年的 234.2 平方米,增长了 149.9%。②

(三)基本文化权益保障水平有所提高,社会效益更加突出

2013 年,中央针对公共文化服务体系基础薄弱和基层政府财力不足的实际情况,坚持重心下移、资源下移、服务下移,通过实施公共数字文化建设、春雨工程——全国文化志愿者边疆行、三馆一站免费开放项目等一系列重大文化惠民工程,突破行政层级制约,将公共文化资源直接输送到基层,有效提升了基层公共文化服务能力,全国公

---

①② 中华人民共和国文化部:《中国文化文物统计年鉴》,国家图书馆出版社 2013 年版,第 23 页。

共文化服务均等化程度有所提高。从城乡情况看,县级公共图书馆的总藏量比重由上年的17%提高到17.3%,总流通人次由18.3%提高到18.5%,县及县以下群众文化机构服务人次由上年的56.9%提高到58.1%。从区域情况看,西部地区公共图书馆总流通人次所占比重由上年的18.1%提高到18.9%,西部地区群众文化机构服务人次所占比重由上年的31.1%提高到31.9%。①

从全国31个省市自治区的公共文化享受综合指数(人均)得分看,均在83分以上,基本达到公共文化服务惠民利民的目标。近年来,我国居民的公共文化享受呈现出新的特点,如公共文化需求和参与方式多样化、居民公共文化消费水平多层次化、居民参与公共文化时间多维化等特点。同时也存在着一些问题,如居民参与公共文化活动的主动意识不强,居民对公共文化服务环境满意度不高等。针对目前我国公众享受公共文化服务的现状,公共文化服务的提供者应坚持公共文化服务于民众的原则,关注公共文化发展和居民公共文化权利,普遍均衡地提高各个层面的公共文化生活质量,弥补公共文化设施的不足和不均,加大公共文化设施建设的力度,使公共文化设施的分布与人口的分布相匹配,缩小文化需求和供给之间的偏差。

同时,还应注重居民情感的文化需求,营造共生型的公共文化服务环境,培养和激发居民公共文化参与意愿和需求,以提高居民公共文化享受程度。如从全国31个省市自治区公共图书馆人均购书看,全国平均1.121元,全国有22个省市自治区低于1.121元的平均水平,但与2012年数据相比,全国31个省市自治区公共图书馆人均购书(元)全国平均水平较上年同期增长了19.26%,全国有27个省市自治区较上年有了不同程度的提高;全国31个省市自治区每万人公共图书馆建筑面积,全国平均86.4平方米,全国虽然有18个省市自治区低于86.4平方米的平均水平;但与2012年数据相比,全国31个省市自治区每万人公共图书馆建筑面积(平方米)全国平均水平较上年同期增长了7.17%,全国有25个省市自治区较上年有了不同程度的提高。

---

① 中华人民共和国文化部:《中国文化文物统计年鉴》,国家图书馆出版社2013年版,第7页。

把握2013年全国公共文化服务体系建设新特点,将能更好地推进全国现代公共文化服务体系建设。

三、全国公共文化服务体系建设新趋势

从全国31个省市自治区公共文化服务指数的评价结果看,有以下三大新趋势。

(一)公共文化投入的东、中、西部地区差距缩小

从公共文化投入的9个指标评价结果看,公共文化投入综合指数(总量)得分排名前三位的浙江省、上海市、广东省分别达到0.75%、0.62%、0.50%,居全国第一、二、四位,说明这些地区在此项指标上的优异表现,主要还是得益于其行政主体的政策导向和投入力度。

就全国31个省市自治区文化事业费占财政支出比重看,全国平均0.4%,全国有16个省市自治区低于0.4%的平均水平;与2012年数据相比,全国31个省市自治区文化事业费占财政支出比重(百分比)全国平均水平较上年同期下降了4.76%,但全国有13个省市自治区较上年有了不同程度的提高;全国31个省市自治区人均文化事业费,全国平均44.6元,全国有21个省市自治区低于44.6元的平均水平;与2012年数据相比,全国31个省市自治区人均文化事业费(元)全国平均水平较上年同期增长了24.37%,全国有30个省市自治区较上年有了不同程度的提高。

从东、中、西部比较来看,中、西部地区还显现出相当的整体实力,在得分前10名中,有四个省市自治区来自于中、西部地区。西部地区公共文化服务的发展,与党和国家的战略布局是分不开的。在党和国家财政支持下,特别是"东风工程"、"西新工程"等重大公共文化建设工程的推动下,西部地区的基层公共文化服务体系建设取得了巨大的进步与成功。近年来西部地区基层公共文化服务体系的投入逐年上升,增加速度高于全国平均水平。[①] 西部地区投入大量资金用于文化

[①] 张春霞:《新疆基层反渗透的路径选择:健全公共文化服务体系》,载《喀什师范学院学报》,2011年第2期,第1~5页。

下乡、文化入户、基础设施配套建设等,尤其是少数民族语言类广播影视节目制作能力显著提升,各级地区广播影视中民族语言节目所占比重大幅上升,建成了民族语言类宣传服务网络,构建起覆盖比较完备的公共文化服务体系。同时,西部地区还注重提升公共图书馆、文化馆(站)等公共文化设施的免费开放、建设水平,并落实文化部、财政部要求,全面推进国家公共文化服务体系示范区(项目)创建工作,加强公共数字文化建设。相信在持续不断的努力下,西部地区的公共文化服务建设将不断拉近与东部地区的差距,逐步实现地区之间的均衡发展。

不过公共文化投入也存在着较明显的空间外溢效应,即公共产品投入带来的与人力资源素质提高有关的间接经济收益并不一定归属于本地区,而有可能使其他地区受益,[①] 这类公共服务的供给如果仅由地方政府来筹资和投入,可能会造成公共文化服务和产品投入在维持一定总量之后,由于缺乏进一步提升和完善建设水平的意愿,造成后续投入不足,从而形成人均资源相对匮乏的局面。对此,可以适当将市场运作方式引入公共文化服务提供模式中,使政府部门节省投入成本,市场获得回报,公众也能够获得更多样化的文化服务,从而形成三赢的局面。因此,加强公共文化服务体系的多元参与,有助于提高公共文化投入的水平,推动公共文化服务体系建设的深化改革和发展。

(二)公共文化产品供给形成新的模式

从全国公共文化产品综合指数(总量)得分情况来看,除四川省外,排在前五位的省市自治区都是东南沿海经济发达地区,这一方面得益于经济发达地区政府较为充裕的公共财政资金,另一方面也得益于这些地区在政府职能转型背景之下的公共文化产品供给主体多元化的发展趋势。

中西部经济欠发达地区在政府财政能力有限的情况下要提高公共文化产品的供给水平,就需要转变政府在公共文化产品供给方面的职能,逐步引入市场机制,并设计激励机制激励投资者参与公共文化

---

① 李真,刘小勇:《外溢性、公共产品与经济增长——基于空间面板模型的实证检验和效应分解》,载《统计与信息论坛》,2012年第10期,第57~63页。

供给。同时,也要审慎对待一味追求增加总量供给的做法,公共文化产品供给既是政府必需的投资,但又是需要有所控制的投资,在理论上需要明确政府合理的投资界限,控制公共文化产品投资的最佳规模。因此,形成以政府为主导,企业、社区以及非政府组织等多元主体共同协商、参与的相互交互的公共文化产品供给模式的理性制度框架,并在该框架体系中进一步明确政府在文化公共物品供给中的职能定位,不失为各省市自治区在构建公共文化服务体系时可供参考的发展模式。

不过,全国有25个省市自治区公共文化产品综合指数(人均)得分在60分以下,可见,我国公共文化产品的提供还有很大的提升空间。在构建公共文化服务体系过程中,总体存在公共文化产品供给不足和公共文化服务质量不高现象,公共文化机构提供的公共文化产品和服务不能完全满足群众的文化需要。因此,除了在数量上需要进一步提升以外,公共文化产品的提供还需要注意两个方面的问题。一是需要注意提高公共文化产品的质量。公共文化产品质量代表了供给者在公共管理、社会治理、公民权利保障、文明进步等方面的水平和能力,控制公共文化产品的质量有利于推动最优供给的达成,以满足公众对公共文化产品的需求,也有利于充分利用社会资源、传承民族文化,树立供给者良好的公众形象。二是需要注意提高公共文化产品的供给绩效。公共文化产品的供给绩效实际上反映的是公共产品提供者的有效供给与公众的有效需求是否平衡的问题。从成本与收益的角度来讲,并不是政府提供越多的公共文化产品就越有绩效,而是提供的文化产品是否与居民实际的文化需求、文化消费理念相平衡,公共文化产品是否发挥了其拥有的效益。

(三)中西部投入与产出的绩效提升

评价2013年公共文化服务投入产出绩效指数,采用的公式为:投入产出绩效=(公共文化产品+公共文化活动+公共文化享受)÷公共文化投入。之所以用"公共文化产品+公共文化活动+公共文化享受",因为这里所指的"绩效指数",不是有多少标志性的设施,也不是建了多少机构,主要是反映公民对公共文化切实的享受度。所以三大维度所设置的28个评价指标,都是公民能直接受益、享受的指标,这些指标与投入之比,也反映了公益性、基本性、均等性、便利性的本质要求。

对于公共文化服务绩效而言,除了要衡量公共文化服务的水平,还有对公共文化服务能力的考察。公共文化服务绩效的评估,不在于对其水平的简单评估,而在于找出公共文化服务能力和服务水平间的内在联系,发现影响和制约公共文化服务实际能力发挥的因素,潜在能力转化为实际能力的前提和条件,能力与水平间不同组合的决定因素和内在逻辑,从而对政策和行政策略进行调整,选择正确的公共文化服务水平提升方向和路径。①

公共文化服务投入与产出绩效指数(总量)得分排在第一位的河南省,近年来在加强公共文化服务投入的同时,不断提高行政管理效率和服务效率,各市级文化中心相继建成,县乡文化站建设快速推进,文化信息资源共享工程实现了乡镇全覆盖的基础上,进一步规范公共文化服务单位管理,充分发挥已建成的文化场馆的作用,不断提高基层文化设施规范管理化水平,设立完善的基层管理制度,在公共文化服务上取得了良好的绩效。

公共文化服务综合指数以及在公共文化投入、活动等排名靠前的上海市和北京市,公共文化服务投入与产出绩效指数(总量)得分却分别排在第二十四位和第二十九位,这主要由于这些地区长期以来对公共文化的投入已经达到相当的规模,公共文化服务已经达到一定的水平,规模收益呈递减状态,继续加大投入带来的效率的提高不再显著。而西部地区(如新疆维吾尔自治区)则处于规模收益递增阶段,主要是由于这些地区长期以来公共文化投入严重不足,在此基础上加大投入使得效率明显提高,所以西部部分省市自治区的排名较为靠前,从而显示出东西部差距不断被拉近的趋势。

---

① 贾旭东:《对提高公共文化服务评估科学性的思考》,载《人民政协报》,2012年3月26日。

第二章　31个省市自治区公共文化服务指数的体系结构及其计算方法

2013年以来,中国31个省市自治区公共文化服务的新特点、新趋势,对公共文化服务指数的研究提出了新的更高的要求。据此,课题组对公共文化服务指数的逻辑结构做了分析重构,以更客观合理地反映31个省市自治区公共文化服务指数的水平。

一、公共文化服务指数体系的框架结构

31个省市自治区公共文化服务指数由6个一级指标构成:"公共文化投入"、"公共文化机构"、"公共文化产品"、"公共文化活动"、"公共文化队伍"、"公共文化享受";在一级指标下共设置"文化事业费占财政支出比重"等58个二级指标。

公共文化服务指数体系的框架结构如图2-1。

二、公共文化服务指数体系的内在逻辑

架构指数体系、指标体系可从不同的视角、不同的认知、不同的类型、不同的性质切入,其间遵循的基本要求是:根据同类型指标、或同质性指标来架构指标体系的逻辑。根据这一要求,一般来说,评价对象要明确、有统计口径,指标相对独立、不交叉重叠,可比性也强的指标,才能建构起评价指标体系。

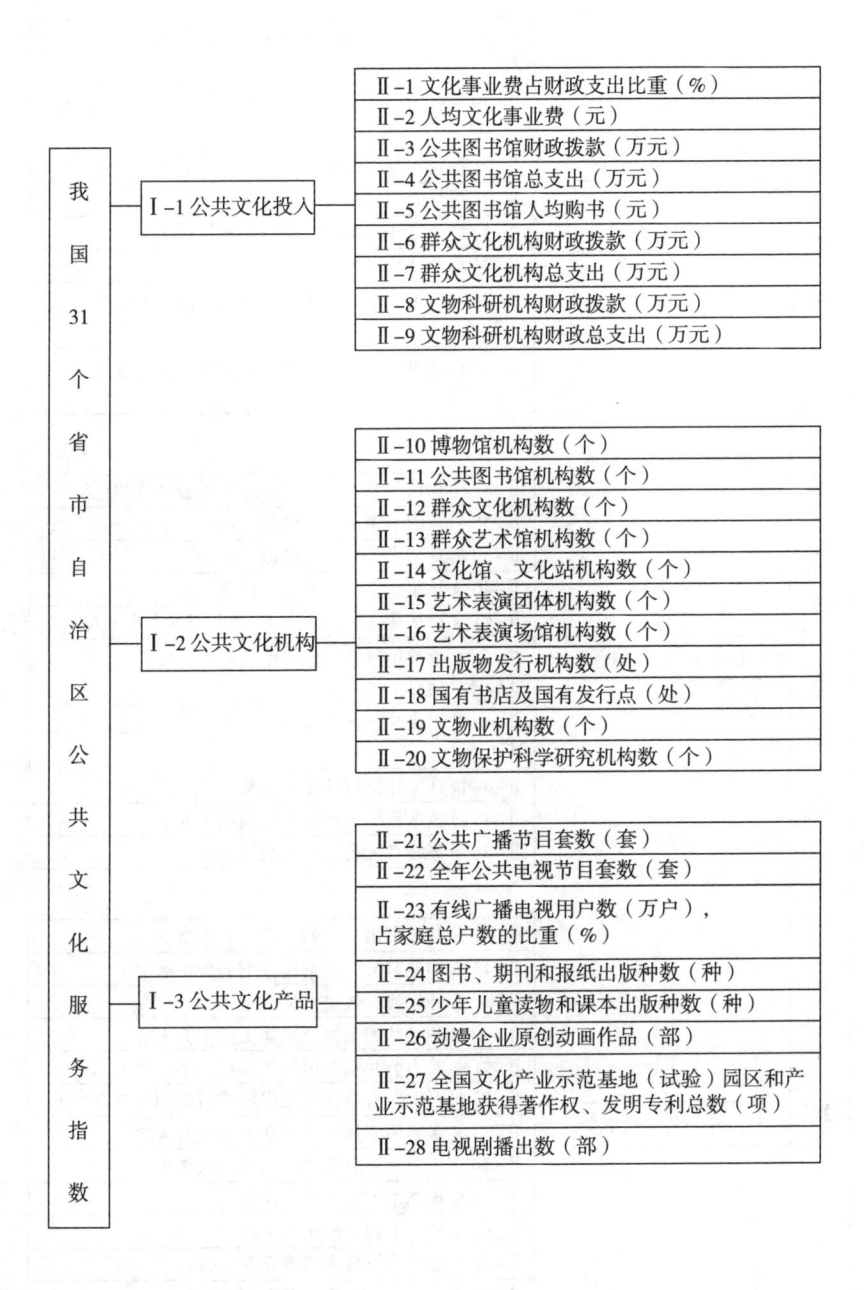

第二章 31个省市自治区公共文化服务指数的体系结构及其计算方法

```
                            ┌─ Ⅱ-1 文化事业费占财政支出比重（%）
                            ├─ Ⅱ-2 人均文化事业费（元）
                            ├─ Ⅱ-3 公共图书馆财政拨款（万元）
                            ├─ Ⅱ-4 公共图书馆总支出（万元）
            ┌─ Ⅰ-1 公共文化投入 ─┼─ Ⅱ-5 公共图书馆人均购书（元）
            │               ├─ Ⅱ-6 群众文化机构财政拨款（万元）
            │               ├─ Ⅱ-7 群众文化机构总支出（万元）
            │               ├─ Ⅱ-8 文物科研机构财政拨款（万元）
            │               └─ Ⅱ-9 文物科研机构财政总支出（万元）
            │
            │               ┌─ Ⅱ-10 博物馆机构数（个）
            │               ├─ Ⅱ-11 公共图书馆机构数（个）
            │               ├─ Ⅱ-12 群众文化机构数（个）
            │               ├─ Ⅱ-13 群众艺术馆机构数（个）
我国31个省市   │               ├─ Ⅱ-14 文化馆、文化站机构数（个）
自治区公共 ───┼─ Ⅰ-2 公共文化机构 ─┼─ Ⅱ-15 艺术表演团体机构数（个）
文化服务指数    │               ├─ Ⅱ-16 艺术表演场馆机构数（个）
            │               ├─ Ⅱ-17 出版物发行机构数（处）
            │               ├─ Ⅱ-18 国有书店及国有发行点（处）
            │               ├─ Ⅱ-19 文物业机构数（个）
            │               └─ Ⅱ-20 文物保护科学研究机构数（个）
            │
            │               ┌─ Ⅱ-21 公共广播节目套数（套）
            │               ├─ Ⅱ-22 全年公共电视节目套数（套）
            │               ├─ Ⅱ-23 有线广播电视用户数（万户），
            │               │       占家庭总户数的比重（%）
            └─ Ⅰ-3 公共文化产品 ─┼─ Ⅱ-24 图书、期刊和报纸出版种数（种）
                            ├─ Ⅱ-25 少年儿童读物和课本出版种数（种）
                            ├─ Ⅱ-26 动漫企业原创动画作品（部）
                            ├─ Ⅱ-27 全国文化产业示范基地（试验）园区和产
                            │       业示范基地获得著作权、发明专利总数（项）
                            └─ Ⅱ-28 电视剧播出数（部）
```

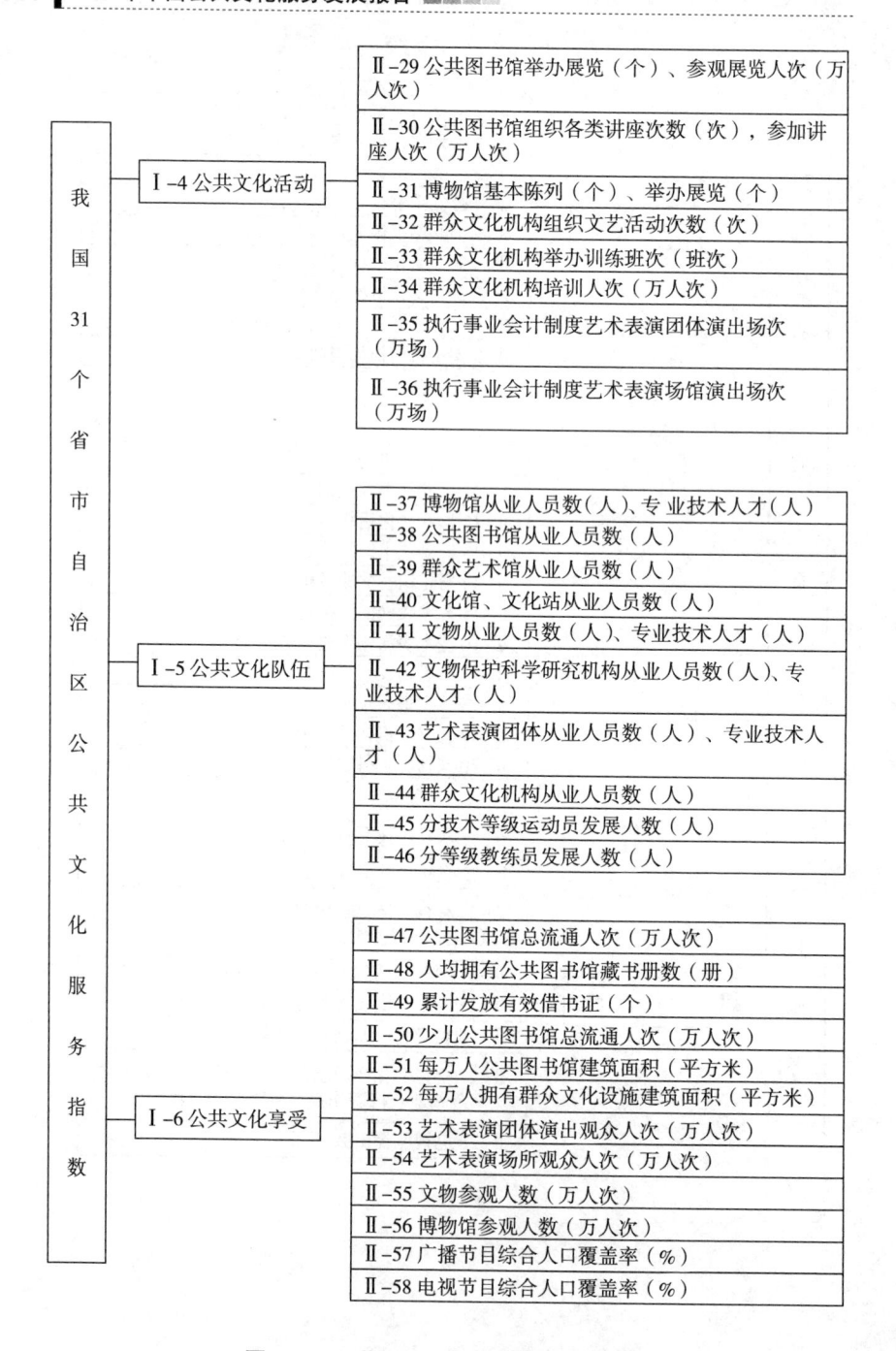

我国31个省市自治区公共文化服务指数	Ⅰ-4 公共文化活动	Ⅱ-29 公共图书馆举办展览（个）、参观展览人次（万人次）
		Ⅱ-30 公共图书馆组织各类讲座次数（次），参加讲座人次（万人次）
		Ⅱ-31 博物馆基本陈列（个）、举办展览（个）
		Ⅱ-32 群众文化机构组织文艺活动次数（次）
		Ⅱ-33 群众文化机构举办训练班次（班次）
		Ⅱ-34 群众文化机构培训人次（万人次）
		Ⅱ-35 执行事业会计制度艺术表演团体演出场次（万场）
		Ⅱ-36 执行事业会计制度艺术表演场馆演出场次（万场）
	Ⅰ-5 公共文化队伍	Ⅱ-37 博物馆从业人员数（人）、专业技术人才（人）
		Ⅱ-38 公共图书馆从业人员数（人）
		Ⅱ-39 群众艺术馆从业人员数（人）
		Ⅱ-40 文化馆、文化站从业人员数（人）
		Ⅱ-41 文物从业人员数（人）、专业技术人才（人）
		Ⅱ-42 文物保护科学研究机构从业人员数（人）、专业技术人才（人）
		Ⅱ-43 艺术表演团体从业人员数（人）、专业技术人才（人）
		Ⅱ-44 群众文化机构从业人员数（人）
		Ⅱ-45 分技术等级运动员发展人数（人）
		Ⅱ-46 分等级教练员发展人数（人）
	Ⅰ-6 公共文化享受	Ⅱ-47 公共图书馆总流通人次（万人次）
		Ⅱ-48 人均拥有公共图书馆藏书册数（册）
		Ⅱ-49 累计发放有效借书证（个）
		Ⅱ-50 少儿公共图书馆总流通人次（万人次）
		Ⅱ-51 每万人公共图书馆建筑面积（平方米）
		Ⅱ-52 每万人拥有群众文化设施建筑面积（平方米）
		Ⅱ-53 艺术表演团体演出观众人次（万人次）
		Ⅱ-54 艺术表演场所观众人次（万人次）
		Ⅱ-55 文物参观人数（万人次）
		Ⅱ-56 博物馆参观人数（万人次）
		Ⅱ-57 广播节目综合人口覆盖率（%）
		Ⅱ-58 电视节目综合人口覆盖率（%）

图 2-1　公共文化服务指数体系框架结构

(一)架构公共文化服务指数体系的逻辑依据

公共文化服务指数体系的架构要遵循两大逻辑。

1. 对公共文化服务的认知逻辑

要通过把握公共文化服务特质,形成对架构公共文化服务逻辑体系内涵外延的认知。公共文化服务是具有非竞争性和非排他性的社会文化服务,是政府公共服务的重要组成部分。公共文化服务是为满足社会的公共文化需求,向公众提供公共文化产品和服务行为及其相关制度与系统的总称,它涵盖了广播电视、电影、出版、报刊、互联网、演出、博物馆、图书馆、档案馆和哲学社会科学研究等诸多文化领域。

公共文化具有公益性、基本性、均等性、便利性的特征。"四个性"作为公共文化服务的本质特性,规定了公共文化服务的内涵;而公共文化服务所涵盖的文化馆、图书馆、博物馆、广播、电影、出版等则是其外延。

因此,我国31个省市自治区公共文化服务指数体系的建构,既要突出公益性、基本性、均等性、便利性的本质特征,又要在设置一级指标,即评价指标维度时,考虑覆盖公共文化产品、公共文化机构、公共文化队伍,以及公共文化的享受度。

2. 构建公共文化服务指数体系的内在逻辑要求

中国31个省市自治区公共文化服务指数体系的内在逻辑,应符合两个基本要求:一是不同评价维度的指标既要有相对独立性,又具有互补性,既能从不同的评价维度反映31个省市自治区公共文化投入、提供公共文化产品、公共文化享受等情况,又能从整体上反映31个省市自治区公共文化服务的水平;二是不同评价维度下设的评价指标,其功能不仅直接作用于公共文化服务的相关评价维度,而且从各个指标间接作用于公共文化服务,并产生积极或消极的影响。

为了满足公共文化服务指数体系内在的逻辑要求,所筛选的每一评价指标,要具有解释力度强、数据可采集、可比较、可跟踪的特性。根据上述"三可"、"一强"要求,课题组从《中国统计年鉴》(2013年)、《中国文化文物统计年鉴》(2013年)选取58个评价指标,并从《中国文化年鉴》(2013年)、《中国公共文化服务发展报告》(2013年)中搜集数据和资料,分析我国31个省市自治区公共文化服务体系建设的现状、经验及其发展特点。

(二)公共文化服务指数"六大维度"的逻辑关联

2013年"中国31个省市自治区公共文化服务指数"体系,设置了"公共文化投入"、"公共文化机构"、"公共文化产品"、"公共文化活动"、"公共文化队伍"、"公共文化享受"六大评价维度,六大评价维度具有内在的逻辑关联。

1. 公共文化投入

政府作为公共文化服务的主体,通过直接供给公共文化产品,设置公共文化机构向公民提供公共文化服务,购买社会资源向公民提供公共文化服务等途径和方法,投入公共文化服务体系建设。可以说,政府对公共文化的投入是加强和完善公共文化服务体系建设的基础和根本保证。因此,公共文化服务指数首先必须评价31个省市自治区对公共文化的投入。不过,由于东、中、西部地区经济社会发展的不同基础,所以,我们不仅评价投入总量、人均投入,而且对2012年和2013年的投入增长做比较、排序。

2. 公共文化机构

公共文化机构是政府公共文化投入的重要对象,也是政府向公民提供公共文化服务的主要载体和途径。因此,紧接"公共文化投入"维度之后,便是对"公共文化机构"的评价。本指数评价的公共文化机构,主要指博物馆、图书馆、文化馆、文化站、群艺馆、艺术表演场馆、出版发行机构等。公共文化机构的总量、人均以及增长率,直接影响着政府向公民提供公共文化服务的质和量。

3. 公共文化产品

公共文化机构是公共产品的一部分。公共文化产品有两个方面:一是纯公共文化产品,即公益性文化产品。它直接关系到国家文化主权、文化信息安全或社会稳定,或与国家和民族文化创新、传承直接相关,如国家公共电视台、国家信息网络,重要文物和历史文化遗产的保护研究和开发利用,基础类或直接面向国家决策的重大理论研究课题等。公益性文化产品用以满足全体社会成员最基本的文化精神需求,经营方式不以营利为目的,而是以社会效益的最大化作为价值取向。由政府或非营利社会组织以无偿方式向社会提供,公众可以免费享有。二是准公共文化产品,即准公益性文化产品。它与国家文化主权、文化信息安全不直接相关,包括艺术教育,广播电视和出版业中的科技、财经、农业、生活类文化产品,代表国家水准的艺术院团和节目创作,各类文化场馆提供的文化产品和服务等,各类图书馆、博物馆、文化馆、美术馆及其提供的文化产品和服务等。对这类产品,政府给予一定的财政支持,同时也参与市场竞争,消费者需要花一部分钱才能享有。

一般而言,公共文化机构通过公共文化产品和服务,满足人民群众日益增长的文化需求。所以,公共文化指数不仅要评价公共文化机构的多少,更要评价政府提供公共文化产品的品质,评价公共广播节目套数和播出时间、有线广播电视用户数、图书、期刊和报纸出版种数等等。

4. 公共文化活动

公共文化活动,主要是指政府及其公共文化机构为公民提供的公共文化产品,它与一般公共文化产品的差异是:更具有参与性、互动性、广泛性。本书中的公共文化活动主要是指公共图书馆举办展览数、参观展览人次、图书馆组织各类讲座次数、参加讲座人次、群众文化机构组织文艺活动次数,等等。

5. 公共文化队伍

公共文化队伍是政府与公共文化机构提供公共文化服务的具体实施者,公共文化队伍成员的数量、队伍的素质直接关系到公共文化服务的品质。如各省市自治区图书馆、群艺馆、文化馆、文化站从业人员数,既反映了不同省市自治区在公共文化服务方面的投入状况、公共文化机构的规模,又反映了各省市自治区能提供公共文化服务的受众人群数量、范围及其质量。

6. 公共文化享受

如何评价各省市自治区公共文化服务的"基本性、均等性、便利性"?这既是对政府提供公共文化服务的本质要求,又是能否真正保障人民群众基本文化权益的根本标志。人民群众是对公共文化服务效果的最好检验者,人民群众参与公共文化活动及其"享受度",是对政府提供公共文化服务基本性、均等性、便利性的最好评价和检验。所以公共文化服务指数通过设置公共文化设施、公共图书馆藏书与流通人次、博物馆参观人次、广播电视节目综合人口覆盖等12个指标,来反映不同省市自治区公民"公共文化享受"的状况,进而从中发现各省市自治区保障公民公共文化权利的优势与不足,以采取有效措施,完善公共文化服务体系建设。

三、计算31个省市自治区公共文化服务指数的方法

根据中国31个省市自治区公共文化指数体系所设置的58个评价指标,从《中国统计年鉴》(2013年)、《中国文化文物统计年鉴》(2013年)采集相关数据后,运用主成分分析模型,计算出中国31个省市自治区公共文化服务指数及其排序。

(一)为什么要选择主成分分析方法

在工业、农业、生物、医学、气象、地质、经济、管理等诸多领域中,我们常常会遇到需要对多个指标同时观测、研究、处理的问题。

例如,在经济管理中,要衡量一个地区的经济发展水平,需要同时观测多个指标:总产值、利润、效益、劳动生产率、万元生产值耗能、固定资产、流动资金周转率、物价、信贷、税收,等等。怎样根据这些数据,来衡量经济发展水平的高低,是一个多变量的复杂问题。

又例如,对一个人做一次健康体检,最后得到一份体检报告,其中有人体的几十项生理指标:血压、心率、血糖、血脂、胆固醇、血小板、甲胎蛋白,等等。怎样根据这些数据,判断一个人是否健康、是否有病,也是一个多变量的复杂问题。

在数学上,我们把这些需要分析研究的指标称为变量。如何对多个变量的观测数据进行有效的分析和研究?当然,我们可以对各个变量一个一个分别研究,但是,变量之间往往有相关性,分开处理不仅会丢失很多信息,也不容易取得很好的研究成果。更好的办法是同时对多个变量的观测数据进行分析,研究变量之间的相互关系,揭示这些变量内在的变化规律。

多元统计分析就是对多个变量之间的相互依赖关系以及内在统

计规律进行研究的一门统计学科。主成分分析是多元统计分析中主要的、也是常用的一种统计方法。

(二)何谓主成分分析

主成分分析的基本思想是:对原有多个变量进行适当的组合,组合成一些综合指标,用较少的综合指标来近似代替原来的多个变量。这种由原来多个变量组合而成的综合指标,就称为"主成分"。

主成分选取的原则是:(1)主成分是原变量的线性组合,就是说,主成分是原来各个变量乘以一些系数以后加起来得到的一个综合指数;(2)各个主成分之间互不相关;(3)如果原来有 m 个变量,则最多可以取到 m 个主成分。这 m 个主成分的变化,可以完全反映原来全部 m 个变量的变化;如果选取的主成分少于 m 个,那么,这些较少的主成分的变化,应该尽可能多地反映原来全部 m 个变量的变化。

(三)主成分"贡献率"、"载荷"和"得分"

一个主成分所反映的变化,在全部原变量变化中所占的百分比,称为"贡献率"。通常主成分按照贡献率的大小,从大到小排列,即第1主成分贡献率最大,第2主成分贡献率次之,第3主成分贡献率又次之。用原变量表示主成分时的系数,也就是将原变量综合成主成分时,每个原变量所乘以的系数,称为"主成分载荷"。对每一次观测得到的观测数据,可以求出与这次观测对应的主成分的值,称为"主成分得分"。

四、用主成分分析法计算31个省市自治区公共文化服务指数

对中国31个省市自治区公共文化服务指数的统计分析,综合了"公共文化投入"、"公共文化机构"、"公共文化产品"、"公共文化活动"、"公共文化队伍"、"公共文化享受"的指标数据,分别从"公共文化服务综合指数(总量)"、"公共文化服务综合指数(人均)"、"公共文化服务综合进步指数(总量)"、"公共文化服务综合进步指数(人均)"来计算和排序。

(一)31个省市自治区公共文化服务综合指数(总量)

为了运用31个省市自治区公共文化综合指数衡量中国各省市自

治区的公共文化服务水平,并且根据这个综合指数,对中国31个省市自治区进行排序,我们对原来多种与公共文化服务有关的评价指标(原变量)的实际观测数据进行主成分分析,求出主成分分析的全部计算结果。

1. 对各种变量数据的"中心化标准化"处理

在实际进行主成分分析计算时,由于各个变量的实际意义不同,各个变量的量纲单位不一样,各个变量观测值的数量级也可能相差很大,所以,在进行主成分分析计算之前,我们先对各变量的观测数据进行了"中心化标准化"处理。

所谓"中心化标准化"处理,就是对每个变量的每个数据,都减去这个变量的样本均值,再除以这个变量的样本标准差。做这样的中心化标准化处理以后,各个变量都变成了无量纲单位的变量,样本均值都等于0,样本标准差都等于1,就不会发生数量级相差悬殊的情况了。

2. "中心化标准化"之后的主成分分析

主成分分析计算,实际上是对中心化标准化以后的变量数据来进行的。

将与中国31个省市自治区(各次观测)对应的原变量的数据,乘以这些原变量在"公共文化服务指数"中的系数,再将31个省市自治区的各种有关公共文化服务评价的指标值综合起来,就得到了与中国31个省市自治区对应的"公共文化服务综合指数得分"。

(二)31个省市自治区公共文化服务综合指数(人均)

公共文化服务是否"均等化"?或者说人均享受公共文化服务的水平如何?这是推进各省市自治区公共文化服务建设的根本要求。为了更全面合理地反映中国31个省市自治区人均享受公共文化服务的水平,我们依据国家统计局2010年第六次全国人口普查主要数据,进而计算出31个省市自治区公共文化服务综合指数(人均)。

在进行计算时,首先遇到的第一个问题是:课题组搜集到的绝大多数的原始数据,都是各省市自治区的总量数据,如"公共图书馆财政拨款(万元)"、"文物科研机构财政总支出(万元)"等等。各省市自治区人口数相差很大,人口多的省市自治区的总量数据往往比较大,人口少的省市自治区的总量数据往往比较小。如果直接用这样的总量数据来计算,来进行排序,显然是不公平的。

所以,计算的第一步,就是要将总量数据换算成人均数据。具体来说,就是将原来的作为总量的数据,除以这个省市自治区的人口数,得到人均数据。例如:北京市"公共图书馆财政拨款"原来的总量数据是 43 528(万元),北京市人口数是 19 612 368 人,将两者相除,得到北京市"公共图书馆财政拨款"的人均数据是 22.194 16(元/人)。

课题组收集到的有些数据,原来就是人均数据,如"人均拥有公共图书馆藏书册数(册/人)"、"每万人拥有群众文化设施建筑面积(平方米/万人)"等,对于这些数据,我们就直接用来计算了,没有除以人口数。

计算时遇到的第二个问题是:由于各个变量的实际意义不同,各个变量的量纲单位不一样,各个变量数据的数量级也可能相差很大。例如:"人均拥有公共图书馆藏书册数(册/人)"的数量级很小,一般都小于 1,而"每万人拥有群众文化设施建筑面积(平方米/万人)"的数量级很大,一般都是几百几百的。如果直接用这样的数据进行计算,数量级大的变量数据就会明显地"压倒"数量级小的变量数据,使得数量级小的变量数据几乎不起作用,显然这也是不合理的。

所以,在运用主成分分析计算公共文化服务人均指数之前,课题组对各变量的观测数据进行了"中心化标准化"处理。做这样的中心化标准化处理以后,各个变量都变成了无量纲单位的数量级相同的变量。这样,就不会发生各个变量数量级相差悬殊的情况了。

将与各省市自治区(各次观测)对应的原变量的数据(人均数据),乘以这些原变量在"公共文化服务指数"中的系数,再加起来,就得到了各省市自治区的"公共文化服务指数得分"。

为了让人更容易看出各省市自治区"公共文化服务指数得分"的大小,课题组还算出了各省市自治区的"公共文化指数百分制得分",具体计算方法如下:

第一步:先求每一个变量(各个评价指标)在各省市自治区观测数据中的最大值,将每个变量观测到的最大值,乘以这些变量在"公共文化服务指数"中的系数,然后加起来,就得到了公共文化服务指数的"理想最大值"。

第二步：再将各省市自治区的公共文化服务指数得分，除以公共文化服务指数的"理想最大值"，开平方以后再乘以 100，就得到了各省市自治区的"公共文化服务指数百分制得分"值。

例如，上海市的"公共文化服务指数（总量）的得分"是 23.032 210 45，而 31 个省市自治区的公共文化服务指数的"理想最大值"是 41.306 707 99，$\sqrt{23.032\ 210\ 45 \div 41.306\ 707\ 99} \times 100 = 74.67$，所以，上海市的"公共文化服务指数百分制（总量）得分"就是 74.67 分。

第三章　31个省市自治区公共文化服务综合指数(总量)排序

十八届三中全会以来,党和国家高度重视我国公共文化建设,指出要构建现代公共文化服务体系,促进基本公共文化服务标准化、均等化,引入竞争机制,推动公共文化服务社会化发展。从总体上看,我国从现阶段经济社会发展水平出发,以实现和保障公民基本文化权益、满足广大人民群众基本文化需求为目标,坚持公共服务普遍均等原则,兼顾城乡之间、地区之间的协调发展,统筹规划,合理安排,基本形成了实用、便捷、高效的公共文化服务网络。

然而,由于对公共服务基本权益性、公共负担性和政府负责性的认识还不是很成熟,我国公共文化事业的发展动力以及国家财政对于公共文化事业发展的支持力度还有待加强。因此存在着公共文化产品与服务的供求矛盾,以及区域之间、城乡之间发展不平衡等问题。那么区域之间公共文化服务的不平衡到底有多大?能否用客观可比的数据来反映全国31个省市自治区公共文化服务的综合水平呢?延续2011年、2012年对全国31个省市自治区公共文化服务综合水平的评价,2013年我们仍以58个评价指标为标准,以"集约"指标的方法,形成31个省市自治区公共文化服务指数。

一、公共文化服务综合指数(总量)得分和排名

公共文化服务综合指数(总量)得分排在前五位的省市自治区是:广东省(89.08分)、江苏省(86.76分)、浙江省(84.48分)、山东省(82.50

分)、河南省(80.71分),排在后五位的是:天津市(57.24分)、宁夏回族自治区(50.63分)、西藏自治区(50.47分)、青海省(50.19分)、海南省(50.04分)。排名第一的广东省高出排名最后的海南省39.04分。(见图3-1,表3-1)

图3-1 公共文化服务综合指数(总量)排名

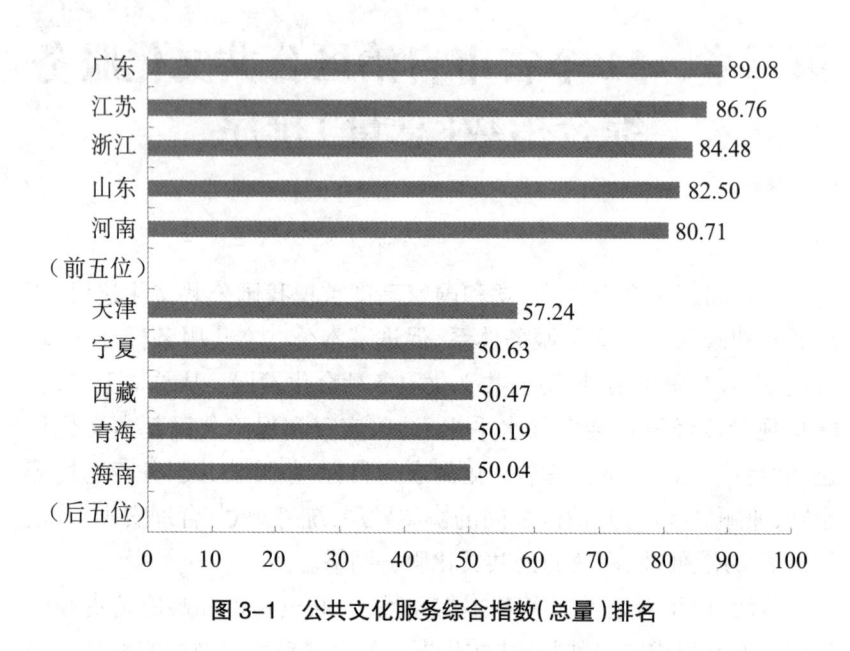

表3-1 31个省市自治区公共文化服务综合指数(总量)得分和排名①

2013年排名	省市自治区	公共文化服务综合指数(总量)百分制得分		2012年排名
		2013年	2012年	
1	广东	89.08	89.08	1
2	江苏	86.76	83.76	2
3	浙江	84.48	81.15	3
4	山东	82.50	79.66	4
5	河南	80.71	78.92	5

① 本书将2013年与2012年的31个省市自治区公共文化服务综合指数(总量)得分和排名,一起列表说明,以便各省市自治区比较分析。

续表

2013年排名	省市自治区	公共文化服务综合指数(总量)百分制得分		2012年排名
		2013年	2012年	
6	四川	80.63	77.79	6
7	上海	74.67	72.90	7
8	河北	73.17	69.14	11
9	湖北	72.92	70.47	9
10	辽宁	72.47	72.19	8
11	陕西	71.73	67.89	12
12	湖南	71.53	69.50	10
13	安徽	69.90	67.44	13
14	山西	68.23	64.76	15
15	福建	67.60	65.58	14
16	云南	67.43	64.36	16
17	江西	66.79	63.66	18
18	黑龙江	66.06	64.00	17
19	广西	65.84	62.09	20
20	新疆	65.19	62.26	19
21	内蒙古	64.74	61.54	21
22	北京	64.59	61.08	23
23	甘肃	63.83	60.48	24
24	吉林	63.19	61.43	22
25	重庆	62.07	58.60	25
26	贵州	59.22	55.83	26
27	天津	57.24	54.07	27
28	宁夏	50.63	47.16	28
29	西藏	50.47	45.27	31
30	青海	50.19	46.52	29
31	海南	50.04	46.29	30

从区域特征和发展程度来看,经济和人口大省在公共文化服务综合指数(总量)的排名上占有天然的优势,得分排在前五位的省市,其中有4个省市的人口数在全国排名前五,2013年地区生产总值的排名也全部列全国前五位。经济与人口规模总量相对较小的省市自治区在公共文化服务综合指数(总量)上的排名也较为靠后,如天津市排在第二十七位、西藏自治区排在第二十九位。我国的公共文化服务遵循普遍均等的基本原则,公共文化服务的生产和供应自然应当与各地区的人口规模、经济规模相适应。因此,公共文化服务综合指数(总量)的得分与人口与经济发展状况的相关性,也表明我国的公共文化服务体系建设正沿着预定的发展目标向前推进。

从区位性来看,东部地区的得分情况要明显好于中西部地区。东部地区取得这样的成绩,显然得益于在经济上的投入力度、市场化的调节手段等优势性要素。可以预见的是,东部地区的领先地位,由于优势性要素的持续存在,还将继续保持较长时间。西部地区由于自然条件和居住状况的原因,导致其公共文化服务半径大,成本高,效率低,公共文化服务设施的建设、运转和维护成本很高。

不过,西部地区公共文化服务的难点,又不失为解决问题的切入点。中西部地区虽然在经济水平和市场化发展程度等方面落后于东部地区,但如果将有限的公共文化资源用在重点领域,同时挖掘潜在的社会资源,仍然可以取得良好的公共服务效果。我国西部少数民族地区拥有数量众多的宗教性场所,既是特色公共文化机构,也是集中群众的公共文化活动中心场所,又是少数民族特殊公共文化产品的重要供给地,因此如果能组织利用宗教性文化场所,使之成为公共文化服务的核心阵地,则有望形成一种由集约的机构和组织形式产生广泛辐射效应的公共文化服务模式。近年来,西部民族地区已经开始进行利用宗教活动场所开展公共文化服务的行动。西藏自治区为进一步提高寺庙公共文化服务能力,在拉萨市等地区开展了广播影视进寺庙工程建设,[1] 宁夏回族自治区

---

[1] 李君:《我市举行先进文化"六有"进寺庙全覆盖总结暨甘丹寺广播影视进寺庙开通仪式》,载《拉萨晚报》,2012年4月11日。

开展了"文化图书进宗教活动场所工程",[①] 这些地区将公共文化服务从传统领域延伸、扩展至宗教活动场所,扩大了公共文化服务的范围和对象,对西部民族地区公共文化服务的开展有探索和示范作用。

从历史的眼光来看,公共文化的现代性,实际上难以割裂与各地区的民族特点、宗教传统等文化因素的历史性传承关系,而放眼当前的社会经济现状,公共文化服务的现代化发展,则应依托各地区的发展形势和热点,挖掘能与公共文化服务相互融合的特色资源。海南省作为旅游大省,近年来将市场化的旅游资源与农家书屋等公共文化服务机构有机结合,将公共文化服务融入市场,既提高了公共文化资源使用率,又尊重了地方民俗特点,收到了良好的效果。可见,在经济条件和投入能力有限的情况下,西部和欠发达地区公共文化服务的发展,可尝试由单一的资源投入模式转向资源整合的发展模式,以实现保障公民基本文化权利、满足公民文化需求的目标。

二、"公共文化投入"综合指数(总量)得分和排名

公共文化投入综合指数(总量)得分排在前五位的是:广东省(97.23分)、浙江省(95.39分)、上海市(88.65分)、江苏省(80.76分)、四川省(73.02分),排在后五位的是:江西省(44.31分)、海南省(42.30分)、宁夏回族自治区(41.41分)、青海省(35.51分)、西藏自治区(27.93分)。公共文化投入第一名的广东省高出最后一名的西藏自治区69.30分。(见图3-2,表3-2)

公共文化投入综合指数(总量)得分前五名,大部分是东南沿海经济发达地区的省市自治区,经济总量和人口规模在全国排名靠前。在前五名中,上海市与浙江省在公共文化投入综合指数(人均)上的得分情况也很好,在全国31个省市自治区中分别居第一、第二位。值得注意的是,四川省作为西部省份,公共文化投入综合指数(总量)排进了

[①] 王立平:《民族地区公益出版模式研究:以宁夏"文化图书进宗教场所"公益出版项目为个案》,载《出版科学》,2012年第2期,第74~78页。

全国前五,并且在公共文化机构综合指数(总量)、公共文化产品综合指数(总量)等其他四大维度的指标得分上排进全国前十,标志着四川省的公共文化建设已迈入中国公共文化发展的第一方阵。

广东 97.23
浙江 95.39
上海 88.65
江苏 80.76
四川 73.02
(前五位)
江西 44.31
海南 42.30
宁夏 41.41
青海 35.51
西藏 27.93
(后五位)

图3-2 "公共文化投入"综合指数(总量)排名

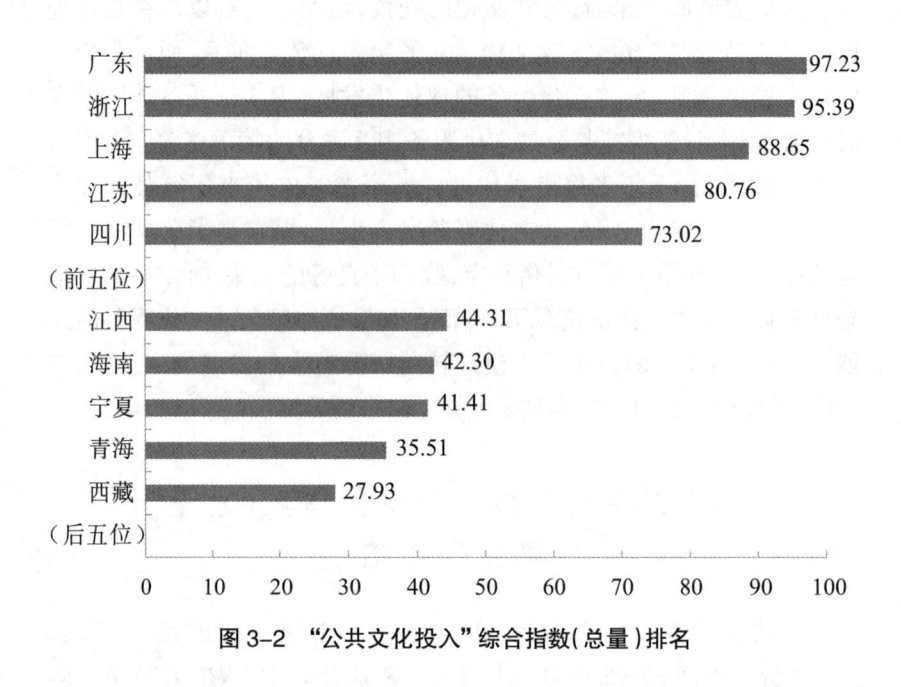

表3-2 31个省市自治区"公共文化投入"综合指数(总量)得分和排名

2013年排名	省市自治区	公共文化投入综合指数(总量)百分制得分		2012年排名
		2013年	2012年	
1	广东	97.23	96.40	1
2	浙江	95.39	89.81	2
3	上海	88.65	88.42	3
4	江苏	80.76	77.06	4
5	四川	73.02	69.23	5
6	北京	65.65	62.52	6
7	山东	63.91	62.42	7

续表

2013年排名	省市自治区	公共文化投入综合指数（总量）百分制得分		2012年排名
		2013年	2012年	
8	内蒙古	63.11	54.37	10
9	辽宁	59.00	58.61	8
10	福建	57.16	54.08	11
11	湖北	56.64	56.79	9
12	陕西	55.77	52.21	14
13	云南	55.50	52.60	13
14	重庆	54.31	50.80	17
15	山西	54.36	47.21	21
16	河南	54.16	53.41	12
17	湖南	51.98	52.10	15
18	广西	50.51	46.14	23
19	吉林	51.66	49.80	19
20	安徽	50.49	51.19	16
21	新疆	50.16	49.83	18
22	天津	50.15	48.92	20
23	甘肃	49.89	44.96	25
24	河北	48.83	46.61	22
25	黑龙江	46.15	45.21	24
26	贵州	45.69	44.64	26
27	江西	44.31	43.33	27
28	海南	42.30	34.10	30
29	宁夏	41.41	35.34	29
30	青海	35.51	35.95	28
31	西藏	27.93	28.00	31

考虑到东部沿海经济发达地区的经济发展水平以及物价水平较高，公共产品成本、公共文化队伍以及公共文化机构的运营成本也较高，因此在一定程度上拉高了东部经济发达地区公共文化投入的支出

水平。如果抛开物价水平等客观因素,从文化事业费占财政支出比重的情况来看,公共文化投入综合指数(总量)得分排名前三位的浙江省、上海市、广东省分别达到0.75%、0.62%、0.50%,居全国第一、二、四位,说明这些地区在此项指标上的优异表现,主要还是得益于其行政主体的政策导向和投入力度。应当看到,不同地区由于经济发展水平和社会发达程度的差异,在公共文化领域所能投入的行政资源总量有所差别,财政支出在卫生、交通、文化等不同公共领域的倾斜力度显然也有先后之分,从而在公共文化投入上体现出相应的差距。

除了公共财政资金供给能力和分配策略有所不同之外,公众对公共文化的需求水平和消费意向也显出区域间的差异。东部经济发达地区居民在收入水平、受教育水平上有较明显的优势,因此对公共文化具有较为明显的需求表达和消费意向,对现代化的公共文化产品也具备一定的接受能力。西部欠发达地区居民较低的收入水平和受教育水平,以及其他现实的生活压力,则不利于他们主张和表达对公共文化的需求意向。同时较低的受教育程度还在一定程度上影响到他们对现代化、数字化甚至文字化的公共文化产品的接受能力。

因此可以推测,除经济因素之外,欠发达地区居民对公共文化相对较弱的现实需求,可能影响到某些地区政府公共文化政策的制定,从而造成该地区公共文化投入的不足。然而,如果需求导向会影响到政府对公共文化投入的行政决策,那么公共文化投入对经济社会发展的促进作用则更应当成为公共行政战略规划的不可忽视的影响因子。研究显示,公共产品和公共服务供给对经济增长具有显著正向外部效应。[①] 公共文化投入不仅能够满足公众的文化需求,而且可以提升公众的素质和能力,并催化带动相关产业的发展,从而助推经济增长,体现出公共文化服务在社会领域和经济领域中的双重效能。因此,加大公共文化投入,一方面可以带动公众潜在的公共文化需求

---

① 张红娟:《我国公共文化投资对经济增长的作用分析》(硕士学位论文),兰州大学,2011年。周光亮:《公共支出结构与经济增长的关联性研究——以山东省为例》,载《经济问题》,2011年第10期,第41~44页。

转变为现实需求,另一方面则在满足公众文化需求之外产生更多的社会效益和经济效益,从而使公共文化事业融入到地区社会经济发展之中。

从国际比较来看,目前我国政府对公共文化事业的整体投入和世界平均水平差距较大,财政性公共文化经费占GDP的比重还很低,因此作为社会公共利益的代表,各省市自治区地方政府应当更为积极地履行公共职能,提供更充足的财政支持。

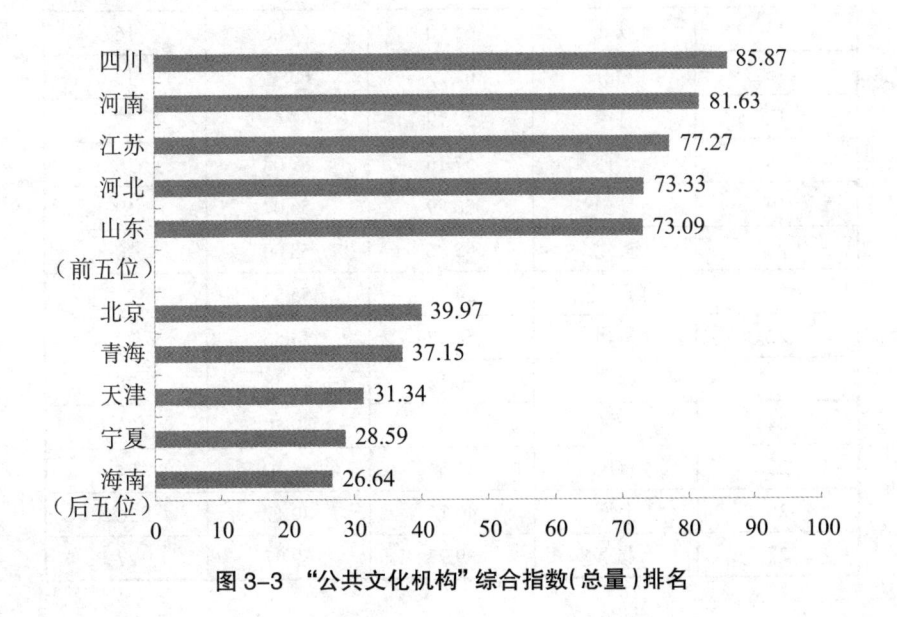

三、"公共文化机构"综合指数(总量)得分和排名

公共文化机构综合指数(总量)得分排在前五位的是:四川省(85.87分)、河南省(81.63分)、江苏省(77.27分)、河北省(73.33分)、山东省(73.09分),排在后五位的是:北京市(39.97分)、青海省(37.15分)、天津市(31.34分)、宁夏回族自治区(28.59分)、海南省(26.64分)。排在第一名的四川省高出最后一名的海南省59.23分。(见图3-3,表3-3)

地区	得分
四川	85.87
河南	81.63
江苏	77.27
河北	73.33
山东	73.09
(前五位)	
北京	39.97
青海	37.15
天津	31.34
宁夏	28.59
海南	26.64
(后五位)	

图3-3 "公共文化机构"综合指数(总量)排名

表3-3 31个省市自治区"公共文化机构"综合指数(总量)得分和排名

2013年排名	省市自治区	公共文化机构综合指数(总量)百分制得分		2012年排名
		2013年	2012年	
1	四川	85.87	86.17	1
2	河南	81.63	83.31	2
3	江苏	77.27	76.64	3
4	河北	73.33	72.53	6
5	山东	73.09	74.87	5
6	浙江	72.26	70.05	9
7	广东	71.74	74.88	4
8	安徽	70.87	72.26	7
9	湖南	68.89	70.17	8
10	陕西	67.54	66.05	11
11	云南	65.67	67.48	10
12	山西	64.14	65.29	12
13	辽宁	63.28	63.32	14
14	江西	62.36	62.80	15
15	湖北	61.70	62.06	16
16	黑龙江	61.22	63.46	13
17	甘肃	59.19	61.45	17
18	广西	57.16	59.08	18
19	新疆	56.89	58.07	19
20	福建	55.86	58.00	20
21	内蒙古	54.64	55.55	21
22	贵州	54.48	54.56	22
23	西藏	50.15	42.58	25
24	吉林	48.33	49.50	23
25	重庆	43.54	45.10	24
26	上海	40.17	40.17	26
27	北京	39.97	39.97	27

续表

2013年排名	省市自治区	公共文化机构综合指数（总量）百分制得分		2012年排名
		2013年	2012年	
28	青海	37.15	37.15	28
29	天津	31.34	31.34	29
30	宁夏	28.59	28.59	30
31	海南	26.64	26.64	31

由基础设施、文化机构、文化信息网络等构成的机构设施网络是公共文化服务体系的物质保障，形成结构合理、发展平衡、网络健全、运营高效、服务优质、覆盖全社会的公共文化机构设施网络，是构建公共文化服务体系的重要内容。近年来，我国不断完善公共文化服务机构设施网络，一是在建设骨干公共文化设施的同时，以"两馆一站"（图书馆、群艺馆、文化站）为基础构筑基层公共文化设施网络体系，重视城乡、区域文化协调发展，加强社区和乡村文化设施建设；二是重视文化信息网络建设，建立文化资源信息交流和文化合作平台，更好地提供公共文化信息服务。

公共文化机构综合指数（总量）得分显示，四川省目前拥有全国规模最大的公共文化机构资源。四川省公共文化机构资源的丰富，首先得益于规划布局的积极与科学，四川省文化发展"十二五"规划明确指出，到2015年要建成覆盖城乡的公共文化服务体系，完成五级公共文化设施网络建设。经过几年努力，目前四川省的国家公共文化服务体系示范区（项目）创建工作不仅走在全国前列，还以点带面，使全省的公共文化服务体系建设实现了跨越式发展。据统计，自2010年至2012年，四川省公共图书馆由161个增至188个，文化馆（站）由4 652个增至4 800个，建成了全国数量最大、战线最长、网点最多、服务人口众多的公共文化服务网络。[①] 四川省在加强基础设施建设的同时，还

---

① 张良娟：《以创促建 四川省全面提升公共文化服务格局》，载《四川日报》，2013年11月14日。

注重不断提高公共文化机构的服务质量,例如探索建立公共文化的多元投入机制,拓宽经费来源,在各地文化馆、图书馆等公共文化机构提供范围广泛的免费开放服务,让公共文化机构资源能够惠及更多的民众,发挥最大的效能。

在我国各省市自治区对公共文化基础建设普遍比较重视,公共文化机构的规模数量迅速发展的同时,也存在着机构设施供给结构失衡、供给失效等问题。造成供需结构失衡、供给失效的原因包括公共文化机构设施的公共物品属性所造成的需求偏好显示难,以及公共文化机构维护不当等因素。这提醒我们在公共文化机构设施供给当中应充分加强公众的参与,让居民需求得到有效的反映,并且能够贯彻到政府决策当中,同时加强公共文化机构设施的日常维护,使其能够健康高效的运转。

四、"公共文化产品"综合指数(总量)得分和排名

公共文化产品综合指数(总量)得分排在前五位的是:江苏省(86.02分)、广东省(79.48分)、上海市(79.24分)、山东省(75.79分)、四川省(74.47分),排在后五位的是:贵州省(41.21分)、青海省(31.12分)、宁夏回族自治区(30.37分)、海南省(30.01分)、西藏自治区(26.50分)。排在第一位的江苏省高出最后一位的西藏自治区59.52分。(见图3-4,表3-4)

公共文化产品是政府、企业或社会组织为了满足公众的文化需求、保障公众的基本文化权利,不以营利为目的,从社会公众效益的角度出发,面向全体社会公众提供的具有非排他性、非竞争性特征的特殊文化产品。党和政府历来重视公共文化产品及服务的供给,2011年10月,党的十七届六中全会通过了《中共中央关于深化文化体制改革,推动社会主义文化大发展大繁荣若干重大问题的决定》,该《决定》指出,实现公民基本文化权益的主要途径是加强公共文化服务,并重点强调要将主要的公共文化产品、公共文化服务项目以及各类公益性文化活动纳入到政府公共财政经常性支出预算中。目前

我国已出台了一系列的文化政策条例来保障公共文化产品及服务的供给,公共文化产品供给机制的构建与完善有着可以依托的时代背景和实施的条件。

图 3-4 "公共文化产品"综合指数(总量)排名

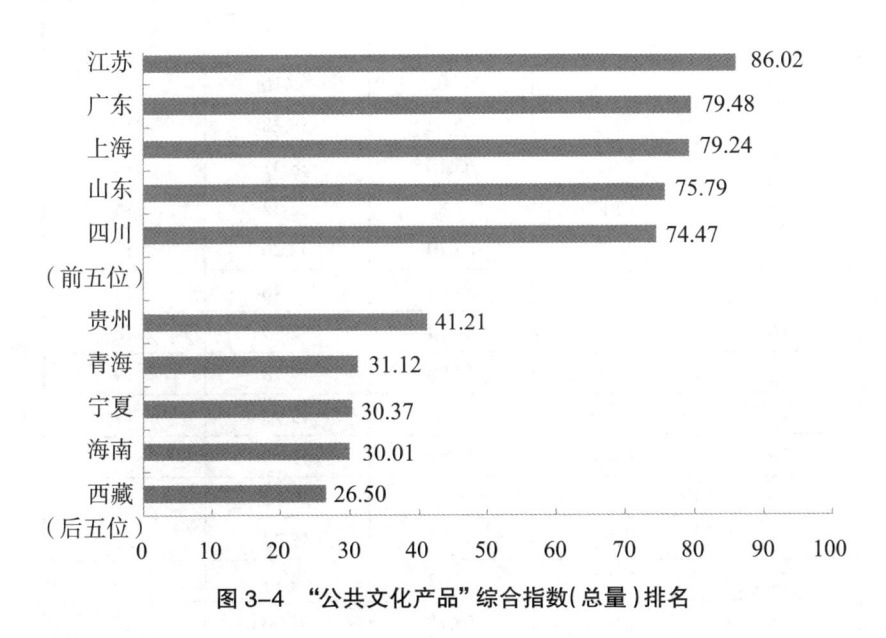

表 3-4　31 个省市自治区"公共文化产品"综合指数(总量)得分和排名

2013 年排名	省市自治区	公共文化产品综合指数(总量)百分制得分		2012 年排名
		2013 年	2012 年	
1	江苏	86.02	76.80	3
2	广东	79.48	78.21	2
3	上海	79.24	82.77	1
4	山东	75.79	66.39	5
5	四川	74.47	62.70	7
6	湖北	71.57	62.52	8
7	新疆	70.78	59.26	9
8	浙江	69.78	65.93	6
9	辽宁	69.47	70.14	4

续表

2013年排名	省市自治区	公共文化产品综合指数（总量）百分制得分		2012年排名
		2013年	2012年	
10	吉林	67.06	58.16	12
11	河南	66.52	58.28	11
12	湖南	63.10	58.41	10
13	河北	62.88	52.42	15
14	陕西	62.10	53.26	13
15	黑龙江	59.44	52.46	14
16	安徽	58.34	52.39	16
17	福建	58.08	49.18	19
18	内蒙古	57.36	49.93	17
19	广西	56.69	47.40	21
20	江西	56.08	49.70	18
21	山西	55.34	47.23	22
22	北京	54.03	49.13	20
23	云南	53.73	47.00	23
24	天津	49.19	43.66	24
25	甘肃	48.46	40.35	26
26	重庆	46.97	43.34	25
27	贵州	41.21	33.32	27
28	青海	31.12	25.31	30
29	宁夏	30.37	26.78	29
30	海南	30.01	26.95	28
31	西藏	26.50	23.77	31

从全国公共文化产品综合指数（总量）得分情况来看，除四川省外，排在前五位的省市自治区都是东南沿海经济发达地区，这一方面得益于经济发达地区政府较为充裕的公共财政资金，另一方面也得益于这些地区在政府职能转型背景之下的公共文化产品供给主体多元化的发展趋势。中西部经济欠发达地区在政府财政能力有限的情况下要提高公共

文化产品的供给水平,就需要转变政府在公共文化产品供给方面的职能,逐步引入市场机制,并设计激励机制激励投资者参与公共文化供给。同时,也要审慎对待一味追求增加总量供给的做法,公共文化产品供给既是政府必需的投资,但又是需要有所控制的投资,在理论上需要明确政府合理的投资界限,控制公共文化产品投资的最佳规模。因此,形成以政府为主导,企业、社区以及非政府组织等多元主体共同协商、参与的相互交互的公共文化产品供给模式的理性制度框架,并在该框架体系中进一步明确政府在文化公共物品供给中的职能定位,不失为各省市自治区在构建公共文化服务体系时可供参考的发展模式。

五、"公共文化活动"综合指数(总量)得分和排名

公共文化活动综合指数(总量)得分排在前五位的是:广东省(92.58分)、江苏省(81.39分)、山东省(79.95分)、浙江省(79.25分)、四川省(74.25分),排在后五位的是:天津市(33.87分)、海南省(22.43分)、青海省(20.48分)、宁夏回族自治区(20.42分)、西藏自治区(12.39分)。排位第一的广东省高出最后一位的西藏自治区80.19分。(见图3-5,表3-5)

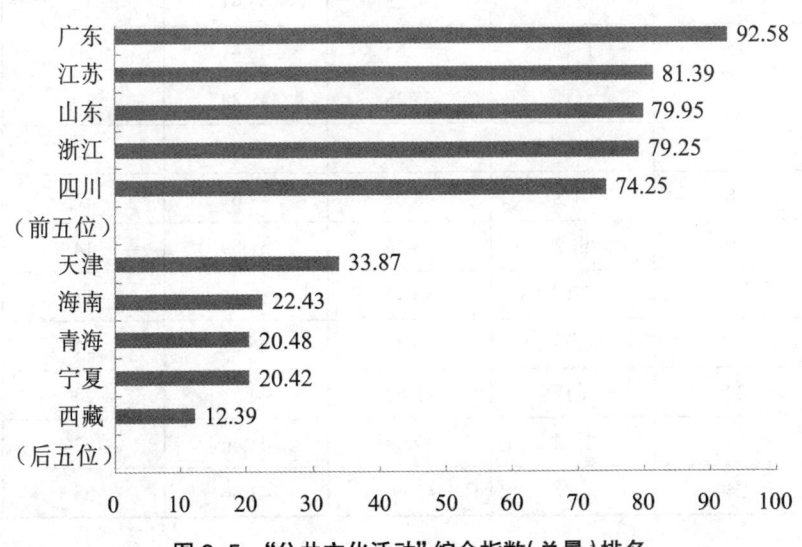

图3-5 "公共文化活动"综合指数(总量)排名

表 3-5 31 个省市自治区"公共文化活动"综合指数(总量)得分和排名

2013 年排名	省市自治区	公共文化活动综合指数(总量)百分制得分		2012 年排名
		2013 年	2012 年	
1	广东	92.58	93.41	1
2	江苏	81.39	76.07	3
3	山东	79.95	77.48	2
4	浙江	79.25	74.73	4
5	四川	74.25	68.01	5
6	河南	71.91	66.27	6
7	上海	64.91	59.28	7
8	辽宁	61.96	58.18	8
9	湖南	60.81	55.54	11
10	湖北	60.71	57.74	9
11	河北	58.60	54.04	12
12	云南	57.06	49.14	18
13	福建	56.91	57.15	10
14	安徽	56.25	53.41	13
15	广西	55.65	48.41	20
16	江西	55.25	48.88	19
17	陕西	54.19	49.45	17
18	山西	54.01	49.62	16
19	北京	53.76	51.59	14
20	新疆	53.42	50.15	15
21	黑龙江	49.73	46.22	21
22	重庆	48.62	44.51	23
23	甘肃	47.59	45.66	22
24	贵州	41.66	41.46	25

续表

2013年排名	省市自治区	公共文化活动综合指数(总量)百分制得分		2012年排名
		2013年	2012年	
25	吉林	41.48	42.23	24
26	内蒙古	41.04	38.75	26
27	天津	33.87	30.60	27
28	海南	22.43	20.87	28
29	青海	20.48	20.59	29
30	宁夏	20.42	20.51	30
31	西藏	12.39	10.78	31

公共文化活动是传播先进文化,提供精神食粮,满足人民群众文化需要,保障人民群众基本文化权益的有效形式。提高公共文化活动水平,对构建和谐社会,增强国家的软实力,提高群众文化的素质,意义重大。公共文化活动的开展,必须依靠组织主体的统一决策、规划、部署和指挥。考察公共文化活动综合指数(总量)得分排名第一的广东省,在加强公共文化服务体系建设上做出了明确部署,制定了一系列的规划和法规,以促进公共文化活动的广泛高效开展。2011年9月29日,广东省十一届人大常委会通过了《广东省公共文化服务促进条例》,这是全国第一部关于公共文化服务体系建设的综合性地方法规,法规提供了加强公共文化服务体系建设立法的一种整体思路,自此广东省的公共文化服务体系建设纳入了统一的法制化轨道。在专项法规的支持下,广东省公共文化活动的总体布局和实施开展走上了健康、可持续发展的法制化轨道,建立起有效兼顾上下级文化政策与文化需求导向、大型公共文化活动与日常文化活动合理分工和相互促进的公共文化活动开展模式。

公共文化活动的顺利开展需要多方兼顾、广泛参与。广东省在积极开展流动文化服务的基础上,把文艺演出活动、广播电影电视送到群众身边,并通过培训、资助的方式培养农村和少数民族地区文化工作者,对开展的文化活动进行业务指导。广东省还通过建立公共文化场馆与民营文艺表演团体的联系制度,鼓励公共文化场馆免费或者低价为民营文艺表演团体提供排练和演出场地。此外,广东省鼓励民营文艺表演团体参与政府开展的各种文化活动,为其提供展示、交流的平台。广东省在公共文化活动方面的成功经验,值得其他省市自治区学习和推广。

六、"公共文化队伍"综合指数(总量)得分和排名

公共文化队伍综合指数(总量)得分排在前五位的是:河南省(89.52分)、山东省(89.06分)、广东省(80.28分)、浙江省(79.78分)、陕西省(78.99分),排在后五位的是:天津市(40.46分)、西藏自治区(37.58分)、宁夏回族自治区(31.23分)、青海省(26.95分)、海南省(25.84分)。排在第一位的河南省高出最后一位的海南省63.68分。(见图3-6,表3-6)

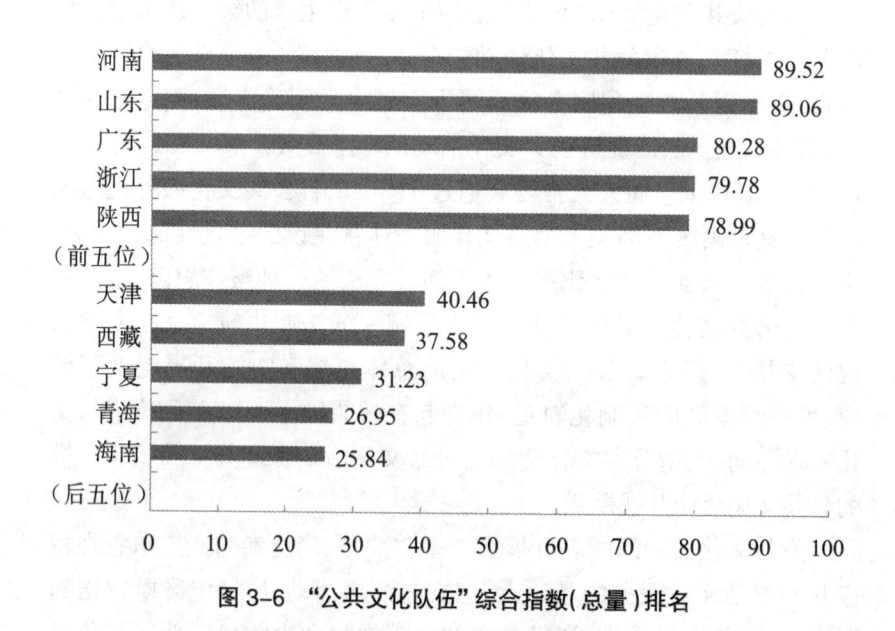

地区	得分
河南	89.52
山东	89.06
广东	80.28
浙江	79.78
陕西	78.99
(前五位)	
天津	40.46
西藏	37.58
宁夏	31.23
青海	26.95
海南	25.84
(后五位)	

图3-6 "公共文化队伍"综合指数(总量)排名

表3-6 31个省市自治区"公共文化队伍"综合指数(总量)得分和排名

2013年排名	省市自治区	公共文化队伍综合指数(总量)百分制得分		2012年排名
		2013年	2012年	
1	河南	89.52	95.40	1
2	山东	89.06	87.61	2
3	广东	80.28	84.35	3
4	浙江	79.78	80.12	6
5	陕西	78.99	77.33	7
6	江苏	78.87	83.72	4
7	四川	77.34	82.12	5
8	河北	76.99	75.01	9
9	湖北	70.23	74.16	10
10	辽宁	69.21	77.09	8
11	山西	66.89	68.46	12
12	湖南	65.90	71.09	11
13	安徽	65.71	66.05	13
14	上海	64.41	61.84	19
15	云南	61.45	63.44	16
16	江西	60.81	62.74	17
17	内蒙古	60.70	63.75	15
18	黑龙江	60.35	64.38	14
19	甘肃	58.81	60.68	21
20	广西	56.98	57.70	22
21	福建	56.48	62.33	18
22	北京	54.43	55.18	23
23	吉林	54.39	60.78	20
24	贵州	52.44	51.35	26
25	重庆	51.92	51.45	25
26	新疆	51.23	52.77	24

续表

2013 年排名	省市自治区	公共文化队伍综合指数（总量）百分制得分		2012 年排名
		2013 年	2012 年	
27	天津	40.46	42.28	27
28	西藏	37.58	29.38	29
29	宁夏	31.23	33.23	28
30	青海	26.95	29.15	30
31	海南	25.84	28.25	31

公共文化服务体系建设,人才的因素尤为突出,准确把握公共文化人才队伍建设的现状和规律,对于构建公共文化服务体系、提升公共文化服务水平、促进文化大发展大繁荣,具有重要的战略意义。构建公共文化人才队伍,一方面需要强化制度建设,健全和完善公共文化服务体系的人才管理体制;另一方面需要加强人才队伍建设,建立一支与公共文化服务体系构建目标相适应的专业人才和专业管理人才队伍,两个方面的协调推进是促进公共文化事业繁荣发展的有力保证。

目前,各省市自治区政府都高度重视公共文化服务体系中的人才队伍建设,普遍以全面实施文化惠民工程等项目建设为契机,科学规划人才队伍建设,统筹促进各类文化人才队伍发展,创新文化人才培养机制,加大文化人才开发力度,扶持促进新型公共文化人才成长。

值得一提的是,山东省的公共文化队伍综合指数(总量)得分排在全国第二位,山东省的博物馆专业技术人才、文物专业技术人才、文物保护管理机构专业技术人才的总量则排名全国第一。山东省在公共文化专业技术人才数量上的领先,得益于人才强省建设的战略部署,2012 年山东省出台《山东省文化厅 2012 年人才工作重点项目及职责分工》,确定了"大师引进"、"公共文化服务人才培训"、"高端人才引进"等 13 项重点人才工作。2012 年 8 月,山东省文化厅组织召开全省文化系统人才工作会议,研究制定了《山东省文化系统人才发展规划(2012—2020)》征求意见稿,通过多元化的人才引进和培养模式逐步从社会吸纳优秀的文化业务骨干,壮大公共文化服务队伍。

我国公共文化人才队伍建设在取得一定成就的同时,也存在着一些不足:一是由于机构改革等原因造成人才总量不足,结构失衡;二是编制和人才管理的条块分离,造成人才流动体制不畅;三是公共财政的文化人才投入不足,文化人才培养、引进和使用机制不够成熟,人才发展机制不够完善。因此,我们需要坚持统筹规划,加强公共文化人才的顶层设计,完善公共文化人才培养体制机制,优化公共文化人才队伍结构,将我国公共文化队伍建设推向新的高度。

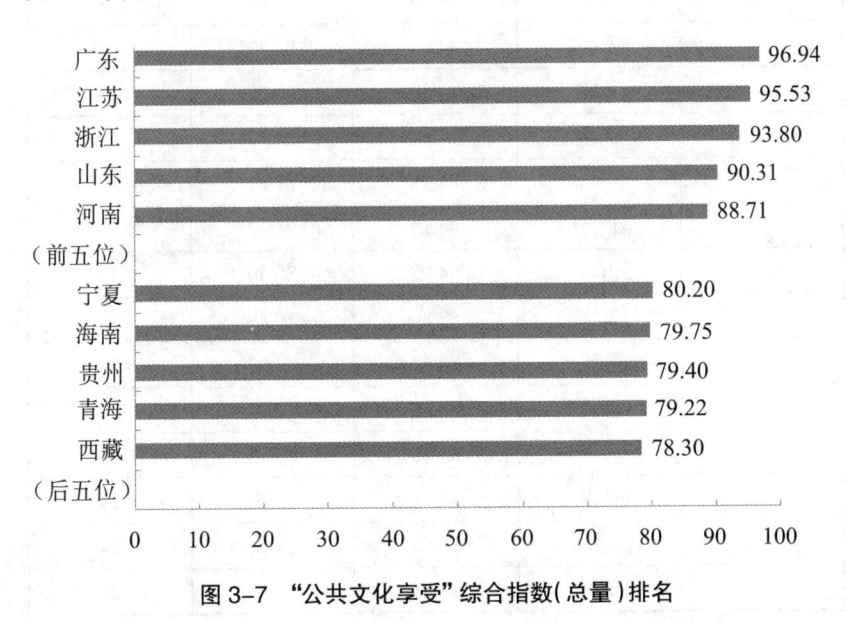

七、"公共文化享受"综合指数(总量)得分和排名

公共文化享受综合指数(总量)得分排在前五位的是:广东省(96.94分)、江苏省(95.53分)、浙江省(93.80分)、山东省(90.31分)、河南省(88.71分),排在后五位的是:宁夏回族自治区(80.20分)、海南省(79.75分)、贵州省(79.40分)、青海省(79.22分)、西藏自治区(78.30分)。排在第一位的广东省高出最后一位的西藏自治区18.64分。(见图3-7,表3-7)

地区	得分
广东	96.94
江苏	95.53
浙江	93.80
山东	90.31
河南	88.71
(前五位)	
宁夏	80.20
海南	79.75
贵州	79.40
青海	79.22
西藏	78.30
(后五位)	

图3-7 "公共文化享受"综合指数(总量)排名

表3-7 31个省市自治区"公共文化享受"综合指数(总量)得分和排名

2013年排名	省市自治区	公共文化享受综合指数(总量)百分制得分		2012年排名
		2013年	2012年	
1	广东	96.94	95.66	1
2	江苏	95.53	92.95	2
3	浙江	93.80	91.37	3
4	山东	90.31	86.88	5
5	河南	88.71	86.05	6
6	上海	88.69	86.98	4
7	四川	87.73	85.20	7
8	湖北	87.69	84.27	9
9	辽宁	86.90	84.72	8
10	湖南	86.70	83.73	10
11	河北	86.32	82.99	12
12	福建	86.14	83.51	11
13	陕西	84.70	81.88	13
14	安徽	84.68	81.87	14
15	北京	84.59	80.76	19
16	江西	84.44	81.54	16
17	广西	84.25	81.61	15
18	黑龙江	84.13	81.17	17
19	山西	84.07	80.39	20
20	重庆	83.86	80.78	18
21	天津	83.62	80.02	22
22	吉林	83.46	79.76	23
23	云南	83.46	80.33	21
24	甘肃	82.71	78.29	25
25	内蒙古	82.55	78.66	24
26	新疆	81.83	78.16	26

续表

2013 年排名	省市自治区	公共文化享受综合指数（总量）百分制得分		2012 年排名
		2013 年	2012 年	
27	宁夏	80.20	76.34	27
28	海南	79.75	75.99	29
29	贵州	79.40	76.23	28
30	青海	79.22	75.02	30
31	西藏	78.30	74.09	31

从总体上看，我国居民对于公共文化服务和产品有很高的需求，特别是对图书、电视、文艺演出等公共文化产品的享受方面，需求比例相当高。政府、市场及社会是满足居民公共文化需求的主要力量，在三方共同作用下，我国居民的公共文化需求基本上得到了满足。

不过，目前我国居民在公共文化服务的享受方面仍遇到着一些问题。第一，公众普遍感到优秀公共文化产品供给偏少，"东西多，精品少"、"可消费的东西多，值得消费的对象少。"第二，某些公共文化产品由于供给价格与居民收入的不匹配，居民对一些标志性文化设施的利用率较低，一些优秀公共文化产品的服务价格脱离了大众的消费能力，致使公众望而生畏、敬而远之。第三，尽管公众的公共文化需求强烈，但公共文化设施资源在空间配置上的失衡，使得公众对公共文化设施，特别是图书馆、博物馆（纪念馆）、文化馆、美术馆、体育馆等重点设施的经常利用率并不高。第四，目前公众获取公共文化产品或服务信息的渠道并不十分畅通，由此对居民满足自身的公共文化需求、享受公共文化服务带来了障碍，这在一定程度上窄化了公众享受公共文化服务的渠道。第五，充分的闲暇时间是公众享受公共文化产品及服务，从而实现文化需求的最基本条件，然而我国很多图书馆、博物馆等公共文化服务机构的开放时间往往和在职年龄段人群的工作时间相冲突，在职年龄段的人群又普遍感到闲暇时间不足，妨碍了公共文化享受的实现。

因此，提高公众的公共文化享受水平，应坚持文化服务于民众的原则，关注公共文化发展和居民文化权利，加强公共文化活动与居民心理文化需求之间的共鸣，普遍均衡地提高各个层面的文化生活质量。同时，应坚持扶持和鼓励非营利文化机构不断壮大且形式多样，弥补公共文化设施的不足和不均，不断缩小公共文化需求和供给之间的偏差，才能切实提高公共文化享受水平，将文化惠民政策落到实处。

第四章 31个省市自治区公共文化服务综合指数（人均）排序

我国31个省市自治区由于人口、地域面积的差异，仅有各省市自治区总量的公共文化服务综合指数，还难以客观真实地反映各省市自治区公共文化服务水平的高低。因此，课题组根据第六次全国人口普查数据，又对31个省市自治区公共文化服务综合指数（人均）得分和排名做了计算分析。

一、公共文化服务综合指数（人均）得分和排名

公共文化服务综合指数（人均）得分排在前五位的是：上海市（90.89分）、北京市（79.64分）、浙江省（78.13分）、天津市（76.43分）、新疆维吾尔自治区（73.37分），排在后五位的是：湖南省（64.78分）、安徽省（63.99分）、河南省（63.98分）、河北省（63.42分）、贵州省（62.95分）。排在第一位的上海市高出最后一位的贵州省27.94分。（见图4-1，表4-1）

公共文化服务综合指数（人均）得分前五位的省市自治区主要集中在东部经济发达地区，而新疆维吾尔自治区作为西部省份也跻身前五名。不仅如此，从东中西部比较来看，中西部地区还显现出相当的整体实力，在得分前十名中，有四个省市自治区来自于中西部地区。西部地区公共文化服务的发展，与党和国家的战略布局是分不开的。公共文化建设在西部地区，特别是边疆民族地区，有着特殊的意义。从维护国家文化安全、边疆稳定的战略高度看，健全公共文化服

务体系是加强文化阵地、巩固民族地区基层反分裂、反渗透基础,构筑国家主流意识形态、维护文化安全和国家利益不可替代的路径选择。在党和国家财政支持下,特别是在"东风工程"、"西新工程"等重大公共文化建设工程的推动下,西部地区的基层公共文化服务体系建设取得了巨大的进步与成功。近年来西部地区基层公共文化服务体系的投入逐年上升,增加速度高于全国平均水平。[①] 西部地区投入大量资金用于文化下乡、文化入户、基础设施配套建设等,尤其是少数民族语言类广播影视节目制作能力显著提升,各级地区广播影视中民族语言节目所占比重大幅上升,建成了民族语言类宣传服务网络,构建起覆盖比较完备的公共文化服务体系。同时,西部地区还注重提升公共图书馆、文化馆(站)等公共文化设施的免费开放、建设水平,并落实文化部、财政部要求,全面推进国家公共文化服务体系示范区(项目)创建工作,加强公共数字文化建设。相信在持续不断的努力下,西部地区的公共文化服务建设将不断拉近与东部地区的差距,逐步实现地区之间的均衡发展。

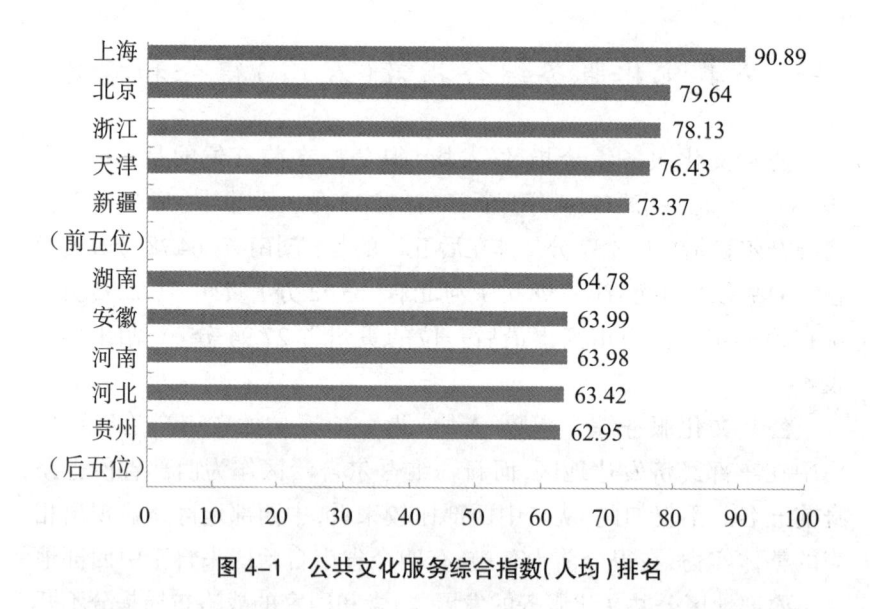

排名	地区	指数
(前五位)	上海	90.89
	北京	79.64
	浙江	78.13
	天津	76.43
	新疆	73.37
(后五位)	湖南	64.78
	安徽	63.99
	河南	63.98
	河北	63.42
	贵州	62.95

图 4-1 公共文化服务综合指数(人均)排名

---

① 张春霞:《新疆基层反渗透的路径选择:健全公共文化服务体系》,《喀什师范学院学报》,2011 年第 2 期,第 1~5 页。

表4-1 31个省市自治区公共文化服务综合指数(人均)得分和排名

2013年排名	省市自治区	公共文化服务综合指数(人均)百分制得分		2012年排名
		2013年	2012年	
1	上海	90.89	92.60	1
2	北京	79.64	77.83	2
3	浙江	78.13	74.60	3
4	天津	76.43	73.93	4
5	新疆	73.37	69.46	6
6	江苏	72.90	67.45	11
7	西藏	72.71	66.72	14
8	陕西	72.30	66.11	15
9	辽宁	71.49	69.95	5
10	内蒙古	71.38	67.12	13
11	宁夏	71.23	68.84	7
12	青海	71.01	67.65	9
13	福建	70.98	67.58	10
14	甘肃	70.65	65.01	17
15	吉林	70.55	67.42	12
16	广东	70.44	68.24	8
17	重庆	69.88	65.83	16
18	山西	69.28	64.41	18
19	湖北	67.79	63.65	19
20	四川	67.49	62.40	21
21	黑龙江	67.38	63.09	20
22	海南	66.57	61.51	24
23	云南	66.54	61.91	23
24	江西	66.53	61.40	25
25	山东	66.27	61.91	22
26	广西	65.71	60.65	27

续表

2013年排名	省市自治区	公共文化服务综合指数(人均)百分制得分		2012年排名
		2013年	2012年	
27	湖南	64.78	60.71	26
28	安徽	63.99	59.46	29
29	河南	63.98	59.97	28
30	河北	63.42	59.01	30
31	贵州	62.95	58.57	31

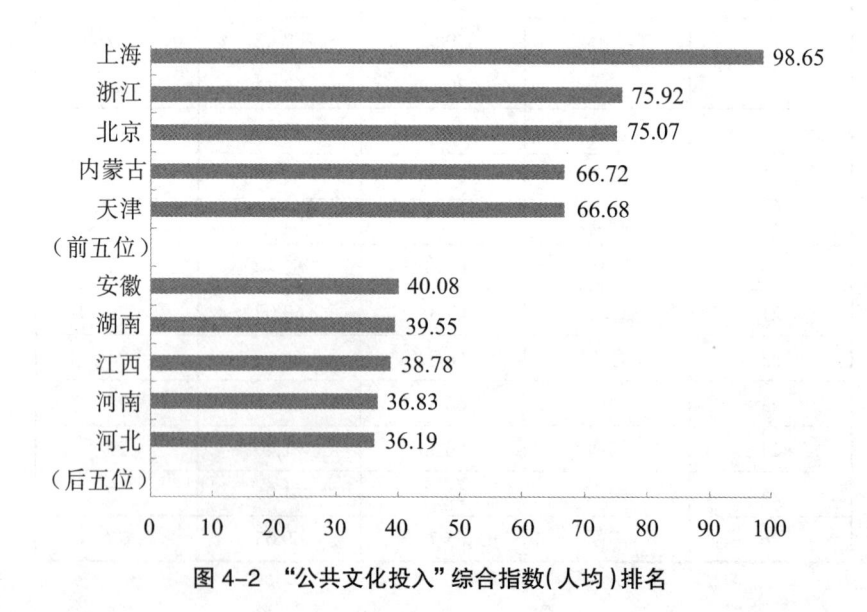

二、"公共文化投入"综合指数(人均)得分和排名

公共文化投入综合指数(人均)得分排在前五位的是：上海市(98.65分)、浙江省(75.92分)、北京市(75.07分)、内蒙古自治区(66.72分)、天津市(66.68分)，排在后五位的是：安徽省(40.08分)、湖南省(39.55分)、江西省(38.78分)、河南省(36.83分)、河北省(36.19分)。(见图4-2，表4-2)

图4-2 "公共文化投入"综合指数(人均)排名

表 4-2　31 个省市自治区"公共文化投入"综合指数（人均）得分和排名

2013 年排名	省市自治区	公共文化投入综合指数（人均）百分制得分		2012 年排名
		2013 年	2012 年	
1	上海	98.65	98.23	1
2	浙江	75.92	71.98	3
3	北京	75.07	73.20	2
4	内蒙古	66.72	59.71	7
5	天津	66.68	67.32	4
6	宁夏	65.87	60.96	6
7	海南	60.91	50.76	15
8	青海	60.11	62.73	5
9	广东	58.75	57.57	10
10	西藏	57.72	59.12	8
11	新疆	56.35	59.10	9
12	重庆	55.79	53.84	11
13	江苏	54.26	51.36	14
14	福建	53.39	52.26	13
15	吉林	53.39	53.14	12
16	甘肃	52.61	49.16	18
17	陕西	52.08	49.82	17
18	山西	51.28	45.97	21
19	四川	51.12	47.60	19
20	辽宁	49.94	50.19	16
21	云南	48.43	46.32	20
22	湖北	44.31	45.92	22
23	贵州	44.08	44.26	23
24	广西	43.42	41.60	25
25	黑龙江	42.36	42.51	24
26	山东	42.19	40.85	27
27	安徽	40.08	41.22	26
28	湖南	39.55	40.60	28

续表

2013年排名	省市自治区	公共文化投入综合指数(人均)百分制得分		2012年排名
		2013年	2012年	
29	江西	38.78	39.94	29
30	河南	36.83	36.24	30
31	河北	36.19	34.82	31

上海市的公共文化投入综合指数(人均)得分达到98.65分,比第二名浙江省高出22.73分,在全国独树一帜。近年来,上海市高度重视公共文化服务体系建设,坚持以体制机制创新为动力,初步形成了大城市公共文化服务体系基本框架,有效地提高了公共文化服务供给能力。上海市努力缩小城乡公共文化服务建设投入的差距,自2008年起,上海市各区(县)图书购置经费逐年向"农家书屋"倾斜,经费调整后的增量部分全部用于"农家书屋"建设,从资金上保障"农家书屋"等乡村公共文化建设任务的完成。上海市在构建公共文化服务体系过程中,按照社会化、专业化的发展方向,积极推进体制机制创新,公共文化投入资源的来源向多元化方向发展。

需要注意的是,与排名靠前的省市自治区相比,全国还有23个省市自治区公共文化投入综合指数(人均)得分在60分以下。从总体上看,我国覆盖城乡的公共文化服务体系正在逐步形成,但由于公共文化服务面广线长,与其他社会事业相比,还是相对比较滞后的,公共文化投入少,人均文化资源不足的矛盾都比较突出,与人们日益增长的文化需求还不适应。

经费投入是公共文化服务体系建设最重要的保障措施,公共文化服务体系中的各项惠民措施,如设施建设、公益演出、文化活动等,由于其具有公益性,不能产生直接经济效益,更需要公共财政持续、稳定地投入,这也是要坚持政府主导的题中之意。不过公共文化投入也存在着较明显的空间外溢效应,即公共产品投入带来的与人力资源素质提高有关的间接经济收益并不一定归属于本地区,而有可能使其他地区受益,[1]

---

[1] 李真,刘小勇:《外溢性、公共产品与经济增长——基于空间面板模型的实证检验和效应分解》,载《统计与信息论坛》,2012年第10期,第57~63页。

这就使得这类公共服务的供给如果仅由地方政府来筹资和投入,可能会造成公共文化服务和产品投入在维持一定总量之后,由于缺乏进一步提升和完善建设水平的意愿,造成后续投入不足,从而形成人均资源相对匮乏的局面。对此,可以适当将市场运作方式引入公共文化服务提供,使政府部门节省投入成本,市场获得回报,公众也能够获得更为多样的文化服务,从而形成三赢的局面。因此,加强公共文化服务体系的多元参与,有助于提高公共文化投入的水平,推动公共文化服务体系建设的深化改革和发展。

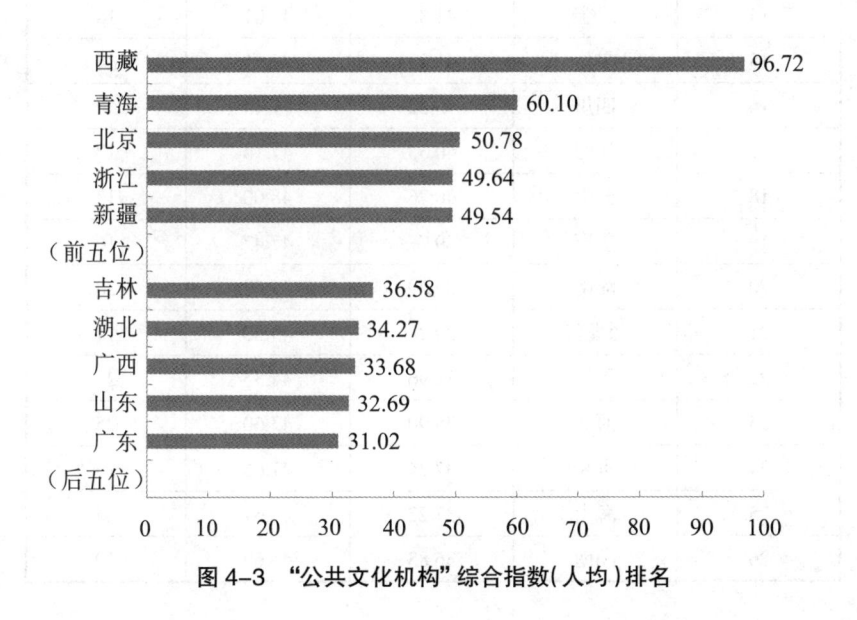

三、"公共文化机构"综合指数(人均)得分和排名

公共文化机构综合指数(人均)得分排在前五位的是:西藏自治区(96.72分)、青海省(60.10分)、北京市(50.78分)、浙江省(49.64分)、新疆维吾尔自治区(49.54分),排在后五位的是:吉林省(36.58分)、湖北省(34.27分)、广西壮族自治区(33.68分)、山东省(32.69分)、广东省(31.02分)。(见图4-3,表4-3)

图4-3 "公共文化机构"综合指数(人均)排名

表 4-3　31 个省市自治区"公共文化机构"综合指数（人均）得分和排名

2013 年排名	省市自治区	公共文化机构综合指数（人均）百分制得分		2012 年排名
		2013 年	2012 年	
1	西藏	96.72	93.55	1
2	青海	60.10	71.58	2
3	北京	50.78	45.40	21
4	浙江	49.64	49.26	12
5	新疆	49.54	60.57	3
6	山西	48.80	55.09	5
7	甘肃	46.70	58.55	4
8	安徽	45.63	49.70	10
9	上海	45.45	42.67	27
10	陕西	44.22	51.86	8
11	内蒙古	43.98	53.57	6
12	江苏	42.49	43.59	26
13	宁夏	42.15	52.86	7
14	辽宁	41.82	47.01	18
15	福建	41.11	47.91	14
16	四川	40.82	51.14	9
17	江西	40.33	47.14	17
18	云南	40.26	48.00	13
19	重庆	39.77	47.47	16
20	河南	39.29	45.40	20
21	黑龙江	39.27	49.50	11
22	天津	38.96	44.35	23
23	河北	38.90	43.60	25
24	贵州	37.24	47.66	15
25	海南	37.22	43.67	24
26	湖南	36.83	45.69	19

续表

2013年排名	省市自治区	公共文化机构综合指数(人均)百分制得分		2012年排名
		2013年	2012年	
27	吉林	36.58	45.28	22
28	湖北	34.27	39.63	30
29	广西	33.68	42.55	28
30	山东	32.69	39.81	29
31	广东	31.02	36.17	31

西藏自治区的公共文化机构综合指数（人均）得分达到96.72分，高居全国第一。近年来，在中央和地方政府的大量资金投入下，西藏自治区建立起一批图书馆、群艺馆、老年文化活动中心和农村儿童文化园等规模较大、功能齐全的社会文化设施，一些地县还通过各种途径，建设了一些文化广场、影剧院等大型文化设施。不少县、乡还把基层政权基础设施建设与文化站建设结合起来，同设计、同建设、同使用，效果十分明显。西藏自治区按照《西藏自治区农家书屋工程实施方案》，推动农家书屋建设全面提速，解决了广大农牧民群众"借书难、看书难、用书难"的问题。目前，西藏自治区初步形成了以各地（市）群艺馆为龙头，以县综合文化活动中心为纽带，以乡（镇）、村文化点站、室为基础的基层文化网络格局。

然而，除了西藏自治区和青海省之外，全国只有两个省市自治区的公共文化机构综合指数（人均）得分在60分以上。因此，需要进一步提高公共文化机构的建设水平。同时，在充分发挥公共文化服务机构骨干作用，以及在提高公共服务效能方面开展制度设计和实践探索。

四、"公共文化产品"综合指数（人均）得分和排名

公共文化产品综合指数（人均）得分排在前五位的是：上海市（86.11分）、新疆维吾尔自治区（68.00分）、吉林省（67.85分）、天津市

(67.22分)、北京市(66.05分),排在后五位的是:湖南省(44.38分)、河北省(41.44分)、安徽省(40.46分)、贵州省(38.81分)、河南省(37.90分)。(见图4-4,表4-4)

图4-4 "公共文化产品"综合指数(人均)排名

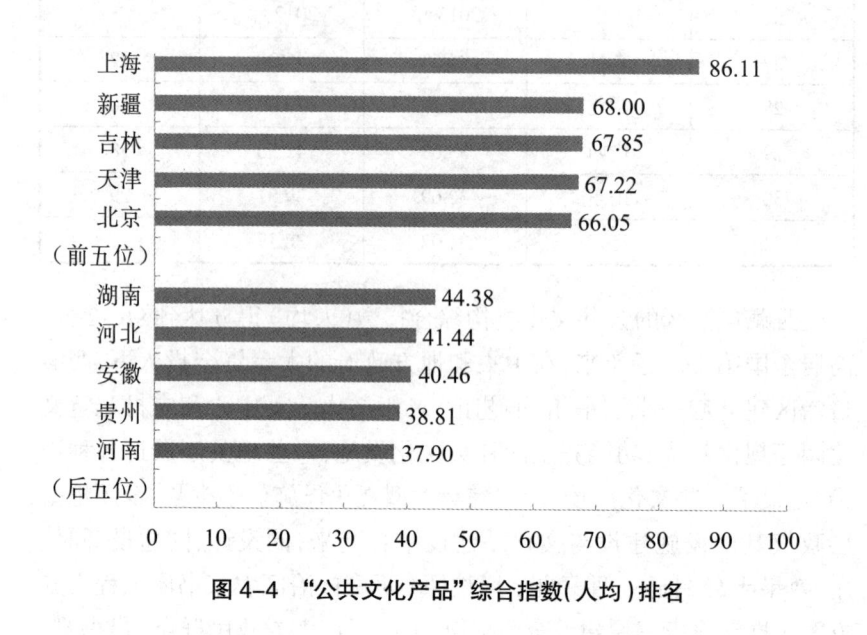

表4-4 31个省市自治区"公共文化产品"综合指数(人均)得分和排名

2013年排名	省市自治区	公共文化产品综合指数(人均)百分制得分		2012年排名
		2013年	2012年	
1	上海	86.11	93.44	1
2	新疆	68.00	52.13	6
3	吉林	67.85	56.29	4
4	天津	67.22	57.09	3
5	北京	66.05	58.68	2
6	江苏	62.58	51.38	7
7	浙江	57.74	51.17	8

续表

2013年排名	省市自治区	公共文化产品综合指数(人均)百分制得分		2012年排名
		2013年	2012年	
8	辽宁	57.66	55.47	5
9	福建	57.28	43.30	15
10	内蒙古	54.98	44.08	13
11	陕西	54.63	44.02	14
12	湖北	52.66	45.06	11
13	广东	51.72	48.00	9
14	宁夏	51.6	39.76	18
15	黑龙江	50.25	40.70	16
16	山东	49.15	40.10	17
17	重庆	48.48	44.14	12
18	青海	48.32	36.86	25
19	西藏	48.26	46.43	10
20	四川	48.18	38.48	20
21	山西	47.78	38.32	22
22	江西	46.90	38.42	21
23	广西	46.60	35.61	26
24	海南	46.32	38.03	23
25	云南	44.54	37.42	24
26	甘肃	44.49	34.19	28
27	湖南	44.38	39.73	19
28	河北	41.44	31.68	29
29	安徽	40.46	34.57	27
30	贵州	38.81	29.18	31
31	河南	37.90	31.33	30

全国有25个省市自治区公共文化产品综合指数（人均）得分在60分以下，可见，我国公共文化产品的提供还有很大的提升空间。

在构建公共文化服务体系过程中，总体存在公共文化产品供给不足和公共文化服务质量不高现象，公共文化机构提供的公共文化产品和服务不能完全满足群众的文化需要。因此，除了在数量上需要进一步提升以外，公共文化产品的提供还需要注意两个方面的问题。一是需要注意提高公共文化产品的质量。公共文化产品质量代表了供给者在公共管理、社会治理、公民权利保障、文明进步等方面的水平和能力，控制公共文化产品的质量有利于推动最优供给的达成，以满足公众对公共文化产品的需求，也有利于充分利用社会资源、传承民族文化，树立供给者良好的公众形象。二是需要注意提高公共文化产品的供给绩效。公共文化产品的供给绩效实际上反映的是公共产品提供者的有效供给与公众的有效需求是否平衡的问题。从成本与收益的角度来讲，并不是政府提供越多的公共文化产品就越有绩效，而是提供的文化产品是否与居民实际的文化需求、文化消费理念相平衡，公共文化产品是否发挥了其拥有的效益。

因此，我们需要加强对公共文化服务满意度的研究，根据需求和满意度，提供有针对性的服务和产品，需要立足公共文化产品消费动向与特点，建立开放式的、科学化的公共文化产品需求表达机制，建立公共文化服务需求引导机制，实现公共文化产品和服务的有效供给，满足多层次人群的文化需求。

五、"公共文化活动"综合指数（人均）得分和排名

公共文化活动综合指数（人均）得分排在前五位的是：上海市（92.90分）、北京市（84.72分）、新疆维吾尔自治区（80.31分）、浙江省（75.39分）、福建省（67.15分），排在后五位的是：河南省（48.96分）、安徽省（47.78分）、河北省（47.60分）、海南省（46.51分）、西藏自治区（41.62分）。（见图4-5，表4-5）

第四章　31个省市自治区公共文化服务综合指数（人均）排序

上海	92.90
北京	84.72
新疆	80.31
浙江	75.39
福建	67.15

（前五位）

河南	48.96
安徽	47.78
河北	47.60
海南	46.51
西藏	41.62

（后五位）

图4-5　"公共文化活动"综合指数（人均）排名

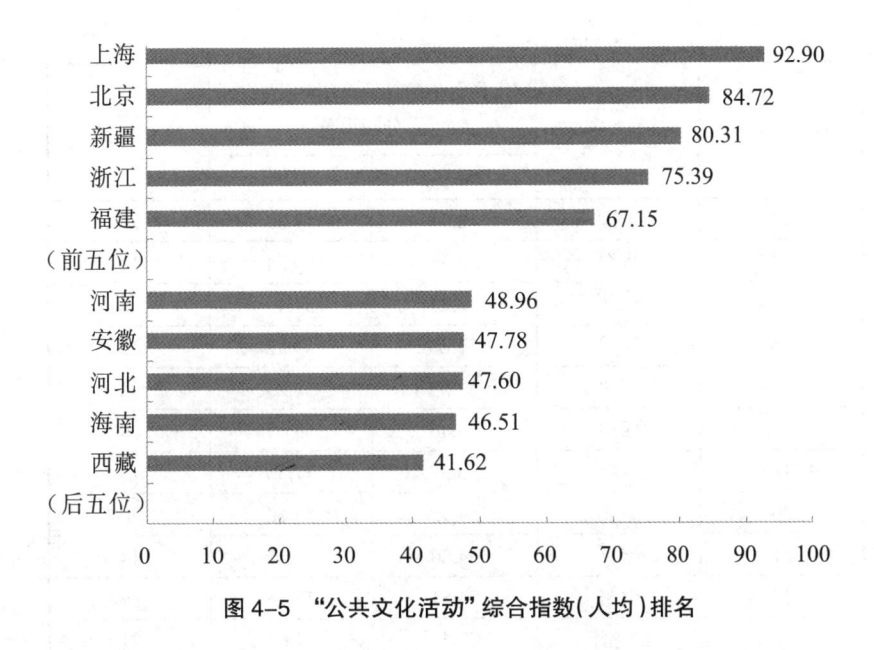

表4-5　31个省市自治区"公共文化活动"综合指数（人均）得分和排名

2013年排名	省市自治区	公共文化活动综合指数（人均）百分制得分		2012年排名
		2013年	2012年	
1	上海	92.90	89.05	1
2	北京	84.72	85.13	2
3	新疆	80.31	73.13	4
4	浙江	75.39	74.41	3
5	福建	67.15	68.99	6
6	辽宁	66.57	64.36	7
7	广东	65.84	70.18	5
8	天津	65.24	60.72	10
9	重庆	63.65	59.70	13
10	山西	63.14	60.77	9
11	甘肃	61.42	63.79	8
12	江苏	60.58	59.75	12

续表

2013年排名	省市自治区	公共文化活动综合指数（人均）百分制得分		2012年排名
		2013年	2012年	
13	云南	58.51	51.37	24
14	青海	58.36	60.24	11
15	广西	58.23	51.49	23
16	陕西	57.28	54.52	18
17	江西	57.08	52.23	22
18	四川	56.46	53.53	19
19	吉林	56.32	57.30	15
20	湖北	54.99	53.12	20
21	宁夏	54.66	59.61	14
22	山东	54.51	57.15	16
23	黑龙江	53.48	52.69	21
24	内蒙古	53.20	55.19	17
25	湖南	52.64	49.27	28
26	贵州	49.07	50.75	26
27	河南	48.96	50.93	25
28	安徽	47.78	47.97	30
29	河北	47.60	49.76	27
30	海南	46.51	48.50	29
31	西藏	41.62	37.25	31

上海市的公共文化活动综合指数（人均）得分92.90分，位居全国第一。近年来，上海市积极开展各类公共文化活动，包括以国际大都市为定位的大型文化活动以及市民日常参与的常规性文化活动。在大型文化活动方面，上海市的大型文化活动数量多、规模大、规格高、影响力广泛，彰显城市的文化特色，形成了公共文化参与的强劲吸引力。为提高公共文化活动的群众参与程度，上海市开展了创建群众文化活动特色项目和特色区域的工作，搭建了一系列群众文化展示平台和群众文化建设成果交流展示平台，在全市郊区基本形成"一区一品、一区多品"

的鲜明特色。此外,上海市还积极探索"文化下乡演出"的长效机制,根据郊区文化发展的实际和农民文化需求,整合资源,设计了形式多样、内容丰富的各类活动,促进城乡公共文化活动的均衡发展。

应当看到,公共文化活动参与程度是决定公共文化活动能否实现其社会效益和经济效益的关键因素,而政府、市场或非营利组织的"唯一"运营体制,并非是公共文化服务产生高效率的最佳方案,因此要提高公共文化资源的运营效率,需要走多元主体运营的道路,对群众自发性文化活动,也应加强指导、管理和扶持。

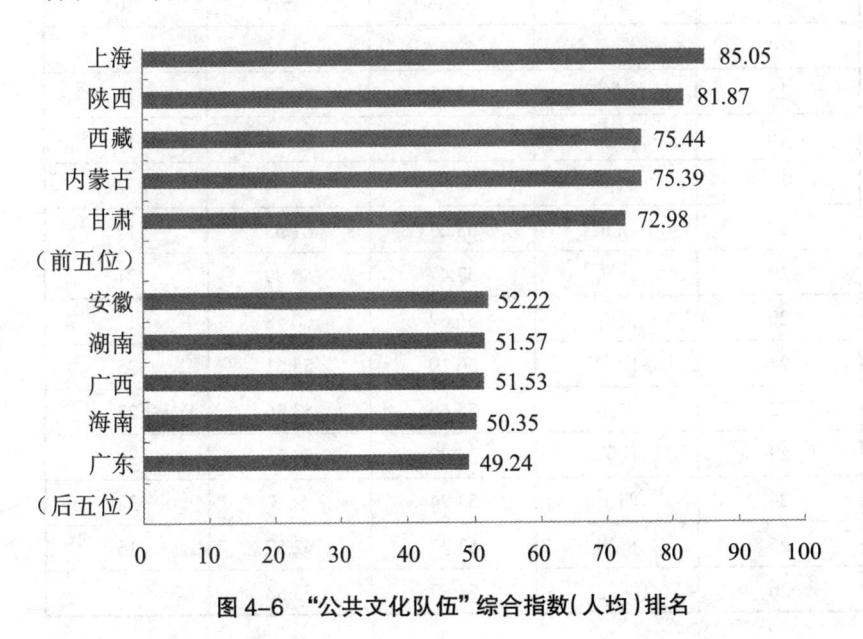

六、"公共文化队伍"综合指数(人均)得分和排名

公共文化队伍综合指数(人均)得分排在前五位的是:上海市(85.05分)、陕西省(81.87分)、西藏自治区(75.44分)、内蒙古自治区(75.39分)、甘肃省(72.98分),排在后五位的是:安徽省(52.22分)、湖南省(51.57分)、广西壮族自治区(51.53分)、海南省(50.35分)、广东省(49.24分)。(见图4-6,表4-6)

上海	85.05
陕西	81.87
西藏	75.44
内蒙古	75.39
甘肃	72.98
(前五位)	
安徽	52.22
湖南	51.57
广西	51.53
海南	50.35
广东	49.24
(后五位)	

图4-6 "公共文化队伍"综合指数(人均)排名

表4-6　31个省市自治区"公共文化队伍"综合指数(人均)得分和排名

2013年排名	省市自治区	公共文化队伍综合指数(人均)百分制得分		2012年排名
		2013年	2012年	
1	上海	85.05	82.28	1
2	陕西	81.87	79.31	4
3	西藏	75.44	75.22	5
4	内蒙古	75.39	80.17	2
5	甘肃	72.98	74.25	7
6	宁夏	71.82	80.11	3
7	北京	68.61	74.17	8
8	青海	68.28	74.26	6
9	山西	67.26	70.32	12
10	天津	66.23	74.13	9
11	新疆	65.21	68.82	13
12	浙江	64.94	67.27	14
13	吉林	63.83	71.67	10
14	辽宁	63.57	71.35	11
15	黑龙江	61.17	64.78	15
16	重庆	60.29	60.91	18
17	云南	58.67	58.54	22
18	湖北	58.03	61.58	17
19	江西	57.47	58.99	21
20	河南	56.62	60.48	19
21	山东	56.19	55.61	25
22	贵州	55.66	53.96	27
23	江苏	54.98	59.21	20
24	四川	54.74	56.5	24
25	福建	53.47	62.57	16
26	河北	53.33	53.88	28

续表

2013年排名	省市自治区	公共文化队伍综合指数(人均)百分制得分		2012年排名
		2013年	2012年	
27	安徽	52.22	53.59	29
28	湖南	51.57	54.42	26
29	广西	51.53	52.95	30
30	海南	50.35	57.24	23
31	广东	49.24	51.81	31

公共文化人才主要承担着群众娱乐、文化思想宣传与核心价值体系构建的社会职能，在影响公共文化服务体系正常运转、永续利用的诸多主体因素中，公共文化服务人才队伍是最重要的因素。近年来，我国各省市自治区政府高度重视公共文化队伍人才建设，积极研究制定文化人才队伍建设的近期目标和长期规划，提出相应的具体工作措施，使文化人才队伍结构、梯次、门类更趋合理，公共文化人才队伍呈现出快速发展的良好态势。同时，以高层次人才选拔培养为重点，带动和引导文化人才队伍全面发展，尝试建立以市场配置为主导的人才流动和人才共享机制。

当然，公共文化队伍人才发展还存在着一些问题。例如文化馆、博物馆存在编制不足、空编等现象，以及公共文化服务机构管理人员与专业人员结构不合理、结构失衡等问题。因此，在今后的建设中，需要明确文化人才队伍建设的目标、重点、路径和保障措施，以现有公共文化人才队伍为基础，根据公共文化服务机构的功能设置和服务人口安排人才配置，同时，推进硬件设施、设备器材的投入和对人的要素投入的均衡发展。

七、"公共文化享受"综合指数(人均)得分和排名

公共文化享受综合指数(人均)得分排在前五位的是：上海市(98.52分)、浙江省(94.83分)、天津市(94.08分)、江苏省(93.17分)、

北京市(92.64分),排在后五位的是:青海省(87.44分)、安徽省(87.29分)、云南省(87.00分)、西藏自治区(86.60分)、贵州省(83.89分)。(见图4-7,表4-7)

图4-7 "公共文化享受"综合指数(人均)排名

前五位:
- 上海 98.52
- 浙江 94.83
- 天津 94.08
- 江苏 93.17
- 北京 92.64

后五位:
- 青海 87.44
- 安徽 87.29
- 云南 87.00
- 西藏 86.60
- 贵州 83.89

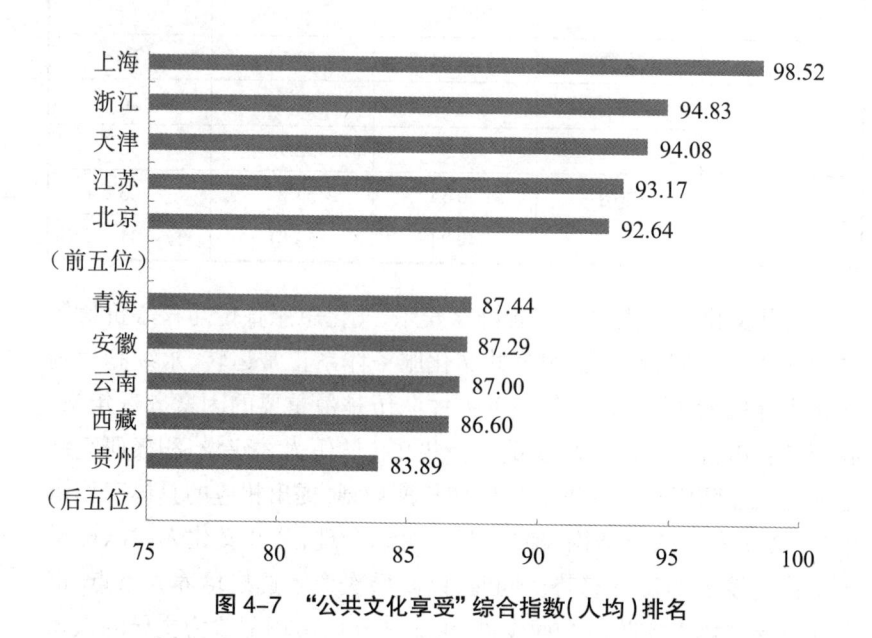

表4-7 31个省市自治区"公共文化享受"综合指数(人均)得分和排名

2013年排名	省市自治区	公共文化享受综合指数(人均)百分制得分		2012年排名
		2013年	2012年	
1	上海	98.52	98.09	1
2	浙江	94.83	92.38	2
3	天津	94.08	91.83	3
4	江苏	93.17	89.52	4
5	北京	92.64	89.26	6
6	广东	91.50	89.30	5
7	福建	90.77	88.56	8
8	辽宁	90.46	88.87	7

续表

2013年排名	省市自治区	公共文化享受综合指数(人均)百分制得分		2012年排名
		2013年	2012年	
9	重庆	89.88	86.49	10
10	湖北	89.58	86.38	11
11	宁夏	89.34	87.78	9
12	陕西	89.18	85.39	17
13	吉林	88.91	85.85	13
14	甘肃	88.71	84.47	24
15	黑龙江	88.56	85.87	12
16	内蒙古	88.46	85.25	18
17	山东	88.40	85.41	16
18	山西	88.34	85.12	19
19	新疆	88.20	85.42	15
20	江西	88.16	85.09	20
21	海南	87.93	84.40	25
22	四川	87.79	84.28	28
23	广西	87.65	85.66	14
24	河南	87.64	84.68	22
25	河北	87.52	84.53	23
26	湖南	87.51	84.16	29
27	青海	87.44	85.00	21
28	安徽	87.29	83.95	30
29	云南	87.00	84.38	26
30	西藏	86.60	84.35	27
31	贵州	83.89	80.90	31

全国31个省市自治区的公共文化享受综合指数(人均)得分均在83分以上,基本达到公共文化服务惠民利民的目标。近年来,我国居民的公共文化享受呈现出新的特点,如公共文化需求和参与方式多样

化、居民公共文化消费水平多层次化、居民参与公共文化时间多维化等特点,同时也存在着一些问题,如居民参与公共文化活动的主动意识不强,居民对公共文化服务环境满意度不高等。

针对目前我国公众享受公共文化服务的现状,公共文化服务的提供者应坚持公共文化服务于民众的原则,关注公共文化发展和居民公共文化权利,普遍均衡地提高各个层面的公共文化生活质量,弥补公共文化设施的不足和不均,加大公共文化设施建设的力度,使公共文化设施的分布与人口的分布相匹配,缩小文化需求和供给之间的偏差。同时,还应注重居民情感的文化需求,营造共生型的公共文化服务环境,培养和激发居民公共文化参与意愿和需求,以提高居民公共文化享受程度。

第五章 31个省市自治区
公共文化服务投入与产出绩效指数

党的十八大以后,全国31个省市自治区都加大了对公共文化的投入。但是由于对公共文化服务体系建设要不要加大投入,如何投,以及投向哪里的认识不一致,所以各省市自治区投入与产出的绩效差异较大。那么,该如何评估公共文化服务投入与产出的绩效?着重于标志性文化设施的投入,还是把着重点放在有助于市民百姓参与公共文化活动、享受公共文化服务上?我们认为,为了坚持公共文化服务的公益性、基本性、均等性、便利性,进而保障公民基本文化权益,必须加强对文化馆(站)、图书馆、体育馆等公共文化设施以及公共文化活动的评估,进而形成评估公共文化服务投入与产出的绩效。

评价2013年公共文化服务投入产出绩效指数,我们采用的公式为:投入产出绩效=(公共文化产品+公共文化活动+公共文化享受)÷公共文化投入。之所以用"公共文化产品+公共文化活动+公共文化享受",因为这里所指的"绩效指数",不是有多少标志性的设施,也不是建了多少机构,主要是反映公民对公共文化切实的享受度。所以三大维度所设置的28条评价指标,都是公民能直接受益、享受的指标,这些指标与投入之比,也反映了公益性、基本性、均等性、便利性的本质要求。

一、公共文化服务投入与产出
绩效指数(总量)得分和排名

公共文化服务投入与产出绩效指数(总量)得分排在前五位的是:

河南省（64.39分）、山东省（64.27分）、江苏省（63.89分）、河北省（63.57分）、湖北省（63.24分），排在后五位的是：贵州省（55.61分）、宁夏回族自治区（55.24分）、北京市（54.75分）、海南省（54.57分）、内蒙古自治区（54.40分）。（见图5-1，表5-1）

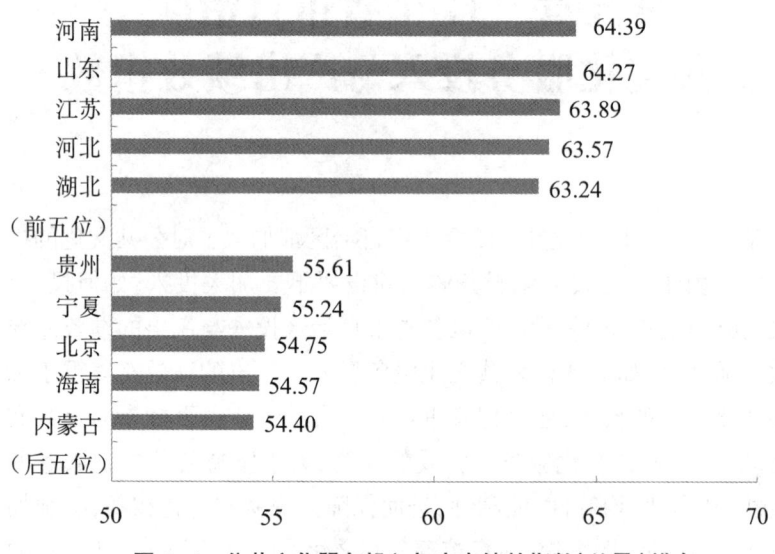

```
河南        64.39
山东        64.27
江苏        63.89
河北        63.57
湖北        63.24
（前五位）
贵州        55.61
宁夏        55.24
北京        54.75
海南        54.57
内蒙古      54.40
（后五位）
```

图5-1 公共文化服务投入与产出绩效指数（总量）排名

表5-1 31个省市自治区公共文化服务投入与产出绩效指数（总量）得分和排名

排名	省市自治区	公共文化投入与产出绩效指数（总量）得分	公共文化投入与产出绩效指数（总量）百分制得分
1	河南	53.59597679	64.39
2	山东	53.40527444	64.27
3	江苏	52.78014260	63.89
4	河北	52.24405551	63.57
5	湖北	51.71441715	63.24
6	江西	51.11179693	62.88
7	湖南	50.75652646	62.66

续表

排名	省市自治区	公共文化投入与产出绩效指数(总量)得分	公共文化投入与产出绩效指数(总量)百分制得分
8	新疆	50.06433043	62.23
9	黑龙江	50.05114065	62.22
10	辽宁	49.08767897	61.62
11	安徽	47.88866107	60.86
12	吉林	47.87426048	60.85
13	西藏	47.77858363	60.79
14	广西	46.91899121	60.24
15	广东	46.71461730	60.11
16	四川	46.00327602	59.65
17	陕西	45.83898752	59.54
18	福建	45.20207563	59.13
19	山西	43.95667895	58.31
20	青海	42.89098165	57.60
21	甘肃	42.74651075	57.50
22	云南	42.72223985	57.48
23	天津	42.45992460	57.31
24	上海	41.56761336	56.70
25	浙江	41.25387795	56.49
26	重庆	40.98965311	56.31
27	贵州	39.98869143	55.61
28	宁夏	39.44529520	55.24
29	北京	38.75766744	54.75
30	海南	38.50615318	54.57
31	内蒙古	38.26066637	54.40
	理想最大值	129.2891617	100

对于公共文化服务绩效而言,除了要衡量公共文化服务的水平,还有对公共文化服务能力的考察。公共文化服务绩效的评估,不在于对其水平的简单评估,而在于找出公共文化服务能力和服务水平间的内在联系,发现影响和制约公共文化服务实际能力发挥的因素,潜在能力转化为实际能力的前提和条件,能力与水平间不同组合的决定因素和内在逻辑,从而对政策和行政策略进行调整,选择正确的公共文化服务水平提升方向和路径。①

公共文化服务投入与产出绩效指数(总量)得分排在第一位的河南省,近年来在加强公共文化服务投入的同时,不断提高行政管理效率和服务效率,各市级文化中心相继建成,县乡文化站建设快速推进,文化信息资源共享工程实现了乡镇全覆盖的基础上,进一步规范公共文化服务单位管理,充分发挥已建成的文化场馆的作用,不断提高基层文化设施规范管理化水平,设立完善的基层管理制度,在公共文化服务上取得了良好的绩效。

公共文化服务综合指数以及在公共文化投入、活动等排名靠前的上海市和北京市,公共文化服务投入与产出绩效指数(总量)得分却分别排在第二十四位和第二十九位,这主要由于这些地区长期以来对公共文化的投入已经达到相当的规模,公共文化服务已经达到一定的水平,规模收益呈递减状态,继续加大投入带来的效率的提高不再显著。而西部地区(如新疆)则处于规模收益递增阶段,主要是由于这些地区长期以来公共文化投入严重不足,在此基础上加大投入使得效率明显提高,所以西部部分省市自治区的排名较为靠前,从而显示出东西部差距不断被拉近的趋势。

二、公共文化服务投入与产出绩效指数(人均)得分和排名

公共文化服务投入与产出绩效指数(人均)得分排在前五位的是:江西省(73.39分)、河北省(72.94分)、湖北省(72.09分)、河南省(72.08

---

① 贾旭东:《对提高公共文化服务评估科学性的思考》,载《人民政协报》,2012年3月26日。

分)、黑龙江省(71.93 分),排在后五位的是:青海省(63.31 分)、宁夏回族自治区(62.83 分)、西藏自治区(62.70 分)、内蒙古自治区(62.60 分)、海南省(62.29 分)。(见图 5-2,表 5-2)

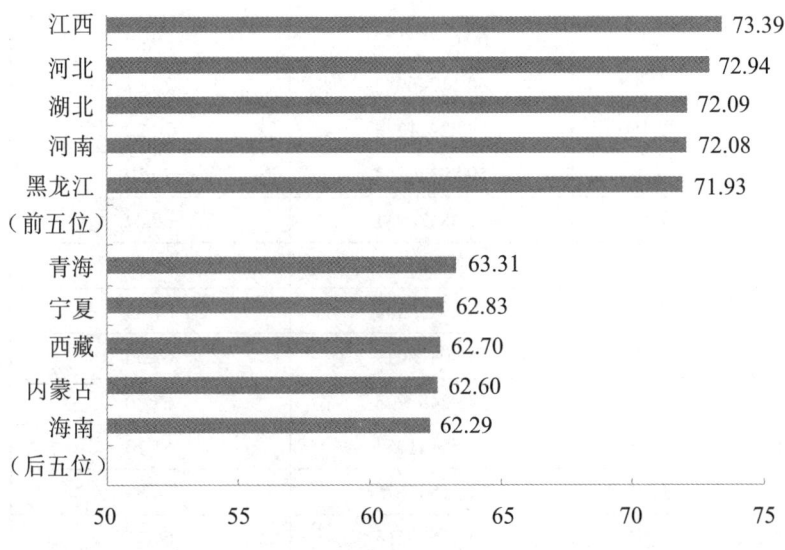

图 5-2 公共文化服务投入与产出绩效指数(人均)排名

表 5-2 31 个省市自治区公共文化服务投入与产出绩效指数(人均)得分和排名

排名	省市自治区	公共文化投入与产出绩效指数(人均)得分	公共文化投入与产出绩效指数(人均)百分制得分
1	江西	65.38123535	73.39
2	河北	64.59138586	72.94
3	湖北	63.09086562	72.09
4	河南	63.07558945	72.08
5	黑龙江	62.79783965	71.93
6	江苏	62.70849210	71.87
7	山东	62.51931038	71.77
8	湖南	62.36443572	71.68
9	辽宁	62.27521782	71.63

续表

排名	省市自治区	公共文化投入与产出绩效指数(人均)得分	公共文化投入与产出绩效指数(人均)百分制得分
10	新疆	60.85111976	70.80
11	吉林	60.65387123	70.69
12	广西	60.11246922	70.37
13	福建	59.82221272	70.20
14	安徽	59.80220852	70.19
15	天津	57.48470981	68.82
16	陕西	57.13662811	68.61
17	上海	55.89118545	67.85
18	山西	55.40473017	67.56
19	广东	54.97489723	67.30
20	云南	54.65131053	67.10
21	四川	54.31546676	66.89
22	重庆	54.11629616	66.77
23	北京	53.73687278	66.53
24	甘肃	53.72495037	66.53
25	贵州	52.13537086	65.54
26	浙江	51.61438347	65.21
27	青海	48.66073316	63.31
28	宁夏	47.92135970	62.83
29	西藏	47.72524673	62.70
30	内蒙古	47.56313780	62.60
31	海南	47.09878785	62.29
	理想最大值	121.3902890	100

影响公共文化服务投入与产出绩效的因素还有行政环境、行政效率、政府公信力、管理规范化、公民参与等，这些因素也是影响公共文化服务绩效的外部环境。

公共文化服务投入与产出绩效指数(人均)得分排名第一的江西

省,近年来不断深化体制改革,努力构建公共文化服务体系,积极推出优惠政策、措施,推动文化事业、文化产业快速发展,努力营造提高公共文化服务绩效的良好环境。近年来,江西省重点文化基础设施建设步伐提速,按照布局合理、结构优化、重点突出的原则,大力加强重大文化基础设施建设,大批标志性骨干文化设施相继建成,同时,江西省各级政府还加大了对农村地区文化基础设施建设的扶持力度,在基本实现"县县有图书馆、文化馆"的基础上,规划启动了乡镇文化站建设工程、文化信息资源共享工程、县级图书馆文化馆维修改造工程、基层文物维修与保护工程,重点建设和改造、提升了一批基层文化设施,提升了群众的幸福指数。2013 年,江西省完成对 44 个县级两馆的维修改造。在 2013 年的全国第五次公共图书馆(县级以上)评估定级中,江西省一级图书馆由五年前的 12 个增加到 40 个,二级图书馆由 21 个增加到 40 个,一、二级图书馆在全国排名靠前。江西省还完成了对 2 025 家农家书屋新书更新及 1.23 万个村(场)广播电视"村村通"工程建设任务。2013 年以来,江西省建有县级影院 68 家,覆盖全省 52 个县(市、区)。① 江西省在公共文化服务上取得的绩效,为实现公共服务均等化打下了良好基础。

---

① 郁鑫鹏:《江西:公共文化服务走在春天里》,http://news.jxgdw.com/jxxw/wh/2361310.html。

第六章 31个省市自治区公共文化服务核心指标分析排序

全国公共文化服务指数以58个评价指标为基础，对31个省市自治区的公共文化服务做了分析计算和排序。为了更清晰地看到31个省市自治区在公共文化服务方面的优势与不足，我们根据《中国统计年鉴》(2013年)、《中国文化文物统计年鉴》(2013年)的统计数据，对其中20个核心指标做具体排序分析，再将2013年31个省市自治区20个核心指标与2012年做比较分析，进而对增长(或进步)情况做排序。

一、公共文化投入分析

(一)文化事业费占财政支出比重

1. 文化事业费占财政支出比重排名

全国31个省市自治区文化事业费占财政支出比重，全国平均为0.40%，全国有16个省市自治区低于0.40%的平均水平。排在前五位的是：浙江省(0.75%)、上海市(0.62%)、北京市(0.55%)、广东省(0.50%)、宁夏回族自治区(0.50%)，排在后五位的是：安徽省(0.28%)、湖南省(0.28%)、江西省(0.27%)、河北省(0.26%)、西藏自治区(0.25%)。第一名浙江省与最后一名西藏自治区相差0.50%。(见图6-1，表6-1)

第六章 31个省市自治区公共文化服务核心指标分析排序

浙江 0.75
上海 0.62
北京 0.55
广东 0.50
宁夏 0.50
（前五位）
安徽 0.28
湖南 0.28
江西 0.27
河北 0.26
西藏 0.25
（后五位）

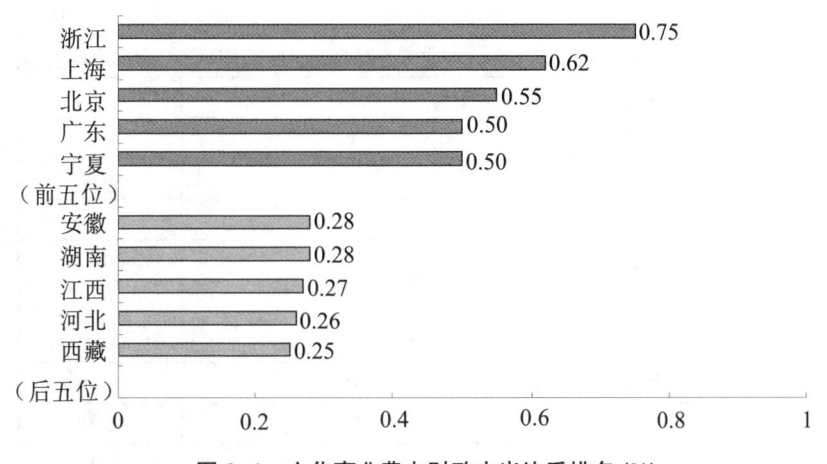

图 6-1 文化事业费占财政支出比重排名 (%)

表 6-1 全国31个省市自治区文化事业费占财政支出比重

序号	省市自治区	文化事业费占财政支出比重 (%)	全国平均差
0	全国平均	0.40	/
1	浙江	0.75	+0.35
2	上海	0.62	+0.22
3	北京	0.55	+0.15
4	广东	0.50	+0.10
5	宁夏	0.50	+0.10
6	福建	0.49	+0.09
7	海南	0.48	+0.08
8	山西	0.47	+0.07
9	甘肃	0.47	+0.07
10	四川	0.44	+0.04
11	内蒙古	0.43	+0.03
12	天津	0.42	+0.02
13	吉林	0.42	+0.02
14	云南	0.42	+0.02
15	陕西	0.41	+0.01
16	新疆	0.39	−0.01
17	江苏	0.37	−0.03

续表

序号	省市自治区	文化事业费占财政支出比重(%)	全国平均差
18	重庆	0.36	−0.04
19	山东	0.35	−0.05
20	青海	0.35	−0.05
21	湖北	0.34	−0.06
22	广西	0.33	−0.07
23	贵州	0.33	−0.07
24	黑龙江	0.31	−0.09
25	河南	0.29	−0.11
26	辽宁	0.28	−0.12
27	安徽	0.28	−0.12
28	湖南	0.28	−0.12
29	江西	0.27	−0.13
30	河北	0.26	−0.14
31	西藏	0.25	−0.15

2. 文化事业费占财政支出比重增长情况排名

与2012年数据相比，全国31个省市自治区文化事业费占财政支出比重(%)全国平均水平较上年同期下降了4.76%，全国有13个省市自治区较上年有了不同程度的提高。其中，增长幅度最大的前五位是四川省(29.41%)、甘肃省(23.68%)、山西省(17.50%)、宁夏回族自治区(13.64%)、江苏省(12.12%)。(见图6-2，表6-2)。

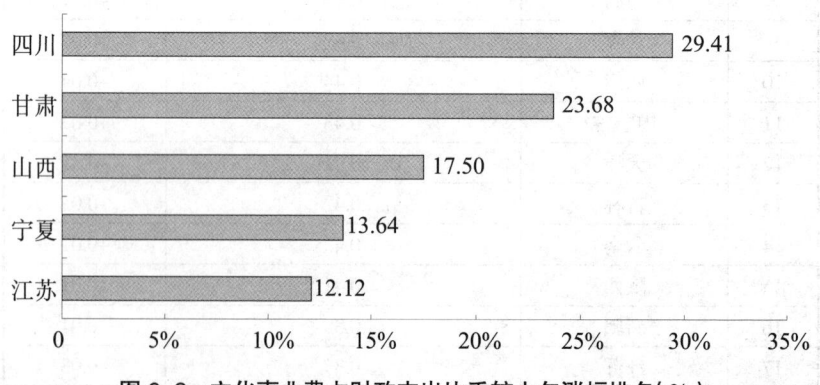

图6-2 文化事业费占财政支出比重较上年涨幅排名(%)

表 6-2 全国 31 个省市自治区文化事业费占财政支出比重较上年涨幅

序号	省市自治区	文化事业费占财政支出比重(%)		2013年较2012年涨幅(%)
		2013年	2012年	
0	全国平均	0.40	0.42	−4.76
1	四川	0.44	0.34	+29.41
2	甘肃	0.47	0.38	+23.68
3	山西	0.47	0.40	+17.50
4	宁夏	0.50	0.44	+13.64
5	江苏	0.37	0.33	+12.12
6	上海	0.62	0.56	+10.71
7	云南	0.42	0.38	+10.53
8	河北	0.26	0.25	+4.00
9	河南	0.29	0.28	+3.57
10	山东	0.35	0.34	+2.94
11	陕西	0.41	0.40	+2.50
12	天津	0.42	0.41	+2.44
13	海南	0.48	0.47	+2.13
14	浙江	0.75	0.75	0.00
15	广东	0.50	0.50	0.00
16	贵州	0.33	0.33	0.00
17	黑龙江	0.31	0.33	−6.06
18	安徽	0.28	0.30	−6.67
19	新疆	0.39	0.42	−7.14
20	北京	0.55	0.60	−8.33
21	湖南	0.28	0.32	−12.50
22	内蒙古	0.43	0.50	−14.00

续表

序号	省市自治区	文化事业费占财政支出比重(%)		2013年较2012年涨幅(%)
		2013年	2012年	
23	广西	0.33	0.40	−17.50
24	吉林	0.42	0.51	−17.65
25	福建	0.49	0.60	−18.33
26	辽宁	0.28	0.35	−20.00
27	重庆	0.36	0.45	−20.00
28	湖北	0.34	0.46	−26.09
29	江西	0.27	0.38	−28.95
30	西藏	0.25	0.38	−34.21
31	青海	0.35	0.55	−36.36

要说明的是：浙江省的"文化事业费占财政支出比重"这一最直观的数据，高出上海市0.13个百分点；同时，浙江省公共文化投入综合指数（总量）也高出上海市6.74分；不过，公共文化投入综合指数（人均）得分，上海市则排在全国第一位，比第二名浙江省高了22.73分。

（二）人均文化事业费

1. 人均文化事业费排名

全国31个省市自治区人均文化事业费，全国平均为44.60元，全国有21个省市自治区低于44.60元的平均水平。排在前五位的是：上海市（120.65元）、北京市（110.55元）、青海省（89.80元）、西藏自治区（88.09元）、宁夏回族自治区（68.84元），排在后五位的是：湖南省（19.12元）、江西省（17.71元）、河南省（15.99元）、河北省（15.74元）、安徽省（15.08元）。第一名上海市与最后一名安徽省相差105.57元。（见图6-3，表6-3）

第六章 31个省市自治区公共文化服务核心指标分析排序

```
上海                                              120.65
北京                                          110.55
青海                                   89.80
西藏                                   88.09
宁夏                             68.84
（前五位）
湖南       19.12
江西       17.71
河南       15.99
河北       15.74
安徽       15.08
（后五位）
     0    20   40   60   80  100  120  140(元)
```

图 6-3 人均文化事业费排名

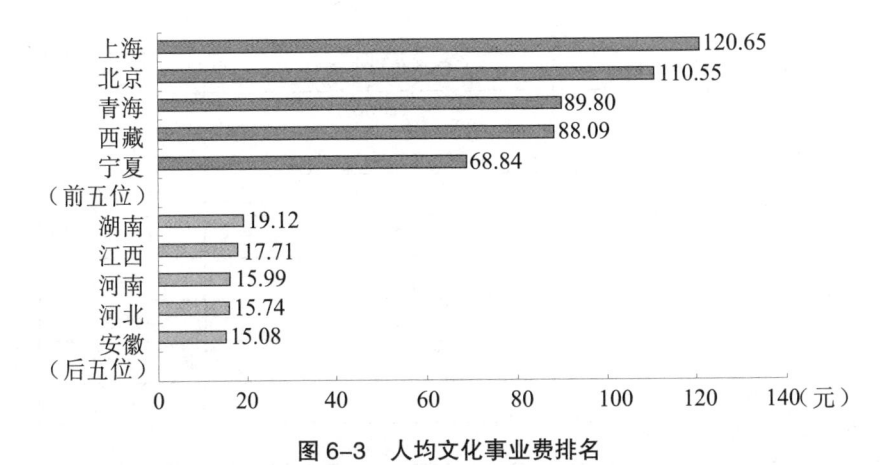

表 6-3 全国 31 个省市自治区人均文化事业费

序号	省市自治区	人均文化事业费(元)	全国平均差
0	全国平均	44.60	/
1	上海	120.65	+76.05
2	北京	110.55	+65.95
3	青海	89.80	+45.20
4	西藏	88.09	+43.49
5	宁夏	68.84	+24.24
6	浙江	65.20	+20.60
7	内蒙古	65.12	+20.52
8	海南	64.50	+19.90
9	天津	56.11	+11.51
10	新疆	56.01	+11.41
11	重庆	41.00	-3.60
12	陕西	40.87	-3.73
13	江苏	37.59	-7.01
14	山西	36.34	-8.26
15	广东	36.30	-8.30
16	甘肃	35.38	-9.22
17	吉林	34.53	-10.07
18	四川	34.04	-10.56

续表

序号	省市自治区	人均文化事业费(元)	全国平均差
19	福建	33.90	-10.70
20	辽宁	33.53	-11.07
21	云南	28.07	-16.53
22	贵州	27.81	-16.79
23	广西	25.00	-19.60
24	黑龙江	24.40	-20.20
25	湖北	24.00	-20.60
26	山东	21.36	-23.24
27	湖南	19.12	-25.48
28	江西	17.71	-26.89
29	河南	15.99	-28.61
30	河北	15.74	-28.86
31	安徽	15.08	-29.52

2.人均文化事业费增长幅度排名

与2012年数据相比,全国31个省市自治区人均文化事业费全国平均水平较上年同期增长了24.37%,全国有30个省市自治区较上年有了不同程度的提高。其中,增长幅度最大的前五位是海南省(51.66%)、青海省(49.52%)、新疆维吾尔自治区(40.66%)、广西壮族自治区(40.37%)、西藏自治区(38.72%)。(见图6-4,表6-4)。

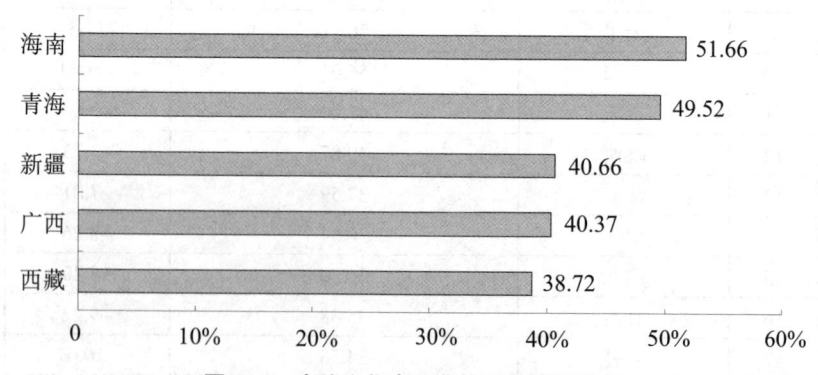

地区	涨幅(%)
海南	51.66
青海	49.52
新疆	40.66
广西	40.37
西藏	38.72

图6-4 人均文化事业费较上年涨幅排名

表 6-4 全国 31 个省市自治区人均文化事业费较上年涨幅

序号	省市自治区	人均文化事业费(元) 2013 年	人均文化事业费(元) 2012 年	2013 年较 2012 年涨幅(%)
0	全国平均	44.60	35.86	+24.37
1	海南	64.50	42.53	+51.66
2	青海	89.80	60.06	+49.52
3	新疆	56.01	39.82	+40.66
4	广西	25.00	17.81	+40.37
5	西藏	88.09	63.50	+38.72
6	辽宁	33.53	24.93	+34.50
7	四川	34.04	25.56	+33.18
8	江苏	37.59	28.88	+30.16
9	贵州	27.81	21.56	+28.99
10	陕西	40.87	31.85	+28.32
11	湖北	24.00	18.77	+27.86
12	湖南	19.12	14.98	+27.64
13	重庆	41.00	32.13	+27.61
14	内蒙古	65.12	51.45	+26.57
15	北京	110.55	88.71	+24.62
16	宁夏	68.84	55.62	+23.77
17	浙江	65.20	52.83	+23.41
18	河南	15.99	13.04	+22.62
19	河北	15.74	12.85	+22.49
20	山东	21.36	18.20	+17.36
21	福建	33.90	28.94	+17.14
22	上海	120.65	103.01	+17.12
23	山西	36.34	31.13	+16.74
24	江西	17.71	15.52	+14.11
25	广东	36.30	32.12	+13.01
26	甘肃	35.38	32.52	+8.79

续表

序号	省市自治区	人均文化事业费(元)		2013年较2012年涨幅(%)
		2013年	2012年	
27	云南	28.07	26.26	+6.89
28	黑龙江	24.40	22.94	+6.36
29	吉林	34.53	33.85	+2.01
30	天津	56.11	55.05	+1.93
31	安徽	15.08	15.31	-1.50

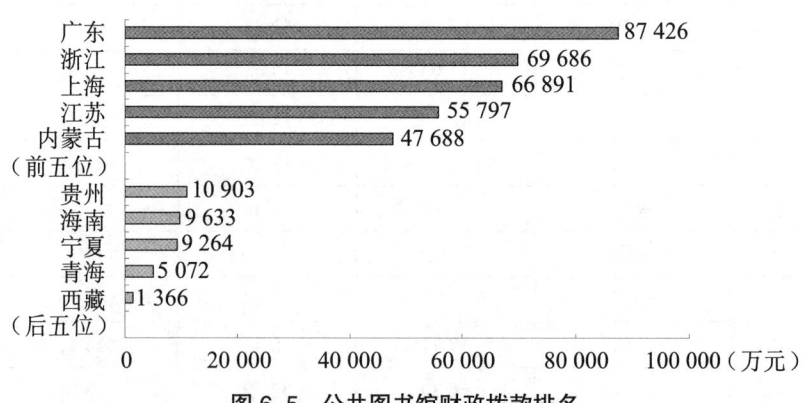

(三) 公共图书馆财政拨款

1. 公共图书馆财政拨款排名

全国31个省市自治区公共图书馆财政拨款,全国平均为27 939.52万元,全国有21个省市自治区低于27 939.52万元的平均水平。排在前五位的是:广东省(87 426万元)、浙江省(69 686万元)、上海市(66 891万元)、江苏省(55 797万元)、内蒙古自治区(47 688万元),排在后五位的是:贵州省(10 903万元)、海南省(9 633万元)、宁夏回族自治区(9 264万元)、青海省(5 072万元)、西藏自治区(1 366万元)。第一名广东省与最后一名西藏自治区相差86 060万元。(见图6-5,表6-5)

省份	金额
广东	87 426
浙江	69 686
上海	66 891
江苏	55 797
内蒙古	47 688
(前五位)	
贵州	10 903
海南	9 633
宁夏	9 264
青海	5 072
西藏	1 366
(后五位)	

图6-5 公共图书馆财政拨款排名

表 6-5　全国 31 个省市自治区公共图书馆财政拨款

序号	省市自治区	公共图书馆财政拨款(万元)	全国平均差
0	全国平均	27939.52	/
1	广东	87426	+59486.48
2	浙江	69686	+41746.48
3	上海	66891	+38951.48
4	江苏	55797	+27857.48
5	内蒙古	47688	+19748.48
6	北京	43528	+15588.48
7	辽宁	39276	+11336.48
8	四川	38337	+10397.48
9	山东	32611	+4671.48
10	湖北	31304	+3364.48
11	天津	25123	−2816.52
12	广西	22675	−5264.52
13	河南	22181	−5758.52
14	山西	21448	−6491.52
15	福建	21355	−6584.52
16	重庆	20379	−7560.52
17	云南	20102	−7837.52
18	陕西	19896	−8043.52
19	湖南	19894	−8045.52
20	吉林	19800	−8139.52
21	河北	18771	−9168.52
22	安徽	17942	−9997.52
23	新疆	17552	−10387.52
24	甘肃	17173	−10766.52
25	黑龙江	16870	−11069.52
26	江西	16182	−11757.52
27	贵州	10903	−17036.52
28	海南	9633	−18306.52

续表

序号	省市自治区	公共图书馆财政拨款（万元）	全国平均差
29	宁夏	9264	−18675.52
30	青海	5072	−22867.52
31	西藏	1366	−26573.52

2. 公共图书馆财政拨款增长幅度排名

与2012年数据相互对比，全国31个省市自治区公共图书馆财政拨款全国平均水平较上年同期增长了25.54%，全国有29个省市自治区较上年有了不同程度的提高。其中，增长幅度最大的前五位是内蒙古自治区（127.58%）、海南省（100.52%）、重庆市（72.03%）、广西壮族自治区（68.90%）、山西省（60.76%）。（见图6-6，表6-6）

地区	增幅
内蒙古	127.58
海南	100.52
重庆	72.03
广西	68.90
山西	60.76

图6-6　公共图书馆财政拨款较上年涨幅排名

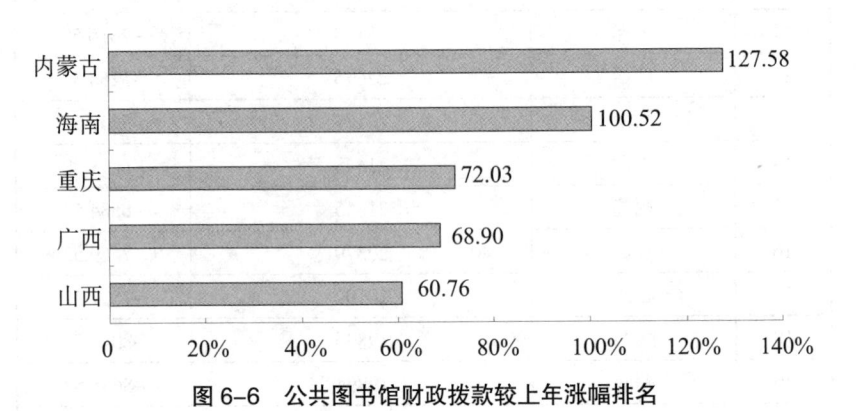

表6-6　全国31个省市自治区公共图书馆财政拨款较上年涨幅

序号	省市自治区	公共图书馆财政拨款（万元）		2013年较2012年涨幅（%）
		2013年	2012年	
0	全国平均	27939.52	22256.00	+25.54
1	内蒙古	47688	20954	+127.58
2	海南	9633	4804	+100.52
3	重庆	20379	11846	+72.03

续表

序号	省市自治区	公共图书馆财政拨款(万元) 2013年	2012年	2013年较2012年涨幅(%)
4	广西	22675	13425	+68.90
5	山西	21448	13342	+60.76
6	新疆	17552	11518	+52.39
7	江西	16182	11197	+44.52
8	宁夏	9264	6868	+34.89
9	四川	38337	28597	+34.06
10	浙江	69686	52741	+32.13
11	湖南	19894	15125	+31.53
12	河南	22181	16911	+31.16
13	河北	18771	14325	+31.04
14	甘肃	17173	13354	+28.60
15	安徽	17942	14125	+27.02
16	青海	5072	4003	+26.70
17	江苏	55797	44475	+25.46
18	陕西	19896	15884	+25.26
19	北京	43528	36261	+20.04
20	山东	32611	28069	+16.18
21	广东	87426	75460	+15.86
22	黑龙江	16870	14596	+15.58
23	云南	20102	17720	+13.44
24	贵州	10903	9616	+13.38
25	上海	66891	59285	+12.83
26	辽宁	39276	34838	+12.74
27	吉林	19800	17696	+11.89
28	福建	21355	19124	+11.67
29	西藏	1366	1322	+3.33
30	湖北	31304	32336	-3.19
31	天津	25123	30119	-16.59

二、公共文化机构分析

(一)群众文化机构财政拨款

1. 群众文化机构财政拨款排名

全国31个省市自治区群众文化机构财政拨款,全国平均为41 957.84万元,全国有22个省市自治区低于41 957.84万元的平均水平。排在前五位的是:广东省(136 560万元)、浙江省(131 636万元)、四川省(94 848万元)、上海市(94 322万元)、江苏省(89 287万元),排在后五位的是:天津市(12 807万元)、海南省(12 071万元)、宁夏回族自治区(11 545万元)、青海省(8 576万元)、西藏自治区(4 518万元)。第一名广东省与最后一名西藏自治区相差132 042万元。(见图6-7,表6-7)

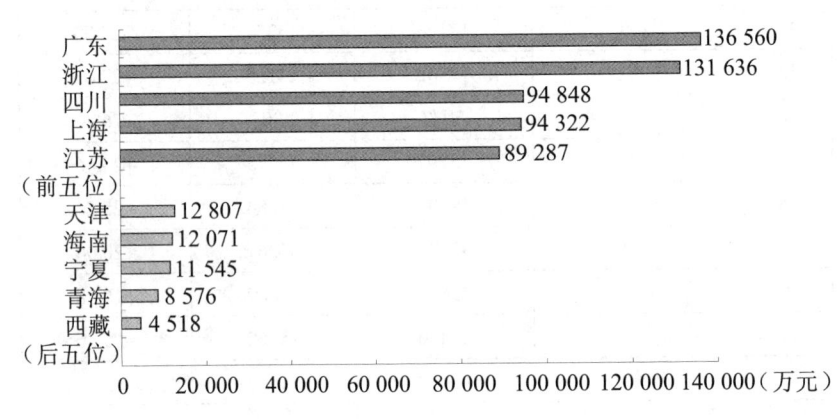

图6-7 群众文化机构财政拨款排名

表6-7 全国31个省市自治区群众文化机构财政拨款

序号	省市自治区	群众文化机构财政拨款(万元)	全国平均差
0	全国平均	41957.84	/
1	广东	136560	+94602.16
2	浙江	131636	+89678.16
3	四川	94848	+52890.16
4	上海	94322	+52364.16

续表

序号	省市自治区	群众文化机构财政拨款(万元)	全国平均差
5	江苏	89287	+47329.16
6	山东	56024	+14066.16
7	河南	45600	+3642.16
8	陕西	45548	+3590.16
9	云南	43072	+1114.16
10	重庆	41300	-657.84
11	湖南	39078	-2879.84
12	安徽	38763	-3194.84
13	辽宁	35809	-6148.84
14	内蒙古	33897	-8060.84
15	河北	32256	-9701.84
16	山西	31256	-10701.84
17	新疆	29557	-12400.84
18	贵州	28838	-13119.84
19	吉林	28294	-13663.84
20	广西	27169	-14788.84
21	湖北	26331	-15626.84
22	甘肃	26242	-15715.84
23	福建	25393	-16564.84
24	北京	24267	-17690.84
25	黑龙江	23500	-18457.84
26	江西	22329	-19628.84
27	天津	12807	-29150.84
28	海南	12071	-29886.84
29	宁夏	11545	-30412.84
30	青海	8576	-33381.84
31	西藏	4518	-37439.84

2. 群众文化机构财政拨款增长幅度排名

与2012年数据相比,全国31个省市自治区群众文化机构财政拨款全国平均水平较上年同期增长了15.84%,全国有24个省市自治区较上年有了不同程度的提高。其中,增长幅度最大的前五位是海南省(134.57%)、宁夏回族自治区(78.83%)、山西省(40.82%)、陕西省(34.83%)、重庆市(31.47%)。(见图6-8,表6-8)

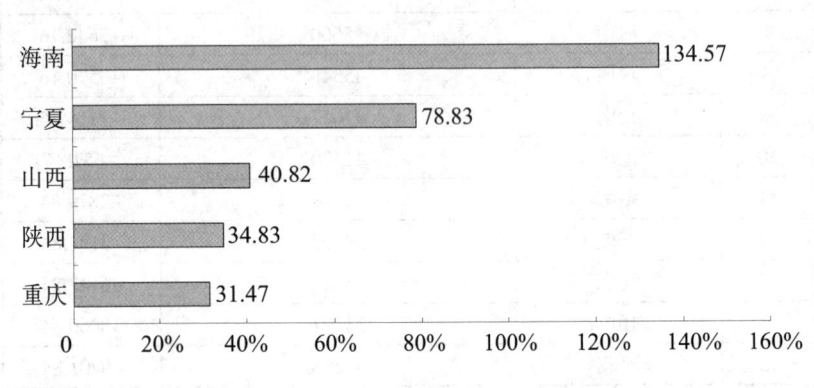

图6-8 群众文化机构财政拨款较上年涨幅排名

海南	134.57
宁夏	78.83
山西	40.82
陕西	34.83
重庆	31.47

表6-8 全国31个省市自治区群众文化机构财政拨款较上年涨幅

序号	省市自治区	群众文化机构财政拨款(万元)		2013年较2012年涨幅(%)
		2013年	2012年	
0	全国平均	41957.84	36221.74	+15.84
1	海南	12071	5146	+134.57
2	宁夏	11545	6456	+78.83
3	山西	31256	22196	+40.82
4	陕西	45548	33783	+34.83
5	重庆	41300	31413	+31.47
6	广西	27169	20763	+30.85
7	江苏	89287	69672	+28.15
8	浙江	131636	102970	+27.84
9	北京	24267	19029	+27.53
10	甘肃	26242	21335	+23.00
11	云南	43072	35613	+20.94
12	辽宁	35809	29980	+19.44

续表

序号	省市自治区	群众文化机构财政拨款(万元)		2013年较2012年涨幅(%)
		2013年	2012年	
13	河北	32256	27023	+19.36
14	上海	94322	79700	+18.35
15	湖北	26331	22345	+17.84
16	广东	136560	116226	+17.50
17	吉林	28294	24244	+16.71
18	江西	22329	19219	+16.18
19	山东	56024	48399	+15.75
20	内蒙古	33897	29552	+14.70
21	四川	94848	83339	+13.81
22	福建	25393	22502	+12.85
23	黑龙江	23500	21099	+11.38
24	天津	12807	11906	+7.57
25	贵州	28838	30443	-5.27
26	河南	45600	48223	-5.44
27	青海	8576	9247	-7.26
28	安徽	38763	41844	-7.36
29	湖南	39078	42727	-8.54
30	西藏	4518	5534	-18.36
31	新疆	29557	40946	-27.81

(二)群众文化机构数

1. 群众文化机构数排名

全国31个省市自治区群众文化机构数,全国平均为1 415.35个,全国有14个省市自治区低于1 415.35个的平均水平。排在前五位的是:四川省(4 800个)、湖南省(2 617个)、河南省(2 514个)、河北省(2 393个)、山东省(1 979个),排在后五位的是:西藏自治区(320个)、天津市(283个)、宁夏回族自治区(254个)、上海市(240个)、海南省(233个)。

第一名四川省与最后一名海南省相差 4 567 个。(见图 6-9，表 6-9)

```
四川                             4 800
湖南           2 617
河南           2 514
河北           2 393
山东         1 979
(前五位)
西藏   320
天津   283
宁夏   254
上海   240
海南   233
(后五位)
    0    1 000  2 000  3 000  4 000  5 000(个)
```

图 6-9　群众文化机构数排名

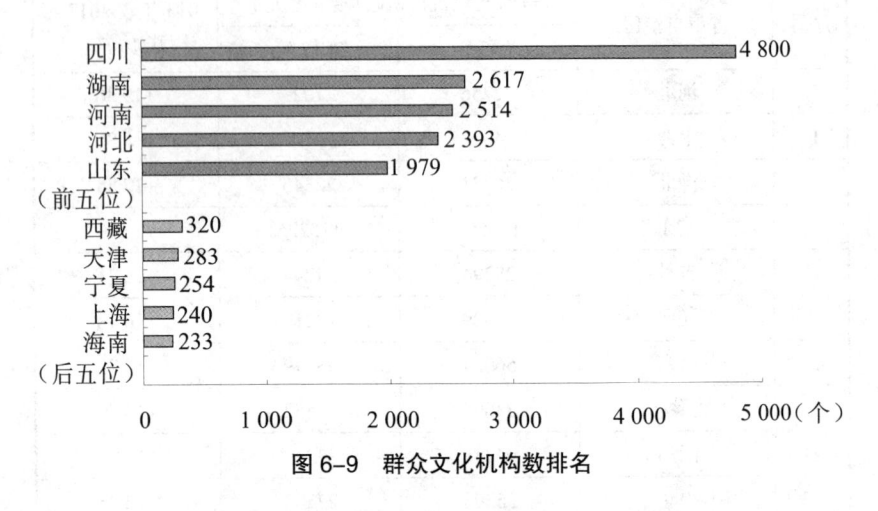

表 6-9　全国 31 个省市自治区群众文化机构数

序号	省市自治区	群众文化机构数(个)	全国平均差
0	全国平均	1415.35	/
1	四川	4800	+3384.65
2	湖南	2617	+1201.65
3	河南	2514	+1098.65
4	河北	2393	+977.65
5	山东	1979	+563.65
6	江西	1950	+534.65
7	陕西	1772	+356.65
8	广东	1744	+328.65
9	贵州	1661	+245.65
10	黑龙江	1641	+225.65
11	安徽	1554	+138.65
12	辽宁	1550	+134.65
13	山西	1538	+122.65

续表

序号	省市自治区	群众文化机构数(个)	全国平均差
14	云南	1526	+110.65
15	浙江	1447	+31.65
16	甘肃	1423	+7.65
17	江苏	1419	+3.65
18	湖北	1379	-36.35
19	广西	1290	-125.35
20	新疆	1259	-156.35
21	福建	1199	-216.35
22	内蒙古	1132	-283.35
23	重庆	1038	-377.35
24	吉林	965	-450.35
25	青海	413	-1002.35
26	北京	343	-1072.35
27	西藏	320	-1095.35
28	天津	283	-1132.35
29	宁夏	254	-1161.35
30	上海	240	-1175.35
31	海南	233	-1182.35

2.群众文化机构数增长幅度排名

与去年数据相比,全国31个省市自治区群众文化机构数(个)全国平均水平较上年同期增长了0.46%,全国有19个省市自治区较上年有了不同程度的提高。其中,增长幅度最大的前五位是天津市(9.69%)、贵州省(5.19%)、内蒙古自治区(2.44%)、宁夏回族自治区(1.59%)、安徽省(1.44%)。(见图6-10,表6-10)

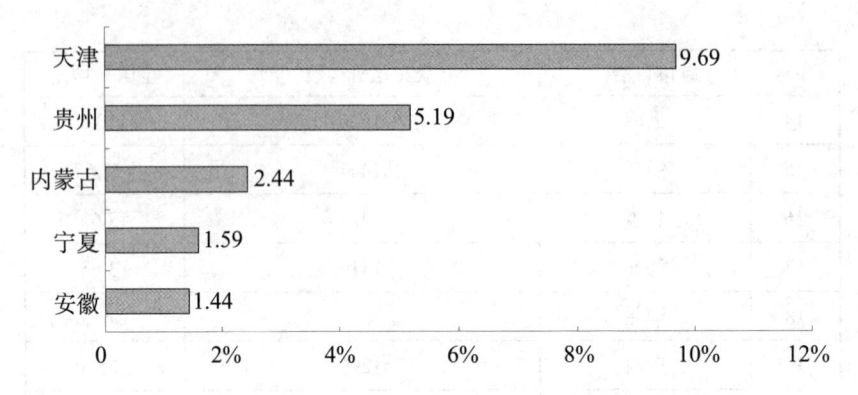

图6-10 群众文化机构数较上年涨幅排名

表6-10 全国31个省市自治区群众文化机构数较上年涨幅

序号	省市自治区	群众文化机构数(个)		2013年较2012年涨幅(%)
		2013年	2012年	
0	全国平均	1415.35	1408.87	+0.46
1	天津	283	258	+9.69
2	贵州	1661	1579	+5.19
3	内蒙古	1132	1105	+2.44
4	宁夏	256	252	+1.59
5	安徽	1554	1532	+1.44
6	河北	2393	2360	+1.40
7	北京	343	340	+0.88
8	陕西	1772	1761	+0.62
9	云南	1526	1519	+0.46
10	广西	1290	1285	+0.39
11	河南	2514	2506	+0.32
12	广东	1744	1740	+0.23
13	甘肃	1423	1420	+0.21
14	山西	1538	1535	+0.20
15	江西	1950	1947	+0.15

续表

序号	省市自治区	群众文化机构数(个)		2013年较2012年涨幅(%)
		2013年	2012年	
16	重庆	1038	1037	+0.10
17	湖北	1379	1378	+0.07
18	辽宁	1550	1549	+0.06
19	四川	4800	4798	+0.04
20	福建	1199	1199	0.00
21	西藏	320	320	0.00
22	青海	413	413	0.00
23	新疆	1259	1259	0.00
24	吉林	965	966	−0.10
25	浙江	1447	1449	−0.14
26	湖南	2617	2624	−0.27
27	上海	240	241	−0.41
28	海南	233	234	−0.43
29	山东	1979	1988	−0.45
30	黑龙江	1641	1652	−0.67
31	江苏	1419	1429	−0.70

(三)文化馆机构数

1. 文化馆机构数排名

全国31个省市自治区文化馆机构数,全国平均为94.16个,全国有13个省市自治区低于94.16个的平均水平。排在前五位的是:河南省(186个)、四川省(183个)、河北省(168个)、山东省(140个)、黑龙江省(131个),排在后五位的是:上海市(26个)、宁夏回族自治区(20个)、北京市(19个)、天津市(18个)、海南省(18个)。第一名河南省与最后一名海南省相差168个。(见图6-11,表6-11)

```
河南     186
四川     183
河北     168
山东     140
黑龙江   131
(前五位)

上海     26
宁夏     20
北京     19
天津     18
海南     18
(后五位)

    0    40    80    120   160   200(个)
```

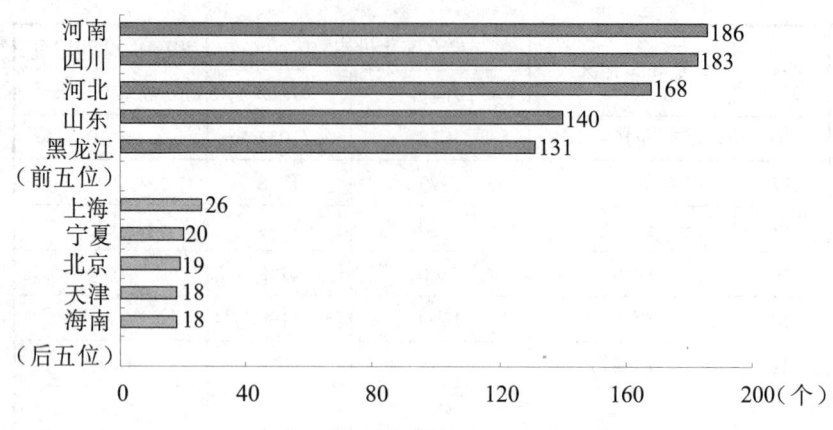

图 6-11　文化馆机构数排名

表 6-11　全国 31 个省市自治区文化馆机构数

序号	省市自治区	文化馆机构数(个)	全国平均差
0	全国平均	94.16	/
1	河南	186	+91.84
2	四川	183	+88.84
3	河北	168	+73.84
4	山东	140	+45.84
5	黑龙江	131	+36.84
6	云南	131	+36.84
7	湖南	127	+32.84
8	广东	123	+28.84
9	山西	119	+24.84
10	陕西	111	+16.84
11	广西	108	+13.84
12	安徽	107	+12.84
13	江苏	105	+10.84
14	湖北	105	+10.84
15	内蒙古	103	+8.84
16	江西	102	+7.84
17	新疆	100	+5.84

续表

序号	省市自治区	文化馆机构数(个)	全国平均差
18	辽宁	99	+4.84
19	浙江	90	−4.16
20	贵州	87	−7.16
21	甘肃	86	−8.16
22	福建	85	−9.16
23	西藏	73	−21.16
24	吉林	63	−31.16
25	青海	46	−48.16
26	重庆	40	−54.16
27	上海	26	−68.16
28	宁夏	20	−74.16
29	北京	19	−75.16
30	天津	18	−76.16
31	海南	18	−76.16

2. 文化馆机构数增长幅度排名

与去年数据相比,全国31个省市自治区文化馆机构数全国平均水平较上年同期增长了0.45%,全国有10个省市自治区较上年有了不同程度的提高。其中,增长幅度最大的前五位是新疆维吾尔自治区(3.09%)、河北省(3.07%)、江苏省(1.94%)、湖北省(1.94%)、陕西省(1.83%)。(见图6–12,表6–12)

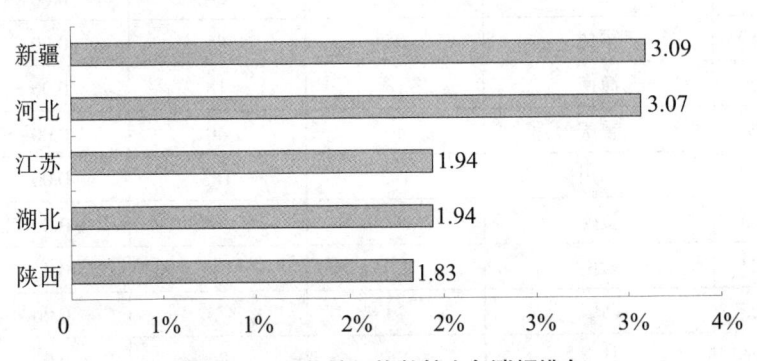

图6–12 文化馆机构数较上年涨幅排名

表6-12 全国31个省市自治区文化馆机构数较上年涨幅

序号	省市自治区	文化馆机构数(个)		2013年较2012年涨幅(%)
		2013年	2012年	
0	全国平均	94.16	93.74	+0.45
1	新疆	100	97	+3.09
2	河北	168	163	+3.07
3	江苏	105	103	+1.94
4	湖北	105	103	+1.94
5	陕西	111	109	+1.83
6	安徽	107	106	+0.94
7	广西	108	107	+0.93
8	广东	123	122	+0.82
9	湖南	127	126	+0.79
10	河南	186	185	+0.54
11	北京	19	19	0.00
12	天津	18	18	0.00
13	山西	119	119	0.00
14	内蒙古	103	103	0.00
15	辽宁	99	99	0.00
16	吉林	63	63	0.00
17	黑龙江	131	131	0.00
18	上海	26	26	0.00
19	福建	85	85	0.00
20	海南	18	18	0.00
21	重庆	40	40	0.00
22	四川	183	183	0.00
23	贵州	87	87	0.00
24	云南	131	131	0.00
25	西藏	73	73	0.00
26	甘肃	86	86	0.00

续表

序号	省市自治区	文化馆机构数(个) 2013年	文化馆机构数(个) 2012年	2013年较2012年涨幅(%)
27	青海	46	46	0.00
28	江西	102	103	−0.97
29	山东	140	142	−1.41
30	浙江	90	92	−2.17
31	宁夏	20	21	−4.76

(四)文化站机构数

1.文化站机构数排名

全国31个省市自治区文化站机构数,全国平均为1 308.87个,全国有15个省市自治区低于1 308.87个的平均水平。排在前五位的是:四川省(4 595个)、湖南省(2 475个)、河南省(2 309个)、河北省(2 212个)、江西省(1 835个),排在后五位的是:天津市(264个)、西藏自治区(239个)、宁夏回族自治区(227个)、上海市(213个)、海南省(212个)。第一名四川省与最后一名海南省相差4 383个。(见图6–13,表6–13)

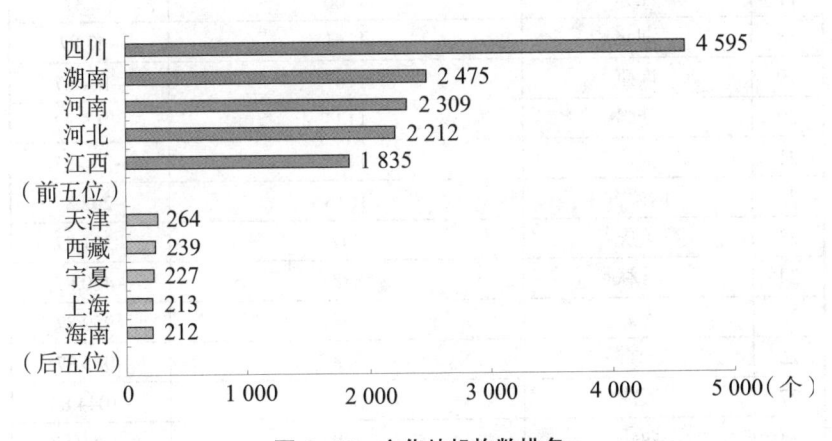

图6–13 文化站机构数排名

表6-13 全国31个省市自治区文化站机构数

序号	省市自治区	文化站机构数(个)	全国平均差
0	全国平均	1308.87	/
1	四川	4595	+3286.13
2	湖南	2475	+1166.13
3	河南	2309	+1000.13
4	河北	2212	+903.13
5	江西	1835	+526.13
6	山东	1821	+512.13
7	陕西	1650	+341.13
8	广东	1599	+290.13
9	贵州	1564	+255.13
10	黑龙江	1493	+184.13
11	安徽	1433	+124.13
12	辽宁	1427	+118.13
13	山西	1407	+98.13
14	云南	1378	+69.13
15	浙江	1345	+36.13
16	甘肃	1320	+11.13
17	江苏	1300	-8.87
18	湖北	1261	-47.87
19	广西	1167	-141.87
20	新疆	1143	-165.87
21	福建	1104	-204.87
22	内蒙古	1016	-292.87
23	重庆	997	-311.87
24	吉林	888	-420.87
25	青海	358	-950.87
26	北京	323	-985.87
27	天津	264	-1044.87
28	西藏	239	-1069.87
29	宁夏	227	-1081.87
30	上海	213	-1095.87
31	海南	212	-1096.87

2. 文化站机构数增长幅度排名

与 2012 年数据相比,全国 31 个省市自治区文化站机构数全国平均水平较上年同期增长了 0.46%,全国有 17 个省市自治区较上年有了不同程度地相应提高。其中,增长幅度最大的前五位是天津市(10.46%)、贵州省(5.53%)、内蒙古自治区(2.73%)、安徽省(1.49%)、宁夏回族自治区(1.34%)。(见图 6-14,表 6-14)

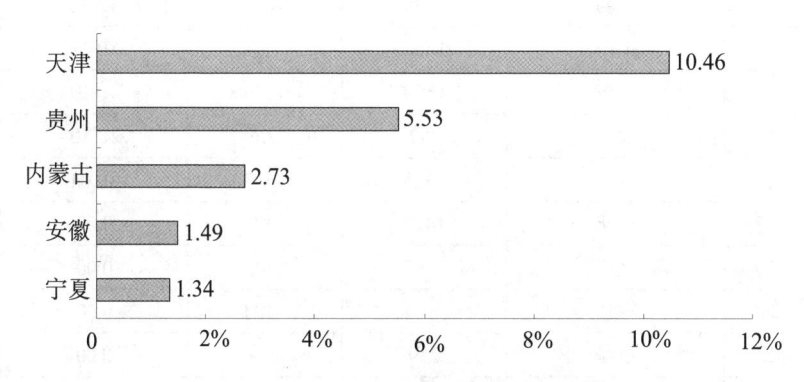

图 6-14　文化站机构数较上年涨幅排名

表 6-14　全国 31 个省市自治区文化站机构数较上年涨幅

序号	省市自治区	文化站机构数(个)		2013 年较 2012 年涨幅(%)
		2013 年	2012 年	
0	全国平均	1308.87	1302.90	+0.46
1	天津	264	239	+10.46
2	贵州	1564	1482	+5.53
3	内蒙古	1016	989	+2.73
4	安徽	1433	1412	+1.49
5	宁夏	227	224	+1.34
6	河北	2212	2183	+1.33
7	北京	323	320	+0.94
8	陕西	1650	1641	+0.55
9	云南	1378	1371	+0.51

续表

序号	省市自治区	文化站机构数(个)		2013年较2012年涨幅(%)
		2013年	2012年	
10	广西	1167	1163	+0.34
11	河南	2309	2303	+0.26
12	甘肃	1320	1317	+0.23
13	江西	1835	1831	+0.22
14	山西	1407	1404	+0.21
15	广东	1599	1596	+0.19
16	重庆	997	996	+0.10
17	四川	4595	4593	+0.04
18	辽宁	1427	1427	0.00
19	浙江	1345	1345	0.00
20	福建	1104	1104	0.00
21	西藏	239	239	0.00
22	青海	358	358	0.00
23	吉林	888	889	−0.11
24	湖北	1261	1263	−0.16
25	湖南	2475	2483	−0.32
26	新疆	1143	1147	−0.35
27	山东	1821	1828	−0.38
28	上海	213	214	−0.47
29	海南	212	213	−0.47
30	黑龙江	1493	1504	−0.73
31	江苏	1300	1312	−0.91

文化站机构数反映的是文化下社区、下农村的情况,反映的是基层老百姓能否便捷均等地享受公共文化服务的情况。四川省不仅公共文化机构数名列全国第一,文化站机构数也名列全国第一,湖南省、河南省的文化站机构数紧随其后,表明中西部地区公共文化在基层开始扎根。但也有些中东部地区,如江苏省、湖北省、福建省的文化站机

构低于全国平均水平。

三、公共文化产品分析

(一) 全年公共广播节目套数

1. 全年公共广播节目套数排名

全国 31 个省市自治区公共广播节目套数,全国平均为 83.87 套,全国有 12 个省市自治区低于 83.87 套的平均水平。排在前五位的是:新疆维吾尔自治区(159 套)、山东省(157 套)、河南省(151 套)、河北省(131 套)、广东省(130 套),排在后五位的是:宁夏回族自治区(24 套)、天津市(22 套)、上海市(21 套)、青海省(10 套)、西藏自治区(8 套)。第一名新疆维吾尔自治区与最后一名西藏自治区相差 151 套。(见图 6-15,表 6-15)

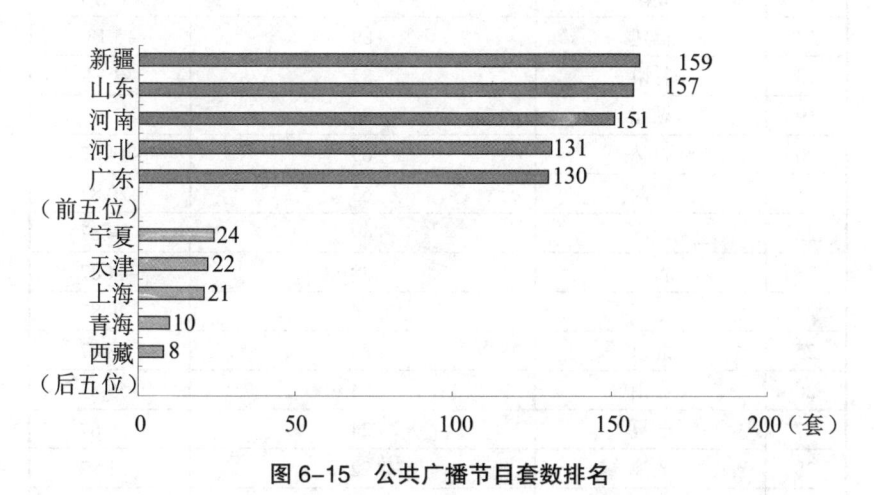

图 6-15 公共广播节目套数排名

表 6-15 全国 31 个省市自治区公共广播节目套数

序号	省市自治区	公共广播节目套数(套)	全国平均差
0	全国平均	83.87	/
1	新疆	159	+75.13
2	山东	157	+73.13
3	河南	151	+67.13

续表

序号	省市自治区	公共广播节目套数(套)	全国平均差
4	河北	131	+47.13
5	广东	130	+46.13
6	江苏	126	+42.13
7	内蒙古	124	+40.13
8	四川	122	+38.13
9	辽宁	115	+31.13
10	浙江	108	+24.13
11	山西	108	+24.13
12	陕西	107	+23.13
13	安徽	106	+22.13
14	江西	105	+21.13
15	黑龙江	102	+18.13
16	湖南	99	+15.13
17	福建	89	+5.13
18	甘肃	87	+3.13
19	湖北	86	+2.13
20	吉林	69	-14.87
21	广西	63	-20.87
22	云南	49	-34.87
23	贵州	39	-44.87
24	重庆	34	-49.87
25	北京	25	-58.87
26	海南	24	-59.87
27	宁夏	24	-59.87
28	天津	22	-61.87
29	上海	21	-62.87
30	青海	10	-73.87
31	西藏	8	-75.87

2. 公共广播节目套数增长幅度排名

与2012年数据相比,全国31个省市自治区公共广播节目套数,播出时间全国平均水平较上年同期增长了1.53%,全国有29个省市自治区较上年有了不同程度的提高;其中,增长幅度最大的前五位是贵州省（225.81%）、云南省（224.49%）、广西壮族自治区（84.13%）、四川省（73.50%）、青海省（66.67%）。（见图6-16，表6-16）

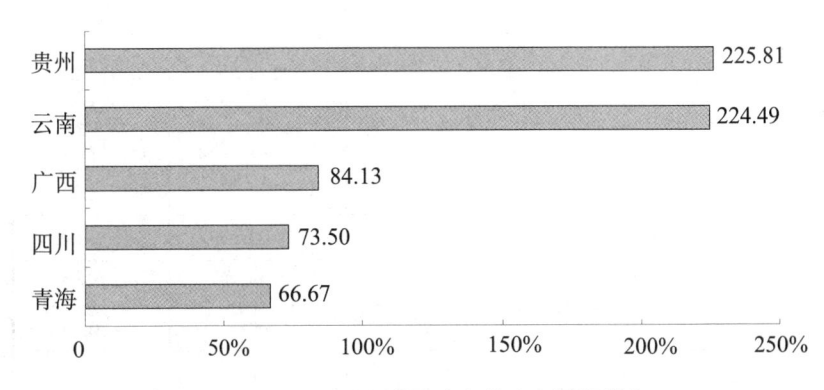

图6-16 公共广播节目套数较上年涨幅排名

表6-16 全国31个省市自治区公共广播节目套数较上年涨幅

序号	省市自治区	公共广播节目套数（套）		2013年较2012年涨幅（%）
		2013年	2012年	
0	全国平均	83.87	82.61	+1.53
1	贵州	101	31	+225.81
2	云南	159	49	+224.49
3	广西	116	63	+84.13
4	四川	203	117	+73.50
5	青海	15	9	+66.67
6	天津	32	22	+45.45
7	北京	26	18	+44.44
8	重庆	45	32	+40.63
9	湖南	139	99	+40.40
10	河北	178	129	+37.98
11	湖北	115	85	+35.29
12	黑龙江	118	94	+25.53
13	西藏	10	8	+25.00

续表

序号	省市自治区	公共广播节目套数(套)		2013年较2012年涨幅(%)
		2013年	2012年	
14	新疆	198	159	+24.53
15	甘肃	106	87	+21.84
16	上海	25	21	+19.05
17	陕西	123	104	+18.27
18	广东	153	130	+17.69
19	宁夏	28	24	+16.67
20	吉林	76	69	+10.14
21	河南	166	151	+9.93
22	福建	97	89	+8.99
23	山东	171	157	+8.92
24	江西	113	104	+8.65
25	安徽	115	106	+8.49
26	浙江	114	107	+6.54
27	山西	115	108	+6.48
28	江苏	130	126	+3.17
29	辽宁	119	118	+0.85
30	内蒙古	120	121	-0.83
31	海南	15	24	-37.50

(二)全年公共电视节目套数

1. 全年公共电视节目套数排名

全国31个省市自治区全年公共电视节目套数,全国平均为104.55套,全国有11个省市自治区低于104.55套的平均水平。排在前五位的是:四川省(203套)、新疆维吾尔自治区(198套)、河北省(178套)、山东省(171套)、河南省(166套),排在后五位的是:北京市(26套)、上海市(25套)、海南省(15套)、青海省(15套)、西藏自治区(10套)。第一名四川省与最后一名西藏自治区相差193套。(见图6-17,表6-17)

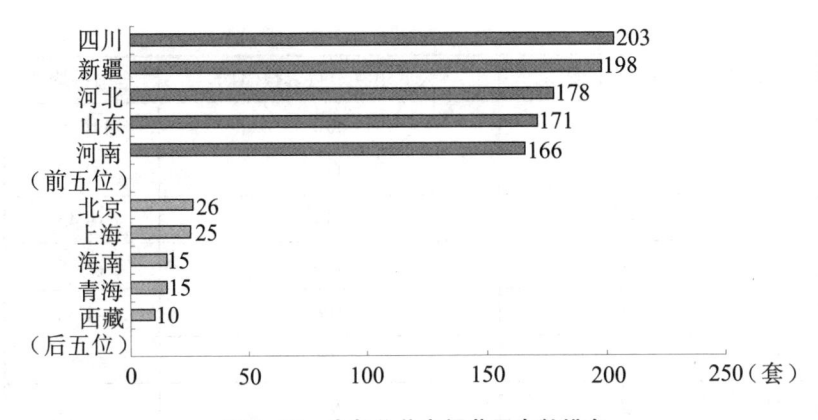

第六章 31个省市自治区公共文化服务核心指标分析排序

图 6-17 全年公共电视节目套数排名

表 6-17 全国 31 个省市自治区全年公共电视节目套数

序号	省市自治区	公共电视节目套数（套）	全国平均差
0	全国平均	104.55	/
1	四川	203	+98.45
2	新疆	198	+93.45
3	河北	178	+73.45
4	山东	171	+66.45
5	河南	166	+61.45
6	云南	159	+54.45
7	广东	153	+48.45
8	湖南	139	+34.45
9	江苏	130	+25.45
10	陕西	123	+18.45
11	内蒙古	120	+15.45
12	辽宁	119	+14.45
13	黑龙江	118	+13.45
14	广西	116	+11.45
15	山西	115	+10.45

续表

序号	省市自治区	公共电视节目套数(套)	全国平均差
16	安徽	115	+10.45
17	湖北	115	+10.45
18	浙江	114	+9.45
19	江西	113	+8.45
20	甘肃	106	+1.45
21	贵州	101	-3.55
22	福建	97	-7.55
23	吉林	76	-28.55
24	重庆	45	-59.55
25	天津	32	-72.55
26	宁夏	28	-76.55
27	北京	26	-78.55
28	上海	25	-79.55
29	海南	15	-89.55
30	青海	15	-89.55
31	西藏	10	-94.55

四、公共文化活动分析

(一)群众文化机构组织文艺活动次数

1. 群众文化机构组织文艺活动次数排名

全国31个省市自治区群众文化机构组织文艺活动次数,全国平均为22 209.10次,全国有17个省市自治区低于22 209.10次的平均水平。排在前五位的是:四川省(52 552次)、山东省(42 095次)、浙江省(40 738次)、江苏省(39 352次)、广东省(38 842次),排在后五位的是:天津市(6 354次)、宁夏回族自治区(6 178次)、青海省(3 432次)、海南省(2 856次)、西藏自治区(2 173次)。第一名四川省与最后一名西藏自治区相差50 379次。(见图6-18,表6-18)

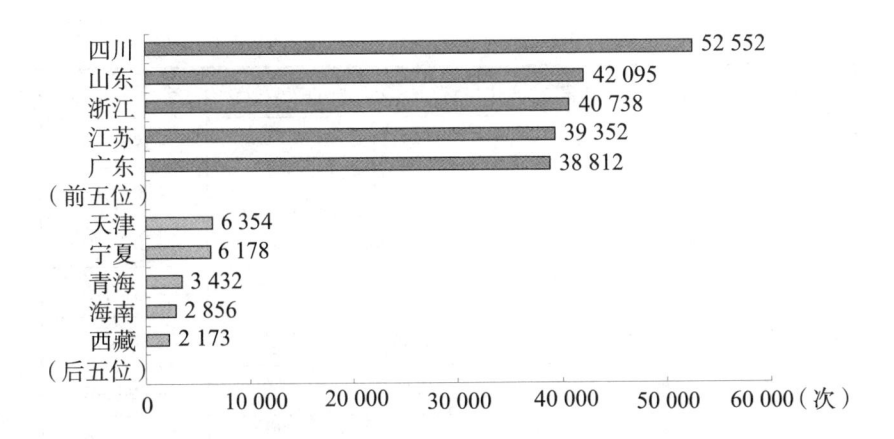

第六章 31个省市自治区公共文化服务核心指标分析排序

```
四川      52 552
山东      42 095
浙江      40 738
江苏      39 352
广东      38 812
（前五位）
天津       6 354
宁夏       6 178
青海       3 432
海南       2 856
西藏       2 173
（后五位）
```

图 6-18 群众文化机构组织文艺活动次数排名

表 6-18 全国 31 个省市自治区群众文化机构组织文艺活动次数

序号	省市自治区	群众文化机构组织文艺活动次数(次)	全国平均差
0	全国平均	22209.10	/
1	四川	52552	+30342.90
2	山东	42095	+19885.90
3	浙江	40738	+18528.90
4	江苏	39352	+17142.90
5	广东	38842	+16632.90
6	河南	38639	+16429.90
7	河北	33456	+11246.90
8	上海	32762	+10552.90
9	湖南	29331	+7121.90
10	北京	29076	+6866.90
11	辽宁	27852	+5642.90
12	新疆	27629	+5419.90
13	云南	25839	+3629.90

续表

序号	省市自治区	群众文化机构组织文艺活动次数（次）	全国平均差
14	广西	25171	+2961.90
15	安徽	20196	-2013.10
16	湖北	19638	-2571.10
17	黑龙江	18834	-3375.10
18	山西	18473	-3736.10
19	陕西	16961	-5248.10
20	重庆	15818	-6391.10
21	江西	14759	-7450.10
22	贵州	12731	-9478.10
23	福建	12522	-9687.10
24	甘肃	11588	-10621.10
25	内蒙古	11482	-10727.10
26	吉林	11153	-11056.10
27	天津	6354	-15855.10
28	宁夏	6178	-16031.10
29	青海	3432	-18777.10
30	海南	2856	-19353.10
31	西藏	2173	-20036.10

2. 群众文化机构组织文艺活动次数增长幅度排名

与2012年数据相比，全国31个省市自治区群众文化机构组织文艺活动次数全国平均水平较上年同期增长了10.94%，全国有27个省市自治区较上年有了不同程度的提高。其中，增长幅度最大的前五位是四川省（33.22%）、广西壮族自治区（29.19%）、江苏省（28.88%）、宁夏回族自治区（28.49%）、山西省（24.25%）。（见图6-19，表6-19）

四川	33.22
广西	29.19
江苏	28.88
宁夏	28.49
山西	24.25

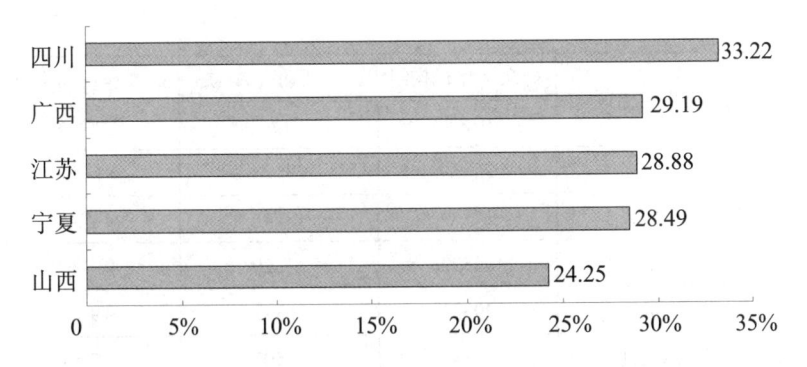

图 6-19 群众文化机构组织文艺活动次数较上年涨幅排名

表 6-19 全国 31 个省市自治区群众文化机构组织文艺活动次数较上年涨幅

序号	省市自治区	群众文化机构组织文艺活动次数（次）		2013 年较 2012 年涨幅（%）
		2013 年	2012 年	
0	全国平均	22209.10	20018.90	+10.94
1	四川	52552	39449	+33.22
2	广西	25171	19483	+29.19
3	江苏	39352	30534	+28.88
4	宁夏	6178	4808	+28.49
5	山西	18473	14868	+24.25
6	北京	29076	23972	+21.29
7	甘肃	11588	9730	+19.10
8	吉林	11153	9549	+16.80
9	内蒙古	11482	9862	+16.43
10	青海	3432	2964	+15.79
11	河南	38639	33398	+15.69
12	浙江	40738	35368	+15.18
13	河北	33456	29338	+14.04
14	安徽	20196	17757	+13.74
15	西藏	2173	1923	+13.00

续表

序号	省市自治区	群众文化机构组织文艺活动次数(次)		2013年较2012年涨幅(%)
		2013年	2012年	
16	云南	25839	23108	+11.82
17	江西	14759	13241	+11.46
18	福建	12522	11320	+10.62
19	湖南	29331	26882	+9.11
20	黑龙江	18834	17507	+7.58
21	湖北	19638	18342	+7.07
22	贵州	12731	11988	+6.20
23	海南	2856	2727	+4.73
24	上海	32762	31353	+4.49
25	新疆	27529	26540	+3.73
26	广东	38842	37970	+2.30
27	天津	6534	6485	+0.76
28	辽宁	27852	28261	-1.45
29	陕西	16961	17317	-2.06
30	重庆	15818	16235	-2.57
31	山东	42095	48307	-12.86

(二)群众文化机构举办训练班次

1.群众文化机构举办训练班次排名

全国31个省市自治区群众文化机构举办训练班次,全国平均为12 490.35班次,全国有17个省市自治区低于12 490.35班次的平均水平。排在前五位的是:广东省(30 198班次)、上海市(27 506班次)、四川省(26 129班次)、浙江省(25 300班次)、山东省(22 633班次);排在后五位的是:内蒙古自治区(3 940班次)、海南省(2 118班次)、宁夏回族自治区(1 402班次)、青海省(1 287班次)、西藏自治区(459班次)。第一名广东省与最后一名西藏自治区相差29 739班次。(见图6-20,表6-20)

广东　　　　　　　　　　　　　　　　30 198
上海　　　　　　　　　　　　　　　27 506
四川　　　　　　　　　　　　　　26 129
浙江　　　　　　　　　　　　　25 300
山东　　　　　　　　　　　　22 633
（前五位）
内蒙古　3 940
海南　2 118
宁夏　1 402
青海　1 287
西藏　459
（后五位）

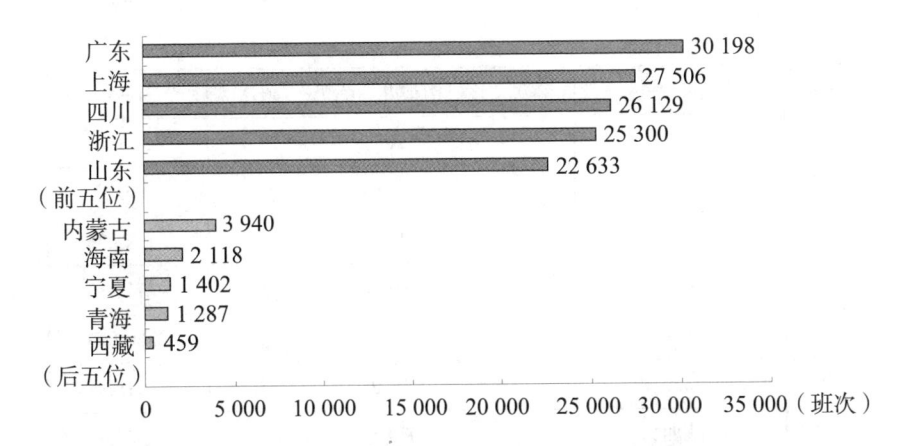

图 6-20　群众文化机构举办训练班次排名

表 6-20　全国 31 个省市自治区群众文化机构举办训练班次

序号	省市自治区	群众文化机构举办训练班次（班次）	全国平均差
0	全国平均	12490.35	/
1	广东	30198	+17707.65
2	上海	27506	+15015.65
3	四川	26129	+13638.65
4	浙江	25300	+12809.65
5	山东	22633	+10142.65
6	北京	19465	+6974.65
7	河南	19207	+6716.65
8	辽宁	19206	+6715.65
9	江苏	19016	+6525.65
10	河北	14876	+2385.65
11	广西	14254	+1763.65
12	安徽	13580	+1089.65
13	湖南	12904	+413.65

续表

序号	省市自治区	群众文化机构举办训练班次（班次）	全国平均差
14	云南	12834	+343.65
15	江西	12350	-140.35
16	重庆	11115	-1375.35
17	山西	10719	-1771.35
18	湖北	9881	-2609.35
19	新疆	9572	-2918.35
20	陕西	8985	-3505.35
21	天津	7198	-5292.35
22	福建	7163	-5327.35
23	甘肃	6482	-6008.35
24	贵州	6059	-6431.35
25	黑龙江	5736	-6754.35
26	吉林	5627	-6863.35
27	内蒙古	3940	-8550.35
28	海南	2118	-10372.35
29	宁夏	1402	-11088.35
30	青海	1287	-11203.35
31	西藏	459	-12031.35

2. 群众文化机构举办训练班次增长幅度排名

与2012年数据相比，全国31个省市自治区群众文化机构举办训练班次全国平均水平较上年同期增长了13.92%，全国有26个省市自治区较上年有了不同程度的提高。其中，增长幅度最大的前五位是江西省（92.61%）、天津市（83.76%）、海南省（70.94%）、广西壮族自治区（61.63%）、吉林省（59.63%）。（见图6-21，表6-21）

图 6-21 群众文化机构举办训练班次较上年涨幅排名

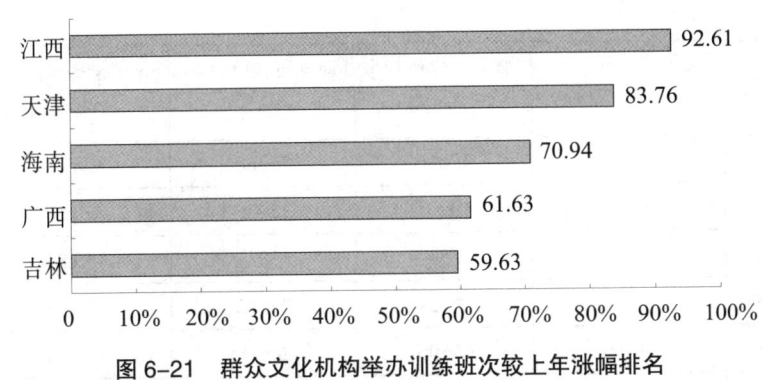

表 6-21 全国 31 个省市自治区群众文化机构举办训练班次较上年涨幅

序号	省市自治区	群众文化机构举办训练班次（班次）		2013 年较 2012 年涨幅（%）
		2013 年	2012 年	
0	全国平均	12490.35	10963.97	+13.92
1	江西	12350	6412	+92.61
2	天津	7198	3917	+83.76
3	海南	2118	1239	+70.94
4	广西	14254	8819	+61.63
5	吉林	5627	3525	+59.63
6	云南	12834	9305	+37.93
7	重庆	11115	8188	+35.75
8	北京	19465	14883	+30.79
9	河北	14876	11486	+29.51
10	浙江	25300	19969	+26.70
11	青海	1287	1021	+26.05
12	湖北	9881	7906	+24.98
13	宁夏	1402	1122	+24.96
14	山西	10719	8691	+23.33
15	湖南	12904	10652	+21.14

续表

序号	省市自治区	群众文化机构举办训练班次（班次） 2013年	2012年	2013年较2012年涨幅（％）
16	江苏	19016	15768	+20.60
17	河南	19207	15985	+20.16
18	西藏	459	383	+19.84
19	四川	26129	22212	+17.63
20	上海	27506	24458	+12.46
21	福建	7163	6397	+11.97
22	新疆	9572	8851	+8.15
23	甘肃	6482	6133	+5.69
24	安徽	13580	12850	+5.68
25	陕西	8985	8718	+3.06
26	广东	30198	29590	+2.05
27	内蒙古	3940	4061	-2.98
28	辽宁	19206	20303	-5.40
29	黑龙江	5736	6419	-10.64
30	山东	22633	26860	-15.74
31	贵州	6059	13760	-55.97

（三）群众文化机构培训人次

1. 群众文化机构培训人次排名

全国31个省市自治区群众文化机构培训人次，全国平均为88.7万人次，全国有18个省市自治区低于88.7万人次的平均水平。排在前五位的是：四川省（211.1万人次）、广东省（192.3万人次）、山东省（190.5万人次）、上海市（173.2万人次）、浙江省（149.8万人次），排在后五位的是：内蒙古自治区（33.5万人次）、海南省（13.5万人次）、青海省（9.0万人次）、宁夏回族自治区（7.5万人次）、西藏自治区（3.9万人次）。第一名四川省与最后一名西藏自治区相差207.2万人次。（见图6-22，表6-22）

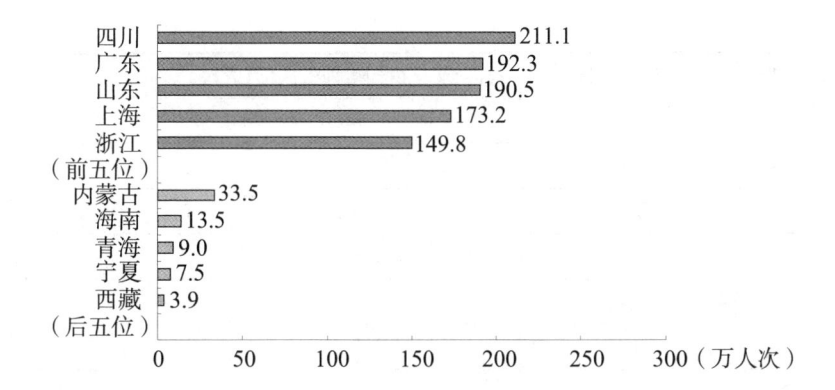

第六章 31个省市自治区公共文化服务核心指标分析排序

```
四川          211.1
广东          192.3
山东          190.5
上海          173.2
浙江          149.8
（前五位）
内蒙古        33.5
海南          13.5
青海           9.0
宁夏           7.5
西藏           3.9
（后五位）
```

图 6-22 群众文化机构培训人次排名

表 6-22 全国 31 个省市自治区群众文化机构培训人次

序号	省市自治区	群众文化机构培训人次（万人次）	全国平均差
0	全国平均	88.70	/
1	四川	211.1	+122.40
2	广东	192.3	+103.60
3	山东	190.5	+101.80
4	上海	173.2	+84.50
5	浙江	149.8	+61.10
6	江苏	149.2	+60.50
7	河南	137.0	+48.30
8	云南	128.6	+39.90
9	辽宁	128.4	+39.70
10	北京	111.9	+23.20
11	安徽	104.8	+16.10
12	湖南	100.6	+11.90
13	河北	91.9	+3.20
14	山西	88.2	-0.50
15	新疆	86.5	-2.20
16	湖北	83.8	-4.90

续表

序号	省市自治区	群众文化机构培训人次（万人次）	全国平均差
17	重庆	80.1	-8.60
18	广西	71.5	-17.20
19	陕西	69.6	-19.10
20	甘肃	55.6	-33.10
21	福建	54.6	-34.10
22	江西	51.3	-37.40
23	天津	47.3	-41.40
24	黑龙江	44.8	-43.90
25	贵州	40.5	-48.20
26	吉林	39.2	-49.50
27	内蒙古	33.5	-55.20
28	海南	13.5	-75.20
29	青海	9.0	-79.70
30	宁夏	7.5	-81.20
31	西藏	3.9	-84.80

2. 群众文化机构培训人次增长幅度排名

与2012年数据相比，全国31个省市自治区群众文化机构培训人次全国平均水平较上年同期增长了13.88%，全国有28个省市自治区较上年有了不同程度的提高。其中，增长幅度最大的前五位是青海省（91.49%）、山西省（80.37%）、天津市（66.55%）、西藏自治区（62.50%）、海南省（55.17%）。（见图6-23，表6-23）

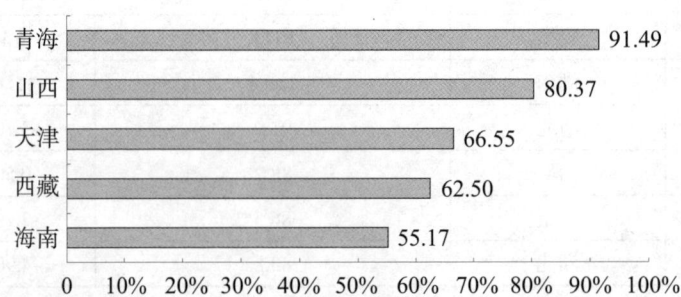

省份	涨幅
青海	91.49
山西	80.37
天津	66.55
西藏	62.50
海南	55.17

图6-23 群众文化机构培训人次较上年涨幅排名

表6-23 全国31个省市自治区群众文化机构培训人次较上年涨幅

序号	省市自治区	群众文化机构培训人次(万人次)		2013年较2012年涨幅(%)
		2013年	2012年	
0	全国平均	88.70	77.89	+13.88
1	青海	9.0	4.7	+91.49
2	山西	88.2	48.9	+80.37
3	天津	47.3	28.4	+66.55
4	西藏	3.9	2.4	+62.50
5	海南	13.5	8.7	+55.17
6	云南	128.6	85.9	+49.71
7	广西	71.5	51.2	+39.65
8	湖南	100.6	72.4	+38.95
9	新疆	86.5	67.4	+28.34
10	四川	211.1	164.9	+28.02
11	江苏	149.2	119.0	+25.38
12	福建	54.6	43.8	+24.66
13	黑龙江	44.8	36.0	+24.44
14	浙江	149.8	120.4	+24.42
15	上海	173.2	139.8	+23.89
16	陕西	69.6	57.2	+21.68
17	湖北	83.8	69.6	+20.40
18	吉林	39.2	32.6	+20.25
19	重庆	80.1	69.2	+15.75
20	河北	91.9	79.5	+15.60
21	北京	111.9	99.9	+12.01
22	安徽	104.8	94.9	+10.43
23	河南	137.0	124.8	+9.78
24	贵州	40.5	37.0	+9.46
25	山东	190.5	178.9	+6.48

续表

序号	省市自治区	群众文化机构培训人次(万人次)		2013年较2012年涨幅(%)
		2013年	2012年	
26	辽宁	128.4	122.5	+4.82
27	甘肃	55.6	53.2	+4.51
28	江西	51.3	49.5	+3.64
29	内蒙古	33.5	38.0	−11.84
30	宁夏	7.5	11.7	−35.90
31	广东	192.3	302.2	−36.37

五、公共文化队伍分析

(一)公共图书馆从业人员数

1. 公共图书馆从业人员数排名

全国31个省市自治区公共图书馆从业人员数,全国平均为1 728.1人,全国有16个省市自治区低于1 728.1人的平均水平。排在前五位的是:广东省(4 237人)、浙江省(3 096人)、辽宁省(2 971人)、江苏省(2 901人)、河南省(2 867人),排在后五位的是:重庆市(848人)、宁夏回族自治区(545人)、青海省(394人)、海南省(317人)、西藏自治区(91人)。第一名广东省与最后一名西藏自治区相差4 146人。(见图6-24,表6-24)

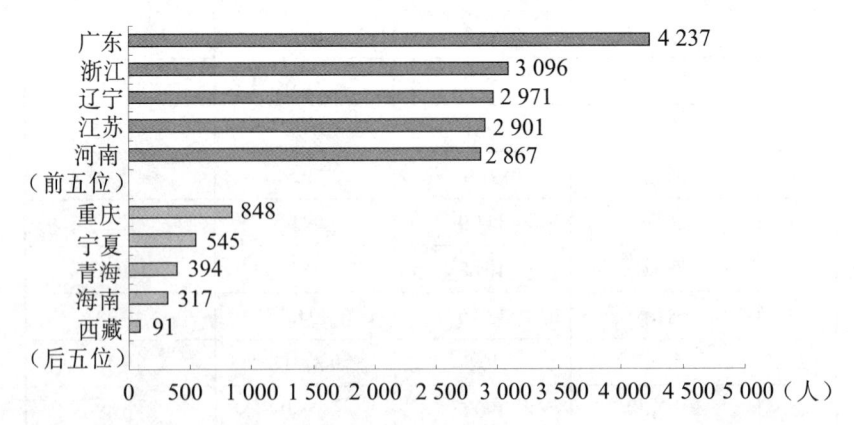

图6-24 公共图书馆从业人员数排名

表 6-24 全国 31 个省市自治区公共图书馆从业人员数

序号	省市自治区	公共图书馆从业人员数（人）	全国平均差
0	全国平均	1728.10	/
1	广东	4237	+2508.90
2	浙江	3096	+1367.90
3	辽宁	2971	+1242.90
4	江苏	2901	+1172.90
5	河南	2867	+1138.90
6	山东	2647	+918.90
7	湖北	2219	+490.90
8	陕西	2163	+434.90
9	上海	2089	+360.90
10	湖南	2080	+351.90
11	四川	2051	+322.90
12	内蒙古	1937	+208.90
13	河北	1852	+123.90
14	黑龙江	1796	+67.90
15	云南	1783	+54.90
16	吉林	1652	-76.10
17	山西	1550	-178.10
18	广西	1467	-261.10
19	江西	1454	-274.10
20	甘肃	1413	-315.10
21	安徽	1312	-416.10
22	天津	1272	-456.10
23	福建	1263	-465.10
24	北京	1258	-470.10
25	新疆	1070	-658.10
26	贵州	976	-752.10
27	重庆	848	-880.10

续表

序号	省市自治区	公共图书馆从业人员数(人)	全国平均差
28	宁夏	545	-1183.10
29	青海	394	-1334.10
30	海南	317	-1411.10
31	西藏	91	-1637.10

2. 公共图书馆从业人员数增长幅度排名

与2012年数据相比,全国31个省市自治区公共图书馆从业人员数全国平均水平较上年同期增长了1.26%,全国有20个省市自治区较上年有了不同程度的提高。其中,增长幅度最大的前五位是西藏自治区(51.67%)、天津市(21.03%)、新疆维吾尔自治区(9.07%)、陕西省(7.77%)、安徽省(3.55%)。(见图6-25,表6-25)

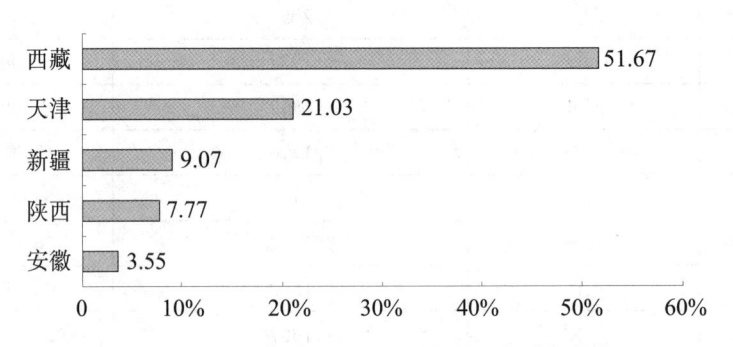

图6-25 公共图书馆从业人员数较上年涨幅排名

表6-25 全国31个省市自治区公共图书馆从业人员数较上年涨幅

序号	省市自治区	公共图书馆从业人员数(人)		2013年较2012年涨幅(%)
		2013年	2012年	
0	全国平均	1728.10	1706.52	+1.26
1	西藏	91	60	+51.67
2	天津	1272	1051	+21.03
3	新疆	1070	981	+9.07

续表

序号	省市自治区	公共图书馆从业人员数(人)		2013年较2012年涨幅(%)
		2013年	2012年	
4	陕西	2163	2007	+7.77
5	安徽	1312	1267	+3.55
6	四川	2051	1984	+3.38
7	湖北	2219	2149	+3.26
8	福建	1263	1227	+2.93
9	云南	1783	1734	+2.83
10	贵州	976	950	+2.74
11	湖南	2080	2032	+2.36
12	辽宁	2971	2922	+1.68
13	河北	1852	1823	+1.59
14	内蒙古	1937	1907	+1.57
15	黑龙江	1796	1772	+1.35
16	河南	2867	2839	+0.99
17	广东	4237	4203	+0.81
18	甘肃	1413	1402	+0.78
19	山西	1550	1545	+0.32
20	浙江	3096	3091	+0.16
21	广西	1467	1467	0.00
22	重庆	848	848	0.00
23	江西	1454	1469	−1.02
24	江苏	2901	2932	−1.06
25	北京	1258	1273	−1.18
26	吉林	1652	1674	−1.31
27	山东	2647	2697	−1.85
28	青海	394	406	−2.96
29	宁夏	545	578	−5.71
30	上海	2089	2264	−7.73
31	海南	317	348	−8.91

（二）群众艺术馆从业人员数

1. 群众艺术馆从业人员数排名

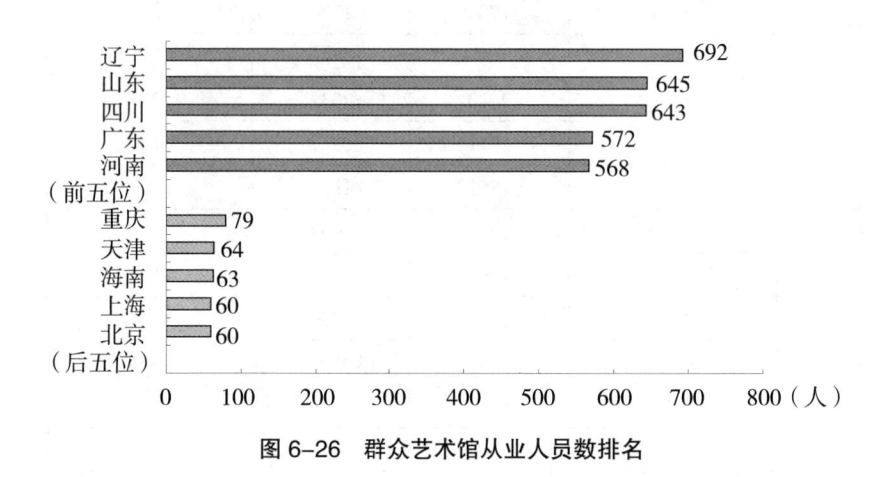

全国31个省市自治区群众艺术馆从业人员数，全国平均为380.81人，全国有11个省市自治区低于380.81人的平均水平。排在前五位的是：辽宁省（692人）、山东省（645人）、四川省（643人）、广东省（572人）、河南省（568人），排在后五位的是：重庆市（79人）、天津市（64人）、海南省（63人）、上海市（60人）、北京市（60人）。第一名辽宁省与最后一名北京市相差632人。（见图6-26，表6-26）

图6-26 群众艺术馆从业人员数排名

表6-26 全国31个省市自治区群众艺术馆从业人员数

序号	省市自治区	群众艺术馆从业人员数（人）	全国平均差
0	全国平均	380.81	/
1	辽宁	692	+311.19
2	山东	645	+264.19
3	四川	643	+262.19
4	广东	572	+191.19
5	河南	568	+187.19
6	河北	538	+157.19
7	内蒙古	518	+137.19

续表

序号	省市自治区	群众艺术馆从业人员数(人)	全国平均差
8	云南	513	+132.19
9	吉林	503	+122.19
10	湖南	493	+112.19
11	广西	487	+106.19
12	浙江	473	+92.19
13	江苏	467	+86.19
14	湖北	448	+67.19
15	黑龙江	432	+51.19
16	陕西	428	+47.19
17	山西	410	+29.19
18	甘肃	394	+13.19
19	江西	391	+10.19
20	贵州	388	+7.19
21	新疆	345	-35.81
22	宁夏	286	-94.81
23	安徽	283	-97.81
24	福建	201	-179.81
25	西藏	188	-192.81
26	青海	173	-207.81
27	重庆	79	-301.81
28	天津	64	-316.81
29	海南	63	-317.81
30	上海	60	-320.81
31	北京	60	-320.81

2. 群众艺术馆从业人员数增长幅度排名

与2012年数据相比，全国31个省市自治区群众艺术馆从业人员数全国平均水平较上年同期增长了3.82%，全国有18个省市自治区较上年有了不同程度的提高。其中，增长幅度最大的前五位是宁夏回族自治区（61.58%）、广西壮族自治区（38.75%）、西藏自治区（12.57%）、重庆市（11.27%）、内蒙古自治区（11.16%）。（见图6-27，表6-27）

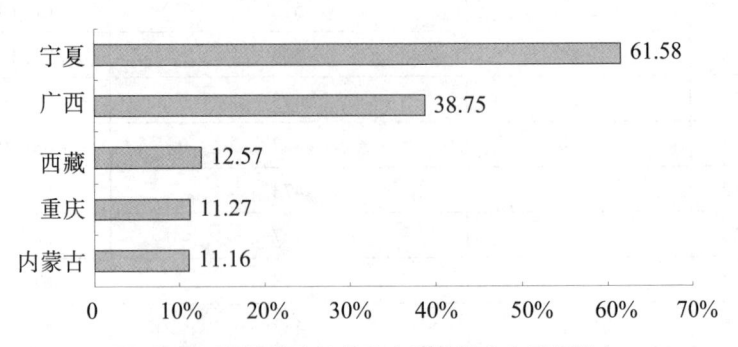

```
宁夏      ████████████████████ 61.58
广西      █████████████ 38.75
西藏      ████ 12.57
重庆      ████ 11.27
内蒙古    ████ 11.16
         0   10%  20%  30%  40%  50%  60%  70%
```

图6-27　群众艺术馆从业人员数较上年涨幅排名

表6-27　全国31个省市自治区群众艺术馆从业人员数较上年涨幅

序号	省市自治区	群众艺术馆从业人员数（人）		2013年较2012年涨幅（%）
		2013年	2012年	
0	全国平均	380.81	366.81	+3.82
1	宁夏	286	177	+61.58
2	广西	487	351	+38.75
3	西藏	188	167	+12.57
4	重庆	79	71	+11.27
5	内蒙古	518	466	+11.16
6	吉林	503	454	+10.79
7	海南	63	57	+10.53
8	贵州	388	355	+9.30
9	陕西	428	393	+8.91
10	云南	513	473	+8.46
11	新疆	345	329	+4.86
12	青海	173	167	+3.59
13	四川	643	624	+3.04
14	辽宁	692	676	+2.37

续表

序号	省市自治区	群众艺术馆从业人员数（人）		2013年较2012年涨幅（%）
		2013年	2012年	
15	河南	568	556	+2.16
16	浙江	473	465	+1.72
17	福建	201	200	+0.50
18	江西	391	390	+0.26
19	北京	60	60	0.00
20	河北	538	539	-0.19
21	安徽	283	284	-0.35
22	江苏	467	469	-0.43
23	山东	645	655	-1.53
24	广东	572	586	-2.39
25	甘肃	394	405	-2.72
26	黑龙江	432	445	-2.92
27	天津	64	66	-3.03
28	湖南	493	510	-3.33
29	湖北	448	473	-5.29
30	山西	410	433	-5.31
31	上海	60	75	-20.00

（三）文化馆、文化站从业人员数

1. 文化馆、文化站从业人员数排名

全国31个省市自治区文化馆从业人员数，全国平均为1 348.13人，全国有14个省市自治区低于1 348.13人的平均水平。排在前五位的是：河南省（3 077人）、山东省（2 388人）、陕西省（2 174人）、四川省（2 115人）、河北省（1 969人），排在后五位的是：天津市（562人）、宁夏回族自治区（325人）、青海省（317人）、海南省（157人）、西藏自治区（76人）。第一名河南省与最后一名西藏自治区相差3 001人。（见图6-28，表6-28）

图 6-28　文化馆从业人员数排名

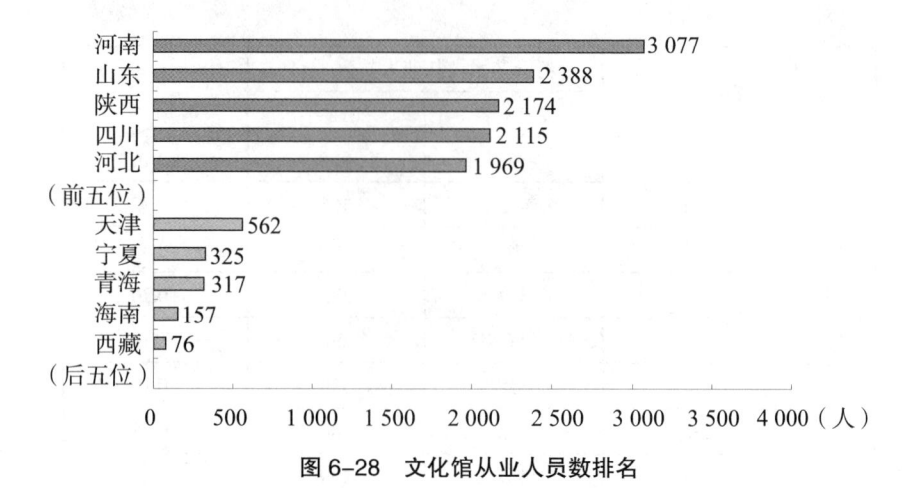

表 6-28　全国 31 个省市自治区文化馆从业人员数

序号	省市自治区	文化馆从业人员数（人）	全国平均差
0	全国平均	1348.13	/
1	河南	3077	+1728.87
2	山东	2388	+1039.87
3	陕西	2174	+825.87
4	四川	2115	+766.87
5	河北	1969	+620.87
6	云南	1906	+557.87
7	湖北	1777	+428.87
8	湖南	1752	+403.87
9	吉林	1689	+340.87
10	辽宁	1671	+322.87
11	广东	1666	+317.87
12	广西	1605	+256.87
13	浙江	1596	+247.87

续表

序号	省市自治区	文化馆从业人员数(人)	全国平均差
14	山西	1573	+224.87
15	江苏	1538	+189.87
16	黑龙江	1496	+147.87
17	内蒙古	1423	+74.87
18	江西	1319	−29.13
19	安徽	1225	−123.13
20	甘肃	1114	−234.13
21	新疆	1008	−340.13
22	上海	991	−357.13
23	贵州	978	−370.13
24	重庆	803	−545.13
25	北京	787	−561.13
26	福建	715	−633.13
27	天津	562	−786.13
28	宁夏	325	−1023.13
29	青海	317	−1031.13
30	海南	157	−1191.13
31	西藏	76	−1272.13

全国31个省市自治区文化站从业人员数,全国平均为3310.68人,全国有17个省市自治区低于3310.68人的平均水平。排在前五位的是:广东省(7996人)、河南省(7198人)、四川省(6163人)、湖南省(5553人)、山东省(4987人),排在后五位的是:海南省(564人)、宁夏回族自治区(528人)、青海省(420人)、天津市(347人)、西藏自治区(110人)。第一名广东省与最后一名西藏自治区相差7886人。(见图6-29,表6-29)

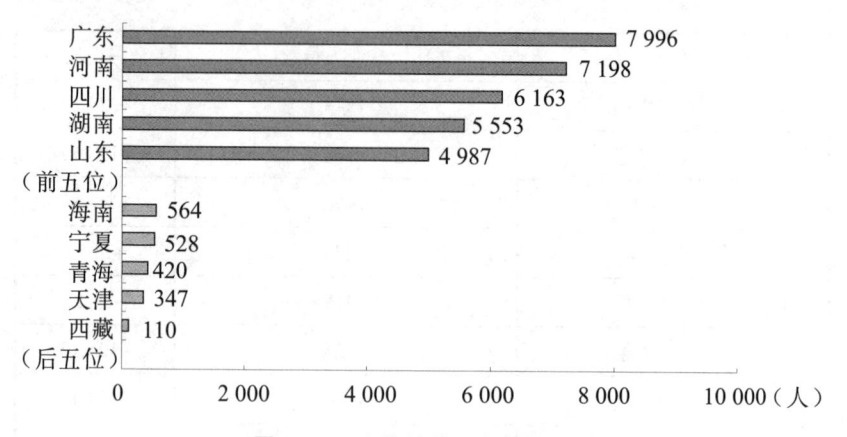

```
广东         7 996
河南         7 198
四川         6 163
湖南         5 553
山东         4 987
(前五位)
海南    564
宁夏    528
青海    420
天津    347
西藏    110
(后五位)
    0   2 000  4 000  6 000  8 000  10 000(人)
```

图 6-29　文化站从业人员数排名

表 6-29　全国 31 个省市自治区文化站从业人员数

序号	省市自治区	文化站从业人员数（人）	全国平均差
0	全国平均	3310.68	/
1	广东	7996	+4685.32
2	河南	7198	+3887.32
3	四川	6163	+2852.32
4	湖南	5553	+2242.32
5	山东	4987	+1676.32
6	陕西	4773	+1462.32
7	江苏	4770	+1459.32
8	安徽	4635	+1324.32
9	河北	4440	+1129.32
10	浙江	4390	+1079.32
11	贵州	3954	+643.32
12	云南	3928	+617.32
13	上海	3724	+413.32

续表

序号	省市自治区	文化站从业人员数（人）	全国平均差
14	重庆	3612	+301.32
15	甘肃	3290	-20.68
16	辽宁	3144	-166.68
17	江西	3105	-205.68
18	湖北	2819	-491.68
19	广西	2735	-575.68
20	黑龙江	2705	-605.68
21	新疆	2532	-778.68
22	内蒙古	2479	-831.68
23	山西	2470	-840.68
24	福建	2109	-1201.68
25	吉林	1677	-1633.68
26	北京	1474	-1836.68
27	海南	564	-2746.68
28	宁夏	528	-2782.68
29	青海	420	-2890.68
30	天津	347	-2963.68
31	西藏	110	-3200.68

2. 文化馆、文化站从业人员数增长幅度排名

与2012年数据相比，全国31个省市自治区文化馆从业人员数全国平均水平较上年同期下降了19.64%，全国只有1个省市自治区较上年有了不同程度地相应提高（广西壮族自治区11.38%），其余30个省市自治区都有不同程度的下降，其中，下降幅度最大的前五位是西藏自治区（-65.77%）、宁夏回族自治区（-37.26%）、青海省（-36.98%）、福建省（-29.90%）、辽宁省（-29.79%）。（见图6-30，表6-30）

```
西藏    -65.77
宁夏    -37.26
青海    -36.98
福建    -29.90
辽宁    -29.79
```

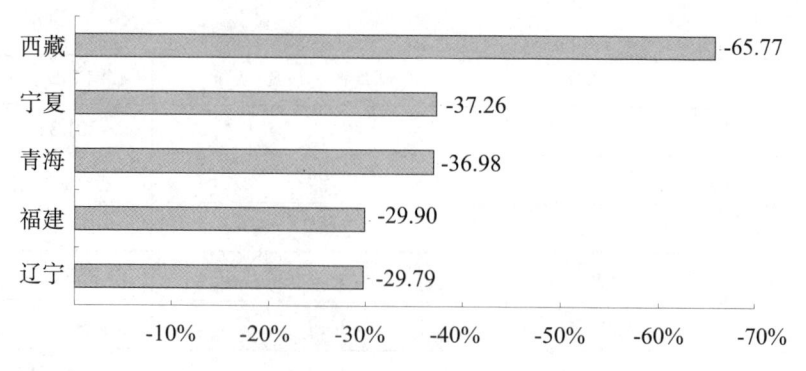

图 6-30　文化馆从业人员数较上年降幅排名

表 6-30　全国 31 个省市自治区文化馆从业人员数较上年降幅

序号	省市自治区	文化馆从业人员数（人）		2013 年较 2012 年涨幅（%）
		2013 年	2012 年	
0	全国平均	1348.13	1677.55	−19.64
1	广西	1605	1441	+11.38
2	重庆	803	865	−7.17
3	云南	1906	2081	−8.41
4	陕西	2174	2459	−11.59
5	天津	562	643	−12.60
6	上海	991	1141	−13.15
7	北京	787	908	−13.33
8	河南	3077	3613	−14.84
9	吉林	1689	2042	−17.29
10	四川	2115	2561	−17.42
11	安徽	1225	1518	−19.30
12	黑龙江	1496	1872	−20.09
13	江西	1319	1665	−20.78
14	湖北	1777	2263	−21.48

续表

序号	省市自治区	文化馆从业人员数(人)		2013年较2012年涨幅(%)
		2013年	2012年	
15	贵州	978	1250	-21.76
16	浙江	1596	2041	-21.80
17	湖南	1752	2243	-21.89
18	山东	2388	3086	-22.62
19	新疆	1008	1304	-22.70
20	江苏	1538	1990	-22.71
21	河北	1969	2552	-22.84
22	山西	1573	2046	-23.12
23	内蒙古	1423	1856	-23.33
24	广东	1666	2182	-23.65
25	甘肃	1114	1519	-26.66
26	海南	157	220	-28.64
27	辽宁	1671	2380	-29.79
28	福建	715	1020	-29.90
29	青海	317	503	-36.98
30	宁夏	325	518	-37.26
31	西藏	76	222	-65.77

相反,与2012年数据相比,全国31个省市自治区文化站从业人员数全国平均水平较上年同期增长了7.21%,全国有27个省市自治区较上年有了不同程度的提高。其中,增长幅度最大的前五位是甘肃省(49.07%)、西藏自治区(26.44%)、重庆市(20.12%)、江西省(18.60%)、云南省(17.60%)。(见图6-31,表6-31)

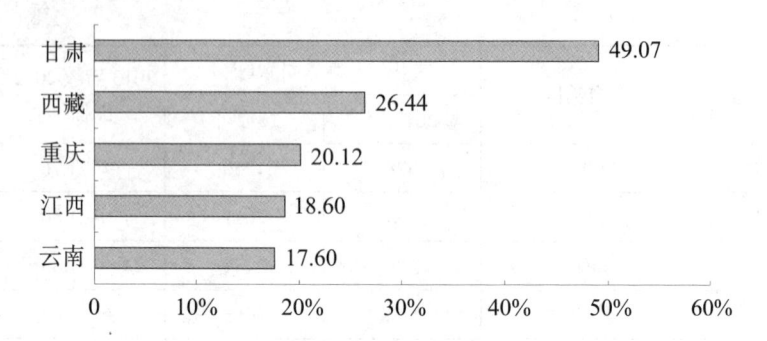

```
甘肃                                    49.07
西藏              26.44
重庆          20.12
江西         18.60
云南         17.60
    0    10%   20%   30%   40%   50%   60%
```

图 6-31　文化站从业人员数较上年涨幅排名

表 6-31　全国 31 个省市自治区文化站从业人员数较上年涨幅

序号	省市自治区	文化站从业人员数（人）		2013 年较 2012 年涨幅（%）
		2013 年	2012 年	
0	全国平均	3310.68	3088.00	+7.21
1	甘肃	3290	2207	+49.07
2	西藏	110	87	+26.44
3	重庆	3612	3007	+20.12
4	江西	3105	2618	+18.60
5	云南	3928	3340	+17.60
6	陕西	4773	4145	+15.15
7	吉林	1677	1459	+14.94
8	辽宁	3144	2803	+12.17
9	浙江	4390	3950	+11.14
10	宁夏	528	479	+10.23
11	湖南	5553	5075	+9.42
12	安徽	4635	4264	+8.70
13	山东	4987	4643	+7.41
14	山西	2470	2305	+7.16
15	青海	420	392	+7.14

续表

序号	省市自治区	文化站从业人员数(人) 2013年	文化站从业人员数(人) 2012年	2013年较2012年涨幅(%)
16	海南	564	532	+6.02
17	内蒙古	2479	2344	+5.76
18	江苏	4770	4567	+4.44
19	四川	6163	5912	+4.25
20	河北	4440	4299	+3.28
21	广东	7996	7775	+2.84
22	湖北	2819	2759	+2.17
23	黑龙江	2705	2658	+1.77
24	广西	2735	2695	+1.48
25	新疆	2532	2499	+1.32
26	河南	7198	7166	+0.45
27	上海	3724	3715	+0.24
28	贵州	3954	3973	−0.48
29	天津	347	350	−0.86
30	福建	2109	2178	−3.17
31	北京	1474	1532	−3.79

六、公共文化享受分析

(一)公共图书馆人均购书

1. 公共图书馆人均购书排名

全国31个省市自治区公共图书馆人均购书,全国平均为1.121元,全国有22个省市自治区低于1.121元的平均水平。排在前五位的是:上海市(7.698元)、天津市(2.967元)、浙江省(2.854元)、北京市(2.689元)、广东省(1.643元),排在后五位的是:湖南省(0.349元)、江西省(0.347元)、河北省(0.328元)、贵州省(0.261元)、河南省(0.201元)。第一名上海市与最后一名河南省相差7.497元。(见图6-32,表6-32)

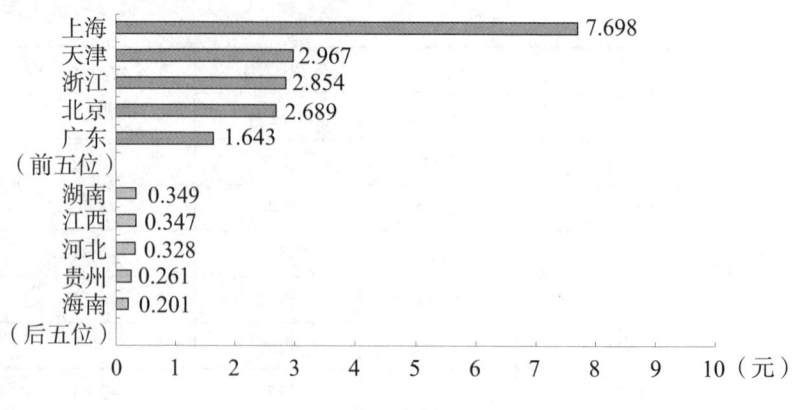

```
上海        ████████████████ 7.698
天津        ██████ 2.967
浙江        ██████ 2.854
北京        █████ 2.689
广东        ███ 1.643
（前五位）
湖南        ▌0.349
江西        ▌0.347
河北        ▌0.328
贵州        ▌0.261
海南        ▌0.201
（后五位）
       0  1  2  3  4  5  6  7  8  9  10（元）
```

图 6-32 公共图书馆人均购书排名

表 6-32 全国 31 个省市自治区公共图书馆人均购书

序号	省市自治区	公共图书馆人均购书(元)	全国平均差
0	全国平均	1.121	/
1	上海	7.698	+6.577
2	天津	2.967	+1.846
3	浙江	2.854	+1.733
4	北京	2.689	+1.568
5	广东	1.643	+0.522
6	江苏	1.524	+0.403
7	海南	1.281	+0.160
8	辽宁	1.147	+0.026
9	内蒙古	1.140	+0.019
10	吉林	0.903	-0.218
11	福建	0.896	-0.225
12	重庆	0.759	-0.362
13	湖北	0.728	-0.393

续表

序号	省市自治区	公共图书馆人均购书(元)	全国平均差
14	甘肃	0.699	−0.422
15	山西	0.656	−0.465
16	西藏	0.643	−0.478
17	新疆	0.614	−0.507
18	宁夏	0.588	−0.533
19	云南	0.573	−0.548
20	广西	0.531	−0.590
21	陕西	0.498	−0.623
22	山东	0.485	−0.636
23	四川	0.463	−0.658
24	黑龙江	0.446	−0.675
25	安徽	0.419	−0.702
26	青海	0.412	−0.709
27	湖南	0.349	−0.772
28	江西	0.347	−0.774
29	河北	0.328	−0.793
30	贵州	0.261	−0.860
31	河南	0.201	−0.920

2. 公共图书馆人均购书增长幅度排名

与2012年数据相比,全国31个省市自治区公共图书馆人均购书全国平均水平较上年同期增长了19.26%,全国有27个省市自治区较上年有了不同程度的提高。其中,增长幅度最大的前五位是海南省(127.13%)、湖北省(96.23%)、山西省(92.94%)、西藏自治区(67.89%)、吉林省(47.55%)。(见图6-33,表6-33)

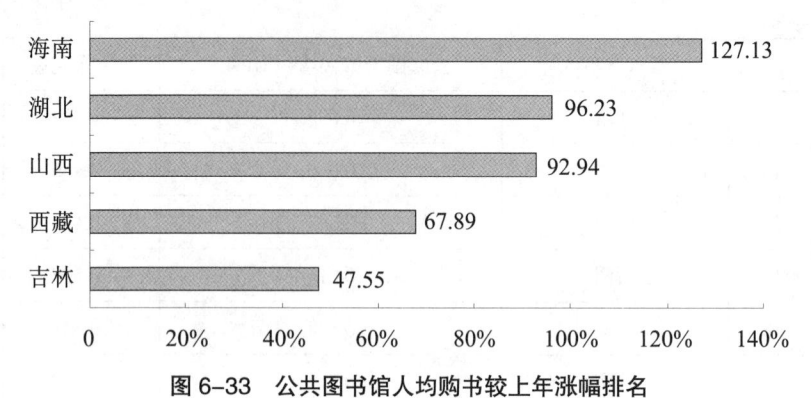

海南 127.13
湖北 96.23
山西 92.94
西藏 67.89
吉林 47.55

图 6-33　公共图书馆人均购书较上年涨幅排名

表 6-33　全国 31 个省市自治区公共图书馆人均购书较上年涨幅

序号	省市自治区	公共图书馆人均购书(元) 2013 年	2012 年	2013 年较 2012 年涨幅(%)
0	全国平均	1.121	0.940	+19.26
1	海南	1.281	0.564	+127.13
2	湖北	0.728	0.371	+96.23
3	山西	0.656	0.340	+92.94
4	西藏	0.643	0.383	+67.89
5	吉林	0.903	0.612	+47.55
6	天津	2.967	2.024	+46.59
7	安徽	0.419	0.290	+44.48
8	甘肃	0.699	0.494	+41.50
9	内蒙古	1.140	0.807	+41.26
10	江苏	1.524	1.154	+32.06
11	浙江	2.854	2.169	+31.58
12	广东	1.643	1.269	+29.47
13	河北	0.328	0.265	+23.77
14	云南	0.573	0.465	+23.23
15	黑龙江	0.446	0.371	+20.22
16	青海	0.412	0.347	+18.73

续表

序号	省市自治区	公共图书馆人均购书(元)		2013年较2012年涨幅(%)
		2013年	2012年	
17	广西	0.531	0.452	+17.48
18	湖南	0.349	0.306	+14.05
19	新疆	0.614	0.539	+13.91
20	北京	2.689	2.366	+13.65
21	江西	0.347	0.309	+12.30
22	福建	0.896	0.828	+8.21
23	山东	0.485	0.455	+6.59
24	辽宁	1.147	1.077	+6.50
25	四川	0.463	0.437	+5.95
26	河南	0.201	0.197	+2.03
27	上海	7.698	7.653	+0.59
28	陕西	0.498	0.504	-1.19
29	重庆	0.759	0.785	-3.31
30	贵州	0.261	0.368	-29.08
31	宁夏	0.588	0.930	-36.77

(二)公共图书馆总流通人次

1. 公共图书馆总流通人次排名

全国31个省市自治区公共图书馆总流通人次,全国平均为1 389.00万人次,全国有20个省市自治区低于1 389.00万人次的平均水平。排在前五位的是:广东省(6 418万人次)、浙江省(4 572万人次)、江苏省(4 527万人次)、上海市(2 062万人次)、山东省(2 035万人次),排在后五位的是:内蒙古自治区(417万人次)、海南省(270万人次)、宁夏回族自治区(210万人次)、青海省(102万人次)、西藏自治区(4万人次)。第一名广东省与最后一名西藏自治区相差6 414万人次。(见图6-34,表6-34)

```
广东          ████████████ 6 418
浙江          ████████ 4 572
江苏          ████████ 4 527
上海          ███ 2 062
山东          ███ 2 035
（前五位）
内蒙古        █ 417
海南          ▌270
宁夏          ▌210
青海          ▏102
西藏          4
（后五位）
       0  1 000 2 000 3 000 4 000 5 000 6 000 7 000 8 000（万人次）
```

图 6-34　公共图书馆总流通人次排名

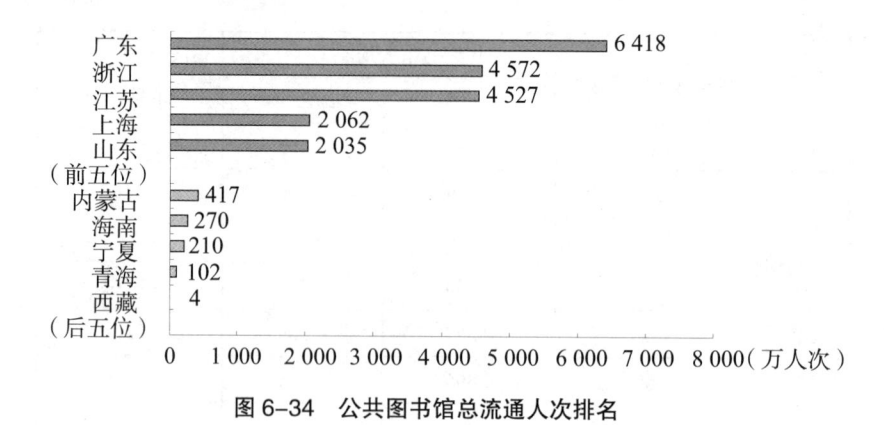

表 6-34　全国 31 个省市自治区公共图书馆总流通人次

序号	省市自治区	公共图书馆总流通人次（万人次）	全国平均差
0	全国平均	1389.00	/
1	广东	6418	+5029.00
2	浙江	4572	+3183.00
3	江苏	4527	+3138.00
4	上海	2062	+673.00
5	山东	2035	+646.00
6	辽宁	1939	+550.00
7	河南	1638	+249.00
8	四川	1628	+239.00
9	福建	1526	+137.00
10	湖北	1516	+127.00
11	湖南	1490	+101.00
12	广西	1366	-23.00
13	安徽	1264	-125.00
14	重庆	1078	-311.00

续表

序号	省市自治区	公共图书馆总流通人次（万人次）	全国平均差
15	云南	1070	-319.00
16	江西	1057	-332.00
17	河北	1023	-366.00
18	北京	865	-524.00
19	黑龙江	836	-553.00
20	陕西	727	-662.00
21	吉林	691	-698.00
22	新疆	645	-744.00
23	天津	630	-759.00
24	甘肃	558	-831.00
25	山西	475	-914.00
26	贵州	420	-969.00
27	内蒙古	417	-972.00
28	海南	270	-1119.00
29	宁夏	210	-1179.00
30	青海	102	-1287.00
31	西藏	4	-1385.00

2.公共图书馆总流通人次增长幅度排名

与2012年数据相比，全国31个省市自治区公共图书馆总流通人次全国平均水平较上年同期增长了14.21%，全国有29个省市自治区较上年有了不同程度的提高。其中，增长幅度最大的前五位是海南省(80.00%)、新疆维吾尔自治区(51.76%)、江西省(39.81%)、重庆市(38.74%)、贵州省(33.76%)。(见图6-35，表6-35)

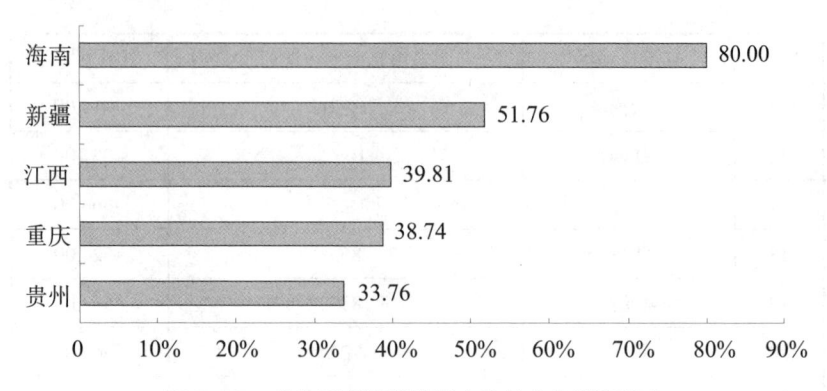

图 6-35　公共图书馆总流通人次较上年涨幅排名

表 6-35　全国 31 个省市自治区公共图书馆总流通人次较上年涨幅

序号	省市自治区	公共图书馆总流通人次（万人次）		2013 年较 2012 年涨幅（%）
		2013 年	2012 年	
0	全国平均	1389.00	1216.23	+14.21
1	海南	270	150	+80.00
2	新疆	645	425	+51.76
3	江西	1057	756	+39.81
4	重庆	1078	777	+38.74
5	贵州	420	314	+33.76
6	西藏	4	3	+33.33
7	陕西	727	560	+29.82
8	河北	1023	796	+28.52
9	江苏	4527	3542	+27.81
10	辽宁	1939	1553	+24.86
11	湖南	1490	1215	+22.63
12	黑龙江	836	694	+20.46
13	山西	475	398	+19.35
14	北京	865	726	+19.15
15	甘肃	558	473	+17.97

续表

序号	省市自治区	公共图书馆总流通人次(万人次) 2013年	2012年	2013年较2012年涨幅(%)
16	福建	1526	1315	+16.05
17	浙江	4572	3971	+15.13
18	吉林	691	611	+13.09
19	湖北	1516	1342	+12.97
20	内蒙古	417	373	+11.80
21	广西	1366	1231	+10.97
22	天津	630	572	+10.14
23	云南	1070	993	+7.75
24	安徽	1264	1176	+7.48
25	上海	2062	1926	+7.06
26	四川	1528	1433	+6.63
27	山东	2035	1915	+6.27
28	青海	102	96	+6.25
29	广东	6418	6072	+5.70
30	宁夏	210	233	-9.87
31	河南	1638	2062	-20.56

(三)每万人公共图书馆建筑面积

1. 每万人公共图书馆建筑面积排名

全国31个省市自治区每万人公共图书馆建筑面积,全国平均为86.40平方米,全国有18个省市自治区低于86.40平方米的平均水平。排在前五位的是:天津市(181.7平方米)、上海市(162.4平方米)、宁夏回族自治区(160.9平方米)、浙江省(125.7平方米)、辽宁省(108.4平方米),排在后五位的是:湖南省(53.8平方米)、安徽省(47.1平方米)、河北省(46.7平方米)、贵州省(46.7平方米)、河南省(45.7平方米)。第一名天津市与最后一名河南省相差136.0平方米。(见图6-36,表6-36)

2013年中国公共文化服务发展报告

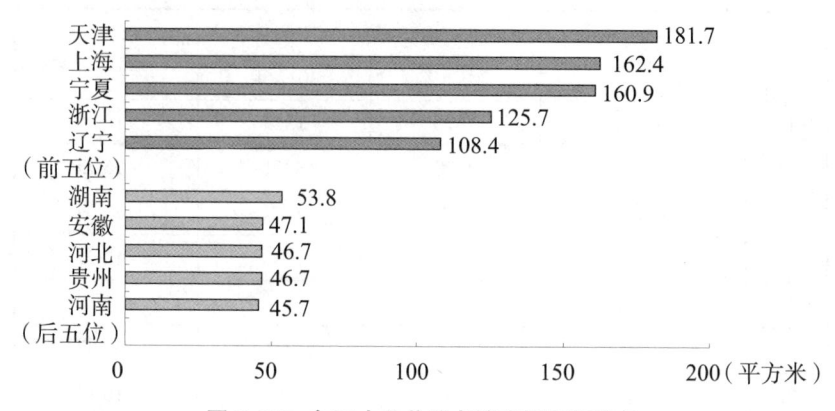

```
天津           181.7
上海           162.4
宁夏           160.9
浙江           125.7
辽宁           108.4
（前五位）
湖南            53.8
安徽            47.1
河北            46.7
贵州            46.7
河南            45.7
（后五位）
     0    50   100   150   200（平方米）
```

图 6-36　每万人公共图书馆建筑面积排名

表 6-36　全国 31 个省市自治区每万人公共图书馆建筑面积

序号	省市自治区	每万人公共图书馆建筑面积（平方米）	全国平均差
0	全国平均	86.40	/
1	天津	181.7	+95.30
2	上海	162.4	+76.00
3	宁夏	160.9	+74.50
4	浙江	125.7	+39.30
5	辽宁	108.4	+22.00
6	北京	107.2	+20.80
7	内蒙古	105.0	+18.60
8	江苏	104.3	+17.90
9	海南	96.7	+10.30
10	广东	95.6	+9.20
11	青海	93.7	+7.30
12	福建	89.6	+3.20
13	西藏	88.0	+1.60

续表

序号	省市自治区	每万人公共图书馆建筑面积(平方米)	全国平均差
14	重庆	83.3	-3.10
15	湖北	83.2	-3.20
16	新疆	82.4	-4.00
17	山西	81.6	-4.80
18	甘肃	71.2	-15.20
19	云南	71.0	-15.40
20	黑龙江	70.3	-16.10
21	江西	70.3	-16.10
22	吉林	67.9	-18.50
23	陕西	64.0	-22.40
24	广西	60.9	-25.50
25	山东	57.6	-28.80
26	四川	55.4	-31.00
27	湖南	53.8	-32.60
28	安徽	47.1	-39.30
29	河北	46.7	-39.70
30	贵州	46.7	-39.70
31	河南	45.7	-40.70

2. 每万人公共图书馆建筑面积增长幅度排名

与2012年数据相比,全国31个省市自治区每万人公共图书馆建筑面积全国平均水平较上年同期增长了7.17%,全国有25个省市自治区较上年有了不同程度的提高。其中,增长幅度最大的前五位是天津市(49.67%)、湖北省(36.17%)、北京市(29.47%)、江苏省(21.56%)、四川省(15.18%)。(见图6-37,表6-37)

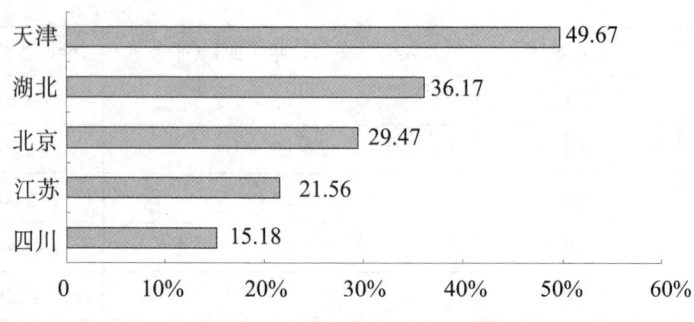

```
          天津 ████████████████████ 49.67
          湖北 ██████████████ 36.17
          北京 ███████████ 29.47
          江苏 ████████ 21.56
          四川 █████ 15.18
              0    10%   20%   30%   40%   50%   60%
```

图 6-37　每万人公共图书馆建筑面积较上年涨幅排名

表 6-37　全国 31 个省市自治区每万人公共图书馆建筑面积较上年涨幅

序号	省市自治区	每万人公共图书馆建筑面积(平方米)		2013 年较 2012 年涨幅(%)
		2013 年	2012 年	
0	全国平均	86.40	80.62	+7.17
1	天津	181.7	121.4	+49.67
2	湖北	83.2	61.1	+36.17
3	北京	107.2	82.8	+29.47
4	江苏	104.3	85.8	+21.56
5	四川	55.4	48.1	+15.18
6	安徽	47.1	41.0	+14.88
7	青海	93.7	81.7	+14.69
8	河北	46.7	41.9	+11.46
9	内蒙古	105.0	94.6	+10.99
10	吉林	67.9	61.5	+10.41
11	陕西	64.0	58.0	+10.34
12	广西	60.9	55.5	+9.73
13	浙江	125.7	114.6	+9.69
14	西藏	88.0	80.4	+9.45
15	江西	70.3	64.9	+8.32

续表

序号	省市自治区	每万人公共图书馆建筑面积(平方米)		2013年较2012年涨幅(%)
		2013年	2012年	
16	重庆	83.3	77.1	+8.04
17	甘肃	71.2	67.0	+6.27
18	山西	81.6	76.9	+6.11
19	辽宁	108.4	103.4	+4.84
20	黑龙江	70.3	67.5	+4.15
21	广东	95.6	92.8	+3.02
22	上海	162.4	158.6	+2.40
23	新疆	82.4	80.5	+2.36
24	河南	45.7	44.9	+1.78
25	海南	96.7	95.2	+1.58
26	云南	71.0	72.2	-1.66
27	湖南	53.8	55.6	-3.24
28	贵州	46.7	49.3	-5.27
29	宁夏	160.9	177.1	-9.15
30	山东	57.6	73.0	-21.10
31	福建	89.6	114.9	-22.02

(四)每万人拥有群众文化设施建筑面积

1. 每万人拥有群众文化设施建筑面积排名

全国31个省市自治区每万人拥有群众文化设施建筑面积,全国平均为243.60平方米,全国有23个省市自治区低于243.60平方米的平均水平。排在前五位的是:浙江省(539.5平方米)、上海市(536.4平方米)、西藏自治区(522.1平方米)、江苏省(366.7平方米)、新疆维吾尔自治区(352.5平方米),排在后五位的是:吉林省(144.9平方米)、广西壮族自治区(141.6平方米)、河北省(138.0平方米)、河南省(130.4平方米)、海南省(121.6平方米)。第一名浙江省与最后一名海南省相差

417.9平方米。(见图6-38,表6-38)

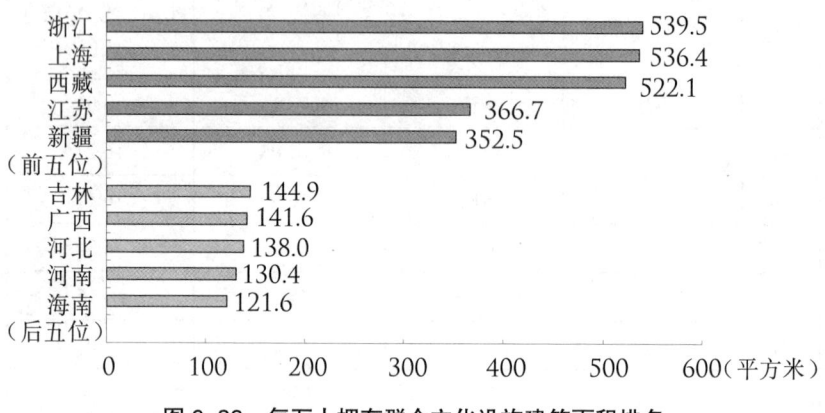

图6-38 每万人拥有群众文化设施建筑面积排名

前五位：
- 浙江 539.5
- 上海 536.4
- 西藏 522.1
- 江苏 366.7
- 新疆 352.5

后五位：
- 吉林 144.9
- 广西 141.6
- 河北 138.0
- 河南 130.4
- 海南 121.6

表6-38 全国31个省市自治区每万人拥有群众文化设施建筑面积

序号	省市自治区	每万人拥有群众文化设施建筑面积（平方米）	全国平均差
0	全国平均	243.60	/
1	浙江	539.5	+295.90
2	上海	536.4	+292.80
3	西藏	522.1	+278.50
4	江苏	366.7	+123.10
5	新疆	352.5	+108.90
6	广东	326.7	+83.10
7	宁夏	285.2	+41.60
8	内蒙古	247.6	+4.00
9	甘肃	242.3	-1.30
10	山西	239.6	-4.00
11	重庆	237.1	-6.50
12	山东	236.9	-6.70
13	四川	235.4	-8.20

续表

序号	省市自治区	每万人拥有群众文化设施建筑面积（平方米）	全国平均差
14	青海	229.1	-14.50
15	福建	227.4	-16.20
16	辽宁	225.8	-17.80
17	陕西	204.0	-39.60
18	云南	197.7	-45.90
19	黑龙江	194.6	-49.00
20	北京	191.9	-51.70
21	湖北	184.8	-58.80
22	天津	177.3	-66.30
23	湖南	177.2	-66.40
24	贵州	173.0	-70.60
25	江西	172.8	-70.80
26	安徽	151.4	-92.20
27	吉林	144.9	-98.70
28	广西	141.6	-102.00
29	河北	138.0	-105.60
30	河南	130.4	-113.20
31	海南	121.6	-122.00

2.每万人拥有群众文化设施建筑面积增长幅度排名

与2012年数据相互对比，全国31个省市自治区每万人拥有群众文化设施建筑面积全国平均水平较上年同期增长了5.23%，全国有26个省市自治区较上年有了不同程度的提高。其中，增长幅度最大的前五位是江苏省(20.94%)、宁夏回族自治区(19.28%)、海南省(13.33%)、浙江省(12.77%)、吉林省(11.20%)。(见图6-39，表6-39)

```
江苏    20.94
宁夏    19.28
海南    13.33
浙江    12.77
吉林    11.20
```

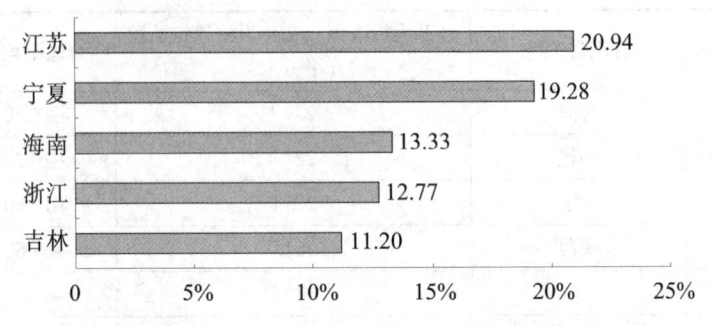

图 6-39 每万人拥有群众文化设施建筑面积较上年涨幅排名

表 6-39 全国 31 个省市自治区每万人拥有群众文化设施建筑面积较上年涨幅

序号	省市自治区	每万人拥有群众文化设施建筑面积（平方米）		2013年较2012年涨幅(%)
		2013 年	2012 年	
0	全国平均	243.60	231.49	+5.23
1	江苏	366.7	303.2	+20.94
2	宁夏	285.2	239.1	+19.28
3	海南	121.6	107.3	+13.33
4	浙江	539.5	478.4	+12.77
5	吉林	144.9	130.3	+11.20
6	甘肃	242.3	218.6	+10.84
7	安徽	151.4	138.0	+9.71
8	西藏	522.1	477.2	+9.41
9	陕西	204.0	187.3	+8.92
10	山西	239.6	221.5	+8.17
11	上海	536.4	496.5	+8.04
12	黑龙江	194.6	180.7	+7.69
13	内蒙古	247.6	231.1	+7.14
14	山东	236.9	223.7	+5.90
15	湖南	177.2	167.8	+5.60

续表

序号	省市自治区	每万人拥有群众文化设施建筑面积（平方米）		2013年较2012年涨幅(%)
		2013年	2012年	
16	广西	141.6	134.3	+5.44
17	重庆	237.1	226.9	+4.50
18	辽宁	225.8	216.1	+4.49
19	河北	138.0	132.5	+4.15
20	广东	326.7	315.7	+3.48
21	河南	130.4	127.3	+2.44
22	云南	197.7	193.2	+2.33
23	青海	229.1	226.9	+0.97
24	江西	172.8	171.5	+0.76
25	四川	235.4	234.1	+0.56
26	湖北	184.8	183.8	+0.54
27	新疆	352.5	353.4	-0.25
28	福建	227.4	233.5	-2.61
29	贵州	173.0	180.0	-3.89
30	天津	177.3	213.1	-16.80
31	北京	191.9	233.3	-17.75

（五）博物馆参观人数

1. 博物馆参观人数排名

全国31个省市自治区博物馆参观人数，全国平均为1 740.48万人次，全国有19个省市自治区低于1 740.48万人次的平均水平。排在前五位的是：江苏省（5 500.36万人次）、四川省（4 210.00万人次）、山东省（3 843.28万人次）、河南省（3 425.47万人次）、湖南省（3 213.86万人次），排在后五位的是：天津市（493.88万人次）、海南省（255.81万人次）、青海省（88.22万人次）、宁夏回族自治区（84.01万人次）、西藏自治区（23.91万人次）。第一名江苏省与最后一名西藏自治区相差5 476.45万人次。（见图6-40，表6-40）

```
江苏                                    5 500.36
四川                              4 210.00
山东                           3 843.28
河南                         3 425.47
湖南                       3 213.86
（前五位）
天津        493.88
海南     255.81
青海    88.22
宁夏    84.01
西藏   23.91
（后五位）
   0    1 000  2 000  3 000  4 000  5 000  6 000（万人次）
```

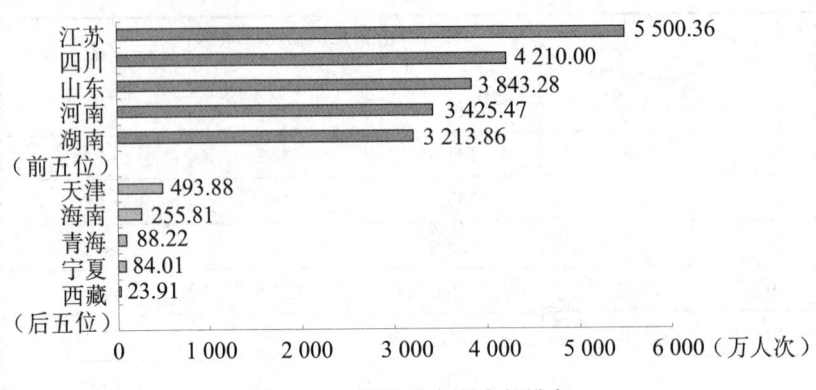

图 6-40 博物馆参观人数排名

表 6-40 全国 31 个省市自治区博物馆参观人数

序号	省市自治区	博物馆参观人数（万人次）	全国平均差
0	全国平均	1740.48	/
1	江苏	5500.36	+3759.88
2	四川	4210.00	+2469.52
3	山东	3843.28	+2102.80
4	河南	3425.47	+1684.99
5	湖南	3213.86	+1473.38
6	广东	3203.51	+1463.03
7	浙江	3122.31	+1381.83
8	陕西	2550.32	+809.84
9	湖北	2229.74	+489.26
10	安徽	2164.96	+424.48
11	江西	1877.04	+136.56
12	福建	1843.02	+102.54
13	河北	1666.77	-73.71
14	重庆	1643.48	-97.00
15	上海	1633.10	-107.38
16	黑龙江	1310.20	-430.28
17	山西	1247.16	-493.32

续表

序号	省市自治区	博物馆参观人数（万人次）	全国平均差
18	甘肃	1179.10	-561.38
19	广西	1124.96	-615.52
20	云南	1078.36	-662.12
21	辽宁	1069.82	-670.66
22	内蒙古	939.77	-800.71
23	贵州	936.49	-803.99
24	吉林	860.01	-880.47
25	新疆	607.28	-1133.20
26	北京	528.77	-1211.71
27	天津	493.88	-1246.60
28	海南	255.81	-1484.67
29	青海	88.22	-1652.26
30	宁夏	84.01	-1656.47
31	西藏	23.91	-1716.57

2. 博物馆参观人数增长幅度排名

与2012年数据相比，全国31个省市自治区博物馆参观人数全国平均水平较上年同期增长了19.40%，全国有27个省市自治区较上年有了不同程度的提高。其中，增长幅度最大的前五位是山东省（140.96%）、上海市（108.57%）、内蒙古自治区（54.06%）、浙江省（40.90%）、湖北省（36.63%）。（见图6-41，表6-41）

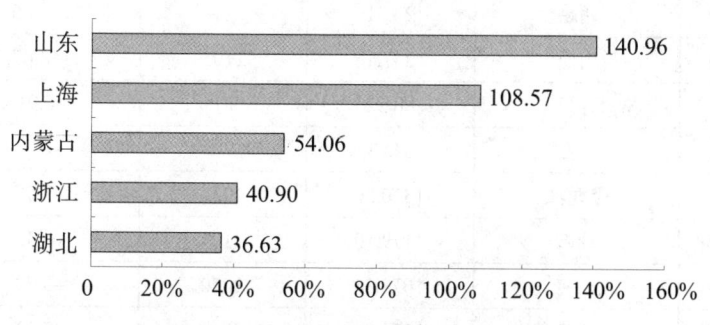

图6-41 博物馆参观人数较上年涨幅排名

- 山东 140.96
- 上海 108.57
- 内蒙古 54.06
- 浙江 40.90
- 湖北 36.63

表6-41　全国31个省市自治区博物馆参观人数较上年涨幅

序号	省市自治区	博物馆参观人数(万人次) 2013年	2012年	2013年较2012年涨幅(%)
0	全国平均	1740.48	1457.71	+19.40
1	山东	3843.28	1595	+140.96
2	上海	1633.10	783	+108.57
3	内蒙古	939.77	610	+54.06
4	浙江	3122.31	2216	+40.90
5	湖北	2229.74	1632	+36.63
6	海南	255.81	195	+31.18
7	河南	3425.47	2696	+27.06
8	天津	493.88	406	+21.65
9	辽宁	1069.82	896	+19.40
10	新疆	607.28	510	+19.07
11	广东	3203.51	2761	+16.03
12	吉林	860.01	742	+15.90
13	四川	4210.00	3635	+15.82
14	陕西	2550.32	2202	+15.82
15	广西	1124.96	974	+15.50
16	福建	1843.02	1600	+15.19
17	河北	1666.77	1447	+15.19
18	湖南	3213.86	2801	+14.74
19	西藏	23.91	21	+13.86
20	山西	1247.16	1103	+13.07
21	青海	88.22	81	+8.91
22	宁夏	84.01	78	+7.71
23	黑龙江	1310.20	1217	+7.66
24	甘肃	1179.10	1109	+6.32
25	云南	1078.36	1020	+5.72
26	江苏	5500.36	5212	+5.53

续表

序号	省市自治区	博物馆参观人数(万人次)		2013年较2012年涨幅(%)
		2013年	2012年	
27	江西	1877.04	1848	+1.57
28	北京	528.77	533	−0.79
29	贵州	936.49	974	−3.85
30	重庆	1643.48	1721	−4.50
31	安徽	2164.96	2571	−15.79

下编
2013年中国公共文化服务深度分析报告

第七章 2013年北京市公共文化服务分析报告

2013年,北京市围绕"发挥文化中心作用、加快建设中国特色社会主义先进文化之都"的战略决策,根据"公共文化设施和服务质量达到世界先进水平"的要求,着力于建设城乡均衡的公共文化服务体系,并取得了显著的成果,多项公共文化服务指标在全国31个省市自治区中名列前茅。然而,这一年度北京市的公共文化服务在某些方面也存在着不足,有待改进和提高。

一、进步与成就

2013年,北京市不断加大公共文化服务体系的建设力度,完善公共文化设施建设和基层公共文化服务,在诸多方面都成果突出。譬如,北京市积极打造公共文化服务平台,朝阳区成为首批国家公共文化服务体系示范区;不断建设完善公共文化设施,截至2013年底,四级公共文化设施平均覆盖率已达到98%,市、区县两级公共文化设施覆盖率达到100%;开展各种类型的公共文化服务,由首都剧院联盟推行的低票价补贴演出已达到622场,全市文化志愿者人数超过27 000人,为310余万人提供文化服务99.68万小时。[①] 从具体指标上看,北京市公共文化服务的成绩和优势主要表现在以下几个方面。

---

① 《公共文化惠民生 群星璀璨耀京华》,载《北京日报》,2013年12月26日。

1. 公共文化服务的投入力度大

从总量和人均指数上看,北京市的公共文化投入分别排在全国第六位、第三位。具体而言,文化事业费占财政支出的比重为0.55%,在全国31个省市自治区中名列第三位,仅次于浙江省的0.75%、上海市的0.62%,高于全国平均的0.40%。人均文化事业费达到110.55元,较2012年增长24.62%,在全国31个省市自治区中仅次于上海市的120.65元,远远高于全国平均的44.60元。公共图书馆、群众文化机构、文物科研机构的财政拨款数等二级指标与历年相比,也都有了一定幅度的提高,如公共图书馆的财政拨款达到43 528万元,排在全国第六位,较2012年增长20.04%,公共图书馆人均购书则达到2.689元,位居全国第四位。

2. 公共文化机构的数量增长较快

虽然受到面积的限制,北京市公共文化机构的绝对数量并不突出,总量排名仅处在全国第二十七位,但公共文化机构综合指数(人均)得分却达到50.78分,名列全国第三位,而2012年北京市在这一指数上仅名列全国第二十一位,上升了十八位。这说明,在人口基数相对稳定的前提下,北京市的公共文化机构数量有了比较大幅度的增长,均等化程度进一步提高。一方面,博物馆、公共图书馆、群众文化机构、群众艺术馆等公共文化机构的数量与上一年度基本持平;另一方面,艺术表演团体和场馆的数量出现了大幅度的提升,其中艺术表演团体由上一年度的118个升至324个,艺术表演场馆由上年的68个升至96个,均高于全国平均水平。

3. 人均享受的公共文化服务位居全国前列

2013年,北京市公共文化服务综合指数(人均)得分为79.64分,在全国31个省市自治区中排名第二位;公共文化活动综合指数(人均)得分为84.72分,同样排在第二位;公共文化享受综合指数(人均)得分为92.64分,排在第五位。这表明,北京市民享受到的人均公共文化服务处在全国领先的地位。从纵向上看,与历年相比,某些二级指标出现比较显著的增长,使公共文化服务的人均享受率有所提升,如群众文化机构组织的文艺活动次数由上一年度的23 972次提高至29 076次,艺术表演场馆的演出场次也由上一年度的6 000场提高至

10 000 场,公共图书馆的总流通人次由上年的 726 万人次增长至 865 万人次,每万人公共图书馆建筑面积由 82.8 平方米增长至 107.2 平方米。从横向上看,部分二级指标在全国 31 个省市自治区中处于比较靠前的位置,也提升了公共文化活动和公共文化享受的人均排名,如人均拥有公共图书馆藏书册数为 1.01 册,排在全国第三位,广播节目和电视节目的综合人口覆盖率均达到 100%,与天津市、上海市并列全国第一位。

由此可见,北京市在加大公共文化投入的基础上,不断增强公共文化机构建设,为市民提供了更加丰富的公共文化服务,提高了群众的公共文化享受度。

二、问题与不足

在公共文化服务的多项一级指标中,北京市都处于全国领先的地位。但是,北京市的公共文化服务也存在着某些问题和不足。

1. 公共文化服务投入与产出的绩效指数偏低

虽然北京市在公共文化服务投入与产出绩效指数的人均排名上出现了一定幅度的提高,比 2012 年上升了七位,但由于投入与产出绩效指数的计算公式是:(公共文化产品 + 公共文化活动 + 公共文化享受)÷公共文化投入,而北京市的公共文化投入比较高,公共文化产出相应不足,这就导致产出与投入之间的比例较小,其绩效指数也随之偏低。所以,从总量上看,北京市公共文化服务投入与产出的绩效指数得分为 54.75 分,仅高于海南省、内蒙古自治区;从人均上看,投入与产出的绩效指数得分为 66.53 分,处于全国第二十三位。

2. 公共文化服务的总量排名与人均排名不平衡

在多项一类指标中,北京市的人均排名较高,并且较之上一年度也取得了比较大的增长,但总量排名却相对落后,特别是与一些总量与人均排名上均处在全国前列的省市自治区相比,北京市在总量和人均排名上的不平衡现象比较突出。譬如,北京市公共文化服务综合指数(人均)排在全国第二位,但公共文化服务综合指数(总量)仅排在第二十二位。在公共文化活动上,北京市人均排名第二位,但总量排名仅为第二十九位,而人均排名第一位的上海市总量排名则为第七位。在公共文化享受上,北京市人均排名第五位,但总量排名仅为第十五位,而人均排名前六位的上海市、浙江省、江苏省、广东省等省市,在总量排名上也位居前六位。与全国大多数省区相比,空间相对比较小是造成北京市在总量排名上相对落后的一个客观因素,这导致公共文化服务的容量、频次在不同程度上受到限制,其中一些指数自然比较低。但从某些指标上看,北京市的公共文化服务仍然有较大的提升空间。如在执行事业会计制度艺术表演团体演出场次方面,北京市仅为3 000场,远低于全国平均的10 300场,而空间容量同样较小的上海市则为7 000场。在公共图书馆举办展览方面,北京市共有24个公共图书馆,共举办展览240个,低于全国平均的397.42个,而上海市共有25个公共图书馆,共举办展览425个。在每万人拥有群众文化设施建筑面积方面,北京市为191.9平方米,低于全国平均的243.6平方米,而排在前两位的浙江省、上海市则分别达到539.5平方米、536.4平方米。

3. 公共文化产品在总量和人均排名上都呈现下落趋势

在公共文化产品综合指数(总量)上,北京市仅排名第二十二位,比上一年度下降两位;在公共文化产品综合指数(人均)上,北京市排名第五位,比上一年度下降三位。虽然在有线广播电视用户占家庭总户数比重、动漫企业原创动画作品等二级指标上,北京市都排在全国前两位,但公共文化产品的总体排名却相对落后。例如,在图书、期刊和报纸出版种数上,北京市图书出版为9 431种,远远低于全国前两位上海市、辽宁省的23 777种、22 263种;期刊出版数为170种,与前两位的上海市、浙江省的635种、467种也有不小的差距;报纸出版数为37种,仍低于全国平均的54.77种。在少年儿童课本出版种数上,北京市共出版748种,远低于前两位的上海市、江苏省的5 110种、3 004种,也低于全国平均的1 059.77种。在全国文化产业示范基地(试验)园区和产业示范基地获得著作权、发明专利总数上,北京市仅有三项,在四个直辖市中排名最低,而全国平均为466.55项,前两位的广东省、江苏省则分别为3 443项、3 309项。

以上数据表明,投入与产出的绩效不高、总量排名相对落后和公共文化产品产出不足是制约北京市公共文化服务发展的瓶颈,而对其加以改进、完善也是进一步推进公共文化服务体系建设的题中应有之意。

三、对策与建议

北京市在公共文化服务上既有较为突出的优势,又存在某些不尽如人意之处,在充分发挥和拓展优势的同时,可以从以下几个方面入手来解决这些问题。

1. 合理加大公共文化产出的总量,提升公共文化服务绩效

从总体上看,要使公共文化服务的投入与产出的比例协调,就应当在保证公共文化投入的基础上提高公共文化的产出。具体而言,北京市可以通过适度增加公共文化机构,统筹规划更为丰富的公共文化活动、产品等方式来实现公共文化产出的增长。在此过程中,北京市还应当注重提升公共文化产出的社会化程度,以更加多样化的社会资源来带动公共文化产出在总量上的增长。譬如,北京市可以模仿"798"艺术区,将空置或边缘地块改造成公共文化活动区域,在一定程度上缓解公共文化机构、活动空间不足的问题;也可以组织校园艺术上街头、校园艺术进社区等活动,实现高校艺术资源的社会共享,让更多的公共文化活动惠及市民。

2. 提高公共文化产出的质量,着力塑造更多更好的品牌活动和优质产品

增加公共文化的产出,不仅需要在总量上有所提升,而且需要在质量上精益求精,以拓展公共文化产出的品牌效应。例如,北京市可以在现有的"千场群艺大汇演"、"万场演出下基层"、"百姓周末大舞台"、"朝阳区国际风情节"等活动的基础上,进一步整合具有北京市特色和有全国影响力的品牌活动,形成北京市公共文化服务的品牌优势;也可以进一步打造一批精品少儿读物、精品动漫、精品书刊、精品电视节目和电视剧,使之成为放大北京市公共文化辐射力的媒介和窗口。

3. 加强人才队伍建设,进一步发挥公共文化队伍的服务效能

十八大报告提出,要"完善公共文化服务体系,提高服务效能",而提高效能的一个关键因素在于公共文化人才队伍的建设。北京市本身具有非常丰富的文化人才资源,完全可以被转化为公共文化服务的动力和支撑。然而,与其他省市自治区相比,北京市在专业技术人才的集聚方面仍然较为薄弱,如博物馆的专业技术人才只有379人,仅高于海南省、西藏自治区、贵州省、青海省、宁夏回族自治区、新疆维吾尔自治区六省区,艺术表演团体的专业技术人才共有4 346人,仅排在全国第十四位,这与北京市"中国特色社会主义先进文化之都"的战略定位并不相符。因此,北京市应当充分依托在京高校、文化艺术团体的资源优势,继续放宽人才准入门槛,完善人才管理机制,吸引更多的文化艺术人才充实公共文化队伍。

北京市公共文化事业已经呈现出良好的上升势头,而在此之上不断增强公共文化服务的品质、绩效,必然能够为北京市建设中国特色社会主义先进文化之都夯实基础。

第八章 2013年天津市公共文化服务分析报告

近年来,天津市以打造文化强市为目标,深入实施文化惠民工程,不断提升公共文化服务的软硬件水平,逐步推进了覆盖城乡的公共文化服务体系建设。2013年,天津市在公共文化服务方面保持相对稳定的上升势头,在多项公共文化服务指标上凸显出自身的优势和特色。但是,与其他省市自治区相比,天津市的公共文化服务也存在不足之处,值得重视和改进。

一、进步与成就

2013年,天津市在公共文化服务体系建设上取得了较为突出的成果,也赢得了广泛的关注和赞誉。2012年投入使用的天津市文化中心进一步发挥了"高雅艺术展示中心、文化艺术普及中心"的服务效能,已经成为天津市公共文化服务的标志性设施。公共文化志愿服务队伍也不断壮大,总计开展了近万场次公共文化公益活动。[1]"服务农民、服务基层文化建设"的特色文化活动和艺术培训,充分地保障了市民的文化权益。而从公共文化服务的各类指标上看,天津市公共文化服务的成绩和优势主要表现在以下几个方面。

---

[1] 吴宏:《天津市举办近万场公共文化公益活动 2014再起航》,http://news.enorth.com.cn/system/2013/12/30/011572086.shtml。

1. 公共文化投入逐年递增，人均排名位居全国前列

在全国 31 个省市自治区中，天津市的公共文化投入综合指数（人均）得分为 66.68 分，排在第五位，这说明天津市人均享受到的公共文化投入较高。其中，天津市人均文化事业费为 56.11 元，排在全国第九位，较上一年度的 55.05 元有了一定幅度的增长，涨幅为 1.93%。公共图书馆人均购书达到 2.967 元，排在全国第二位，比上一年度的 2.024 元有了较大幅度的增长，涨幅为 46.59%，增长幅度排在全国第六位。公共图书馆总支出、群众文化机构财政拨款和总支出等指数也较上一年度有所增长。

2. 公共文化产品的人均排名处于全国领先的水平

由于天津市的人口基数比较小，所以公共文化产品的人均占有率、享受率比较高，人均排名处在全国第四位。与其他省市自治区相比，天津市在公共文化产品的总量上并未形成优势，但这与天津市地理面积小、公共文化机构及其他文化设施相对有限等客观因素有关。正因为如此，将天津市与客观条件类似的其他三个直辖市加以比较，反而能够更加准确地看到天津市在公共文化产品方面的成绩。譬如，天津市全年公共电视节目共有 32 套，期刊出版种数为 251 种，全国文化产业示范基地（试验）园区和产业示范基地获得著作权、发明专利总数为 268 项，电视剧播出 3 450 部，上述指标在四个直辖市中均排在第二位。这说明，天津市在公共文化产品产出上的相对数值并不低，人均指数自然能够排在全国前列。

3. 公共文化服务的人均享受度比较高

天津市在公共文化享受综合指数（人均）上的得分为 94.08 分，排在全国第三位，仅次于上海市的 98.52 分、浙江省的 94.83 分，这说明天津市民在公共文化服务上的人均享受度处在全国前列。从横向上看，天津市在公共文化享受的某些指数上居于全国领先的水平。例如，人均拥有公共图书馆藏书册数达到 1.04 册，排在全国第二位，仅次于上海市的 3.03 册。每万人公共图书馆建筑面积为 181.7 平方米，排在全国第一位。广播节目和电视节目的综合人口覆盖率均达到 100%，与北京市、上海市并列全国第一位。从纵向上看，天津市在公共文化享受方面也取得了较大幅度的增长。譬如，公共图书馆总流通人次由上一年度的572万人次提高到630万人次,涨幅为10.14%。每万人公共图书馆建筑面积的涨幅为49.67%,增长幅度排在全国第一位。文物参观人数由上年的424万人次提高到535.28万人次,博物馆参观人数由406万人次提高到493.88万人次。以上数据体现出,天津市民对公共文化服务的参与度和享受度正在不断增强。

从总体上看,天津市的公共文化服务体系建设呈现出良好的上升势头,尤其是市民人均享受到的公共文化服务处于全国前列。由此可见,天津市在公共文化产品、公共文化享受等方面较好地满足了大多数市民的文化需求,在一定程度上体现出公共文化服务的均等性。

二、问题与不足

虽然天津市在公共文化服务上取得了较好的成绩,但其中也存在着一些亟待解决的问题。综观公共文化服务的各类指标,这些问题主要集中在以下几个方面。

1. 公共文化服务投入与产出的绩效指数不高

天津市公共文化服务投入与产出绩效指数(总量)仅排在全国第二十三位,而公共文化服务投入与产出绩效指数(人均)仅排在全国第十五位。这说明,在人均绩效有所进步的前提下,投入与产出的"性价比"不高,公共文化服务的效能还没有完全发挥出来。由于投入与产出绩效指数的计算公式是:(公共文化产品+公共文化活动+公共文化享受)÷公共文化投入,而天津市的公共文化投入正在不断增长,所以造成绩效指数排名偏低的一个重要原因是,包括文化产品、文化活动和文化享受在内的公共文化产出相对不足。这也就意味着,要提高公共文化服务投入与产出的绩效指数,必然要加大公共文化产出。

2. 公共文化服务的总量排名普遍偏低

在公共文化投入、公共文化机构、公共文化产品、公共文化活动、公共文化队伍、公共文化享受等六项一级指标上,天津市的总量排名较低,如公共文化队伍仅排在第二十七位,公共文化活动也排在第二十七位。天津市面积小、人口少,公共文化机构、活动、队伍等指标偏低有其自身的客观原因。但也无法否认,天津市在某些指数上与其他省市自治区有比较大的差距,这极大地影响了它的公共文化服务的排名和绩效。譬如,公共图书馆举办的展览数仅为 118 个,只高于海南省、西藏自治区、青海省、宁夏回族自治区,远远低于全国平均的 397.42 个,也低于上一年度的 128 个。群众文化机构组织的文艺活动仅有 6 354 次,同样仅高于海南省、西藏自治区、青海省、宁夏回族自治区,远远低于全国平均的 22 209.1 次,也低于上一年度的 6 485 次。艺术表演团体的从业人员仅有 2 328 人,仅高于青海省、宁夏回族自治区。

3. 公共文化机构的人均享受度相对落后

在公共文化机构综合指数(人均)排名上,天津市仅名列全国第二十二位,这说明公共文化机构的人均占有率和享受度偏低,均等化程度有待提升。与大部分省市自治区相比,天津市的人口基数比较小,但公共文化机构的人均排名却依然落后,这实际上反映出公共文化机构在数量上还无法完全满足市民的文化需求。例如,天津市的博物馆仅有 20 个,仅高于海南省、西藏自治区、宁夏回族自治区;文化站仅有 264 个,排在全国第二十七位;艺术表演团体仅有 48 个,排在第二十八位;文物业机构仅有 29 个,排在第三十一位;文物保护管理机构仅有 8 个,排在第三十位。

由以上数据即可看到,虽然多项指标处在全国前列,但绩效指数低、公共文化机构的均等化程度低和公共文化服务的总量不足等"短板"也在一定程度上体现出天津市公共文化服务的不足和差距。

三、对策与建议

天津市在公共文化服务上既有优势,又存在着一些问题。在保持和拓展优势的同时,天津市还应从以下几个方面入手,提升公共文化服务的质量和排名。

1. 加大公共文化产出,提高公共文化服务投入与产出的绩效

天津市公共文化服务的绩效指数在总量和人均排名上都处在全国的中下游水平,而加大公共文化产出是提高绩效指数的重要途径。从总体上看,天津市公共文化服务的总量不高,在公共文化活动、产品和享受等一级指标上还有较大的提升空间。譬如,天津市共有 31 个公共图书馆,高于北京市的24个和上海市的25个,但公共图书馆举办展览的次数、组织各类讲座的次数以及参观展览和参加讲座的人次都远远落后于京沪两市。天津市共有283个群众文化机构,高于上海市的240个,但群众文化机构组织的文艺活动仅有6 354次,也远低于上海市的32 762次。因此,天津市应当进一步发掘公共文化机构的服务效能,统筹规划更多更好的公共文化活动和公共文化产品,如面向农村、面向基层的公共文化活动已经形成了一定的规模,可以在此基础上着力打造一个品牌效应更加突出的公共文化服务平台,以专业文化团队、志愿者队伍为核心,将社区、乡镇、学校、工矿及社会各界的力量整合起来,为市民提供更加丰富、更加系统、更加便捷的文化享受。

2. 加强公共文化机构建设,进一步保障公共文化服务的空间和设施

尽管天津市的面积小于全国大多数省市自治区,公共文化机构的数量也相应地受到制约,但仍然应当在合理规划的基础上加强公共文化机构的建设,提高其人均占有率和享受度。一方面,天津市可以适度地加大公共文化投入,兴建更多的博物馆、公共图书馆,资助更多的艺术表演团体和表演场馆,特别是要结合天津市自身的历史文化资源、地方特色,建设一批小而精、特色鲜明的公共文化机构。另一方面,天津市也可以充分利用各类社会资源,适当地放宽社会资本的准入门槛,如加大对企业或个人创立的公益性图书馆、博物馆、艺术馆等机构的扶持力度,将某些闲置的场所、空间改造成相应的公共文化机构,从而提高社会资源的有效利用率。

天津市的公共文化事业已有长足的发展,而在此基础上增强公共文化服务的绩效,提升公共文化资源的均等性、享受度,必然会进一步推动天津市文化的大发展大繁荣。

第九章 2013年河北省公共文化服务分析报告

在中国人文地图上,渤海之滨的河北省地处华北地区的腹心地带,环拥中国的政治文化中心首都北京市和直辖市天津市,历史悠久,文化资源丰富,自古有"燕赵多慷慨悲歌之士"美誉,是英雄辈出之地,也是寄予希望之所。2013年,在"京津冀一体化"的发展形势下,河北省在公共文化服务多个综合指标方面表现优良。

一、进步与成就

通过河北省公共文化各项指数与其他省市自治区比较的情况,可以看出河北省2013年在公共文化服务所取得的明显进步与成就。

1. 在公共文化服务综合指标方面的较好排名与得分

(1)公共文化服务总量排名第八位。

在公共文化服务指数总量的排名和得分上,河北省位居全国第八位,为73.17分。排名在河北省之前的依次是广东省(89.08分)、江苏省(86.76分)、浙江省(84.48分)、山东省(82.50分)、河南省(80.71分)、四川省(80.63分)、上海市(74.67分)。本项排名的最后一位是海南省(50.04分)。

(2)公共文化机构总量排名第四位。

在公共文化机构指数总量的排名和得分上,河北省位居全国第四位,为73.33分。排名在河北省之前的依次是四川省(85.87分)、河南省(81.63分)、江苏省(77.27分)。本项排名的最后一位是海南省

(26.64分)。

(3)公共文化产品总量排名第十三位。

在公共文化产品指数总量的排名和得分上,河北省位居全国第十三位,为62.88分。本项排名第一位的是江苏省(86.02分),排第二至第五位的依次是:广东省(79.48分)、上海市(79.24分)、山东省(75.79分)、四川省(74.47分)。排名最后一位的是西藏自治区(26.5分)。

(4)公共文化活动总量排名第十一位。

在公共文化活动指数总量的排名和得分上,河北省位居全国第十一位,为58.6分。本项排名第一位的是广东省(92.58分),排名第二至第五位的依次是:江苏省(81.39分)、山东省(79.95分)、浙江省(79.25分)、四川省(74.25分)。排名最后一位的是西藏自治区(12.39分)。

(5)公共文化队伍总量排名第八位。

在公共文化队伍指数总量的排名和得分上,河北省位居全国第八位,为76.99分;本项排名第一位的是河南省(89.52分),排名第二至第五位的依次是:山东省(89.06分)、广东省(80.28分)、浙江省(79.78分)、陕西省(78.99分)。排名最后一位的是海南省(25.84分)。

(6)公共文化享受总量排名第十一位。

在公共文化享受指数总量的排名和得分上,河北省位居全国第十一位,为86.32分。本项排名第一位的是广东省(96.94分),排名第二至第五位的依次是:江苏省(95.53分)、浙江省(93.8分)、山东省(90.31分)、河南省(88.71分)。排名最后一位的是西藏自治区(78.3分)。

(7)公共文化服务投入与产出绩效指数排名第四位,人均排名第二位。

在公共文化服务投入与产出绩效指数总量的排名和得分上,河北省位居全国第四位,为52.244 055 51分,百分制得分63.57。本项排名第一位的是河南省(53.595 976 79分),排第二至第五位的依次是:山东省(53.405 274 44分)、江苏省(52.780 142 60分)、河北省(52.244 055 51分)、湖北省(51.71441715分)。排名最后一位的是内蒙古自治区(38.260 666 37分)。公共文化服务投入与产出绩效指数(总量)理想最大值是129.289 161 7分,百分制得分理想最大值是100分。

在人均方面,河北省位居全国第四位,为64.591 385 86分,百分制得分72.94。排名在河北省之前的只有江西省(65.381 235 35分)。本项排名的最后一位是海南省(47.098 787 85分)。公共文化服务投入与产出绩效指数(人均)理想最大值是121.390 289 0分,百分制得分理想最大值是100分。

2. 亮点与优势

根据以上研究比较的结果,不难看出,在全国31个省市自治区中,河北省在公共文化服务总量、公共文化机构总量、公共文化队伍总量等多项指数上均排名前十位,高于大多数省市自治区;尤其是在公共文化服务投入与产出绩效指数(总量)一项上位居全国第四位,人均方面排到第二位,相当可喜。按照投入与产出绩效比的计算公式[(公共文化产品+公共文化活动+公共文化享受)÷公共文化投入],河北省的公共文化投入很低,人均文化事业费为15.74元,较全国平均数44.60元低了28.86元,比第一名上海市的120.65元低了104.91元。就是在这种低投入的情况下,由于公共文化产品、公共文化活动和公共文化享受总量得分和排名靠近全国的前十位,分母小,分子大,所以得出的结果就大,也就是说,河北省投入的资金虽然不多,但产出的公共文化产品的"性价比"却是比较高的。

总体而言,河北省在2013年公共文化事业上还是有较大进步的。

二、问题与不足

尽管成绩突出,但也不能忽视河北省在公共文化发展方面的严重问题与不足。

1. 公共文化服务综合指标的人均排名与得分普遍很低

(1)公共文化服务人均排名第三十位。

在人均方面,河北省位居全国第三十位,为63.42分。排名第一位的是上海市(90.89分),排第二至第五位的依次是:北京市(79.64分)、浙江省(78.13分)、天津市(76.43分)、新疆维吾尔自治区(73.37分)。排名后五位的依次是:湖南省(64.78分)、安徽省(63.99分)、河南省(63.98分)、河北省(63.42分)、贵州省(62.95分)。

(2)公共文化投入人均排名第三十一位。

在人均方面,河北省位居全国第三十一位,为 36.19 分。排名第一位的是上海市(98.65 分),排名第二至第五位的依次是:浙江省(75.92 分)、北京市(75.07 分)、内蒙古自治区(66.72 分)、天津市(66.68 分)。排名后五位的依次是:安徽省(40.08 分)、湖南省(39.55 分)、江西省(38.78 分)、河南省(36.83 分)、河北省(36.19 分)。

(3)公共文化机构人均排名第二十三位。

在人均方面,河北省位居全国第二十三位,为 38.9 分。排名第一位的是西藏自治区(96.72 分),排名第二至第五位的依次是:青海省(60.1 分)、北京市(50.78 分)、浙江省(49.64 分)、新疆维吾尔自治区(49.54 分)。排名后五位的依次是:吉林省(36.58 分)、湖北省(34.27 分)、广西壮族自治区(33.68 分)、山东省(32.69 分)、广东省(31.02 分)。

(4)公共文化产品人均排名第二十八位。

在人均方面,河北省位居全国第二十八位,为 41.44 分。排名第一位的是上海市(86.11 分),排名第二至第五位的依次是:新疆维吾尔自治区(68 分)、吉林省(67.85 分)、天津市(67.22 分)、北京市(66.05 分)。排名后五位的依次是:湖南省(44.38 分)、河北省(41.44 分)、安徽省(40.46 分)、贵州省(38.81 分)、河南省(37.9 分)。

(5)公共文化活动人均排名第二十九位。

在人均方面,河北省位居全国第二十九位,为 47.6 分。排名第一位的是上海市(92.9 分),排名第二至第五位的依次是:北京市(84.72 分)、新疆维吾尔自治区(80.31 分)、浙江省(75.39 分)、福建省(67.15 分)。排名后五位的依次是:河南省(48.96 分)、安徽省(47.78 分)、河北省(47.6 分)、海南省(46.51 分)、西藏自治区(41.62 分)。

(6)公共文化队伍人均排名第二十六位。

在人均方面,河北省位居全国第二十六位,为 53.33 分。排名第一位的是上海市(85.05 分),排名第二至第五位的依次是:陕西省(81.87 分)、西藏自治区(75.44 分)、内蒙古自治区(75.39 分)、甘肃省(72.98 分)。排名后五位的依次是:安徽省(52.22 分)、湖南省(51.57 分)、广西壮族自治区(51.53 分)、海南省(50.35 分)、广东省(49.24 分)。

(7)公共文化享受人均排名第二十五位。

在人均方面,河北省位居全国第二十五位,为 87.52 分。排名第一位的是上海市(98.52分),排名第二至第五位的依次是:浙江省(94.83分)、天津市(94.08分)、江苏省(93.17分)、北京市(92.64分)。排名后五位的依次是:青海省(87.44分)、安徽省(87.29分)、云南省(87分)、西藏自治区(86.6分)、贵州省(83.89分)。

2. "短板"与缺口

河北省2013年在公共文化服务七个(人均)指标方面排名均在后十名行列,公共文化服务、公共文化投入、公共文化产品、公共文化活动四项的人均排名甚至低至垫底,分别是第三十、第三十一、第二十八、第二十九位。这说明与其他省市自治区的进步相比,河北省已经大大落后了。

根据国家统计局发布的《2010年第六次全国人口普查主要数据公报》,河北省的总人口数位居全国各省市自治区第六位。但是河北省在公共文化各项人均指数上排名都靠后甚至垫底,说明河北省在公共文化的财政投入和公共文化产品、公共文化活动等方面的数量上存在严重不足。这种状况需要引起高度重视与反思。

三、对策与建议

1. 进一步增加公共文化服务、公共文化投入、公共文化活动和公共文化产品的总量,大力提高人均水平

在这四项中,关键在于对公共文化的财政投入的提高。2013年,河北省在公共文化投入上的总量排名第二十四位,人均排名第三十一位,是全国最低的。2013年河北省用于公共图书馆、群众文化机构、文物科研机构的财政拨款全部低于全国对应项目财政拨款的平均数,这些直接影响到公共文化活动、公共文化产品以及公共文化服务的效益,百姓难以较多地享受公共文化服务的实惠。对此问题,根本的解决办法唯有加大对公共文化的财政投入。

2. 发挥公共文化机构、公共文化活动、公共文化队伍总量大,在全国名列前茅的优势,制定相应政策措施,使其发挥更大作用,推动整个公共文化事业的发展

河北省公共文化机构、公共文化活动和公共文化队伍的总量在全国排名都很靠前,河北省的公共文化机构,除了博物馆的数量略低于全国平均值以外,公共图书馆、群众文化、群众艺术馆、文化馆文化站、艺术表演团体、艺术表演场馆、出版物发行、国有书店及国有发行点、文物业、文物保护管理等各机构的数量都大大高于全国平均值;河北省的公共文化活动,公共图书馆组织各类讲座次数、群众文化机构组织文艺活动次数、群众文化机构举办训练班次、群众文化机构培训人次、执行事业会计制度艺术表演团体演出场次、执行事业会计制度艺术表演场馆演出场次等也都高于全国平均值;而河北省的公共文化队伍,包括公共图书馆从业人员数、群众艺术馆从业人员数、文化馆、文化站从业人员数、文物从业人员数、专业技术人才、文物保护管理机构从业人员数、专业技术人才、艺术表演团体从业人员数、专业技术人才、群众文化机构从业人员数等,同样高于全国平均值,有些方面的人数甚至达到全国平均值的两倍。由此看来,河北省的公共文化服务事业的"硬件"是强大的,接下来需要加强的是"软件"的改善与开发,需要制定合理的政策措施,激发公共文化机构和公共文化队伍的工作积极性、创造性,使得"人尽其才、物尽其利",使其发挥相应的作用,产生实际的公共文化服务效益。

3. 借力国家发展新战略,实现公共文化服务事业的新突破

河北省还可借助背靠中国政治文化中心首都北京市和直辖市天津市的"地利"(资源优势),借助其巨大的文化辐射力和溢出效应,主动"筑巢引凤"、"筑巢引智",借力最新的"京津冀一体化"的国家发展战略,促进河北省公共文化服务事业实现重大突破。

第十章 2013年山西省公共文化服务分析报告

山西省的简称"晋"来源于春秋时期的晋国,说明它是一个历史悠久的文化大省。其拥有古遗址的数量之多号称"地上文物中国第一"。明清时的晋商更是全国著名商帮,极具创新精神,山西省票号曾经风行天下。山西省又是中国煤炭资源最为丰富的地区之一,是中国工业经济最为发达的省份和煤炭生产大省。凡此种种,都为山西省当下公共文化服务事业的发展奠定了丰厚的文化基础与物质基础。有鉴于此,结合这次综合研究的结果,我们发现2013年山西省的公共文化发展状况只是处于中游水平,确有大大改进的必要。

一、进步与成就

通过山西省公共文化各项指数与其他省市自治区比较的情况,可以看出山西省2013年在公共文化服务一些指标上的较好成绩。

1. 多项公共文化服务综合指标的排名与得分排名在全国居中上游

公共文化服务总量和人均指数由公共文化的"投入"、"机构"、"产品"、"活动"、"队伍"和"享受"等指数构成,以下反映的是山西省公共文化各项指数与其他省市自治区比较的情况。

(1)公共文化服务总量排名第十四位。

在公共文化服务总量指数的排名与得分上,山西省位居全国第十四位,为68.23分;排第一位的是广东省(89.08分),排名第二至第五位的依次是:江苏省(86.76分)、浙江省(84.48分)、山东省(82.5

分）、河南省（80.71分）。排名后五位的依次是：天津市（57.24）、宁夏回族自治区（50.63分）、西藏自治区（50.47分）、青海省（50.19分）、海南省（50.04分）。

（2）公共文化投入总量排名第十五位。

本项总量排名，山西省位居全国第十五位，为54.36分；排名第一位的是广东省（97.23分），排名第二至第五位的依次是：浙江省（95.39分）、上海市（88.65分）、江苏省（80.76分）、四川省（73.02分）。排名后五位的依次是：江西省（44.31分）、海南省（42.3分）、宁夏回族自治区（41.41分）、青海省（35.51分）、西藏自治区（27.93分）。

（3）公共文化机构总量排名第十二位，人均排名第六位。

本项总量排名，山西省位居全国第十二位，为64.14分。排名第一位的是四川省（85.87分），排名第二至第五位的依次是：河南省（81.63分）、江苏省（77.27分）、河北省（73.33分）、山东省（73.09分）。排名后五位的依次是：北京市（39.97分）、青海省（37.15分）、天津市（31.34分）、宁夏回族自治区（28.59分）、海南省（26.64分）。

本项人均排名，山西省位居全国第六位，为48.8分。排名第一位的是西藏自治区（96.72分），排名第二至第五位的依次是：青海省（60.1分）、北京市（50.78分）、浙江省（49.64分）、新疆维吾尔自治区（49.54分）。排名后五位的依次是：吉林省（36.58分）、湖北省（34.27分）、广西壮族自治区（33.68分）、山东省（32.69分）、广东省（31.02分）。

（4）公共文化活动人均排名第十位。

本项人均排名，山西省位居全国第十位，为63.14分。排名第一位的是上海市（92.9分），排名第二至第五位的依次是：北京市（84.72分）、新疆维吾尔自治区（80.31分）、浙江省（75.39分）、福建省（67.15分）。排名后五位的依次是：河南省（48.96分）、安徽省（47.78分）、河北省（47.6分）、海南省（46.51分）、西藏自治区（41.62分）。

（5）公共文化队伍总量排名第十一位，人均排名第九位。

本项总量排名，山西省位居全国第十一位，为66.89分；总量排名第一位的是河南省（89.52分），排名第二至第五位的依次是：山东省（89.06分）、广东省（80.28分）、浙江省（79.78分）、陕西省（78.99分）。排名后五位的依次是：天津市（40.46分）、西藏自治区（37.58分）、宁夏回族自治区（31.23分）、青海省（26.95分）、海南省（25.84分）。

本项人均排名，山西省位居全国第九位，为67.26分。排名第一位的是上海市（85.05分），排名第二至第五位的依次是：陕西省（81.87分）、西藏自治区（75.44分）、内蒙古自治区（75.39分）、甘肃省（72.98分）。排名后五位的依次是：安徽省（52.22分）、湖南省（51.57分）、广西壮族自治区（51.53分）、海南省（50.35分）、广东省（49.24分）。

2. 亮点与优势

根据研究的结果，在全国31个省市自治区中，山西省在公共文化服务总量、公共文化投入、公共文化机构总量、公共文化队伍总量等四项指数上排名均在前十五位之内，而在公共文化机构、公共文化活动、公共文化队伍等三项人均指数上排名还在前十位之内，高于全国半数以上的省市自治区。相较于2012年有不小的进步，这都是可喜可贺之处。

二、问题与不足

但相较于为数不多的亮点，山西省在公共文化发展方面整体上不足，难以乐观。

1. 多项公共文化服务综合指数的总量或人均排名与得分在全国靠后

（1）公共文化服务人均排名第十八位。

在公共文化服务人均方面，山西省位居全国第十八位，为69.28分。排名第一位的是上海市（90.89分），排名第二至第五位的依次是：北京市（79.64分）、浙江省（78.13分）、天津市（76.43分）、新疆维吾尔自治区（73.37分）。排名后五位的依次是：湖南省（64.78分）、安徽省（63.99分）、河南省（63.98分）、河北省（63.42分）、贵州省（62.95分）。

（2）公共文化投入人均排名第十八位。

本项人均排名方面，山西省位居全国第十八位，为51.28分。排名第一位的是上海市（98.65分），排名第二至第五位的依次是：浙江省（75.92分）、北京市（75.07分）、内蒙古自治区（66.72分）、天津市（66.68分）。排名后五位的依次是：安徽省（40.08分）、湖南省（39.55分）、江西省（38.78分）、河南省（36.83分）、河北省（36.19分）。

（3）公共文化产品总量排名第二十一位,人均排名第二十一位。

本项总量排名,山西省位居全国第二十一位,为55.34分。排名第一位的是江苏省(86.02分),排名第二至第五位的依次是:广东省(79.48分)、上海市(79.24分)、山东省(75.79分)、四川省(74.47分)。排名后五位的依次是:贵州省(41.21分)、青海省(31.12分)、宁夏回族自治区(30.37分)、海南省(30.01分)、西藏自治区(26.5分)。

在人均方面,山西省位居全国第二十一位,为47.78分。排名第一位的是上海市(86.11分),排名第二至第五位的依次是:新疆维吾尔自治区(68分)、吉林省(67.85分)、天津市(67.22分)、北京市(66.05分)。排名后五位的依次是:湖南省(44.38分)、河北省(41.44分)、安徽省(40.46分)、贵州省(38.81分)、河南省(37.9分)。

（4）公共文化活动总量排名第十八位。

本项总量排名,山西省位居全国第十八位,为54.01分。排名第一位的是广东省(92.58分),排名第二至第五位的依次是:江苏省(81.39分)、山东省(79.95分)、浙江省(79.25分)、四川省(74.25分)。排名后五位的依次是:天津市(33.87分)、海南省(22.43分)、青海省(20.48分)、宁夏回族自治区(20.42分)、西藏自治区(12.39分)。

（5）公共文化享受总量排名第十九位,人均排名第十八位。

本项总量排名,山西省位居全国第十九位,为84.07分。排名第一位的是广东省(96.94分),排名第二至第五位的依次是:江苏省(95.53分)、浙江省(93.8分)、山东省(90.31分)、河南省(88.71分)。排名后五位的依次是:宁夏回族自治区(80.2分)、海南省(79.75分)、贵州省(79.4分)、青海省(79.22分)、西藏自治区(78.3分)。

本项人均排名方面,山西省位居全国第十八位,为88.34分。排名第一位的是上海市(98.52分),排名第二至第五位的依次是:浙江省(94.83分)、天津市(94.08分)、江苏省(93.17分)、北京市(92.64分)。排名后五位的依次是:青海省(87.44分)、安徽省(87.29分)、云南省(87分)、西藏自治区(86.6分)、贵州省(83.89分)。

（6）公共文化服务投入与产出绩效指数排名第十八位,人均排名第十八位。

本项总量排名,山西省位居全国第十八位,为43.956 678 95分,百分制得分为58.31。排名第一位的是河南省（53.595 976 79 分），排名第二至第五位的依次是：山东省（53.405 274 44 分）、江苏省（52.780 142 60 分）、河北省（52.244 055 51 分）、湖北省（51.714 417 15 分）。排名后五位的依次是：贵州省（39.988 691 43 分）、宁夏回族自治区（39.445 295 20 分）、北京市（38.757 667 44 分）、海南省（38.506 153 18 分）、内蒙古自治区（38.260 666 37 分）。公共文化服务投入与产出绩效指数（总量）理想最大值是129.289 161 7 分，百分制得分理想最大值是100 分。

本项人均排名方面，山西省位居全国第十八位，为55.404 730 17 分，百分制得分67.56。排名第一位的是江西省（65.381 235 35 分），排名第二至第五位的依次是：河北省（64.591 385 86 分）、湖北省（63.090 865 62 分）、河南省（63.075 589 45 分）、黑龙江省（62.797 839 65 分）。排名后五位的依次是：青海省（48.660 733 16 分）、宁夏回族自治区（47.921 359 70 分）、西藏自治区（47.725 246 73 分）、内蒙古自治区（47.563 137 80 分）、海南省（47.098 787 85 分）。公共文化服务投入与产出绩效指数（人均）理想最大值是121.390 289 0 分，百分制得分理想最大值是100 分。

2. "短板"与缺口

根据上述比较来看，山西省在公共文化服务七个人均指标方面有四项排名在十八名之后，公共文化产品、公共文化享受与公共文化服务"投入与产出"绩效的总量与人均排名都偏低。

2013 年，山西省在有线广播电视、图书、期刊、少年儿童读物和课本出版种数、电视剧、全国文化产业示范基地（试验）园区和产业示范基地获得著作权、发明专利总数等公共文化产品的供给方面，全部都低于全国的平均数，有的甚至只接近于全国平均数的二分之一左右。除了在艺术表演团体演出观众人次（万人次）、艺术表演场所观众人次（万人次）、电视节目综合人口覆盖率等寥寥几个指标上比全国的平均数略高之外，公共图书馆总流通人次（万人次）、人均拥有公共图书馆藏书册数（册）、累计发放有效借书证（个）、少儿公共图书馆总流通人次（万人次）、每万人公共图书馆建筑面积（平方米）、每万人拥有群众文化设施建筑面积（平方米）、文物参观人数（万人次）、博物馆参观人数（万人次)、广播节目综合人口覆盖率等这些反映公共文化享受水平的指标全部低于全国的平均数,有的甚至达不到全国平均数的三分之一,充分说明山西省公众得到的公共文化享受度偏低。

另外,按照投入与产出绩效比的计算公式[(公共文化产品+公共文化活动+公共文化享受)÷公共文化投入],山西省的公共文化服务投入与产出绩效指数在总量与人均两项都排在全国第十八位,说明山西省的公共文化投入虽然并不算低,但产出的公共文化产品的"性价比"却并不高。按照投入与产出绩效比的计算公式,在公共文化投入提高的情况下("公共文化投入"进步指数总量排名从2012年的第十八位提高到2013年的第四位),作为分子的公共文化产品、公共文化活动、公共文化享受等指数显然没有相应增大。2013年,相比其他省市自治区的进步,山西省的公共文化服务已经大大落后。

三、对策与建议

1. 继续增加公共文化的财政投入,在此基础上,提高公共文化产品、公共文化享受和公共文化活动的总量与人均水平

相较于其他省市自治区,排名处于中游的山西省仍然应该进一步加大对公共文化的财政投入。与此同时,因为在有线广播电视、图书和期刊出版种数、少年儿童读物和课本出版种数、全国文化产业示范基地(试验)园区和产业示范基地获得著作权、发明专利总数、电视剧等公共文化产品的指标上都低于全国平均数,有的甚至连全国平均数的五十分之一都不到,在这些指标上山西省亟须采取切实措施增加供给。

另外,在公共图书馆总流通量、公共图书馆藏书、有效借书证的发放、少儿对公共图书馆的利用、公共图书馆建筑面积、群众文化设施建筑面积、文物参观人数、博物馆参观人数、广播节目综合人口覆盖率等低于全国平均数的公共文化享受指标方面,山西省更需要以人为本,加大资金投入与支持,制定便民、惠民的公共文化服务政策与措施,使山西省公众得到更多的公共文化享受。而且,公共文化活动的数量与形式也应该更丰富多样。

2. 发挥公共文化机构、公共文化队伍总量较大,人均排名在全国靠前的优势,通过科学合理的布局与规划管理,提高公共文化产品的"性价比"

山西省公共文化机构和公共文化队伍的数量与规模都比较大,这种情况与临近的兄弟省份河北省类似,公共文化服务事业的"硬件"比较强,接下来需要加强的是"软件"的改善与开发,只要政府相关部门认识到文化也是生产力,重视公共文化事业的发展,全局规划,合理布局,统一管理,制定有利于文化发展、文化创新的好政策、好机制,激发公共文化机构和公共文化队伍的创造活力,广泛调动群众参与文化创造的积极性,同时对公共文化产品的产出进行经济学评估,把钱用在刀刃上,多出产品、多出精品,山西省的公共文化服务投入与产出才能迅速改变2013年较差的绩效,取得让山西省人民满意的效果。

第十一章 2013年内蒙古自治区公共文化服务分析报告

2013年,内蒙古自治区围绕公共文化服务均等化的目标,按照"缺什么就完善什么、少什么就健全什么、差什么就补什么"的思路,不断加强公共文化设施建设和文化惠民工程建设,为群众提供了更多更好的公共文化服务。但是,与全国其他省市自治区相比,内蒙古自治区的公共文化服务仍然存在一定的不足,有待进一步完善和提升。

一、进步与成就

一年来,内蒙古自治区在公共文化服务体系建设上取得了显著的成效,如:结合农牧区特点,大力发展流动文化服务,切实保障了农牧民的文化权益;打造公共文化服务的示范平台,鄂尔多斯市成为第一批国家公共文化服务体系示范区;继续推进草原(农家)书屋、农村牧区电影放映、广播电视"村村通"和文化信息资源共享等公共文化服务惠民工程。从具体指标上看,内蒙古自治区公共文化服务的成绩和优势主要体现在以下几个方面。

1. 公共文化投入高

内蒙古自治区公共文化投入综合指数(总量)得分为63.11分,排在全国第八位,比2012年上升了两位;公共文化投入综合指数(人均)得分为66.72分,排在全国第四位,仅次于上海市、浙江省、北京市,比2012年上升了三位。在具体数据上,人均文化事业费达到65.12元,排在全国第七位,较上年的涨幅为26.57%;公共图书馆财政拨款为

47 688 元,排在全国第五位,涨幅达到 127.58%,增长幅度排在全国第一位;公共图书馆人均购书、群众文化机构和文物科研机构财政拨款等指标均处在全国中等水平,并呈现出逐年递增的趋势,如人均购书为 1.140 元,高于全国平均的 1.121 元,较上年涨幅达到 41.26%,增长幅度排在全国第九位。以上数据说明,内蒙古自治区正在不断加大公共文化投入,而投入力度居于全国前列。

2. 公共图书馆、博物馆的服务效能逐步增强

随着公共文化投入不断提高,内蒙古自治区在公共图书馆、博物馆的建设上取得了长足的进步,公共图书馆、博物馆的公共文化服务效能显著增强。虽然与全国其他省市自治区相比,内蒙古自治区在公共图书馆和博物馆方面的各项指数并不突出,但与历年指数相比,其进步的幅度仍然比较大。譬如,公共图书馆举办的展览由上一年度的152 个增加到 210 个,组织的各类讲座次数由 540 次增加到 832 次,总流通人次由 373 万人次增加到 417 万人次,人均拥有公共图书馆藏书由 0.44 册增加到 0.49 册,每万人公共图书馆建筑面积由 94.6 平方米增加到 105 平方米,博物馆的基本陈列由上一年度的 160 个增加到 226 个,举办的展览由 144 个增加到 173 个,参观人数由 610 万人次增加到 939.77 万人次。

3. 公共文化队伍的人均排名处于全国前列

尽管公共文化队伍综合指数(总量)排名仅位居第十七位,但由于内蒙古自治区的人口基数比较小,而多项二级指标的数值本身也比较高,在 31 个省市自治区中处于中上水平,如公共图书馆从业人员数排在全国第十二位,群众艺术馆从业人员数排在第七位,文化馆从业人员数、艺术表演团体专业技术人才数等指标都高于全国平均值,所以公共文化队伍综合指数(人均)得分达到 75.39 分,排在全国第四位,仅次于上海市、陕西省、西藏自治区。这表明,内蒙古自治区公共文化队伍的均等化程度较高,群众接受到的公共文化服务也相对比较多。

综观 2013 年内蒙古自治区公共文化服务的实施情况,在不断加大文化投入的基础上,内蒙古自治区公共文化服务的效能得到了进一步的增强,尤其是在公共图书馆、博物馆和公共文化队伍等指标上体现出自身的发展特点。因此,在公共文化服务综合指数(人均)上,内蒙古自治区获得了 71.38 分,排在全国第十位,比 2012 年前进了三位。

二、问题与不足

虽然内蒙古自治区在诸多指标上都取得了不错的成绩,但仍存在一定的缺失,甚至在某些方面与其他省市自治区还有比较大的差距。

1. 公共文化服务的绩效指数偏低

在公共文化服务投入与产出绩效指数上,内蒙古自治区的总量排名在全国 31 个省市自治区中最低,而人均排名也仅为第三十位,这反映出公共文化投入与产出之间存在着比例失衡的问题。由于内蒙古自治区的公共文化投入在总量和人均排名上均位居全国前列,所以绩效指数偏低也就意味着公共文化产出(公共文化产品、公共文化活动、公共文化享受)相对薄弱。从总量排名上看,内蒙古自治区的公共文化产品指数仅排在全国第十八位,公共文化活动指数仅排在第二十六位,公共文化享受指数仅排在第二十五位;从人均排名上看,虽然公共文化产品指数排在第十位,但公共文化活动指数仅排在第二十四位,公共文化享受指数仅排在第十六位。所以,要提高公共文化服务的绩效,首先就应当加大公共文化产出。

2. 公共文化服务的总量指数相对落后

在公共文化服务的一系列总量排名上,内蒙古自治区除公共文化投入排在全国第八位外,公共文化产出的三项指标均排在全国中等偏下的位置,而公共文化服务综合指数(总量)和公共文化机构综合指数(总量)都仅排在第二十一位。虽然总量指标的落后与内蒙古自治区人口少、人口密度小等客观因素有直接的关联,但某些指标也体现出内蒙古自治区与全国平均水平的差距。例如,艺术表演场馆仅有 20 个,远远低于全国平均的 76.03 个;图书出版种数仅有 2 863 种,与全国平均的 7 864.58 种相去甚远;有线广播电视占家庭总户数的比重仅有 38.23%,小于全国平均的 51.78%,只排在全国第二十二位。从总体上看,内蒙古自治区的公共文化服务仍然存在着比较大的上升空间。

3. 公共文化活动的人均排名出现下滑的趋势

与 2012 年公共文化活动的全国人均排名相比,2013 年内蒙古自治区在这项指标上出现了一定程度的下滑,公共文化活动综合指数（人均）从2012年的全国第十七位下降至第二十四位。这说明,虽然内蒙古自治区在公共图书馆、博物馆的相关指标上有较大的进步,但与其他省市自治区相比,人均享受到的公共文化活动在总体的增长幅度上却相对落后。譬如,群众文化机构组织文艺活动的次数仅为11 482次,排在全国第二十五位;群众文化机构举办的训练班仅有3 940班次,少于上一年度的4 061班次,仅排在全国第二十七位;执行事业会计制度艺术表演场馆演出场次为3 000场,不仅低于全国平均的8 600场,也低于上一年度的5 000场。

以上数据表明,在公共文化服务蓬勃发展的同时,多项指标上的不足也成为制约内蒙古自治区提高其公共文化服务全国排名的"短板"。而要提高公共文化服务的质量,就必然要对其加以改进和完善。

三、对策与建议

针对内蒙古自治区在公共文化服务上的优势和不足,今后的公共文化服务既应保持和拓展已有的优势,保障公共文化投入,进一步发挥公共图书馆和博物馆等机构的服务效能,加强公共文化队伍建设,又应当有的放矢地对已有的"短板"加以改进。从总体上看,内蒙古自治区公共文化服务的主要问题在于公共文化服务产出与投入不相匹配,在一定程度上出现了投入高、产出低的状况,某些指标的总量和人均排名自然偏低。因此,内蒙古自治区应当根据自身的特点、优势,提高公共文化投入的有效利用率,在因地制宜、合理规划的基础上增加公共文化产出。

1. 加大公共文化活动的扶植力度

内蒙古自治区不仅要推动公共文化活动在数量上的增长,而且要注重打造公共文化活动的优质品牌,提升公共文化服务的品牌效应。譬如,以鄂尔多斯流动文化服务的成功经验为抓手,进一步将流动文化服务打造成内蒙古自治区公共文化服务的重点品牌,通过建立流动文化站、流动图书馆、流动演出队等形式,让牧民享受到更加丰富的文化活动;结合农牧区的居住特点,深入开掘家庭文化户、民间文化组织以及公共文化服务志愿者的服务效能,在政策、资金等方面予以更大的支持和资助,鼓励推动民间自发组织的公共文化活动,提升公共文化服务的社会化程度。

2. 打造更加优质的公共文化产品

内蒙古自治区公共文化产品综合指数(人均)排在全国第十位,人均享受到的公共文化产品比较多。但从总量上看,公共文化产品综合指数仅排在第十八位,图书和期刊出版种数、少年儿童读物和课本出版种数等指标均低于全国平均水平,这说明公共文化产品的产出还有较大的上升空间。所以,要增加公共文化产出,提高公共文化服务的绩效,就应当继续加大公共文化产品的产出,尤其是要着力打造一批具有代表性的优质产品,如通过推进广播电视直播卫星"户户通"工程、民族电影电视译制工程、少数民族新闻出版东风工程等重点文化惠民工程,形成一批特色鲜明的品牌产品,提高公共文化产品的共享率和影响力。

3. 加强公共文化机构建设

虽然内蒙古自治区公共文化机构的人均排名比较高,但与全国其他省市自治区相比,机构的增长幅度却相对落后。因此,内蒙古自治区应当适度地加强公共文化机构建设,以满足群众日益增长的文化需求。特别是要根据内蒙古自治区的自身情况,在公共文化机构建设上追求"小而精",注重利用率的提高而非数量的简单叠加,使公共文化机构的增长和完善真正符合群众的切身需要,为提高公共文化享受度提供更好的物质条件。

总的来说,内蒙古自治区的公共文化服务体系建设已经呈现出良好的势头。在此基础上不断完善公共文化服务的质量、规模,必然能够推动内蒙古自治区公共文化事业的进一步发展、繁荣。

第十二章 2013年辽宁省公共文化服务分析报告

2013年,辽宁省以让人民群众共享文化发展成果作为工作的出发点和落脚点,在公共文化服务体系建设上取得了比较突出的成绩。从公共文化服务的相关指标上看,辽宁省也已经逐步形成了自身的优势和特色,在全国31个省市自治区中位居前列。但是,辽宁省的公共文化服务在某些指标上仍然存在不足,有待改进和提升。

一、进步与成就

一年来,辽宁省着力打造文化志愿服务品牌,举办各类活动6 200余场,展览展示近3 200场,讲座及辅导近3 800余场,受益人数达810万人次,其品牌效应不断凸显。[①] 大连市则成为首批国家级公共文化服务体系示范区。各类群众文化活动和公益性展览活动也蓬勃展开。在公共文化服务综合指数(总量)排名上,辽宁省排在全国第十位;在公共文化服务综合指数(人均)排名上,辽宁省则排在第九位。这说明,辽宁省在公共文化服务的诸多指标上表现出了良好的发展势头。

1. 公共文化服务投入与产出的绩效指数比较高

投入与产出的绩效指数能够比较直观地反映出公共文化服务的实际效能,而辽宁省在这一指标上名次较高。公共文化服务投入与产出绩效指数(总量)得分为61.62分,排在全国第十位,比2012年上升

[①] 《2013年辽宁省文化工作回眸》,http://www.lnwh.gov.cn/2013whgzhm2.html。

了十位;公共文化服务投入与产出绩效指数(人均)得分为71.63分,排在第九位,比2012年上升了八位。投入与产出绩效指数的计算公式是:(公共文化产品+公共文化活动+公共文化享受)÷公共文化投入,而辽宁省公共文化投入较高,总量排名为第九位,这表明辽宁省的公共文化产出也比较高,投入与产出之间的比例相对平衡,公共文化服务的效能得到较好的发挥。

2. 公共文化产品相对丰富

在公共文化产品综合指数(总量)上,辽宁省排在全国第九位,而在公共文化产品综合指数(人均)上,辽宁省则排在第八位,这说明人均享受到的公共文化产品比较丰富。在二级指标上,除全国文化产业示范基地(试验)园区和产业示范基地获得著作权、发明专利总数偏低(仅为9项,远远低于全国平均的466.55项)外,其余指标均高于全国平均水平,其中一些指标处在全国前十位。如公共广播节目套数为115套,排在全国第九位;有线广播电视用户数为921.59万户,排在第七位;有线广播电视用户占家庭总户数的比重达61.49%,排在第八位;图书出版种数为9 998种,排在第八位;期刊出版种数320种,排在第六位;报纸出版种数为69种,排在第十位;少年儿童读物出版种数为1 165种,排在第九位;课本出版种数为2 489种,排在第三位。这表明,辽宁省在公共文化产品的产出上已经具有较大的优势。

3. 公共文化活动指数位居全国前列

辽宁省的公共文化活动综合指数(总量)排在全国第八位,公共文化活动综合指数(人均)则排在第六位,公共文化活动的总量和人均享受率都处在全国领先的地位,体现出辽宁省在开展公共文化活动方面所取得的成果。从核心指标上看,群众文化机构组织文艺活动的次数为27 852次,排在全国第十一位;群众文化机构举办训练班的班次为19 206次,排在第八位;群众文化机构培训人次达到128.4万人次,排在第九位。从其他二级指标上看,公共图书馆举办的展览数为519个,组织讲座数为1 820次,参加讲座人数为38.09万人次,均排在全国前十位。而与历年相比,公共文化活动也出现了一定幅度的增长,如公共图书馆举办的展览数比上一年度增加了16个,组织的讲座数比上一年度增加了632次,博物馆的基本陈列则由146个增加至177个。

4. 公共文化享受指数排名较高

在公共文化享受综合指数上,辽宁省的总量排名为第九位,人均排名为第八位,这说明群众的公共文化享受度比较高,文化权益得到了比较好的保障。譬如,公共图书馆总流通人次为1 939万人次,排在全国第六位;人均拥有公共图书馆藏书为0.79册,排在全国第八位;少儿公共图书馆总流通人次达到193.99万人次,排在全国第二位;每万人公共图书馆建筑面积达到108.4平方米,排在全国第五位。与历年相比,公共文化享受的二级指标也有所增长,如公共图书馆总流通人次较上年的涨幅为24.86%,增长幅度排在全国第十位;博物馆参观人数由上一年度的896万人次提高到1 069.82万人次,涨幅为19.4%,增长幅度排在全国第九位;每万人拥有群众文化设施建筑面积由216.1平方米提高到225.8平方米,涨幅为4.49%。

由以上数据即可看到,辽宁省在公共文化产出的多项指标上都取得了较大的成绩。在此基础上,公共文化服务的绩效得到进一步的增强,凸显出公共文化事业在这一年来的发展。

二、问题与不足

尽管辽宁省在公共文化服务的多项指标上都居于全国前列,为群众提供了比较全面、丰富的公共文化服务,但在公共文化服务的实施过程中仍然存在不足。

1. 人均享受到的公共文化投入不高

从总量上看,辽宁省的公共文化投入排在全国第九位,但从人均上看,公共文化投入的人均排名仅为第二十位,比2012年下降了四位,这意味着,与其他省市自治区相比,辽宁省人均享受到的公共文化投入比较少。从二级指标上看,辽宁省在公共文化投入上还有较大的提升空间。譬如,文化事业费占财政支出的比重仅为0.28%,低于全国平均的0.4%,在31个省市自治区中仅高于河北省、江西省、西藏自治区,比上一年度的0.35%也有一定幅度的下降,其涨幅排名仅为第二十六位;人均文化事业费仅有33.53元,低于全国平均的44.6元,仅排在全国第二十位;群众文化机构财政拨款为35 809万元,也低于全国平均的 41 957.84 万元。

2. 公共文化产出在总量和人均排名上出现下降趋势

从总体上看,辽宁省的公共文化产出位居全国前列,然而与上一年度相比,部分指标在排名上出现了小幅度的下降。如公共文化产品的总量排名由 2012 年的全国第四位下降到第九位,人均排名由第五位下降到第八位,公共文化享受的总量排名和人均排名也都比上一年度下降了一位。这意味着,尽管辽宁省在公共文化服务的多项指标上取得了进步,但与一些排名靠前的省市自治区相比,其增长幅度仍然有待加大,还应当继续提高公共文化服务的力度和效能,保持甚至提升辽宁省在全国 31 个省市自治区中的优势地位。

3. 公共文化队伍建设还有待加强

虽然辽宁省在公共文化队伍的多项指标上处于全国前列,但与历年的指数排名相比仍然呈现出一定的下降趋势,总量排名由 2012 年的第八位下降到第十位,人均排名由第十一位下降到第十四位。这表明,公共文化队伍建设是辽宁省公共文化服务的一个"短板",在一定程度上影响了辽宁省公共文化服务的整体效能。其中,某些二级指标甚至出现了负增长的现象,公共文化队伍在一定程度上存在着人才流失的现象。譬如,文化馆从业人员数由 2 380 人降至 1 671 人,较上年涨幅为 -29.79%,增长幅度排在第二十七位;博物馆专业技术人才数也由上一年度的 1 140 人降至 1 063 人,文物从业人员、专业技术人才数则分别由 4 003 人、1 713 人降至 3 635 人、1 557 人。

正是由于在公共文化服务方面存在上述不足,所以辽宁省应当在保持和拓展优势的同时,有针对性地提升公共文化服务的品质,推动公共文化服务体系建设的全面进步。

三、对策与建议

在公共文化服务体系建设上,辽宁省既要保持现有的良好发展态势,又要在此基础上不断加以提升,继续增强辽宁省公共文化事业的影响力和辐射力。

1. 加大公共文化投入

在人口基数相对稳定的前提下,要提高公共文化投入的人均享受率,就必然要进一步加大公共文化投入的总量。从现有的投入情况来看,辽宁省在公共图书馆的投入上处于全国前列,但人均文化事业费比较低,群众文化机构的财政拨款和支出也都低于全国平均水平。因此,在合理规划的基础上,辽宁省可以适度加大公共文化投入,鼓励和资助更多更好的公共文化活动和公共文化产品,加强对文化志愿服务活动的扶植力度,完善各类公共文化服务的奖励机制,为社区、乡镇和基层群众兴建更多的公共文化设施,拉动公共文化服务各项指标的持续上升。

2. 推进公共文化队伍建设

从投入与产出的绩效来看,辽宁省现有的公共文化队伍在推进公共文化服务体系建设的过程中发挥了积极的作用,也产生了良好的效果。但是,要继续提升辽宁省在公共文化服务上的优势与成效,仍然应当加强公共文化队伍的建设力度。一方面,完善人才政策和管理机制,吸引更多的专业技术人才参与公共文化服务,提高公共文化服务的质量。另一方面,进一步培育公共文化服务志愿者队伍,将更多的社会力量吸纳到公共文化事业中来,形成更加广泛的文化服务队伍。

3. 继续拓展公共文化产出的效能

辽宁省在公共文化产出方面取得了比较突出的成绩,公共文化产品、公共文化活动和公共文化享受都位居全国前列,但其中一些指标的增长幅度有所减缓,致使其在全国排名出现下降的趋势。因此,辽宁省还要继续加大公共文化产出,如进一步提升群众文化节、"图书馆嘉年华"等公共文化活动的规模和品牌效应,增强图书出版物、影视剧、曲艺作品等公共文化产品的竞争力,为群众提供更加丰富的公共文化享受。

总而言之,在以往打下的坚实基础之上,对公共文化服务中出现的"短板"加以改进和完善,必然能够推动辽宁省的公共文化事业取得新的突破。

第十三章 2013年吉林省公共文化服务分析报告

2013年,吉林省在"让城乡居民生活更加美好"的奋斗目标下,深化公共文化服务体系建设,在诸多方面取得了良好的成绩。但是,从公共文化服务指数上看,吉林省仍然存在着一些问题和不足,应当加以改进完善。

一、进步与成就

一年来,吉林省在公共文化服务上保持了良好的发展势头,服务效能得到进一步增强。在硬件建设上,吉林省的公共文化硬件设施基本达到新中国成立以来的最好水平;而在软件建设上,文化艺术周、社区艺术节、农民文化节、艺术精品系列演出、广场电影晚会、百部爱国主义影片进社区等各类公共文化活动持续开展,让更多文化产品惠及群众。① 从公共文化服务指数上看,吉林省的成绩和优势主要表现在以下几个方面。

1. 公共文化服务投入与产出的绩效指数得分比较高

在全国31个省市自治区公共文化服务的绩效指数上,吉林省的总量得分为60.85分,排在第十二位;人均得分为70.69分,排在第十一位,比2012年上升了两位。上述排名说明,吉林省公共文化产出(公共

---

① 《吉林省公共文化建设硬件设施达到建国以来最好水平》,http://www.jl.gov.cn/hdjl/zxft/2013/sgsjtxfyaq_40087/ftzy/201306/t20130628_1478950.html。

文化产品、公共文化活动、公共文化享受）与公共文化投入之间的比例相对平衡，公共文化服务的"性价比"相对较高，而公共文化服务的效能也得到比较充分的体现。

2. 公共文化产品的人均排名处于全国领先的地位

在公共文化产品综合指数上，吉林省的总量排名为全国第十位，比2012年上升了两位，而人均排名则达到第三位，仅次于上海市、新疆维吾尔自治区，比2012年上升了一位。从具体数据上看，吉林省在多项二级指标上都高于全国平均水平，其中某些指标甚至位居全国前列，如图书出版种数达到22 263种，排在全国第二位，仅次于上海市，远远高于全国平均的7 864.58种；少儿读物出版种数达到4 039种，排在全国第一位，远远超过全国平均的797.52种；期刊出版种数为240种，高于全国平均的224.94种；课本出版种数为1 387种，也高于全国平均的1 059.77种。可见，吉林省在公共文化产品方面具有一定的优势，而人均享受到的公共文化产品也相对丰富。

3. 公共文化享受指数有一定幅度的增长

从横向上看，与全国其他省市自治区相比，吉林省在公共文化享受方面的各项指标并不突出，总量和人均排名分别为第二十二位、第十三位，仅处于中等水平。但是，与历年的指数相比，吉林省在公共文化享受的多项二级指标上已呈现出比较明显的上升趋势。在核心指标上，公共图书馆总流通人次由上一年度的611万人次提高到691万人次，涨幅为13.09%；每万人公共图书馆建筑面积由61.5平方米提高到67.9平方米，涨幅达到10.41%，增长幅度位居全国第十位；每万人拥有群众文化设施建筑面积由130.3平方米提高到144.9平方米，涨幅达到11.20%，增长幅度位居全国第五位；博物馆参观人数由742万人次提高到860.01万人次，涨幅为15.90%，增长幅度位居全国第十二位。在其他指标上，人均拥有公共图书馆藏书由0.57册提高到0.62册，少儿公共图书馆总流通人次由51.93万人次提高到118.47万人次，艺术表演场所观众人次由103万人次提高到110万人次。上述数据反映出，群众的公共文化享受度正在逐步提高。

由此看来，吉林省公共文化服务的主要亮点表现在较高的绩效指数和公共文化产品指数上，而公共文化享受的不断提升也凸显出一年来吉林省公共文化事业的进步。

二、问题与不足

与取得的成绩相比,吉林省在公共文化服务的某些指标上也存在着较为明显的"短板",在一定程度上制约了公共文化服务体系建设的进一步拓展。在公共文化服务综合指数上,吉林省的总量排名仅为全国第二十四位,人均排名也只处在第十五位。这说明,吉林省在公共文化服务方面还有比较大的上升空间。

1. 公共文化机构指数相对落后

与全国其他省市自治区相比,吉林省在公共文化机构建设方面存在不足,公共文化机构综合指数的总量排名仅为第二十四位,比2012年下降了一位,人均排名则为第二十七位,比2012年下降了五位。其中,某些二级指标与全国平均水平有比较大的差距,如:博物馆仅有68个,低于全国平均的98.81个;公共图书馆仅有66个,低于全国平均的99.19个,排在全国后十位;群众文化机构仅有965个,低于全国平均的1 415.35个,排在全国第二十四位;文化馆仅有63个,低于全国平均的94.16个,排在全国第二十四位,涨幅排在全国第十六位;文化站仅有888个,低于全国平均的1 308.87个,也排在全国第二十四位,而涨幅仅排在全国第二十三位;艺术表演团体仅有41个,在31个省市自治区中只高于青海省、宁夏回族自治区。由此可见,吉林省公共文化机构的增长幅度不大,公共文化服务的空间、设施、组织还有待完善。

2. 公共文化活动指数的增长减缓

从总体上看,与其他省市自治区相比,吉林省公共文化活动的增长幅度比较小,甚至在某些二级指标上出现了负增长。例如,公共图书馆举办展览的数量由上一年度的250个减至163个,执行事业会计制度艺术表演团体演出场次由8 000场减至1 000场,执行事业会计制度艺术表演场馆演出场次由1.6万场减至1.5万场。即使某些指标有所增长,但与全国平均水平仍有比较大的差距。譬如,博物馆基本陈列仅有130个,而全国平均数为263.81个,尚未达到全国平均水平的半数；群众文化机构组织文艺活动次数仅有 11 153 次，也远远低于全国平均的 22 209.1 次。

3. 公共文化队伍建设相对滞后

吉林省在公共文化队伍综合指数上同样存在增长幅度小的问题，总量排名仅为全国第二十三位，比 2012 年下降了三位，人均排名为第十三位，比 2012 年下降了三位。从二级指标来看，公共文化队伍的相关指数在整体上呈现出下滑的趋势。譬如，公共图书馆的从业人员数由上一年度的 1 674 人下降至 1 652 人，较上年的涨幅为 −1.31%，排在全国第二十六位；博物馆的从业人员数由 965 人下降至 942 人，专业技术人才数由 639 人下降至 491 人；文化馆从业人员数由 2 042 人下降至 1 689 人；艺术表演团体从业人员数由 4 043 人下降至 2 803 人，专业技术人才数由 3 176 人下降至 2 027 人；分技术等级运动员发展人数由 1 588 人下降至 1 207 人。这表明，公共文化队伍的人才流失现象比较严重，而从业人员尤其是专业技术人才的流失也必然会在一定程度上削弱公共文化服务的质量。

因此，吉林省在公共文化机构、公共文化活动与公共文化队伍等方面应当有所改进，进一步提高公共文化服务的效能，为群众提供更多更好的公共文化享受。

三、对策与建议

针对公共文化服务上存在的问题和不足，吉林省可以在继续保持原有亮点和优势的基础上，从以下几个方面入手来加以解决。

1. 加强公共文化机构建设

与其他省市自治区相比，吉林省的公共文化机构数量较少，尤其是人均拥有率、享受率比较低。因此，吉林省应当适度地加大公共文化投入，在合理规划的基础上建设更多的公共文化机构。例如，采取更加灵活多样的资本组织形式，吸收社会资源参与公共文化机构的建设，鼓励、扶持企业与私人自主创办的各类图书馆、博物馆，加大对艺术表演团体尤其是民间表演团体的资助力度，提高文化馆、文化站等基层文化机构的人口覆盖率。

2. 增强公共文化队伍的服务效能

吉林省的公共文化队伍相对薄弱,而这也制约了公共文化服务的效能。因此,吉林省应当在提升公共文化队伍的服务效能上取得更大的突破,如:进一步优化人才政策,为文化人才尤其是高层次人才提供更好的待遇和保障,为他们创造更大的发展平台,提高吉林省对文化人才的吸引力;推进公共文化服务志愿者队伍的建设,加大志愿者队伍的保障力度和奖励力度,扩大志愿服务的覆盖面,形成"志愿者就在身边,志愿服务就在身边"的良好公共文化氛围。

3. 打造更多更好的公共文化活动

在现有活动的基础上,吉林省应当拓展公共文化活动的规模效应、品牌效应,在数量、口碑、竞争力等方面实现提升。譬如,在充分调研基层群众文化需求的基础上,吉林省可以有针对性地规划组织一批精品文艺演出、展览活动,并将其整合成一个统一的文化品牌,增强公共文化活动的品牌效应;也可以进一步发动社会力量参与公共文化活动,完善志愿者制度、社会赞助制度,并在政策、资金上对这类活动予以一定的保障。

吉林省的公共文化事业已经具有比较好的基础,在公共文化服务的绩效、产品等方面形成了自身的优势。以此为立足点,不断完善公共文化服务体系建设,吉林省必将为全省群众提供更加丰富的文化享受,进一步保障群众的文化权益。

第十四章 2013年黑龙江省公共文化服务分析报告

一年来,黑龙江省着力加强公共文化服务效能,推进惠及全民、覆盖城乡的公共文化服务体系建设,并取得了可喜的成绩。从公共文化服务指数上看,多项指标位居全国前列,凸显出黑龙江省在公共文化事业上的长足进步。但是,在公共文化服务的实施过程中,黑龙江省也存在一定的问题,有待进一步完善。

一、进步与成就

2013年,黑龙江省在公共文化服务体系建设上有较大的突破,在诸多方面有比较突出的成果,如全省公共文化场所全部实现免费开放,全面完成乡镇综合文化站设备配送工作,建设和完善500个社区文化中心、2 000个健身场地,超额完成了476个村广播电视信号覆盖,全年放映农村公益数字电影近11万场。[①] 在全国31个省市自治区的公共文化服务指数上,黑龙江省一年来的成绩和优势主要表现在以下几个方面。

1. 公共文化服务的绩效指数高

公共文化服务的绩效指数反映了公共文化服务投入与产出的比例关系,即公共文化服务的实际"性价比"。在这一方面,黑龙江省在全国31个省市自治区中的排名较高,绩效指数的总量得分为62.22

---

① 陆昊:《政府工作报告》,载《黑龙江日报》,2014年1月24日。

分,排在第九位;人均得分为71.93分,排在第五位,仅次于江西省、河北省、湖北省、河南省,比2012年提高了五位。这说明,黑龙江省在公共文化服务的投入与产出上比例相对平衡,公共文化服务的效能比较高,为群众提供了较多较好的公共文化享受。

2. 公共文化活动指数有较大幅度的增长

虽然从横向上看,黑龙江省公共文化活动综合指数的总量排名与人均排名都不高,分别处在全国第二十一位、第二十三位,但从纵向上看,与历年相比,黑龙江省在开展公共文化活动方面已有比较大的进步。例如,群众文化机构组织的文艺活动由17 507次增加至18 834次,培训人次由36万人次增加至44.8万人次,涨幅分别为7.58%、24.44%;公共图书馆举办的展览数量由上一年度的287个增加至387个,组织的讲座由750个增加至806个;博物馆的基本陈列由245个增加至318个,举办的展览由291个增加至426个;艺术表演场馆的演出场次由3 000场增加至4 000场。这表明,黑龙江省的公共文化活动越来越活跃,群众能够享受到的公共文化服务也越来越丰富。

3. 公共文化享受指数不断提高

从全国排名上看,黑龙江省公共文化享受综合指数的总量和人均排名都处在全国中游,分别为第十八位、第十五位,但从历年的指数上看,部分二级指标已呈现出一定的上升趋势。如在核心指标上,公共图书馆总流通人次由上一年度的694万人次增加至836万人次,较上年涨幅为20.46%,增长幅度排在全国第十二位;每万人公共图书馆建筑面积由67.5平方米增加至70.3平方米,涨幅为4.15%;每万人拥有群众文化设施建筑面积由180.7平方米增加至194.6平方米,涨幅为7.69%,增长幅度排在第十二位;博物馆参观人数由1 217万人次增加至1 310.2万人次,涨幅为7.66%。在其他指标上,人均拥有公共图书馆藏书由0.46册增加至0.48册;文物参观人数由1 277.97万人次增加至1 418.99万人次;广播节目综合人口覆盖率由98.57%增加至98.58%,电视节目综合人口覆盖率由98.77%增加至98.78%,均排在全国第十位。这说明,公共文化享受度正在不断增长,群众能够更好地共享文化发展的成果。

由以上数据可见,一年来黑龙江省在公共文化服务方面已经取得了长足的进步，尤其是在公共文化服务投入与产出的绩效上，其较高的指数及排名体现出群众的文化需求得到了比较好的满足。

二、问题与不足

虽然黑龙江省公共文化服务的绩效比较高，但在某些指标上依然存在不足，影响了公共文化服务的总体排名。所以，在公共文化服务综合指数上，黑龙江省的总量排名仅为全国第十八位，人均排名仅为第二十四位，与其绩效指数的排名并不匹配。其中存在的问题主要体现在以下几个方面。

1. 公共文化投入指数偏低

在公共文化投入综合指数上，黑龙江省的总量排名和人均排名均为全国第二十五位，这说明在31个省市自治区普遍加大公共文化投入的基础上，黑龙江省公共文化投入的增长幅度比较小，甚至在某些指标上出现了负增长。例如，文化事业费占财政支出比重由上一年度的0.33%降至0.31%，低于全国平均的0.40%；人均文化事业费仅为24.4元，排在全国第二十四位，较上年涨幅排在全国第二十八位；公共图书馆财政拨款仅为16 870万元，排在全国第二十五位，涨幅排在全国第二十二位；群众文化机构财政拨款仅为23 500万元，排在全国第二十五位，涨幅排在全国第二十三位；文物科研机构财政拨款仅为424万元，远低于全国平均的3 697.71万元，排在全国第二十四位。

2. 公共文化机构指数相对落后

在公共文化机构综合指数上，黑龙江省的总量排名为第十六位，比2012年下降了三位，人均排名为第二十一位，比上一年度下降了十位。这表明，黑龙江省在公共文化机构建设上还有比较大的提升空间。从横向上看，与全国其他省市自治区相比，黑龙江省在艺术表演团体机构数、艺术表演场馆机构数、出版物发行机构数、国有书店及国有发行点等二级指标上低于全国平均水平，机构数量比较少，如艺术表演团体仅有85个，而全国平均数为235.61个，艺术表演场馆数为43个，而全国平均数为76.03个。从纵向上看，与历年公共文化机构的相关指标相比，部分二级指标呈现出下降的趋势，如群众文化机构由上一年度的 1 652 个降至 1 641 个,较上年涨幅排在全国第三十位;文化站由 1 504 个降至 1 493 个,涨幅也排在全国第三十位。

3. 公共文化产出的亮点不足

从总体上看,黑龙江省在公共文化产出(公共文化产品、公共文化活动、公共文化享受)上虽然有所增长,但与全国其他省市自治区相比,黑龙江省在这一方面仍然缺乏亮点和特色。如在公共文化产品上,黑龙江省的总量和人均排名都处在全国第十五位,而公共广播节目套数,全年公共电视节目套数,图书、期刊和报纸出版种数,少年儿童读物和课本出版种数等二级指标的排名则均处在全国中游甚至中等偏下的水平。在公共文化活动和公共文化享受上,黑龙江省同样存在这样的问题,处于全国前列的二级指标比较少,大部分指标处于全国中游的水平,甚至有相当一部分指标低于全国平均水平。这反映出,黑龙江省公共文化产出的质量、规模都有待进一步的提高。

正因为如此,黑龙江省的公共文化事业还有比较大的发展空间,而对上述问题加以改进必然能够推动公共文化服务体系建设取得新的突破。

三、对策与建议

在 2013 年公共文化事业不断发展的基础上,黑龙江省应当重点针对其中暴露出的问题和不足,继续推进公共文化服务体系建设。

1. 加大公共文化投入

从全国范围来看,黑龙江省的公共文化投入比较低,而这也影响了公共文化服务的有效实施。因此,黑龙江省应当在合理规划的基础上,逐步加大对公共文化服务的投入力度,如适度提高文化事业费在财政支出中的比重,提高对公共图书馆、群众文化机构等各类公共文化机构的投入力度,加大对公共文化活动和公共文化产品的资助力度。在加大文化投入的同时,黑龙江省还应当注重提高公共文化投入的有效利用率,如创新公共文化服务的运行机制,引入社会资本参与公共文化服务,提高公共文化事业的社会化程度。

2. 增加公共文化产出

公共文化服务的绩效指数,是由公共文化产出与投入的比例关系来计算的。这也就意味着,要保持甚至提高公共文化服务的绩效,在加大公共文化投入的同时还要增加公共文化产出,尤其是要着重培育黑龙江省公共文化产出的亮点与优势。譬如,黑龙江省可以着力提供更加丰富的公共文化产品,在书刊出版物、电视节目、电视剧、动漫产品等方面加大扶植力度,打造更多的精品;也可以进一步整合公共文化资源,塑造一批具有较大影响力的品牌活动,推动公共文化活动在质上的提升。还可以通过调研,切实掌握群众的文化需求,有针对性地设计、组织喜闻乐见的公共文化活动,提高公共文化服务的享受度。

3. 继续加强公共文化机构建设

与其他省市自治区相比,黑龙江省在公共文化机构的数量上相对落后,尤其是人均拥有和享受的公共文化机构比较少,这在一定程度上成为公共文化产出的制约因素。因此,黑龙江省应当在现有的基础上,继续加大公共文化机构的建设力度,完善其管理和运行机制,提高机构的有效利用率。在财政条件允许、因地制宜的前提下,黑龙江省可以从实际需要出发,兴建更多的公共文化机构,特别是为基层群众提供更多的文化场所、文化设施。而在此过程中还应当注重对社会资源尤其是闲散资源的开发利用,如鼓励和资助工矿企业、个人兴办具有自身特色的博物馆、图书馆、群众文化组织,扶植各类公益性的民间公共文化机构。

黑龙江省在公共文化服务体系建设上已经具有良好的基础,多项指标都呈现出上升的趋势。以此为立足点,进一步完善公共文化服务的各项指标,黑龙江省的公共文化事业必然能够迈上一个新的台阶。

第十五章　2013年上海市公共文化服务分析报告

2013年,上海市以打造"国内一流,世界先进的公共文化服务体系"为目标,不断提升公共文化服务的效能,在公共文化投入和产出的诸多指标上都处于全国领先水平。但是,从某些指标上看,上海的公共文化服务体系建设仍存在着较大的拓展空间。

一、进步与成就

一年来,上海市在公共文化服务方面获得了显著的成绩。譬如,在法制建设上,上海市于2013年4月1日起,正式实施《上海市社区公共文化服务规定》,这是全国首部社区层面的公共文化法规;在体制机制建设上,上海市以促进公共文化服务运作社会化为中心,发展完善内容配送机制,健全多维监管评估机制,构建多渠道信息发布平台,加强专业人才队伍建设;在公共文化活动上,上海市进一步打造东方社区信息苑、东方讲坛、东方社区学校等"东方"系列配送体系,截至2013年10月底,共配送文艺演出1 853场、优秀健身活动10 989场,举办东方讲坛1 851次,专题培训及公益授课13 000课时,派送指导员25 792人,放映影片66 728场,服务人数超过3 310万人次[1]。而从公共文化服务的具体指数上看,上海市的进步和成就主要体现在以下几

---

[1] 《东方文创网受权发布〈2013:上海市公共文化服务发展报告〉》,http://shcci.eastday.com/c/20140120/u1a7897090.html。

个方面。

1. 公共文化服务的投入力度大

在公共文化投入综合指数上,上海市的总量排名为全国第三位,人均排名为第一位,均与上一年度的排名持平。从其中的各项二级指标上看,上海市文化事业费占财政支出的比重由上一年度的0.56%提高到0.62%,在31个省市自治区中仅次于浙江,居于全国第二位;人均文化事业费也呈现出持续增长的势头,由上一年度的103.01元提高到120.65元,排在全国第一位,并远远高于全国平均的44.60元;公共图书馆人均购书达到7.698元,同样位居全国第一位,而排在第二位的天津市仅为2.967元;公共图书馆财政拨款、群众文化机构财政拨款等指标也较上一年度有所增长,分别处在全国前三位。

2. 公共文化产出的人均指数处于全国首位

公共文化产出包括公共文化产品、公共文化活动和公共文化享受,而上海市在这三项指标的人均排名上都蝉联全国首位,这表明上海市市民人均享受到的公共文化产出相对丰富,公共文化服务的均等化程度比较高。具体到公共文化产出的二级指标而言,上海市在多项指数上具有比较显著的优势,而这也正是其人均排名高的重要原因。在公共文化产品方面,上海市的图书、期刊和课本出版种数分别为23 777种、635种、5 110种,均排在全国首位;报纸出版种数、少儿读物出版种数和动漫企业原创动画作品数等指数则分别排在前十位。在公共文化活动方面,群众文化机构举办训练班达到27 506班次,排在全国第二位;公共图书馆组织各类讲座次数、群众文化机构组织文艺活动次数、群众文化机构培训人次等指数也都排在前十位。在公共文化享受方面,人均拥有的公共图书馆藏书册数达到3.03册,不仅居于全国首位,而且远远高于第二位天津市的1.04册;每万人公共图书馆建筑面积为162.4平方米,排在全国第二位,仅次于天津市的181.7平方米;每万人拥有群众文化设施建筑面积为536.4平方米,也排在全国第二位;广播节目、电视节目的人口覆盖率均为100%,与北京市、天津市并列全国首位。

3. 公共文化机构建设取得了较大的突破

由于空间容量的限制,上海市公共文化机构的总量排名并不高。但是,公共文化机构的人均排名却有了较大幅度的提升,由2012年的第二十七位提高到第九位,这反映出上海市的公共文化机构建设得到了进一步的加强。而从相关的二级指标上看,上海市的公共文化机构在数量上也出现了比较大的增长,如博物馆由上一年度的36个增加至90个,艺术表演团体由102个增加至147个,艺术表演场馆由103个增加至117个,文物业机构由44个增加至99个。

4. 公共文化队伍建设不断增强

虽然上海市的公共文化队伍受到空间容量、人口总量、机构总量等因素的制约,其总量排名仅为全国第十四位,但与上一年度相比,总量排名上升了四位,而人均排名则蝉联全国首位。由此可见,上海市公共文化队伍的均等化程度比较高。部分二级指标也体现出公共文化队伍建设的成绩。例如,博物馆从业人员数由上一年度的1 439人提升至2 915人,专业技术人才数由786人提升至1 460人;艺术表演团体从业人员数由7 412人提升至9 910人,专业技术人才数由3 663人提升至6 024人;分技术等级运动员发展人数由1 554人提升至2 020人。上述指数不仅在纵向上有了大幅度的提高,而且从横向上看都排在全国前十位,凸显了上海市在公共文化队伍建设上所取得的进步和优势。

从总体上看,上海市的公共文化服务投入大、均等化程度高,在诸多方面都处于全国领先水平。因此,上海市公共文化服务综合指数的总量排名和人均排名都位居全国前列,总量排名为第七位,人均排名为第一位,这也显示了上海市在公共文化服务体系建设上的成效。

二、问题与不足

尽管上海市在公共文化服务方面取得了突出的优势和成绩,但也存在着一些不足之处,有待进一步的提升和优化。

1. 公共文化产品和公共文化享受的总量排名出现小幅度下滑

虽然公共文化产出的人均排名蝉联全国首位,但上海市在公共文化产出的总量排名上却出现了一定程度的下滑趋势。与上一年度相比,除公共文化活动的总量排名保持在全国第七位外,公共文化产品的总量排名由2012年的第一位下降至第三位,公共文化享受的总量排名由 2012 年的第四位下降至第六位。这既与其他省市自治区加大公共文化产出有关,又说明上海市在公共文化产出的某些指数上仍有比较大的上升空间。例如,上海市公共广播节目仅有 21 套,只高于青海省、西藏自治区,排在全国第二十九位;全年公共电视节目仅有 25 套,排在第二十八位;电视剧播出数为 1 162 部,排在第二十七位;艺术表演团体演出观众人次为 315 万人次,艺术表演场所观众人次为 101 万人次,文物参观人数为 1 642.45 万人次,博物馆参观人数为 1 633.10 万人次,均低于全国平均水平。虽然上海市的空间和人口因素是造成这些指数偏低的重要原因,但这也表明,上海市在某些方面确实存在"短板",致使一些数据处在全国的中下游水平,而这类"短板"必然会影响上海市在 31 个省市自治区中的排名,以及公共文化服务的总体效能。

2. 公共文化服务投入与产出的绩效指数排名偏低

相对于公共文化服务所取得的成效而言,上海市公共文化服务投入和产出的绩效指数却比较低,总量排名仅为全国第二十四位,人均排名仅为第十七位。投入和产出绩效比的计算公式是:(公共文化产品 + 公共文化活动 + 公共文化享受) ÷ 公共文化投入。上海市的公共文化投入高,而与之相比,公共文化产出相对不足,这就致使投入与产出之间的比例关系不协调,绩效指数也随之偏低。所以,在保持甚至加大公共文化投入的基础上,要提高上海市公共文化服务的绩效,就应当加大公共文化的产出,增强公共文化服务的效率。

3. 公共文化机构的总量排名偏低

在公共文化服务的各项一级指标中,上海市公共文化机构的总量排名相对偏低,仅为全国第二十六位,与上一年度持平。从客观上说,上海市在公共文化机构建设上必然要受到空间、人口等因素的制约,但在某些指数上仍有较大的提高余地。例如,上海市的群众文化机构只有 240 个,排在全国第三十位,仅高于海南省的 233 个;文化站只有 213 个,同样排在全国第三十位,仅高于海南省的 212 个;文物保护管理机构只有 5 个,仅排在全国第三十一位。由此可见,公共文化机构数量较少是上海市公共文化服务的一个"短板",而这也与上海国际文化大都市的战略定位不相匹配。

综上所述,公共文化产出的总量排名有所下落、投入与产出的绩效不高,以及公共文化机构的数量较少,是制约上海市公共文化服务的瓶颈。面对这些不足,上海市应当不断推进公共文化服务体系建设,有针对性地提高公共文化服务的绩效。

三、对策与建议

上海市在公共文化服务方面既有显著的成就和进步,又存在着某些问题与不足。正因为如此,上海市可以从以下几个方面入手,进一步保持和拓展公共文化服务的优势地位。

1. 加大公共文化产出,提高公共文化服务的绩效比

上海市公共文化产出的总量排名呈现出下滑的趋势,而公共文化投入和产出的绩效指数也排名偏低。因此,上海市应当适度地增加公共文化产出的总量,提升公共文化服务的绩效指数。譬如,上海市可以充分借鉴东方讲坛"选题菜单化"的运作模式,为市民提供一张可供选择、预约的展览或演出"菜单",使其由公共文化服务的被动接受者转变为主动选择者,从而将更多的市民吸引到展览馆、博物馆和演出场馆里来,提高他们的公共文化享受度。整合利用上海市丰富的教育资源,定期组织各高校的艺术团体、艺术专业学生参与社区、街道、乡镇的公共文化活动,并在"走出去"的同时,将高校自办的校园艺术节、学生专场演出等校园文化活动向市民开放,使高校的艺术资源能够与社会资源形成良性互动。借助上海市智慧城市建设的历史契机,完善公共文化资源的信息化、数字化,推动公共文化产品、公共文化活动和公共文化享受的优化升级。

2. 增强品牌效应,拓展公共文化服务的效能

一年来,上海市的公共文化服务在数量指标上已经取得了突出的成绩,但要继续拓展公共文化服务的效能,就更应当注重质的提高,扩大公共文化服务的品牌效应。虽然上海市现有的一系列公共文化活动如上海市国际艺术节的"天天演"活动、"高雅艺术进校园"、"高雅艺术进社区"等都已成为美誉度较高的公共文化品牌,但从整体上看,其品牌辨识度不高,没有形成统一的品牌效应。因此,上海市可以进一步整合各类公共文化活动,如以"东方"系列的品牌优势为抓手,将现有的、分散的公益演出、展览等活动纳入到"东方"品牌的统一规划下，继续打造"东方展台"、"东方舞台"等"东方"品牌的公共文化平台，使其成为上海市公共文化事业的标志性品牌。

3. 推进公共文化机构建设，提升公共文化服务的供给水平

上海市公共文化机构的人均排名比较高，但总量排名却相对落后，这在相当程度上制约了公共文化服务的供给水平。因此，上海市应当在合理规划的基础上，加大公共文化机构建设的力度。例如，上海市可以进一步提高公共文化服务的社会化程度，鼓励和扶持企业、私人创办公益性质的图书馆、博物馆、艺术表演团体及艺术表演场馆，并建立相应的保障机制与奖励机制；将闲置或利用率不高的企事业单位、私人博物馆、图书馆等机构纳入统一的公共文化服务规划，在资金、资源和宣传力度等方面予以一定的保障，从而实现公共文化服务体系建设与文化机构生存发展的"双赢"。

综观2013年上海市公共文化事业的发展，上海市的公共文化服务已经处在全国领先的地位，形成了自身的优势和特色。立足于良好的发展基础，如果上海市继续拓展公共文化服务的效能，不断提升公共文化服务的质量和水平，那么上海市文化的前景将会更加令人期待。

第十六章 2013年江苏省公共文化服务分析报告

江苏省是一个经济发达、地域辽阔的人口大省,近年来在公共文化服务建设方面不断取得进步,截至2013年,初步形成了"省有四馆、市有三馆、县有两馆、乡镇有文化站、村有文化室"的格局,全省公共文化服务设施网络覆盖率达90%以上,已实现设施网络覆盖率90%以上,数量和质量方面均处于全国领先地位。但要从一个公共文化服务大省变成强省,在财政投入和平衡发展方面还有许多工作要做。

一、进步与成就

2013年,在全国31个省市自治区中,江苏省公共文化服务总量得分排名第二位,与排名第一位的广东省在伯仲之间。具体到六大衡量指标的数字,江苏省目前的情况如下:

财政拨款方面,2013年,江苏省文化事业费在财政支出中的比重为0.37%,人均37.59元。其中对公共图书馆拨款为5亿5797万元,群众文化机构拨款8亿9287万元,文物科研机构拨款638万元。江苏省在公共文化服务方面的财政投入占比和人均数皆未达到全国平均水平,但需要指出的是,江苏省对公共图书馆和群众文化机构的拨款都是比较高的,表明该省对文化惠民工程的重视,尤其是响应中央号召大举进行公共文化服务建设以来的努力成效显著。

公共文化机构方面的情况佐证了江苏省在公共文化服务机制建设上的成效。2013年,该省有博物馆266家,公共图书馆112个,群众文化机构 1 494 个，文化馆 105 个，文化站 1 300 个，艺术表演团体 434 家，艺术表演场馆 217 个，出版发行机构 14 497 家，国有书店及国有发行点 875 处，文物机构 347 个。从统计数据上看，江苏省的博物馆和出版发行机构数量都高居全国榜首。

公共文化产品方面，有线广播电视用户 2 177.86 万户，占家庭总户数的 89.80%；出版图书 20 407 种，出版期刊 467 种、报纸 81 种；出版的少儿读物和课本分别为 1 461 种和 3 004 种；动漫企业原创动画作品 278 部；全国文化产业示范基地园区及产业示范基地获得著作权、发明专利共 3 309 项。江苏省的图书出版、动漫制作以及著作和发明专利的绝对数量，都仅略逊于上海市，表明该省在原创性的文化生产方面的雄厚实力。公共文化服务总量综合得分排名第一也说明了此点。

公共文化活动方面，全年共举办公共图书展览 787 个，参观人数 148.20 万人次；公共图书馆组织的各类讲座 2 556 次，参加讲座达 52.14 万人次；博物馆基本陈列 780 个，举办展览 1 212 个；群众文化机构组织的文艺活动 39 352 次，举办的培训班 19 016 班次，共培训 149.2 万人次。从总量上看，江苏省的公共文化活动供给不少，在全国居第二位；但均摊到近 8 000 万人口上，人均仅排名全国第十二位。

公共文化队伍的情况是，博物馆从业人员 4 966 人，其中专业技术人才 1 924 人；公共图书馆从业人员 2 901 人；群众艺术馆从业人员 467 人；文化馆和文化站从业人员分别为 1 538 人和 4 770 人；文物从业人员 5 764 人，其中专业技术人才 2 220 人；文物保护管理机构从业人员 397 人，其中专业技术人才 145 人；艺术表演团体从业人员 10 565 人，含专业技术人才 6 797 人；群众文化机构从业人员 6 775 人。比较他省数据，江苏省在博物馆和公共图书馆的从业人员数量并不少，但专业人员比例还不够高。而基层文化单位的从业人员数，江苏省与中部其他省份的相差不大。

公共文化享受方面，全年前往公共图书馆共 4 527 万人次；人均拥有公共图书馆藏书 0.82 册；累计发放借书证 2 909 009 张；每万人公共图书馆建筑面积 104.3 平方米；每万人拥有群众文化设施建筑面积 366.7 平方米；艺术表演团体演出观众 1 844 万人次；艺术表演场所观众 63 万人次；文物参观 5 723.91 万人次；博物馆参观在全国 5 500.36

万人次。这些数据反映,江苏省的公共文化服务硬件设施条件良好,供给总量大,需求也相对旺盛。江苏省在公共文化享受总量和人均上分别排在全国第二和第四位,就能充分说明这一点。

通过回顾和分析江苏省2013年公共文化服务现状可以看出,江苏省在推进公共文化服务方面的成绩是有目共睹的。

1. 总量供给排在全国第二位

江苏省已初步建成由各级公共图书馆、乡镇文化站和农家书屋为主体的公共文化服务网络,并不断改善硬件条件,充实文化产品,完善管理和服务制度。与此同时,江苏省在"送科普、送戏、送电影"所谓"三送"的基础上,不断开发诸如"送展览"等新的文化产品配送方式,大力推进数字化建设。因此,江苏省公共文化服务供给总量各项指标均名列前茅是情理之中的。公共文化服务总量综合指数全国排名第二位;公共文化投入总量全国排名第四位;公共文化机构总量全国排名第三位;公共文化产品总量全国排名第一位;公共文化活动总量全国排名第二位;公共文化队伍总量全国排名第一位;公共文化享受指数全国排名第二位。总的说来,目前,江苏省已初步建成较完整的公共文化服务体系,全省覆盖城乡的多级公共文化设施网络基本形成,在数量和质量上均处于全国领先地位。

2. 投入与产出绩效高

江苏省地域广大,人口众多,但对公共文化服务的投入在财政中占比并不算高。它在公共文化服务方面取得如此优良的业绩,"投入与产出"绩效比高是一个非常重要的因素。江苏省在这方面全国排名第三位。江苏省形成这种"花钱少,办事多"的高效率公共文化服务建设,其潜在的制度、人员和服务模式创新等因素,值得深入探讨,总结其中经验加以推广。

二、问题与不足

江苏省作为经济发达的东部沿海大省,在公共文化服务方面的不足也是显而易见的。

1. 投入不高,人均拥有资源不多

江苏省文化事业费在财政支出中的占比,未达到全国平均的

0.4%，人均文化事业费也比全国平均水平低7元（37.59元 vs.44.60元）。因此,江苏省公共文化服务人均占有资源也低,各项指标排名显著不如总量那么耀眼。其公共文化服务人均投入综合指数全国排名第十三位,公共文化机构和公共文化活动人均全国排名第十二位,公共文化队伍人均全国排名第二十三位。

2. 地区差异,各地发展不平衡

江苏省地理环境和地区经济发展差异很大。总体说来,南部经济发达程度远高于北部,包括文化在内的各方面发展也相应比北部高。目前,江苏省一些经济发达地区,如苏州、张家港、无锡等地区,公共文化服务搞得有声有色。苏州是国家首批公共文化服务示范区,张家港实行模式创新,力推"网格化公共文化服务"。但北部地区经济相对落后,农村人口多,他们享受得到的公共文化服务还不尽如人意。尽管政府初步铺开了公共图书馆、农家书屋等基本网络设施,在内容配送上不断充实创新,但服务资源渠道较为单一,群众参与程度不高。

三、对策与建议

1. 继续加大财政投入力度

江苏省近年来对公共文化的投入在加大,进步指数也部分地反映了这一点。2013年,其公共文化服务总量综合进步指数位列全国第二十一位,较2012年的第二十八位有不小的提升;人均综合指数列全国第八位,而此前是第十八位。但这显然是不够的,其进步幅度虽然较大,但一方面排位并不理想;另一方面与其他省份2013年投入增幅大规模减小也有关系。要进一步提高江苏省的公共文化服务质量,加大投入力度,投入的资金在总量和人均上都有较大提高才是硬道理。

2. 对口支援,缩减地区差异

针对省内各地区发展不平衡的现状,省政府不妨在公共文化服务建设方面也引入地区间或城市/镇间对口支援制度,由经济发达、公共文化服务发展好的地区,在建设规划、经济投入和制度规范建立等方面给予落后地区支援。

第十七章　2013年浙江省公共文化服务分析报告

浙江省是东部沿海的经济大省,同时也是一个文化大省。这片土地上浓郁的人文气息,曾经哺育了无数杰出的人才,至今依然如此。重视知识、重视教育的传统,使浙江省人对文化的重要性有更深切的理解,对文化的投资不遗余力。除经济发展先行,财力相对充裕之外,对于文化的尊重和向往,正是浙江省在公共文化服务建设方面创造佳绩的重要心理因素。

一、进步与成就

按照上海师范大学都市文化研究中心的分析数据,在2013年的公共文化服务中,浙江省是唯一一个总量和人均皆名列前茅的省份。其公共文化服务总量综合指数列全国第三位,排在地域和人口规模比它大得多的两个沿海发达省份——广东省和江苏省之后;人均综合指数也名列全国第三位,排在地域和人口规模比它小得多的两个直辖市——北京市和上海市之后。由此可见,浙江省公共文化服务资源供给的总量大,人均数高。

财政拨款方面,2013年,浙江省文化事业费占财政支出中的比重为0.75%,人均65.20元。其中对公共图书馆拨款为6亿9686万元,群众文化机构拨款13亿1636万元,文物科研机构拨款3601万元。浙江省对文化事业的拨款在财政支出中的占比高居全国榜首,人均文化事业费在全国31个省市自治区中也处于高位,与颇具可比性的广东省和江苏省对照，比后两者要高出 18 元以上。

公共文化机构方面的情况证明了浙江省在公共文化服务机制建设上的成效。2013 年，该省有博物馆 166 家，公共图书馆 97 个，群众文化机构 1 447 个，文化馆 90 个，文化站 1 345 个，艺术表演团体 609 家，艺术表演场馆 271 个，出版发行机构 11 057 家，国有书店及国有发行点 558 处，文物业机构 275 个。需要指出的是，人口仅 5 600 万的浙江省，其文化机构数量不逊于许多人口 8 000 万以上的省份。

公共文化产品方面，有公共广播节目 108 套，公共电视节目 114 套，有线广播电视用户 1 357.34 万户，占家庭总户数的 83.89%；出版图书 11 478 种，出版期刊 222 种、报纸 71 种；出版的少儿读物和课本分别为 2 287 种和 1 120 种；动漫企业原创动画作品 108 部；全国文化产业示范基地园区及产业示范基地获得著作权、发明专利共 21 项。比照数据，浙江省的公共文化产品供给能力不像其他方面那样突出，尤其在文化原创力方面还有很大的提升空间。

公共文化活动方面。浙江省 2013 年共举办公共图书展览 875 个，参观人数 290.47 万人次；公共图书馆组织的各类讲座 2 399 次，参加讲座达 55.49 万人次；博物馆基本陈列 411 个，举办展览 899 个；群众文化机构组织的文艺活动 40 738 次，举办的培训班 25 300 班次，共培训 149.8 万人次。在公共文化活动的供给上，浙江省的数字也是令人印象深刻，公共图书馆组织的展览和讲座多，尤其是群众文化机构的文艺活动更是如火如荼。

公共文化队伍的情况是，博物馆从业人员 3 624 人，其中专业技术人才 1 373 人；公共图书馆从业人员 3 096 人；群众艺术馆从业人员 473 人；文化馆和文化站从业人员分别为 1 596 人和 4 390 人；文物从业人员 5 334 人，其中专业技术人才 1 994 人；文物保护管理机构从业人员 1 408 人，其中专业技术人才 530 人；艺术表演团体从业人员 19 053 人，含专业技术人才 7 570 人；群众文化机构从业人员 6 459 人。浙江省艺术表演、文物保护和公共图书馆等行业的从业人员不仅数量多，专业技术人才比例也相对较高，显示了该省较为雄厚的人才资源。

公共文化享受方面，该省全年前往公共图书馆共 4 572 万人次；人均拥有公共图书馆藏书 0.98 册；累计发放借书证 2 407 446 张；每万人公共图书馆建筑面积125.7平方米；每万人拥有群众文化设施建筑面积539.5平方米；艺术表演团体演出观众920万人次；艺术表演场所观众329万人次；文物参观4 345.36万人次；博物馆参观3 122.31万人次。数据表明，浙江省的公共文化服务硬件设施条件之优，一些方面直追上海市。排名上也反映了这一点，浙江省的公共文化享受总量综合指数全国排名第三位，人均全国排名第二位，紧跟在上海市之后。

通过对现状的回顾和分析，我们可以看出，浙江省的公共文化服务建设在各项指标上均有良好的成绩，走在了全国的前列。

1. 总量和人均"双高"

2013年浙江省公共文化服务总量全国排名第三位。细分到六项基本评估指标，浙江省大多数也都名列前茅：公共文化投入总量全国排名第二位（人口超过1亿的广东省全国排名第一位）；公共文化机构全国排名第六位；公共文化产品全国排名第八位；公共文化活动全国排名第四位；公共文化队伍全国排名第四位；公共文化享受全国排名第三位。

2013年浙江省公共文化服务人均综合指数同样名列全国第三位，高总量均摊到5 600万人口头上，人均排名自然也高：公共文化投入人均综合指数全国排名第二位（第一位是人口2 300万的上海市）；公共文化机构全国排名第四位；公共文化产品全国排名第七位；公共文化活动全国排名第四位；公共文化享受全国排名第二位。

2. 从数量到质量的转变

2013年，浙江省公共文化服务建设以"质量提升"为指导思想，在进一步完善公共文化设施服务网络、开展各种文化惠民活动的同时，把工作重点放到了制度规范探索和制定方面，譬如推进公共文化示范载体创建，试图发挥先进地区的示范引领作用。此外，浙江省还开展其他重大文化繁荣工程，其中包括建立文艺精品创作繁荣区、文化遗产保护模范区、文化产业发展先行区、优秀文化人才集聚区、文化体制机制创新区，等等。通过文化综合协调的整体发展，为全省民众提供一个条件优越、文化氛围浓郁的大环境。

二、问题与不足

浙江省作为经济发达的东部沿海大省,在公共文化服务方面,比较而言是舍得投入,重视体制机制构建,发展水平处于全国前列,但也还存在着一些短板。

1. 进步趋缓,仍有较大提升空间

2013年,浙江省公共文化服务总量和人均的进步综合指数在全国分列第十八位和第二十四位,尽管比上一年的排名有所提前,但总的说来,在公共文化服务方面目前处于"先进"的浙江省,后续的发展动力略显迟滞。浙江省在公共文化服务方面舍得投入,在全国居于领先地位固然是事实,但这不是进步趋缓的理由;相反,是继续前进的动力。浙江省作为一个文化传统代代相传且经济发达的省份,目前的公共文化服务总体说来仍然处于初级水平,仅止步于满足群众基本的文化需求,在一定程度上实现了文化公平,但与一些发达国家和地区相比,这样的公共文化服务水平显然还不能满足经济与社会进一步发展的需求。深层次的社会经济现代化,需要一个普惠全民的公共文化服务体系。

2. 发展不平衡,参与热情不高

如全国其他许多省份一样,浙江省的公共文化服务也存在着地区间、城乡间发展不平衡,群众参与热情不高的问题。杭州、宁波等经济发达地区,服务工程做得有声有色,即便如此,各地区、城市或乡镇之间发展水平参差不齐的情况仍然普遍存在。经济欠发达地区和边远地区的公共文化服务更是还有盲点存在。

三、对策与建议

1. 保持投入增长,提高产出绩效

浙江省作为东部沿海经济发达省份,不能仅仅满足于低水平广覆盖的公共文化体系,它有必要也有能力持续地增加对公共文化服务的投入。应保障民众在文化方面的公平之外,提升整体素质,也是一个经济大省经济发展、转型和升级的最基础要素。浙江省财力较为雄厚,它在建设文化强省的过程中积累了许多有益的实践经验。

2. 惠及外来人口

浙江省是劳务输入大省,宁波、温州等经济发达地区汇聚了大量的外来农民工,这些人是建设浙江省的重要生力军。这项旨在文化领域公平正义的工程,不应该忽略那些长期旅居浙江省的人员,让他们也分享文化发展繁荣的成果。与此同时,这些外来人员文化素质的提高,对浙江省具有同等的补益作用。

3. 探索新机制体制

制度规范是一项事业持久有序地运行下去的根本保障。近年来我国各地区尽管快速地实现了基础网络的广覆盖,但系统的公共文化服务体制和机制都还没有真正建立起来,多头管理、政出多门、条块分割、资金浪费及重建设轻管理等现象普遍存在,浙江省亦复如是。在这方面,浙江省也可以做先行先试的领头者。结合已有的实践经验,为现代大公共文化服务探索统一的法制保障体系及实际运行的工作机制。

第十八章 2013年安徽省公共文化服务分析报告

近年来,安徽省在公共文化服务建设方面取得了长足的进步。根据教育部重点研究基地上海师范大学都市文化研究中心的统计数据,2013年,安徽省在公共文化服务综合指数(总量)、综合进步(人均)指数和"投入与产出"绩效进步指数等几个方面的表现颇为不俗。但与此同时,作为中部的人口大省,在公共文化服务领域的财政投入、人均享有量等方面,安徽省与其他沿海发达省市尚存在一定的差距。

一、进步与成就

公共文化服务总量和人均指数由公共文化"投入"、"机构"、"产品"、"活动"、"队伍"、"享受"六大指标组成。下面简单梳理2013年安徽省在这几个方面的基本情况。

从财政拨款方面看,2013年,安徽省文化事业费在财政支出中的比重为0.28%,人均15.08元,距离全国平均水平还有一定的差距。其中对公共图书馆拨款为1亿7942万元,群众文化机构拨款3亿8763万元,文物科研机构拨款668万元。

从文化机构方面看,据统计,2013年,安徽省有博物馆141家,公共图书馆102个,群众文化机构1554个,群众艺术馆机构14个,文化馆107个,文化站1433个,艺术表演团体1015家,艺术表演场馆72个,出版发行机构8588家,国有书店及国有发行点649处,文物业机构240个,文化保护管理机构92个。

从公共文化产品方面看，公共广播节目106套，全年公共电视节目115套；有线广播电视用户518.83万户，占家庭总户数24.50%；出版图书9 094种，出版期刊186种、报纸51种；出版的少儿读物和课本分别为1 256种和602种；动漫企业原创动画作品11部；全国文化产业示范基地园区及产业示范基地获得著作权、发明专利共55项；电视剧播出10 404部。

从公共文化活动方面看，全年共举办公共图书展览358个，参观人数52.49万人次；公共图书馆组织的各类讲座1 191次，参加讲座达15.82万人次；博物馆基本陈列470个，举办展览518个；群众文化机构组织的文艺活动20 196次，举办的培训班13 580班次，共培训104.8万人次。

从公共文化队伍方面看，博物馆从业人员2 236人，其中有专业技术人才843人；公共图书馆从业人员1 312人；群众艺术馆从业人员283人；文化馆和文化站从业人员分别为1 225人和4 635人；文物从业人员2 885人，其中专业技术人才1 206人；文物保护管理机构从业人员457人，其中专业技术人才277人；艺术表演团体从业人员17 438人，含专业技术人才4 741人；群众文化机构从业人员6 143人。

从公共文化享受方面看，全年前往公共图书馆共1 264万人次；人均拥有公共图书馆藏书0.38册；累计发放借书证529 348张；少儿公共图书馆总流通47.1万人次；每万人公共图书馆建筑面积47.1平方米；每万人拥有群众文化设施建筑面积151.4平方米；艺术表演团体演出观众167万人次；艺术表演场所观众26万人次；文物参观2 261.80万人次；博物馆参观2 164.96万人次；广播节目综合覆盖率为97.85%；电视节目综合人口覆盖率为98.10%。

通观2013年安徽省的公共文化服务现状，其公共文化服务体系建设已取得了一定的成果，且仍处于不断发展进步当中。

1. 总量中等偏上

从统计数据来看，在全国31个省市自治区当中，安徽省2013年公共文化服务总体处于中等偏上的水平。

在公共文化服务总量方面，安徽省名列第十三位，较为精确地反映了其经济发展水平和人口规模：一方面低于经济富裕的沿海省市，如广东省、江苏省、浙江省、上海市;另一方面也低于人多地广的大省,如山东省、河南省、四川省、河北省等。

安徽省公共文化服务总量排名居中游略上的主要原因,是它在各个评估要素方面的发展比较均衡。在31个省市自治区中,大多数都处于中等水平:公共文化机构总量全国第八,公共文化产品全国排名第十六位,公共文化活动全国排名第十四位,公共文化队伍全国排名第十三位,公共文化享受全国排名第十四位。除公共文化机构总量较为突出外,其他各要素基本与其总体排名相当。

2. 发展与进步

2013年,安徽省在公共文化总量供给上有所进步。根据上海师范大学公共文化服务课题组的测算,安徽省的进步指数2013年比上一年增长了3.52个百分点,这主要归功于在"公共文化产品"和"公共文化活动"方面的大幅增长,其中公共文化产品的进步指数增加了10.20个百分点。此外,公共文化享受的总量也有所增长。

最值得一提的是,2013年安徽省在公共文化服务"投入与产出"绩效比上取得了令人瞩目的提升。2012年,其投入产出绩效比进步指数是-25.5%,在全国排名第二十四位;而到2013年,这个数字一跃变成32.29%,进步幅度之大高居全国第六位。由此可见,在2013年的公共文化服务建设方面,安徽省下了相当大的功夫抓投入与产出比,重在提高效率。

正是因为在不断投入的同时努力提高产出效率,安徽省人均享有的公共文化服务指数,进步幅度在全国居于比较领先的地位,如人均综合进步指数全国排名第九位,人均公共文化机构进步指数全国排名第六位,人均公共文化队伍进步指数全国排名第十位,人均公共文化享受进步指数全国排名第七位。

二、问题与不足

当前安徽省公共文化服务存在的问题与不足也是显而易见的,最主要的就是投入较少,网络稀薄,供给形式较为单调,群众的参与和享受水平尚低。

1. 人均享有的指数较低

尽管安徽省公共文化服务供给总量排在全国中游以上，且在多个指标上人均享有率的提高处于全国前列，但安徽省人口总量亦大，近6 800万，因此人均实际享有的公共文化服务较少。反映在人均指数上，在全国31个省市自治区中，综合指数列第二十八位，财政投入列第二十七位，享有的公共产品列第二十九位，公共文化活动列第二十八位，公共文化队伍列第二十七位，公共文化享受列第二十八位。

2. 财政投入相对较少

2013年，安徽省的文化事业费占财政支出0.28%，人均文化事业费为15.08元。而这两个数字全国平均分别是0.40%和44.60元。安徽省的财政投入比例与众多中部省份大体相当，人均费用上甚至低一些，这两个数字，湖南省是0.28%、19.12元；江西省是0.27%、17.71元；河南省是0.29%、15.99元；河北省是0.26%、15.74元。另外辽宁省和西藏自治区的公共文化服务投入也不到财政支出的3%，但由于人口少，人均费用不低，如辽宁省是33.53元，西藏自治区则高达88.09元。因此，安徽省的人均投入综合指数也是处于低位，列全国第二十七位。

三、对策与建议

自古以来，安徽省人杰地灵，文化昌盛。在现代化和全球化的今天，提高人口的整体素质，对于这个承接产业转移，经济正快速发展的省份来说更是至关重要。在公共文化的普及和提高方面，政府有着义不容辞的责任。因此，该省的"十二五"发展计划，明确提出要突出政府主导地位，突出农村基层重点，突出服务群众宗旨，突出建管用并重，加快城乡文化一体化发展，到2015年基本建成公共文化服务体系。针对统计数据提示的问题和不足，要达成这个目标，可以从以下几方面着手。

1. 加大投入

根据经济发展和税收增长步伐，有计划地加大公共财政对公共文化服务事业的投入。到"十二五"末期，对公共文化服务的投入提高略超全国平均水平。这样，可以大幅提高人均费用、群众享受的各种文化服务机构和产品的数量,安徽省原本基础良好的公共文化服务水平势必再向前迈进一步。

2. 整合机制

作为一个人口众多、地理条件多样的大省,需要一个统筹全省的非常设机构,由目前负责实施公共文化服务的各主管部门派员组成,定期召集,以便制定统一的规划,协调行动。这样,在避免重复建设的同时,更能够实现网络合理布局达至均衡发展,提高公共文化服务机构和产品的利用效率。同时,加强对已有机构和设施的监督管理,保证已有投入得到更有效的利用。

3. 开发潜力

安徽省拥有灿烂的文化遗产,应该在立足传统的基础上,挖掘新的表现形式和运作模式,让留守在乡村小镇的人口真正地参与到文化活动中来。如由政府出资,向县级以上艺术团体购买戏曲、相声、大鼓书等产品,让群体聚集的嘉年华气氛吸引乡民的参与热情;除公共图书馆、博物馆、剧院等数量相对较少且"高端"的场所之外,在原有遍布小镇的文化馆或文化站,切实开展多形式的健康的文娱活动,如体育、歌唱、绘画、知识等有奖竞赛,调动老人、孩子参加的热情;还可以考虑在人口聚集的中心城镇建立综合性的文娱中心,集图书资料阅读、戏曲、杂耍等各种功能于一身,通过政府购买的免费公共文化产品吸引民众,达到休闲与致用并举的目的。

第十九章 2013年福建省公共文化服务分析报告

近年来,福建省加大对公共文化事业的投入,各级政府每年都将文化建设列入为民办实事项目,把公共文化服务均等化建设纳入经济社会总体发展规划,使得公共文化事业在整体上得到长足发展。根据相关数据,福建省在公共文化服务的多项综合及人均评测指标方面都取得了较好的成绩,但也暴露出不少问题和缺陷,有待改进和提高。

一、进步与成就

福建省2013年的公共文化服务发展在上一年的基础上取得了新的进步。其中,文化投入的总量排名和文化产品、文化活动、文化享受的人均排名都进入了全国前十名。

1. 文化投入保持稳定增长

文化投入总量排名第一至第五位的依次是:广东省(97.23分)、浙江省(95.39分)、上海市(88.65分)、江苏省(80.76分)、四川省(73.02分),排在后五位的依次是:江西省(44.31分)、海南省(42.30分)、宁夏回族自治区(41.41分)、青海省(35.51分)、西藏自治区(27.93分)。福建省全国排名第十位,为57.16分,得分相较2012年(54.08分)有所提高,排名也上升了一位,与其他省市自治区相比处于中游偏上的位置,仍有较大的增长空间。该年的文化事业费占财政支出比重为0.49%,高于全国平均水平(0.40%)。

2. 公共文化产品的总量有较大增长，人均水平进步显著

公共文化产品是指公共文化机构、文化单位生产的，以满足公众文化精神需求为根本目的的产品和服务，包括非营利的公益性文化产品和带有营利性质的准公益性文化产品。公共文化产品总量全国排名第一至第五位的是：江苏省（86.02分）、广东省（79.48分）、上海市（79.24分）、山东省（75.79分）、四川省（74.47分），居后五位的是：贵州省（41.21分）、青海省（31.12分）、宁夏回族自治区（30.37分）、海南省（30.01分）、西藏自治区（26.50分）。福建省排在全国第十七位（58.08分），得分与2012年（49.18分）相比有较大提高，名次也前进了一位。人均方面，居全国前五位的是：上海市（86.11分）、新疆维吾尔自治区（68.00分）、吉林省（67.85分）、天津市（67.22分）北京市（66.05分），排后五位的是：湖南省（44.38分）、河北省（41.44分）、安徽省（40.46分）、贵州省（38.81分）、河南省（37.90分）。福建省以57.28分排到全国第九位，相比2012年（43.30分，第六位）进步较大。

3. 公共文化活动人均排名位居全国前列

本指数的公共文化活动主要是指：公共图书馆举办展览数、参观展览人次、图书馆组织各类讲座次数、参加讲座人次、群众文化机构组织文艺活动次数，等等。福建省公共文化活动总量居全国第十三位（56.91分），而人均排到了第五名（67.15分），处于全国较前列的位置。前四位分别是：上海市（92.90分）、北京市（84.72分）、新疆维吾尔自治区（80.31分）、浙江省（75.39分），排后五位的是：河南省（48.96分）、安徽省（47.78分）、河北省（47.6分）、海南省（46.51分）、西藏自治区（41.62分）。这说明，福建省当前公共文化活动的人均质量处于一个较好的发展水平。

4. 公共文化享受在总量和人均上继续保持进步态势

公共文化享受是评价公共文化服务的基本性、均等性和便利性的重要指标，反映了民众在公共文化服务方面的"享受度"。公共文化享受总量排名全国前五位的依次是：广东省（96.94分）、江苏省（95.53分）、浙江省（93.8分）、山东省（90.31分）、河南省（88.71分），居后五位的是：宁夏回族自治区（80.20分）、海南省（79.75分）、贵州省（79.40分）、青海省（79.22分）、西藏自治区（78.30分）。福建省排在第十二位,得86.14分,相比2012年(83.51分,第十一名)仍有进步。人均方面,全国排名第一至第五位的是:上海市(98.52分)、浙江省(94.83分)、天津市(94.08分)、江苏省(93.17分)、北京市(92.64分)。居后五位的是:青海省(87.44分)、安徽省(87.29分)、云南省(87.00分)、西藏自治区(86.60分)、贵州省(83.89分)。福建省排第七位,为90.77分,比2012年(88.56分,第八名)有微幅提高。

二、问题与不足

尽管发展成效显著,但综合考察多项评测指数可以知道,福建省当前的公共文化服务建设在整体上处于全国中游水平,其公共文化服务总量排名第十五位(67.60),人均排第十三位(67.58),仍然存在一些比较突出的问题,具有相当大的改进和提升空间。

1. 公共文化机构的总量和人均较低,无法满足公众的文化需求

公共文化机构总量全国排名前五位的是:四川省(85.87分)、河南省(81.63分)、江苏省(77.27分)、河北省(73.33分)、山东省(73.09分),排名后五位的依次是:北京市(39.97分)、青海省(37.15分)、天津市(31.34分)、宁夏回族自治区(28.59分)、海南省(26.64分)。福建省全国排名第二十位(55.86分),与上一年相比没有变化,居于近下游的位置。从人均看,全国排名第一至第五位的依次是:西藏自治区(96.72分)、青海省(60.10分)、北京市(50.78分)、浙江省(49.64分)、新疆维吾尔自治区(49.54分),居后五位的是:吉林省(36.58分)、湖北省(34.27分)、广西壮族自治区(33.68分)、山东省(32.69分)、广东省(31.02分)。福建省排在第十五名(41.11分),比上一年下降了一位。不能否认,福建省的人口数量和土地面积与其他省市自治区相比并不突出,这在一定程度上决定了文化机构的整体规模,但总量和人均的排名情况说明,当前的公共文化机构的建设要求仍然迫切,增长空间较大。

2. 公共文化队伍建设滞后,制约了公共文化服务的发展水平

公共文化队伍是公共文化服务体系的操作者和实践者,是影响公共文化服务发展的重要因素。公共文化队伍总量全国排名第一至第五位的依次是:河南省(89.52分)、山东省(89.06分)、广东省(80.28

分)、浙江省(79.78分)、陕西省(78.99分),居后五位的是:天津市(40.46分)、西藏自治区(37.58分)、宁夏回族自治区(31.23分)、青海省(26.95分)、海南省(25.84分)。福建省排名第二十一位,为56.48分,得分与名次比2012年(62.33分,第十八名)都有下降。在人均排名上,居全国前五位的是:上海市(85.05分)、陕西省(81.87分)、西藏自治区(75.44分)、内蒙古自治区(75.39分)、甘肃省(72.98分),排在后五位的是:安徽省(52.22分)、湖南省(51.57分)、广西壮族自治区(51.53分)、海南省(50.35分)、广东省(49.24分)。福建省的位次由上一年的第十六位(62.57分)下降到了第二十五位(53.47分),落差明显。从总量和人均排名来看,福建省公共文化队伍的整体水平处在全国偏下游的位置,当前的规模与质量还不能满足文化服务的需要,建设任务较为迫切。

3. 公共文化服务的"投入与产出绩效"过低,影响了发展质量

投入与产出绩效的计算公式是:(公共文化产品 + 公共文化活动 + 公共文化享受) ÷ 公共文化投入。投入产出绩效低是全国各省市公共文化服务发展过程中普遍存在的问题,但福建省的"投入与产出"绩效指数排名第十八位(59.13分),问题就更加突出。公共文化服务的发展固然需要加大文化投入(公式中的分母部分),但绩效的提高更需要增加文化产出(分子部分),这样才能增加绩效指数,提高公共文化生产的效能。

三、对策与建议

1. 整体规划,合理布局,制定科学、全面的公共文化服务发展策略

政府职能部门应该基于当前公共文化服务的建设状况,认清"短板"和症结所在,打开思路,开阔视野,借鉴其他省市乃至国外的先进经验,并结合本省的地域文化特点,充分开掘固有文化资源,在此基础上,制定新的符合民众实际文化需求的公共文化服务发展策略。

2. 全方位、多层次地推进公共文化机构建设,提高文化机构的服务效能

近年来,福建省建成了一大批功能齐全、设备先进的公共文化设施,如福建省大剧院、省少儿图书馆、昙石山遗址博物馆等,面积和数量都有大幅度增长,但总量和人均数与一些排名前列的省市自治区相比仍有不小差距,总体上还是处于一种供不应求的状态。这就要求无论在规模和类型上都要继续加强文化机构建设,尤其重要的是,数量的增长必须以服务效能的提高为前提,如何使一些效能低下、乏人问津的博物馆、艺术馆等文化设施焕发活力也是公共文化机构建设的重要内容,只有这样才能使公共文化服务最大限度地惠及普通老百姓。

3. 推进公共文化队伍建设,使更多的高素质人才参与到公共文化事业中

正如数据所显示的,无论是总量或人均,福建省的公共文化队伍评测指数都是较低的,因此,强化公共文化队伍的建设力度就是一件极为迫切的工作。其中应该包括,提高从业人员的工资待遇,理顺编制、职称、工资、福利等方面的关系,稳定基层文化队伍,同时,积极吸纳优秀人才加入公共文化队伍,为公共文化事业的持续推进提供人才条件。近年推出的"村级文化协管员建设"项目无疑是一项有意义的举措。

4. 扩大文化服务的品牌效应,使之惠及各阶层民众

优质、高效的公共文化服务体系必然拥有若干具备影响力的文化品牌,后者应该具有较强的渗透力和号召力,能够兼顾到来自各阶层民众的不同文化需求。艺术扶贫工程、省图书馆"东南周末讲坛"、福州"激情广场大家唱"等项目已经成为近几年公共文化建设中颇具影响力的品牌。在此基础上,除了进一步扩大已有的品牌效应之外,还可以继续推出"东南大舞台"、"东南艺术节"等,让包括地方戏、民间曲艺、流行音乐在内的各种文艺形式借助一种固定的文化表现机制来服务民众的生活。文化产品的丰富、文化活动的多元与文化享受的提高必然会加大文化产出,从而也将大幅提升公共文化服务的投入产出绩效。

第二十章 2013年江西省公共文化服务分析报告

江西省近年来积极贯彻党的十八大确立的社会主义文化强国战略，将满足人民群众的文化需求、保障文化权益作为文化工作的基本落脚点，将提升文化生活质量作为民生改善工程的重要内容。在此原则指导下，江西省致力于构建完善的公共文化服务体系，积极推动文化基础设施建设，发展文化队伍，普及文化活动，在各方面都取得了较好的成绩。但通过对公共文化服务各项评测数据的分析可以发现，江西省在公共文化服务发展过程中仍然存在不少问题或"短板"，从而制约了整个公共文化事业的进步，亟须改进和完善。

一、进步与成就

江西省2013年的公共文化服务总量与人均的全国排名分别是第十七位、第十六位，皆处于中游的位次，在公共文化服务建设上所取得的进步和成绩主要表现在公共文化产品、公共文化活动及公共文化队伍这几个方面。

1. 文化生产能力进一步增强，文化产品指数持续提高

公共文化产品是指公共文化机构、文化单位生产的、以满足公众文化精神需求为根本目的的产品和服务，包括非营利的公益性文化产品和带有营利性质的准公益性文化产品。文化产品总量排前五位的是：江苏省（86.02分）、广东省（79.48分）、上海市（79.24分）、山东省（75.79分）、四川省（74.47分），居后五位的是：贵州省（41.21分）、青海省(31.12分)、宁夏回族自治区(30.37分)、海南省(30.01分)、西藏自治区(26.50分)。江西省排名第二十位,为56.08分,虽然与第一名差距很大,但分数相比上一年(49.70分)有较大提高。从人均来看,居前五位的是:上海市(86.11分)、新疆维吾尔自治区(68.00分)、吉林省(67.85分)、天津市(67.22分)、北京市(66.05分),居后五位的是:湖南省(44.38分)、河北省(41.44分)、安徽省(40.46分)、贵州省(38.81分)、河南省(37.90分)。江西省以46.90分排在第二十二位,与2012年(38.42分)相比,进步趋势明显。

2. 公共文化活动的频次和规模提升较快,排名上升显著

本指数的公共文化活动主要是指:公共图书馆举办展览数、参观展览人次、图书馆组织各类讲座次数、参加讲座人次、群众文化机构组织文艺活动次数,等等。文化活动总量全国排名第一至第五位的依次是:广东省(92.58分)、江苏省(81.39分)、山东省(79.95分)、浙江省(79.25分)、四川省(74.25分),居后五位的是:天津市(33.87分)、海南省(22.43分)、青海省(20.48分)、宁夏回族自治区(20.42分)、西藏自治区(12.39分)。江西省排在第十六名,为55.25分,分数同比2012年(48.88分)有较大提高,排名上升了两位。人均方面,全国排名第一至第五位的是:上海市(92.90分)、北京市(84.72分)、新疆维吾尔自治区(80.31分)、浙江省(75.39分)、福建省(67.15分),居后五位的是:河南省(48.96分)、安徽省(47.78分)、河北省(47.6分)、海南省(46.51分)、西藏自治区(41.62分)。江西省列第十七位,得分为57.08分,分数比上一年(52.23分)有微幅增长,但排名前进了五位,进步较快。

3. 公共文化队伍建设保持稳定的进步态势,指数排名略有上升

文化队伍总量居全国前五名的是:河南省(89.52分)、山东省(89.06分)、广东省(80.28分)、浙江省(79.78分)、陕西省(78.99分),排名后五位的是:天津市(40.46分)、西藏自治区(37.58分)、宁夏回族自治区(31.23分)、青海省(26.95分)、海南省(25.84分)。江西省居第十六位,分数是60.81分,排名比2012年上升了一位。人均排前五位的是:上海市(85.05分)、陕西省(81.87分)、西藏自治区(75.44分)、内蒙古自治区(75.39分)、甘肃省(72.98分)。排后五位的是:安徽省(52.22分)、湖南省(51.57分)、广西壮族自治区(51.53分)、海南

(50.35分)、广东省(49.24分)。江西省排第十九名,得57.47分,排名比上一年前进了两位。

二、问题与不足

从评测数据可知,江西省公共文化服务发展的总体水平处于全国中游的位次,这与其经济总量、人口规模在全国的排名基本一致,但就自身的发展状况来说,仍未达到能够完全满足民众文化需求的应有层次,还存在较大的改进空间。概括来说,主要存在如下问题。

1. 财政投入不足,经费保障薄弱

公共文化投入总量居全国第一至第五位的是:广东省(97.23分)、浙江省(95.39分)、上海市(88.65分)、江苏省(80.76分)、四川省(73.02分),人均投入全国排名前五位的依次是:上海市(98.65分)、浙江省(75.92分)、北京市(75.07分)、内蒙古自治区(66.72分)、天津市(66.68分)。江西省文化投入的总量和人均排名分别是倒数第五(44.31分)和倒数第三位(38.78分)。另外,2013年的"文化事业费占财政支出比重"是0.27%,"人均文化事业费"为17.71元,两项都远远低于全国平均水平(0.40%,44.60元)。上述表明,不管是与其他省市还是全国平均水平相比,江西省在文化投入上的力度相当薄弱,财政支持不足,不能为公共文化发展提供稳定的经费保障。

2. 公共文化机构发展缓慢,人均享有水平不高

公共文化机构总量排第一至第五位的是:四川省(85.87分)、河南省(81.63分)、江苏省(77.27分)、河北省(73.33分)、山东省(73.09分),排名后五位的是:北京市(39.97分)、青海省(37.15分)、天津市(31.34分)、宁夏回族自治区(28.59分)、海南省(26.64分)。江西省处全国中游水平,以62.36分排名第十四位,与四川省相差23.51分。人均排名前五位的是:西藏自治区(96.72分)、青海省(60.10分)、北京市(50.78分)、浙江省(49.64分)、新疆维吾尔自治区(49.54分),居后五位的是:吉林省(36.58分)、湖北省(34.27分)、广西壮族自治区(33.68分)、山东省(32.69分)、广东省(31.02分)。江西省得40.33分,居全国第十七位,分数比2012年的47.14分有较大幅度下降。从数据来看,江西省现有的公共文化设施还无法有效满足民众的文化需求,且在文化机构的建设进度上比较缓慢,未能与当代多元化、快节奏、高品质的文化发展进程很好地协调起来。

3. 文化生产能力不足,文化产品的总量和人均落后

2013年公共文化产品的总量和人均指数比上一年有较大增长,但从绝对数值及与其他省市自治区的对比中可以发现,江西省公共文化产品的生产能力和生产规模还是相当有限的。在评测公共文化产品的12项二级指标中,有8项低于全国平均数。可见,当前的公共文化产品数量与民众在文化消费方面的高需求是不相适应的,这就需要千方百计地提高文化生产力,扩大产业规模,建立高质、高效的文化生产体系。

三、对策与建议

1. 加大财政投入,建立文化服务发展专项资金

政府职能部门首先要制定关于公共文化服务发展的中长远目标,根据每一阶段的建设需求提供有力的财政支持。为给予充分的经费保障,可以建立公共文化发展专项资金,用于文化机构建设、人员培训、活动策划、工作奖励等各种公共文化方面。

2. 发展公共文化机构的规模,提高现有文化设施的运行效率

在文化机构的建设上,政府必须统筹规划,合理布局,以构建覆盖城乡、功能齐全、类型多元的文化机构网络为目标,以提供优质、便利的文化服务为基本落脚点,继续兴建一批高品质、高标准的博物馆、公共图书馆、艺术场馆等。而在乡、镇、村等基层单位,则要注重文化站、文化活动室、群众艺术馆等文化设施的建设,形成"星罗棋布"的格局。另一方面,要提升现有文化机构的运行活力和工作效率,大力推进数字化、信息化建设,借助现代化的媒体技术和传播方式实践文化惠民工程。

3. 提高文化生产力,推动精品化生产

公共文化生产体系首先要提供充足的文化产品,也就是要在量上填饱民众的胃口,因此,必须努力提高文化生产效率,增强产品的输出能力。吃饱之后必然要吃好,这就对文化生产的精品化提出了要求。文化生产者必须建立文化精品意识,努力打造一批既具艺术价值又有市场效益的文化产品。江西省自古有"文章节义之邦"的美誉,拥有丰富的文化资源。在文化生产中要积极开发、转化、创新本地的文化资源,充分吸取具有地方特色的传统文化和民间文化的养料,为民众提供喜闻乐见的文化产品。

第二十一章 2013年山东省公共文化服务分析报告

构建一个覆盖全省的公共文化服务体系,是山东省建设经济文化强省的重要组成部分。自党的十七届六中全会以来,山东省对公共文化服务倾注了大量的财力人力,取得了良好的效果。2009年至2013年底,山东省各级投入249亿元用于公共文化服务设施改造提升,其中县级以下投入达133亿元。截至2013年12月,山东省建成行政村文化大院6.9万多个,初步实现了基本覆盖的目标。此外,2013年落实资金2500万元,对全省1万个农村文化大院进行了优化升级。同时,扩大"三馆一站"免费开放服务范围,全省"三馆一站"共新增服务项目1880个,服务群众2760万人次。通过推进基层公共文化辅导工程,2013年山东省有1.8万多名乡村文艺骨干获得免费培训。但与此同时,山东省地域广,地区差别大,人口众多(近9600万)也是不争的事实。与上海市、浙江省、广东省、江苏省等沿海发达省市相比,山东省的公共文化服务网络还不够严密厚实,建成一个地区之间、城乡之间均等的文化服务网络所面临的担子还很重。

一、进步与成就

2013年,在全国31省市自治区中,山东省公共文化服务总量综合指数位列全国第四名。从绝对数量上来衡量,山东省是不折不扣的公共文化服务大省。

财政拨款方面,2013年,山东省文化事业费占财政支出的比重为

0.35%，人均21.36元。其中对公共图书馆拨款为3亿2611万元，向群众文化机构拨款5亿6024万元，向文物科研机构拨款3701万元。山东省在公共文化服务方面的财政投入占比和人均数皆未达到全国平均水平。

公共文化机构方面，2013年，该省有博物馆178家，公共图书馆150个，群众文化机构1979个，文化馆140个，文化站1821个，艺术表演团体303家，艺术表演场馆103个，出版发行机构7127家，国有书店及国有发行点520处，文物业机构296个。比照其他省份同类数据，山东省的文化机构在全国位居上游，综合指数列全国第五位。

山东省公共文化产品方面的情况与公共文化机构大致类似，有线广播电视用户1835.40万户，占家庭总户数61.42%；出版图书11654种，出版期刊269种、报纸87种；出版的少儿读物和课本分别为918种和1543种；动漫企业原创动画作品22部；全国文化产业示范基地园区及产业示范基地获得著作权、发明专利共518项。山东省在有线广播电视、图书出版等各项数据上并不突出，但鉴于地域和人口的体量较大，山东省在公共文化产品总量上的综合指数在全国也名列前茅，排在第四位。

公共文化活动方面，山东省全年共举办公共图书展览818个，参观人数99.59万人次；公共图书馆组织的各类讲座2525次，参加讲座达49.75万人次；博物馆基本陈列735个，举办展览940个；群众文化机构组织的文艺活动42095次，举办的培训班22633次，共培训190.5万人次。山东省在公共文化活动上的供给总量相当可观，各项数据与相邻的江苏省大体相当，在综合指数排行上两者分列第二和第三位，有所差别的是，群众的参与度山东省比不上江苏省。

公共文化队伍的情况是，山东省博物馆从业人员4353人，其中有专业技术人才1986人；公共图书馆从业人员2647人；群众艺术馆从业人员645人；文化馆和文化站从业人员分别为2388人和4987人；文物从业人员9468人，其中专业技术人才3798人；文物保护管理机构从业人员3644人，其中专业技术人才1190人；艺术表演团体从业人员8417人，含专业技术人才6210人；群众文化机构从业人员8020人。山东省公共文化队伍较为庞大，尤其是艺术表演和文物保护方面的从业人员及包含的专业技术人员,数量较大多数省份都要多,因此,其公共文化队伍总量综合指数高居全国第三位。

公共文化享受方面,山东省全年前往公共图书馆共 2 035 万人次;人均拥有公共图书馆藏书 0.44 册;累计发放借书证 13 811 603 张;每万人公共图书馆建筑面积 57.6 平方米;每万人拥有群众文化设施建筑面积 236.9 平方米;艺术表演团体演出观众 1 782 万人次;艺术表演场所观众 176 万人次;文物参观 5 382.18 万人次;博物馆参观 3 843.28 万人次。数据反映,山东省公共文化服务硬件设施供给总量大,人均享有处于中等偏上水平。群众观看艺术表演较为积极,但对公共图书馆和博物馆的热情则不是很高。

通过上述的现状叙述与分析,2013 年山东省公共文化服务所取得的进步与成绩主要体现在发展完善和创新发展两方面。

1. 狠抓建设与完善

从 2013 年公共文化服务现状来看,山东省在网络设施建设和文化产品供给上,已形成了覆盖城乡的五级公共文化服务网络。省、市有公共图书馆、艺术馆、博物馆,县有图书馆、文化馆,乡镇有综合文化站,村和社区有文化活动室或文化大院。

2013 年,山东省不断加大资金投入力度,一批大型公共文化服务工程上马,陆续启动了省美术馆新馆、省艺术馆改造、省文化艺术之家建设,一批市、县综合性文化中心及图书馆、文化馆、博物馆、乡村小广场相继开工,有 15 个市级图书馆、艺术馆,以及 69 个县级图书馆、文化馆新建或改建。

与此同时,2013 年山东省大力推进国家级和省级公共文化示范区建设,5 个区市、17 个县(市、区)被命名为"山东省公共文化服务体系示范区",27 个项目被命名为"山东省公共文化服务示范项目"。山东省财政通过以奖代补的方式,对这些示范区和示范项目予以扶持。

2. 创新高效发展

近年来,山东省在发展公共文化服务中,政策、资金投入使用、内容配送、人员队伍招录考核等方面都有很多创新,如建立文化事业单位理事会制度;在队伍建设上开展文化从业资格考核和认证,把公共文化服务人员的业务考核和资格认证纳入工作范围;县、乡两级通过吸收志愿者建立群众文化辅导团,面向群众开展辅导、培训、咨询等公共文化服务活动,等等。正是这些创新性的政策举措,山东省公共文化服务建设保持着很高的投入与产出绩效比,2013年名列全国第二位。

二、问题与不足

1. 投入不高,人均拥有资源不多

山东省文化事业费在财政支出中的占比,目前尚未达到全国平均的0.4%,人均文化事业费还不到全国平均(44.60元/人)的一半。因此,山东省公共文化服务人均各项指标排名与总量排名正好形成相对的两极,一个靠前,另一个靠后。其2013年人均综合指数排名如下:人均综合指数全国排名第二十五位,财政投入全国排名第二十六位,公共文化机构全国排名第三十位,公共文化活动全国排名第二十二位,公共文化队伍全国排名第二十一位。只有公共文化产品和公共文化享受位于中游水平,分列第十六和第十七位。

2. 形式单一,供需不均衡

山东省地区经济文化发展水平不平衡,公共文化服务建设也出现同样的问题,胶东半岛经济发达,文化基础好,公共文化服务开展得也好,而西南部欠发达地区,经济实力、地理环境和居民文化需求等各种因素,都掣肘着公共文化服务建设。尽管政府初步铺开了公共图书馆、乡镇文化站、农村小广场等基本网络设施,在内容配送上不断充实创新,但服务资源渠道均较为单一,管理难以跟上,群众参与热情不高。

三、对策与建议

制度性的创新和提高效率,固然能以比较少的资金办比较多的事情,但要真正跻身一流,"技巧"只是其中的一方面,"实力"才是决定性的,也就是硬性的投入才能保证基础性的公共文化服务有质的保证。山东省在这方面的投入不可谓不大,但山东省的人口基数也大,人均文化事业费显然不够理想。2013年,与"十二五"开局之年相比,

山东省财政投入力度有所减缓,其公共文化投入总量进步指数排名,从上一年的第十五位降到第十八位,投入力度有所减弱。"功在当代,利在千秋",文化建设是一项长期的基础工程,关系到人民群众文化和思想水平的提升,也关系到一个地方长远的社会发展。齐鲁大地历史悠久,气象开阔。今天的山东省,要实现经济文化的繁荣,要做到民生的切实改善提升,须有长久的规划计算,开阔的思维视野,对惠及大众的文化工程予以更大手笔的投入。

第二十二章 2013年河南省公共文化服务分析报告

作为中国传统地理概念中"中原"的主体，河南省在古代不仅是中国政治经济中心，也是中华文化主导性思想的发源地。作为文化资源大省，河南省是中国古都数量最多最密集的地区，其境内的地下文物、馆藏文物和全国重点文物保护单位均居全国首位。居天地之中的地理优势和丰厚、悠久的历史文化蕴藏，使得河南省在公共文化服务多个综合指标方面优势突出。

一、进步与成就

通过河南省公共文化各项数据与其他省市自治区比较的情况，可以看出河南省2013年在公共文化服务方面的明显进步与突出成就。

1. 多项公共文化服务综合指标的排名与得分位居全国前列

（1）公共文化服务总量排名全国第五位。

在公共文化服务指数总量的排名和得分上，河南省位居全国第五位，为80.71分。排名在河南省之前的依次是：广东省（89.08分）、江苏省（86.76分）、浙江省（84.48分）、山东省（82.5分），本项排名的最后一位是海南省（50.04分）。

（2）公共文化机构总量全国排名第二位。

在公共文化机构总量的排名和得分上，河南省位居全国第二位，为81.63分，仅次于排名第一位的四川省（85.87分），本项排名的最后一位是海南省（26.64分）。

（3）公共文化产品总量全国排名第十一位。

在公共文化产品总量的排名和得分上，河南省位居全国第十一位，为66.52分。本项排名第一位的是江苏省（86.02分），排第二至第五位的依次是：广东省（79.48分）、上海市（79.24分）、山东省（75.79分）、四川省（74.47分），排名最后一位的是西藏自治区（26.5分）。

（4）公共文化活动总量排名第六位。

在公共文化活动总量的排名和得分上，河南省位居全国第六位，为71.91分。本项排名在河南省之前的依次是广东省（92.58分）、江苏省（81.39分）、山东省（79.95分）、浙江省（79.25分）、四川省（74.25分），排名最后一位的是西藏自治区（12.39分）。

（5）公共文化队伍总量排名第一位。

河南省在本项排名居首，得分为89.52分，排名第二至第五位的依次是：山东省（89.06分）、广东省（80.28分）、浙江省（79.78分）、陕西省（78.99分），排名最后一位的是海南省（25.84分）。

（6）公共文化享受总量排名第五位。

在公共文化享受总量的排名和得分上，河南省位居全国第五位，为88.71分，本项排名第一位的是广东省（96.94分），排名第二至第四位的依次是：江苏省（95.53分）、浙江省（93.8分）、山东省（90.31分），排名最后一位的是西藏自治区（78.3分）。

（7）公共文化服务投入与产出绩效排名第一位，人均排名第四位

河南省在本项排名居首，得分为53.595 976 79分，百分制得分64.39。公共文化服务投入与产出绩效（总量）理想最大值是129.289 161 7分，百分制得分理想最大值是100分。排第二至第五位的依次是：山东省（53.405 274 44分）、江苏省（52.780 142 60分）、河北省（52.244 055 51分）、湖北省（51.714 417 15分），排名最后一位的是内蒙古自治区（38.260 666 37分）。

在人均方面，河南省位居全国第四位，为63.075 589 45分，百分制得分为72.08。排名在河南省之前的依次是：江西省（65.381 235 35分）、河北省（64.591 385 86分）、湖北省（63.090 865 62分），本项排名的最后一位是海南省（47.098 787 85分）。公共文化服务投入与产出绩效（人均）理想最大值是121.390 289 0分，百分制得分理想最大值是100分。

2. 亮点与优势

根据研究的结果,在全国31个省市自治区中,河南省在公共文化服务总量、公共文化机构总量、公共文化队伍总量、公共文化享受总量等多项指数上均名列全国前五位,明显高于其他省市自治区;尤其是在公共文化服务投入与产出绩效(总量)一项上位居第一,人均方面也排到全国第四位,相当可喜。按照投入与产出绩效比的计算公式[(公共文化产品+公共文化活动+公共文化享受)÷公共文化投入],河南省的公共文化投入并不高,人均文化事业费为15.99元,较全国平均数44.60元低了28.61元,比第一名上海市的120.65元低了104.66元。就是在这种低投入的情况下,由于公共文化产品、公共文化活动和公共文化享受总量都排在全国的前十位之内,分母小,分子大,所以除出来的商就大,也就是说,河南省投入的钱虽然不多,但产出的公共文化产品的"性价比"却是全国最高的。

二、问题与不足

尽管河南省2013年在公共文化服务事业上成绩突出,但其问题与不足也非常明显,特别是在人均方面普遍落后,亟须引起重视、改进。

1. 公共文化服务综合指数人均全国排名与得分普遍过低

(1)公共文化服务人均全国排名第二十九位。

在人均方面,河南省位居全国第二十九位,为63.98分。排名第一位的上海市得分是90.89分,排名第二至第五位的依次是:北京市(79.64分)、浙江省(78.13分)、天津市(76.43分)、新疆维吾尔自治区(73.37分),排名后五位的依次是:湖南省(64.78分)、安徽省(63.99分)、河南省(63.98分)、河北省(63.42分)、贵州省(62.95分)。

(2)公共文化投入人均全国排名第三十位。

在人均方面,河南省位居全国第三十位,为36.83分。排名第一位的是上海市(98.65分),排名第二至第五位的依次是:浙江省(75.92分)、北京市(75.07分)、内蒙古自治区(66.72分)、天津市(66.68分),排名后五位的依次是:安徽省(40.08分)、湖南省(39.55分)、江西省(38.78分)、河南省(36.83分)、河北省(36.19分)。

（3）公共文化机构人均全国排名第二十位。

在人均方面，排名第一位的是西藏自治区（96.72分），排名后五位的依次是：吉林省（36.58分）、湖北省（34.27分）、广西壮族自治区（33.68分）、山东省（32.69分）、广东省（31.02分），河南省位居全国第二十位，为39.29分。

（4）公共文化产品人均全国排名第三十一位。

河南省在本项全国排名中垫底，位居全国第三十一位，为37.9分。排第一位的是上海市（86.11分），排第二至第五位的依次是：新疆维吾尔自治区（68分）、吉林省（67.85分）、天津市（67.22分）、北京市（66.05分）。

（5）公共文化活动人均全国排名第二十七位。

河南省在本项全国排名中位居第二十七位，为48.96分。排名第一位的是上海市（92.9分），排第二至第五位的依次是：北京市（84.72分）、新疆维吾尔自治区（80.31分）、浙江省（75.39分）、福建省（67.15分），排名后五位的依次是：河南省（48.96分）、安徽省（47.78分）、河北省（47.6分）、海南省（46.51分）、西藏自治区（41.62分）。

（6）公共文化队伍人均全国排名第二十位。

河南省在本项全国排名中位居第二十名，为56.62分，排名第一位的是上海市（85.05分），排名第二至第五位的依次是：陕西省（81.87分）、西藏自治区（75.44分）、内蒙古自治区（75.39分）、甘肃省（72.98分），排名后五位的依次是：安徽省（52.22分）、湖南省（51.57分）、广西壮族自治区（51.53分）、海南省（50.35分）、广东省（49.24分）。

（7）公共文化享受人均全国排名第二十四位。

河南省在本项全国排名中位居第二十四位，为87.64分，排名第一位的是上海市（98.52分），排名第二至第五位的依次是：浙江省（94.83分）、天津市（94.08分）、江苏省（93.17分）、北京市（92.64分），排名后五位的依次是：青海省（87.44分）、安徽省（87.29分）、云南省（87分）、西藏自治区（86.6分）、贵州省（83.89分）。

2. "短板"与缺口

河南省在公共文化服务六个（人均）指标方面排名均在后十位行列，公共文化服务、公共文化投入、公共文化产品三项的人均排名甚至低至垫底,分别是第二十九位、第三十位、第三十一位,这是2013年河南省公共文化服务方面非常大的"短板",说明与其他省市自治区的进步相比,河南省的人均享受的公共文化服务内容存在很大的缺口。根据国家统计局发布的《2010年第六次全国人口普查主要数据公报》,河南省的常住人口并不是全国最多的,第一的广东省、第二的山东省其常住人口都已经超过河南省。为何河南省反而在公共文化服务、公共文化投入和公共文化产品这三项人均上排名垫底?说明广东省、山东省虽然人口更多,但在总量上得分也高,而河南省在人口较多的情况下,总量上没能相匹配。特别是在公共文化的财政投入和公共文化产品的数量上存在严重不足。这种状况和河南省作为一个具有厚重、悠久历史文明积淀的文化大省形象是不相称的。

三、对策与建议

1. 进一步增加公共文化服务、公共文化投入和公共文化产品的总量,大力提高人均水平

在这三项中,关键是对公共文化的财政投入的提高。2013年,人口大省广东省的文化事业费占财政支出的比重为0.50%,人均文化事业费为36.30元,山东省的文化事业费占财政支出的比重为0.35%,人均文化事业费为21.36元,都要高于同样是人口大省的河南省。河南省该年的文化事业费占财政支出的比重是0.29%,仅仅比西藏自治区、河北省、江西省、辽宁省、安徽省、湖南省略高一二;河南省该年的人均文化事业费为15.99元,除了安徽省、河北省,在全国是最少的。

而公共文化产品主要指公共文化机构、文化单位以提供公益性(包括准公益性)或生产满足公众提升文化素养的产品。河南省在公共文化产品人均数上排名垫底,说明河南省公共文化机构、文化单位所提供或生产的公共文化产品的数量仍然严重不足,需要采取激励措施增加产出。

2. 发挥公共文化机构、公共文化活动、公共文化队伍总量大,在全国名列前茅的优势,挖掘潜力,提高效能,多出作品,多出精品,惠及群众

河南省在公共文化机构、公共文化活动和公共文化队伍方面的优势,特别类似于邻近的兄弟省份河北省,表现为公共文化服务事业的"硬件"特别强,而"软件"的改善与开发相对欠缺。实际上河南省人口虽然多,但人才也较多,各级政府相关部门应该充分认识到公共文化服务事业的重要性,重视文化生产力,全局规划,合理布局,统一管理,制定有利于文化发展、文化创新的好政策、好机制,激发公共文化机构和公共文化队伍的创造活力,广泛调动群众参与文化创造的积极性,推动河南省厚重、悠久的历史文化积淀融入到新的文化发展中来。

第二十三章 2013年湖北省公共文化服务分析报告

作为楚文化的发祥地和中国近现代革命的重要策源地之一,湖北省是全国著名的"文物大省"和教育大省,其境内的历史文物和革命文物十分丰富,而且,湖北省属于全国教育发达地区,其科教文化实力位居全国前列,是国家"中部崛起"战略的支点和中心。这些优越的资源与条件,为湖北省的公共文化服务事业提供了充足的基础。2013年,湖北省在公共文化服务多个综合指标方面表现优良,值得肯定。

一、进步与成就

通过湖北省公共文化各项指数与其他省市自治区比较的情况,可以看出湖北省2013年在公共文化服务的明显进步与成就。

1. 公共文化服务综合指标有六项排名与得分进入全国前十名

(1)公共文化服务总量全国排名第九位。

在公共文化服务指数总量的排名和得分上,湖北省位居全国第九位,为72.92分。本项指标总量排名第一位的是广东省(89.08分),排名第二至第五位的依次是:江苏省(86.76分)、浙江省(84.48分)、山东省(82.5分)、河南省(80.71分),排名最后一位的是海南省(50.04分)。

(2)公共文化产品总量全国排名第六位。

在公共文化产品总量的排名和得分上,湖北省位居全国第六位,为71.57分。本项指标总量排第一位的是江苏省(86.02分),排第二至第五位的依次是:广东省(79.48分)、上海市(79.24分)、山东省(75.79

分)、四川省(74.47分),排最后一位的是西藏自治区(26.5分)。

(3)公共文化活动总量排名第十位。

在公共文化活动总量的排名和得分上,湖北省位居全国第十位,为60.71分。本项指标总量排名第一位的是广东省(92.58分),排名第二至第五位的依次是:江苏省(81.39分)、山东省(79.95分)、浙江省(79.25分)、四川省(74.25分),排名最后一位的是西藏自治区(12.39分)。

(4)公共文化队伍总量全国排名第九位。

在公共文化队伍总量的排名和得分上,湖北省位居全国第九位,为70.23分。本项指标总量排名第一位的是河南省(89.52分),排名第二至第五位的依次是:山东省(89.06分)、广东省(80.28分)、浙江省(79.78分)、陕西省(78.99分),排名最后一位的是海南省(25.84分)。

(5)公共文化享受总量全国排名第八位,人均排名全国第十位。

在公共文化享受指数总量的排名和得分上,湖北省位居全国第八位,为87.69分。本项指标总量排名第一位的是广东省(96.94分),排名第二至第五位的依次是:江苏省(95.53分)、浙江省(93.8分)、山东省(90.31分)、河南省(88.71分),排名最后一位的是西藏自治区(78.3分)。

(6)公共文化服务投入与产出绩效指数全国排名第五位,人均全国排名第三位。

在公共文化服务投入与产出绩效总量的排名和得分上,湖北省位居全国第五位,为51.714 417 15分,百分制得分63.24。排名在湖北省之前的依次是:河南省(53.595 976 79分)、山东省(53.405 274 44分)、江苏省(52.780 142 60分)、河北省(52.244 055 51分),排最后一位的是内蒙古自治区(38.260 666 37分)。公共文化服务投入与产出绩效(总量)理想最大值是129.289 161 7分,百分制得分理想最大值是100分。

在人均方面,湖北省位居全国第三名,为63.090 865 62分,百分制得分72.09。排名第一位的是江西省(65.381 235 35分),排名第二位是河北省(64.591 385 86分)。公共文化服务投入与产出绩效(人均)理想最大值是121.390 289 0分,百分制得分理想最大值是100分。

2. 亮点与优势

根据研究的结果,在全国31个省市自治区中,湖北省在公共文化服务总量、公共文化产品总量、公共文化活动总量、公共文化队伍总量、公共文化享受总量等五项指数上均排名全国前十位,高于很多省市自治区;尤其是在公共文化服务投入与产出绩效(总量)一项上位居全国第五位,人均方面排到第三位,成绩喜人。按照投入与产出绩效比的计算公式,湖北省的公共文化投入并不高,总量排名全国第十一位,人均排名居全国第二十二位;2013年,湖北省的人均文化事业费为24.00元,较全国平均数44.60元低了20.60元,比第一名上海市的120.65元低了96.65元。

就是在这种低投入的情况下,由于公共文化产品、公共文化活动和公共文化享受总量都排在全国的前十位之内,分母小,分子大,所以除出来的商就大,也就是说,湖北省在这方面投入的资金虽然不多,但产出的公共文化产品的"性价比"在全国却是较高的。

另外,在2013年公共文化服务综合进步数据上,湖北省从2012年的全国第二十五名上升到第二十三名,公共文化机构进步排名从2012年的全国第二十八名上升到第十五名,公共文化享受从2012年的全国第二十九名上升到第十三名,说明湖北省在2013年公共文化事业上已经有所进步。

二、问题与不足

尽管成绩突出,但湖北省在公共文化发展方面的退步与不足也是很明显的。

1. 公共文化服务人均全国排名第十九位

公共文化服务人均方面,湖北省位居全国第十九位,为67.79分。排名第一位的是上海市(90.89分),排第二至第五位的依次是:北京市(79.64分)、浙江省(78.13分)、天津市(76.43分)、新疆维吾尔自治区(73.37分),排最后一位的是贵州省(62.95分)。

(1)公共文化投入人均排名第二十二位。

在本项指标人均方面,湖北省位居全国第二十二位,为44.31分。排名第一位的是上海市(98.65分),排第二至第五位的依次是:浙江省(75.92分)、北京市(75.07分)、内蒙古自治区(66.72分)、天津市(66.68分),排名最后一位的是河北省(36.19分)。

（2）公共文化机构人均全国排名第二十八位。

在本项指标人均方面，湖北省位居全国第二十八位，为34.27分。排名第一位的是西藏自治区（96.72分），排名第二至第五位的依次是：青海省（60.1分）、北京市（50.78分）、浙江省（49.64分）、新疆维吾尔自治区（49.54分），排名最后一位的是广东省（31.02分）。

（3）公共文化活动人均全国排名第二十位。

在本项指标人均方面，湖北省位居全国第二十位，为54.99分。排名第一位的是上海市（92.9分），排名第二至第五位的依次是：北京市（84.72分）、新疆维吾尔自治区（80.31分）、浙江省（75.39分）、福建省（67.15分），排名最后一位的是西藏自治区（41.62分）。

（4）公共文化队伍人均排名第十八位。

在本项指标人均方面，湖北省位居全国第十八位，为58.03分。排名第一位的是上海市（85.05分），排名第二至第五位的依次是：陕西省（81.87分）、西藏自治区（75.44分）、内蒙古自治区（75.39分）、甘肃省（72.98分），排后最后一位的是广东省（49.24分）。

2. "短板"与缺口

有史以来，湖北省在中国的人文地理中一直享有九省通衢、华中中心的优势。但是在2013年，湖北省的公共文化服务综合指数人均排名全国第十九位、公共文化投入人均全国排名第二十二位、公共文化机构人均全国排名第二十八位、公共文化活动人均全国排名第二十位，显然与此大不相称。湖北省2013年在公共文化投入方面较低（文化事业费占财政支出比重为0.34%，低于全国平均数的0.40%），在公共文化活动的某些方面较少（群众文化机构组织文艺活动次数19 638次，低于全国平均数的22 209.10次，群众文化机构举办训练班次9 881，低于全国平均数的12 490.35班次，群众文化机构培训人次83.8万人次，低于全国平均数的88.70万人次），而更明显的不足体现在公共文化机构方面，2013年，湖北省群众文化机构数为1 379个，低于全国平均数的1 415.35个，文化站机构数1 261个，低于全国平均数的1 308.87个，艺术表演团体机构数226个，低于全国平均数的235.61个，艺术表演场馆机构数66个，低于全国平均数的76.03个，出版物发行机构数4 933处，低于全国平均数的5 564.58处，国有书店及国有发行点 236 处，低于全国平均数的 303.23 处，文物保护管理机构数 42 个，低于全国平均数的 87.26 个。

对照 2012 年的情况，与其他省市自治区的进步相比，湖北省 2013 年在公共文化服务的诸多方面反而在继续退步。

三、对策与建议

第一，进一步增加公共文化发展各项指标方面的总量，大力提高人均水平，尤其是在公共文化服务、公共文化投入、公共文化机构和公共文化活动等比较薄弱的方面。

在上述四项指数排名上，湖北省的表现均很落后。改变这些问题的关键首先在于加大对公共文化财政的投入，加大文化事业费在全省财政支出中的比重，至少要超过全国的平均数。然后，进一步提高公共文化服务投入与产出的绩效，提高公共文化服务的人均量。

另外，应该并采取科学的奖惩制度，激发现有公共文化机构组织公共文化活动的积极性、主动性，增加举办文艺活动、训练以及各类培训班等公共文化活动的次数与质量，使得广大群众享受到更充分的公共文化生活。

第二，发挥在公共文化服务、公共文化产品、公共文化活动、公共文化队伍、公共文化享受等方面总量大、绩效高的优势，联合高校、企事业单位及其他民间组织，吸收利用各种资金和形式增加群众文化机构、文化站点、艺术表演团体、艺术表演场馆、出版物发行机构、国有书店及国有发行点、文物保护管理机构等公共文化机构的数量和规模。

从历史文化资源和地理位置的优越性来说，湖北省既有名闻遐迩的丰富的山水名胜与文物古迹，又有九省通衢、水陆空交通枢纽的得天独厚的"地利"，而对于公共文化服务事业尤为利好的是，湖北省的高校资源极为丰富，人才储备极为可观，仅以高等教育为例，湖北省境内的国家重点院校数目位居全国第三，而研究生教育水平国内排名第四，仅次于作为全国政治文化与经济中心的北京市、上海市两大直辖市和中国经济文化最发达的东部地区江苏省。所以，只要湖北省各级政府重视公共文化事业，利用本省公共文化服务综合指数总量大的优势,充分挖掘、利用和合理调配现有文化、教育资源,增加公共文化机构的数量,吸引更多人才投身公共文化服务事业,使其发挥更大作用,湖北省的公共文化发展应该能够很快进入全国先进行列。

第二十四章 2013年湖南省公共文化服务分析报告

在漫长的中华文明史上,湖南省虽然直至近代才开始对中国的历史进程产生重大影响,但其文教事业却自古发达,产生了独具特色的湖湘文化,非常讲究"经世致用";而湖南省又是中国少数民族聚居地之一,体现了民族与民间文化的丰富性与多样性的地方文化特色。近些年来,湖南省的文化创造力更直接地体现在以"湖南省电视现象"为标志的中国娱乐传媒的强势品牌地位。其中湖南卫视的收视率、到达率、观众忠诚度在国内首屈一指。正是有着文化产业等方面的良好基础,2013年湖南省在公共文化服务多个综合指标方面也有良好表现。

一、进步与成就

通过湖南省公共文化各项数据与其他省市自治区比较的情况,可以看出湖南省2013年在公共文化服务的明显进步与突出成就。

1. 多项公共文化服务综合指标的排名与得分排名靠近全国前十位

(1) 公共文化服务总量全国排名第十二位。

本项排名湖南省位居全国第十二位,为71.53分;排名第一位的是广东省(89.08分),排名第二至第五位的依次是:江苏省(86.76分)、浙江省(84.48分)、山东省(82.5分)、河南省(80.71分),排名后五位的依次是:天津市(57.24)、宁夏回族自治区(50.63分)、西藏自治区(50.47分)、青海省(50.19分)、海南省(50.04分)。

（2）公共文化机构总量全国排名第九位。

本项排名湖南省位居全国第九位，为68.89分。排名第一位的是四川省（85.87分），排第二至第五位的依次是：河南省（81.63分）、江苏省（77.27分）、河北省（73.33分）、山东省（73.09分），排名后五位的依次是：北京市（39.97分）、青海省（37.15分）、天津市（31.34分）、宁夏回族自治区（28.59分）、海南省（26.64分）。

（3）公共文化产品总量全国排名第十二位。

本项排名湖南省位居全国第十二位，为63.1分。总量排第一位的是江苏省（86.02分），排名第二至第五位的依次是：广东省（79.48分）、上海市（79.24分）、山东省（75.79分）、四川省（74.47分），排名后五位的依次是：贵州省（41.21分）、青海省（31.12分）、宁夏回族自治区（30.37分）、海南省（30.01分）、西藏自治区（26.5分）。

（4）公共文化活动总量全国排名第九位。

本项排名湖南省位居全国第九位，为60.81分。排名第一位的是广东省（92.58分），排名第二至第五位的依次是：江苏省（81.39分）、山东省（79.95分）、浙江省（79.25分）、四川省（74.25分），排名后五位的依次是：天津市（33.87分）、海南省（22.43分）、青海省（20.48分）、宁夏回族自治区（20.42分）、西藏自治区（12.39分）。

（5）公共文化队伍总量全国排名第十二位，人均排名第二十八位。

本项排名湖南省位居全国第十二位，为65.9分。排名第一位的是河南省（89.52分），排第二至第五位的依次是：山东省（89.06分）、广东省（80.28分）、浙江省（79.78分）、陕西省（78.99分），排名后五位的依次是：天津市（40.46分）、西藏自治区（37.58分）、宁夏回族自治区（31.23分）、青海省（26.95分）、海南省（25.84分）。

（6）公共文化享受总量全国排名第十位。

本项排名湖南省位居全国第十位，为86.7分。排名第一位的是广东省（96.94分），排名第二至第五位的依次是：江苏省（95.53分）、浙江省（93.8分）、山东省（90.31分）、河南省（88.71分），排名后五位的依次是：宁夏回族自治区（80.2分）、海南省（79.75分）、贵州省（79.4分）、青海省（79.22分）、西藏自治区（78.3分）。

（7）公共文化服务投入与产出绩效指数全国排名第七位，人均排名第八位。

本项排名湖南省位居全国第七位,为50.756 526 46分,百分制得分62.66分。总量排名第一位的是河南省(53.595 976 79分),排名第二至第五位的依次是:山东省(53.405 274 44分)、江苏省(52.780 142 60分)、河北省(52.244 055 51分)、湖北省(51.714 417 15分),排名后五位的依次是:贵州省(39.988 691 43分)、宁夏回族自治区(39.445 295 20分)、北京市(38.757 667 44分)、海南省(38.506 153 18分)、内蒙古自治区(38.260 666 37分)。公共文化服务投入与产出绩效数(总量)理想最大值是129.289 161 7分,百分制得分理想最大值是100分。

在人均方面,排名第一位的是江西省(65.381 235 35分),排名第二至第五位的依次是:河北省(64.591 385 86分)、湖北省(63.090 865 62分)、河南省(63.075 589 45分)、黑龙江省(62.797 839 65分),排名后五位的依次是:青海省(48.660 733 16分)、宁夏回族自治区(47.921 359 70分)、西藏自治区(47.725 246 73分)、内蒙古自治区(47.563 137 80分)、海南省(47.098 787 85分)。湖南省位居全国第八名,为62.364 433 72分,百分制得分71.68分。公共文化服务投入与产出绩效指数(人均)理想最大值是121.390 289 0分,百分制得分理想最大值是100分。

2. 亮点与优势

根据研究的结果,在全国31个省市自治区中,湖南省在公共文化活动总量、公共文化机构总量、公共文化享受总量等多项指数上名列前十位,高于很多省市自治区;其在公共文化服务投入与产出绩效指数(总量)一项上位居第七位,人均方面也排到第八位,也属较好成绩。按照投入与产出绩效比的计算公式,湖南省的公共文化投入不算高,人均文化事业费为19.12元,较全国平均数44.60元低了25.48元,比第一名上海市的120.65元低了101.53元。尽管投入如此之低,由于公共文化活动和公共文化享受总量都排在全国的前十位之内,分母小,分子大,所以除出来的商就大,湖南省公共文化产品的"性价比"在全国也还算差强人意。

二、问题与不足

但相比于已经取得的成绩,湖南省在公共文化发展方面的问题与不足更显得严重些。特别是在人均指数的排名方面普遍靠后,需要改善的空间很大。

1. 公共文化服务综合指标的人均排名与得分普遍过低

2013年,湖南省在公共文化发展七个(人均)指数方面排名均在全国后十名行列,其中公共文化服务、公共文化投入、公共文化产品、公共文化队伍四项的人均排名甚至低至最后五位之列。

(1)公共文化服务人均全国排名第二十七位。

在人均方面,湖南省公共文化服务排名位居全国第二十七位,为64.78分。排名第一位的是上海市(90.89分),排名第二至第五位的依次是:北京市(79.64分)、浙江省(78.13分)、天津市(76.43分)、新疆维吾尔自治区(73.37分),排名后五位的依次是:湖南省(64.78分)、安徽省(63.99分)、河南省(63.98分)、河北省(63.42分)、贵州省(62.95分)。

(2)公共文化投入人均全国排名第二十八位。

在公共文化投入人均方面,湖南省位居全国第二十八位,为39.55分。排名第一位的是上海市(98.65分),排名第二至第五位的依次是:浙江省(75.92分)、北京市(75.07分)、内蒙古自治区(66.72分)、天津市(66.68分),排后五位的依次是:安徽省(40.08分)、湖南省(39.55分)、江西省(38.78分)、河南省(36.83分)、河北省(36.19分)。

(3)公共文化机构人均全国排名第二十六位。

在公共文化机构人均方面,湖南省位居全国第二十六位,为36.83分。排名第一位的是西藏自治区(96.72分),排第二至第五位的依次是:青海省(60.1分)、北京市(50.78分)、浙江省(49.64分)、新疆维吾尔自治区(49.54分),排名后五位的依次是:吉林省(36.58分)、湖北省(34.27分)、广西壮族自治区(33.68分)、山东省(32.69分)、广东省(31.02分)。

(4)公共文化产品人均全国排名第二十七位。

在公共文化产品人均方面,湖南省位居全国第二十七位,为44.38分。排名第一位的是上海市(86.11分),排第二至第五位的依次是:新疆维吾尔自治区(68分)、吉林省(67.85分)、天津市(67.22分)、北京市(66.05分),排后五位的依次是:湖南省(44.38分)、河北省(41.44分)、安徽省(40.46分)、贵州省(38.81分)、河南省(37.9分)。

(5)公共文化活动人均全国排名第二十五位。

在公共文化活动人均方面,湖南省位居全国第二十五位,为52.64分。排名第一位的是上海市(92.9分),排名第二至第五位的依次是:北京市(84.72分)、新疆维吾尔自治区(80.31分)、浙江省(75.39分)、福建省(67.15分),排后五位的依次是:河南省(48.96分)、安徽省(47.78分)、河北省(47.6分)、海南省(46.51分)、西藏自治区(41.62分)。

(6)公共文化队伍人均全国排名第二十八位。

在公共文化队伍人均方面,湖南省位居全国第二十八位,为51.57分。排名第一位的是上海市(85.05分),排名第二至第五位的依次是:陕西省(81.87分)、西藏自治区(75.44分)、内蒙古自治区(75.39分)、甘肃省(72.98分),排名后五位的依次是:安徽省(52.22分)、湖南省(51.57分)、广西壮族自治区(51.53分)、海南省(50.35分)、广东省(49.24分)。

(7)公共文化享受人均全国排名第二十六位。

在公共文化享受人均方面,湖南省位居全国第二十六位,为87.51分。排名第一位的是上海市(98.52分),排名第二至第五位的依次是:浙江省(94.83分)、天津市(94.08分)、江苏省(93.17分)、北京市(92.64分),排名后五位的依次是:青海省(87.44分)、安徽省(87.29分)、云南省(87分)、西藏自治区(86.6分)、贵州省(83.89分)。

2. "短板"与缺口

与其他省市自治区的进步相比,2013年湖南省在公共文化服务方面进步不大。根据研究结果,湖南省2013年在公共文化投入进步等方面的排名相较于2012年普遍下滑,说明湖南省2013年在公共文化发展上有所退步。根据国家统计局发布的《2010年第六次全国人口普查主要数据公报》,湖南省全省总人口远低于广东省、山东省、河南省、四川省、江苏省等人口大省,为何公共文化发展各项数据排名上全面落后,在公共文化服务、公共文化投入、公共文化产品和公共文化队伍这四项人均数据上的排名甚至接近垫底?说明在公共文化的财政投入存在严重不足的同时,其他方面的总量也没有上去。广东省、江苏省等虽然人口更多,但在总量上得分也高,人均的排名就很靠前。

三、对策与建议

1. 大力增加公共文化投入的总量,全面提高各项指数的人均水平

和邻近的几个中原大省类似,湖南省因为2013年在公共文化投入方面很低(文化事业费占财政支出比重为0.28%,低于全国平均数的0.40%),直接导致了公共文化服务各项指数的落后甚至垫底。着眼于以后的发展,湖南省的当务之急就是加大公共文化的财政投入,提高文化事业费在全省财政支出中的比重,至少要超过全国的平均数。

2. 大力增加公共文化产品和公共文化队伍的总量和人均供给,切实提高湖南省人民对于公共文化服务的享受

2013年,在传统的公共文化产品如公共电视节目、有线广播电视、图书、期刊和少年儿童读物、电视剧供给方面,湖南省的指标基本都高于全国的平均数,但在动漫企业原创动画作品、全国文化产业示范基地(试验)园区和产业示范基地获得著作权、发明专利总数上却大大低于全国平均数,只接近于全国平均数的二分之一左右。显然在这几点上湖南省需要加强工作,增加数量与规模。

另外,湖南省在博物馆专业技术人才、文物专业技术人才、文物保护管理机构从业人员及专业技术人才、艺术表演团体从业人员及专业技术人才、分技术等级运动员发展人数、分等级教练员发展人数等公共文化队伍指数上也都全部低于全国平均数,需要尽快制定政策,增拨资金,广招人才,扩大队伍。

第二十五章 2013年广东省公共文化服务分析报告

广东省不仅是我国经济领域的排头兵，其公共文化服务的总体建设也一直处于全国前列。2012年1月1日颁布实施的《广东省公共文化服务促进条例》是我国第一部专门的公共文化服务地方性法规，它为广东省的公共文化服务发展提供了坚实的法律保障，明确了制度规划与总体要求，从而将公共文化服务发展引入科学的、法制化的发展轨道，同时也为其他省市提供了很好的借鉴。从相关数据来看，广东省该年的公共文化服务保持了稳步的发展势头，多项评测指标继2012年之后再次蝉联第一，但也依然存在一些问题，需要进一步改进和完善。

一、进步与成就

与全国其他省市自治区相比，广东省公共文化服务发展优势明显，总体水平处于全国前列，其公共文化服务总量排名继2012年之后再次在全国拔得头筹（89.08分）。

1. 公共文化投入总量全国最高

与2012年一样，广东省该项指标的全国排名依旧位居首席，分数高达97.23分。列第二至第四位的是：浙江省（95.39分）、上海市（88.65分）、江苏省（80.76分）、四川省（73.02分）。广东省文化事业费占财政支出比重是0.50%，远高于全国平均数（0.40%）。这些都充分说明，省及各级地方政府在文化投入上的力度是相当大的，能够在财政上较好地保障公共文化各项事业的发展。从人均上看,由于广东省庞大的人口数量,使得其该项指标得分落到了全国第九位(58.75分),但排名仍比上一年提升了一位。

2. 文化生产能力强劲,产品总量排名全国前列

公共文化产品是指公共文化机构、文化单位生产的,以满足公众文化精神需求为根本目的的产品和服务,包括非营利的公益性文化产品和带有营利性质的准公益性文化产品。总量排名前五位的是:江苏省(86.02分)、广东省(79.48分)、上海市(79.24分)、山东省(75.79分)、四川省(74.47分)。广东省的文化生产拥有良好的基础与格局,生产能力一直较为强劲,其得分和排名与上一年相比没有变化,继续处于全国领先位置。

3. 公共文化活动总量领跑全国

公共文化活动主要是指:公共图书馆举办展览数、参观展览人次、图书馆组织各类讲座次数、参加讲座人次、群众文化机构组织文艺活动次数,等等。继2012年之后,广东省在该项指数上依旧领跑全国,得分为92.58分。第二至第五位依次是:江苏省(81.39分)、山东省(79.95分)、浙江省(79.25分)、四川省(74.25分)。广东省是唯一在该项指数上超过90分的省份,比第二名的江苏省高出了11.19分。

4. 公共文化享受总量排名第一

公共文化享受是评价公共文化服务的基本性、均等性和便利性的重要指标,反映了民众在公共文化服务方面的"享受度"。全国各省市自治区在这一评测指数上的差异并不太大,可见发展水平比较均衡。广东省在总量上居首位(96.94分),说明民众的文化享有度总体上要高于全国其他省市。排名第二至第五位的分别是:江苏省(95.53分)、浙江省(93.8分)、山东省(90.31分)、河南省(88.71分)。

二、问题与不足

尽管2013年广东省公共文化服务事业保持了较好的发展态势,多项总量测评数据继续高居全国首位,但因为庞大的人口数量,导致人均相当落后,有两项数据更是连续两年垫底,不可避免地影响了公共文化服务质量。存在的问题与不足主要有以下两方面。

1. 公共文化机构的人均享有量过低,与文化大省不相称

公共文化机构的数量是反映公共文化服务发展水平的重要指标。总量排名第一至第五位的依次是:四川省(85.87分)、河南省(81.63分)、江苏省(77.27分)、河北省(73.33分)、山东省(73.09分)。广东省公共文化机构总量全国排名第七位(71.74分),与四川省相差14.13分。尽管位次较为靠前,但结合其作为经济大省、文化大省和人口大省这一事实来看,发展规模仍远远不足,而极低的人均享有量就更能说明问题。广东省公共文化机构的人均排名是倒数第一位(31.02分),在全国已连续两年垫底,这表明其发展后劲比较薄弱,值得深刻反思。

2. 公共文化队伍配置不足,人均量低下,影响了文化服务质量

公共文化队伍人均排前五位的是:上海市(85.05分)、陕西省(81.87分)、西藏自治区(75.44分)、内蒙古自治区(75.39分)、甘肃省(72.98分)。排名在后五位的是:安徽省(52.22分)、湖南省(51.57分)、广西壮族自治区(51.53分)、海南省(50.35分)、广东省(49.24分)。广东省公共文化队伍总量排名全国第三位,但人均直落末位。这种反差说明,现有文化队伍的人员数量还不能完全承担起整个省的公共文化服务工作,无法发挥文化服务体制的最大效能。当然,这里面还存在从业人员素质不高、专业技能低下的问题。如何建设一支在数量和质量上皆能满足文化事业发展需求的从业队伍,乃是当前广东省公共文化服务建设的重要任务之一。

三、对策与建议

1. 以《广东省公共文化服务促进条例》(简称《条例》)为标准和保障,审视公共文化服务发展现状,明确发展目标

《条例》是一部综合性的公共文化服务法规,它规定了政府在公共文化服务建设上的职能,民众的公共文化权利,以及对公共文化服务的运作模式和发展目标的基本规定,为广东省的公共文化服务发展指出了明确的方向。因此,以这部《条例》为依据,能够让我们看到当前的不足与缺陷,从而制定对应的解决措施。

2. 全方位推动公共文化机构建设,大力提高人均水平

广东省在公共文化机构发展方面应该直接向西方发达国家看齐,全面推动博物馆、公共图书馆、群众艺术馆、文化馆等文化设施的建设。在发展思路上,需完善政府主导、社会和民间广泛参与的多元机制,鼓励个人、企业以及一些民间公益组织参与到公共文化机构的建设中来。与此同时,注重城乡兼顾、协调发展,加强欠发达地区的文化设施建设,增加文化机构的分布密度,为民众提供更便利、更均等的服务。

3. 从数量和质量上全面加强公共文化队伍建设

首先要扩展公共文化队伍的规模,使之能够满足当前公共文化服务体系的工作需求,在数量上提高民众对文化队伍的人均享有水平。规模的扩展必须与质量的提高齐头并进,建设一支素质高、能力强、作风好的文化队伍是成功推进公共文化事业的基本保障,这就需要建立一套有效的人才考核与激励系统,使公共文化体制能够吸纳人才、培养人才、留住人才。比如,提高从业人员待遇,完善培训机制,开拓晋升空间等。

4. 以岭南文化为依托,强化品牌意识,推动精品化生产

广东省的公共文化服务虽然在多项评测数据上处于全国前列,但真正要扩大影响,惠及民众,还需建立自己的公共文化品牌,多生产叫得响、走得远的拳头产品。在这方面,岭南文化无疑是一块取之不尽的文化资源,也是必须依靠的文化依托。比如,受到广泛欢迎的"岭南大讲坛"就是一个具有相当影响的文化品牌,以之为榜样,还可以建立"岭南大舞台"(以广州的同名剧院为固定展演场所)、"岭南文化节"、"岭南艺术节"等,将之做大做强。

第二十六章 2013年广西壮族自治区公共文化服务分析报告

广西壮族自治区公共文化事业近几年发展迅速,取得了较大的进步。从数据来看,2013年广西壮族自治区的公共文化服务呈现良好的发展态势,各项数据保持稳定增长。值得一提的是,经过两年的创建,来宾市在该年正式获得了"国家公共文化服务体系示范区"的称号,成为广西壮族自治区公共文化服务建设的一个标志性成果。尽管成绩显著,但整体水平与其他发达省市自治区比较仍有较大差距,进步空间很大。

一、进步与成就

广西壮族自治区2013年的公共文化服务总量排名全国第十九位,人均排第二十六位,总体水平处于中游偏下的位置,而主要的成就表现在文化产品、文化活动这两方面,其评测数据相较2012年有较快的增长。

1. 公共文化投入总量有所提升

公共文化投入总量排名第一至第五位的依次是:广东省(97.23分)、浙江省(95.39分)、上海市(88.65分)、江苏省(80.76分)、四川省(73.02分),排后五位的是:江西省(44.31分)、海南省(42.30分)、宁夏回族自治区(41.41分)、青海省(35.51分)、西藏自治区(27.93分)。广西壮族自治区排名全国第十八位,得分为50.51分,相比2012年(46.14分)有所提高,排名也大幅上升了五位。该年的人均事业费是25.00

元,虽然远低于全国平均数(44.60元),但与前三年比较,进步非常明显。这说明政府能够意识到充分的文化投入和有力的财政支持对于保障整个公共文化服务发展的重要性。

2. 公共文化生产能力不断提高,产品的总量和人均指数有较快增长

公共文化产品是指公共文化机构、文化单位生产的,以满足公众文化精神需求为根本目的的产品和服务,包括非营利的公益性文化产品和带有营利性质的准公益性文化产品。总量排名第一至第五位的依次是:江苏省(86.02分)、广东省(79.48分)、上海市(79.24分)、山东省(75.79分)、四川省(74.47分),居后五位的是:贵州省(41.21分)、青海省(31.12分)、宁夏回族自治区(30.37分)、海南省(30.01分)、西藏自治区(26.50分)。广西壮族自治区排在第十九名(56.69分),居下游的位次,但得分比2012年(47.40分)有所提高,名次也上升了两位。就人均看,居前五位的是:上海市(86.11分)、新疆维吾尔自治区(68.00分)、吉林省(67.85分)、天津市(67.22分)、北京市(66.05分),排名后五位的是:湖南省(44.38分)、河北省(41.44分)、安徽省(40.46分)、贵州省(38.81分)、河南省(37.90分)。广西壮族自治区虽然只以46.60分排到全国第二十三位,但比起2012年(35.61分,第二十六名),进步还是相当明显。

3. 公共文化活动的规模得到扩展,总量和人均排名进步显著

公共文化活动是指:公共图书馆举办展览数、参观展览人次、图书馆组织各类讲座次数、参加讲座人次、群众文化机构组织文艺活动次数,等等。总量排名前五位的依次是:广东省(92.58分)、江苏省(81.39分)、山东省(79.95分)、浙江省(79.25分)、四川省(74.25分),排在后五位的是:天津市(33.87分)、海南省(22.43分)、青海省(20.48分)、宁夏回族自治区(20.42分)、西藏自治区(12.39分)。广西壮族自治区位居中游,排名全国第十五位,为55.65分,分数和排名较2012年(48.41分,第二十名)有较大进步。人均方面,得分排名前五位的分别是:上海市(92.90分)、北京市(84.72分)、新疆维吾尔自治区(80.31分)、浙江省(75.39分),居后五位的是:河南省(48.96分)、安徽省(47.78分)、河北省(47.6分)、海南省(46.51分)、西藏自治区(41.62分)。

广西壮族自治区得 58.23 分,排在第十五名,名次比上一年进步了八位,提升幅度很大。

二、问题与不足

从测评数据来看,广西壮族自治区公共文化服务的大多数数据的排名都居于全国中下游,更有两项排到了后五位。尽管与上一年相比,在许多方面取得了进步,但无论是单项指标还是总体发展程度,都与其他发达省市存在不小的差距,突出问题主要有以下几方面。

1. 财政投入有限,从整体上制约了公共文化服务的发展

充分的财政投入和经费支持是文化事业发展的基本保障。尽管2013年广西壮族自治区的文化投入总体上保持增长态势,但相较其他发达省市,差距依然明显。投入总量排名第一至第五位的依次是:广东省(97.23 分)、浙江省(95.39 分)、上海市(88.65 分)、江苏省(80.76 分)、四川省(73.02 分),排后五位的是:江西省(44.31 分)、海南省(42.30 分)、宁夏回族自治区(41.41 分)、青海省(35.51 分)、西藏自治区(27.93 分)。广西壮族自治区排名全国第十八位,为 50.51 分,与广东省相差 46.72 分。人均上,排在前五名的是:上海市(98.65 分)、浙江省(75.92 分)、北京市(75.07 分)、内蒙古自治区(66.72 分)、天津市(66.68 分),排在后五名的是:安徽省(40.08 分)、湖南省(39.55 分)、江西省(38.78 分)、河南省(36.83 分)、河北省(36.19 分)。广西壮族自治区以 43.42 分排名第二十四位,落后上海市 55.23 分。由此可见,广西壮族自治区近两年虽然在文化投入上保持了一定的力度,但财政支持上仍显薄弱,还需要进一步加大投入。

2. 公共文化机构建设不足,影响了民众公共文化的"享受度"

文化机构总量排名前五位的是:四川省(85.87 分)、河南省(81.63 分)、江苏省(77.27 分)、河北省(73.33 分)、山东省(73.09 分),排名后五位的依次是:北京市(39.97 分)、青海省(37.15 分)、天津市(31.34 分)、宁夏回族自治区(28.59 分)、海南省(26.64 分)。广西壮族自治区排第十八位(57.16 分),得分和排名与 2012 年基本持平。从人均看,广西壮族自治区全国排名倒数第三位,分数是 33.68 分,问题比较突出。据上可知,广西壮族自治区当前的文化设施状况还无法从物质基础和空间条件上为民众开展文化活动提供有效支持,由此也消极地影响了民众的文化享受质量。因此,大力建设博物馆、公共图书馆、群艺馆、文化馆等公共文化设施应该成为广西壮族自治区今后文化服务发展的核心内容之一。

3. 公共文化队伍建设滞后,总量和人均低下

文化队伍总量排名第一至第五位的依次是:河南省(89.52分)、山东省(89.06分)、广东省(80.28分)、浙江省(79.78分)、陕西省(78.99分),居后五位的是:天津市(40.46分)、西藏自治区(37.58分)、宁夏回族自治区(31.23分)、青海省(26.95分)、海南省(25.84分)。广西壮族自治区得分56.98分,排在第二十名,与河南省相差32.54分。在人均上,居前五位的是:上海市(85.05分)、陕西省(81.87分)、西藏自治区(75.44分)、内蒙古自治区(75.39分)、甘肃省(72.98分)。广西壮族自治区则排在了倒数第三位(51.53分)。公共文化队伍的数量固然与文化机构的规模直接相关,但充实、扩展现有文化机构中的从业人员数量也是一项重要工作。数据表明,广西壮族自治区包括博物馆、公共图书馆、文化馆在内的大多数文化机构的从业人员数都低于全国平均数,这显然束缚了现有文化服务机制的效能,影响了文化服务的质量。

三、对策与建议

1. 统筹规划、合理布局,建立公共文化服务发展的长效运行机制

从各项评测指数可以看出,广西壮族自治区公共文化服务的总体建设还很不充分,在规模和质量上还有很大的发展空间。有鉴于此,应该立足当下,合理规划,加大人力、物力和财力的投入,建立一套公共文化服务的长效机制。比如,首先可以在立法上为公共文化发展提供坚实的制度保障,将公共文化事业纳入法制化轨道。再次,以来宾市为典范,结合各个地方的实际情况,积极推广公共文化服务体系示范区的经验,带动整体发展。

2. 推进公共文化机构建设,提高人均享有水平

公共文化机构建设应该采取多层次、全方位的原则。在类型上,不仅要继续兴建博物馆、公共图书馆、群艺馆、文化站这些纯公益性的文化设施，同时也要大力发展艺术表演团体、艺术表演场馆等参与市场竞争的带有营利性质的文化机构。在结构上，要做到城乡协调发展，扩大文化设施的覆盖面，特别是要加快农村地区文化设施建设的步伐，增强基层文化单位的运行活力，既从量上增加规模，更从质上提升效率。

3. 提高文化生产能力，为民众提供丰富、多元的公共文化产品

文化产品的生产要做到社会效益与经济效益相结合。一方面，要最大限度地为民众提供丰富的文化产品，另一方面也要通过市场机制来追求合理的商业利润，为增强自身的文化再生产能力提供经费保障。在具体的产品内容上，既要提高影视、广播、书刊等常规文化产品的输出能力，同时要大力发展新兴的文化创意产业，比如原创动画、广告装潢、工艺设计等。在此过程中特别要重视建立文化品牌，如桂林的《印象·刘三姐》山水实景演出项目就是一个成功的例子。

4. 发展公共文化队伍的规模，提高从业人员素质

首先，在数量上充实现有的文化队伍，提高民众对于文化队伍的人均享有水平；其次，建立和完善一套长效的培训机制，提升从业人员素质，强化业务能力，比如定期举办针对各类从业人员的培训班、研修班等；再次，建立有效的人才考核与激励机制，通过提高待遇、拓宽晋升空间等手段，增强从业人员的责任意识、竞争意识和服务意识。

第二十七章 2013年海南省公共文化服务分析报告

作为我国最大的经济特区,海南省近几年的公共文化服务发展可谓进步迅速,成绩显著。2013年公共文化服务的多项测评指数在上一年的基础上保持了稳定增长,显示了良好的发展态势。海南省能够依据自身在经济、社会、文化、地理等方面的特点,制定符合本省实际需求的公共文化发展策略,在文化投入、文化生产、文化享受以及公共文化服务的总量方面都取得了较大的进步与成绩。但与此同时,问题和缺陷也很明显,仍有很大的改进与提升的空间。

一、进步与成就

海南省2013年的多项公共文化服务测评指标相较2012年都有进步,具体表现在公共文化投入的人均指数、公共文化产品的人均指数,以及公共文化享受指数这几个方面,据此可以反映出海南省公共文化服务在该年的进步状况。

1. 公共文化投入人均指数增幅显著,排名上升迅速

虽然在文化投入的总量上,海南省排名全国第二十八位,但由于人口数量较少,其人均投入便得到很大提升,排到了全国第七位,为60.91分,比2012年的成绩(50.76分)有大幅增长,排名前进了八位。人均投入排在前五名的是:上海市(98.65分)、浙江省(75.92分)、北京市(75.07分)、内蒙古自治区(66.72分)、天津市(66.68分)。居后五位的是:安徽省(40.08分)、湖南省(39.55分)、江西省(38.78分)、河南省

(36.83分)、河北省(36.19分)。

2. 公共文化产品人均指数保持增长态势,文化生产能力不断提高

公共文化产品是指公共文化机构、文化单位生产的,以满足公众文化精神需求为根本目的的产品和服务,包括非营利的公益性文化产品和带有营利性质的准公益性文化产品。人均排名前五位的是：上海市(86.11分)、新疆维吾尔自治区(68.00分)、吉林省(67.85分)、天津市(67.22分)、北京市(66.05分),居后五名的是：湖南省(44.38分)、河北省(41.44分)、安徽省(40.46分)、贵州省(38.81分)、河南省(37.90分)。海南省以46.32分排在全国第二十四位,名次与2012年相比基本没有变化,但得分比上一年(38.03分)有较大增长,这说明海南省的文化生产能力一直处在强化发展的过程中。

3. 公共文化享受指数稳中有进,反映出公共文化服务建设水平的提升

公共文化享受是评价公共文化服务的基本性、均等性和便利性的重要指标,反映了民众在公共文化服务方面的"享受度",总量排名前五位的是：广东省(96.94分)、江苏省(95.53分)、浙江省(93.8分)、山东省(90.31分)、河南省(88.71分),排名后五位是：宁夏回族自治区(80.20分)、海南省(79.75分)、贵州省(79.40分)、青海省(79.22分)、西藏自治区(78.30分)。海南省虽然只排在倒数第四位,但分数比2012年(75.99分)有所提高,排名也上升了一位。人均方面,排名第一至第五位的依次是：上海市(98.52分)、浙江省(94.83分)、天津市(94.08分)、江苏省(93.17分)、北京市(92.64分),居后五位的是：青海省(87.44分)、安徽省(87.29分)、云南省(87.00分)、西藏自治区(86.60分)、贵州省(83.89分)。海南省以87.93分排到第二十一名,分数比2012年(84.40分)亦有增长,排名进步了四位。

二、问题与不足

海南省公共文化服务的大部分评测指标都处于全国下游,多项指标排到了后五位。但需要说明的是,海南省较小的人口数量、陆地面积和经济规模决定其在公共文化服务总量方面的发展限度,使得后者无法与其他省市自治区相比。相对来说，人均指标更能反映公共文化服务体系的发展水平，在比较分析上也更有意义。如就文化投入一项来说，海南省在文化投入总量上排全国最后一位，但人均投入排到第七名，且文化事业费占财政支出比重为0.48%，人均文化事业费也达到64.50元，两项都高于全国平均值（0.40%，44.60元）。可见，当前的文化投入是比较合理的，基本上能够满足民众不断增长的文化需求。然而，即使就人均来看，海南省的公共文化服务建设也与其他省市自治区存在较大的差距，在规模和质量上都还有很大的提升空间。具体问题如下。

1. 公共文化机构建设滞后，不能为文化活动提供充分的基础设施条件

公共文化机构总量排名前五位的是：四川省（85.87分）、河南省（81.63分）、江苏省（77.27分）、河北省（73.33分）、山东省（73.09分），居后五位的依次是：北京市（39.97分）、青海省（37.15分）、天津市（31.34分）、宁夏回族自治区（28.59分）、海南省（26.64分）。海南省仅排在最后一名，分数和排名相较上一年都没有变化。人均方面，排名第一至第五位的是：西藏自治区（96.72分）、青海省（60.10分）、北京市（50.78分）、浙江省（49.64分）、新疆维吾尔自治区（49.54分），居后五位的是：吉林省（36.58分）、湖北省（34.27分）、广西壮族自治区（33.68分）、山东省（32.69分）、广东省（31.02分）。海南省排名第二十五位，为37.22分，比2012年的43.67分下降了不少。而从公共文化机构评测指标包含的十二项二级指标来看，海南省所有类型的文化机构数量都远低于全国平均数，由此可见其在文化机构的建设上是比较滞后的。

2. 公共文化产品生产不足，文化活动开展频率不高

虽然海南省的公共文化产品指标在总量和人均上比上一年有一定的进步，但从绝对数值以及与其他省市自治区的比较来看，海南省的公共文化生产能力还是相当薄弱的。文化产品总量居全国倒数第二位（30.01分），人均指标尽管增长较快，但与排在首位的上海市（86.11分）相比，有着39.79分的巨大差距。这表明，现有文化产品在丰富性、多元性方面还无法有效满足老百姓的文化需求，难以激发他们的消费欲望。从文化活动来看，总量排名全国前五位的依次是：广东省(92.58分)、江苏省(81.39分)、山东省(79.95分)、浙江省(79.25分)、四川省(74.25分)。海南省排名第二十八位,为22.43分,处在后五位中。人均方面,得分居全国前五位的是:上海市(92.90分)、北京市(84.72分)、新疆维吾尔自治区(80.31分)、浙江省(75.39分)、福建省(67.15分),排在后五位的是:河南省(48.96分)、安徽省(47.78分)、河北省(47.6分)、海南省(46.51分)、西藏自治区(41.62分)。海南省居倒数第二位,且与2012年(48.50分,第二十九名)相比,不进反退。可见,现有文化活动的开展频率与全国其他省市自治区相比是比较低的,不仅规模有限,质量亦有待提升。

3. 公共文化队伍规模有限,制约了公共文化服务的发展水平

公共文化队伍总量排名全国前五位的依次是:河南省(89.52分)、山东省(89.06分)、广东省(80.28分)、浙江省(79.78分)、陕西省(78.99分),海南省在该项排名上居于末席,后五位依次是:天津市(40.46分)、西藏自治区(37.58分)、宁夏回族自治区(31.23分)、青海省(26.95分)、海南省(25.84分)。从人均上看,居前五位的是:上海市(85.05分)、陕西省(81.87分)、西藏自治区(75.44分)、内蒙古自治区(75.39分)、甘肃省(72.98分),排后五位的是:安徽省(52.22分)、湖南省(51.57分)、广西壮族自治区(51.53分)、海南省(50.35分)、广东省(49.24分)。海南省的排名与成绩相较2012年(57.24分,第二十三名),退步明显。公共文化队伍总量与公共文化机构的规模是相一致的,但即使是现有文化机构所配置的服务人员也不能满足需求,使得总量和人均得分都很低。公共文化队伍建设的滞后必然影响公共文化服务的质量,而人才瓶颈将会制约整个公共文化服务事业的发展。

4. 公共文化服务的投入与产出绩效太低,妨碍了文化建设的整体质量

投入产出绩效低是各省市自治区公共文化服务发展过程中面临的普遍问题,但海南省的投入与产出绩效指数排名第三十位(54.57分),问题尤其突出。这主要是因为投入相对较多而产出较少,文化产品性价比不高,要提高投入产出绩效,只有千方百计增加产出。

三、对策与建议

1. 合理规划,统筹全局,建立科学的公共文化发展观,制定公共文化发展的长效机制

根据评测指标可知,海南省公共文化服务的总体建设是比较滞后的,在总量和人均上都有很大的增长空间。政府职能部门应该从公共文化服务的发展现状出发,针对问题,提出解决措施,可以借鉴其他省市自治区的先进经验,取长补短。与此同时,结合实际,着眼长远,建立一套公共文化服务的长效运行机制。

2. 加强文化基础设施建设,发展公共文化机构的总体规模

公共文化机构建设是完善公共文化服务网络的基础工作,只有构建覆盖城乡、功能齐全、结构合理的文化机构体系,才能为民众提供便利、优质的公共文化服务。在具体内容上,不仅要发展博物馆、公共图书馆、文艺演出场馆等大型文化设施,在乡镇,尤其要多建文化站、文化活动室等中小型的文化机构,增加其分布密度,让老百姓触手可及,随地可获。同时,强化文化机构的运行活力,提升效率。

3. 加大文化产品的生产力度,各层次、多形式地开展文化活动

文化产品的生产既要与老百姓的实际需求相适应,同时也要契合当下的市场取向与消费方式,做到社会效益和经济效益相结合。在创作过程中,尤其应该结合海南省地方文化特色,利用自身的文化资源(如自然山水,少数民族文化等)推出民众喜闻乐见的文化产品,打造具有影响力的文化品牌。而在文化活动的开展上,特别要做到城乡协调兼顾,提高乡村和某些欠发达地区的文化活动的频次。文化产品的增产和文化活动的丰富是提升投入产出绩效的主要手段。

4. 推进公共文化队伍建设,使更多的高素质人才参与到公共文化事业中

公共文化队伍的数量和素质对于公共文化服务的发展具有关键性影响,强化公共文化队伍的建设力度对于海南省当前的公共文化事业来说是一项极为迫切的工作。首先要发展数量和规模,提升民众的人均享有水平。必要的措施应该包括,提高从业人员的工资待遇,理顺编制、职称、工资、福利等方面的关系,从而吸纳更多优秀人才参与到公共文化事业当中。其次,建立稳定、有效的培训机制,增强从业人员的业务能力,完善人才考核与激励机制,强化文化队伍的责任意识和服务意识。

第二十八章　2013年重庆市公共文化服务分析报告

2013年重庆市公共文化服务推进有序，繁荣发展，在广播电视村村通工程、文化信息资源共享、农村电影惠民工程以及一系列群众文化活动等方面既取得了显著的进步，又突出了自己的特色，因而公共文化服务的多项核心指标增幅明显。当然，某些方面也存在着不足，有待进一步的改进和提高。

一、进步与成就

1. 与往年相比，2013年重庆市公共文化服务的部分核心指标增长幅度显著

首先，2013年重庆市公共图书馆财政拨款为20 379万元，而2012年仅为11 846万元，涨幅高达72.03%，高居全国第三名，仅次于内蒙古自治区(127.58%)、海南省(100.52%)。

其次，2013年重庆市群众文化机构财政拨款为41 300万元，2012年为31 413万元，涨幅达31.47%，排名全国第五位，仅次于海南省(134.57%)、宁夏回族自治区(78.83%)、山西省(40.82%)、陕西省(34.83%)。

再次，2013年重庆市公共广播节目套数为45套，2012年为32套，涨幅达40.63%，排名全国第八位，仅次于贵州省(225.81%)、云南省(224.49%)、广西壮族自治区(84.13%)、四川省(73.50%)、青海省(66.67%)、天津市(45.45%)、北京市(44.44%)。

然后，2013年重庆市群众文化机构举办训练班次为11 115班次，

2012年为8 188班次,涨幅达35.75%,排名全国第七位,仅次于江西省(92.61%)、天津市(83.76%)、海南省(70.94%)、广西壮族自治区(61.63%)、吉林省(59.63%)、云南省(37.93%)。2013年群众艺术馆从业人员数为79人,2012年为71人,涨幅达11.27%,排名全国第四位,仅次于宁夏回族自治区(61.58%)、广西壮族自治区(38.75%)、西藏自治区(12.57%)。2013年重庆市文化馆从业人员为803人,而2012年为865人,虽然涨幅为负(-7.17%),但却排名全国第二位,仅次于广西壮族自治区(11.38%)。而2013年文化站从业人员数则为3 612人,2012年为3 007人,涨幅达20.12%,排名全国第三位,仅次于甘肃省(49.07%)、西藏自治区(26.44%)。

最后,2013年重庆市公共图书馆总流通人次为1 078万人次,2012年仅为777万人次,涨幅达38.74%,排名全国第四位,仅次于海南省(80%)、新疆维吾尔自治区(51.76%)、江西省(39.81%)。

2. 与其他省市相比,2013年公共文化服务的部分核心指标排名全国中上游

首先,重庆市2013年人均文化事业费为41元,排名全国第十一位。公共图书馆财政拨款20 379万元,排名全国第十六位。

其次,群众文化机构财政拨款为41 300万元,排名全国第十位。

再次,群众文化机构举办训练班次为11 115班次,排名全国第十六位。

然后,文化站从业人员数为3 612人,排名全国第十四位。

最后,公共图书馆人均购书0.759元,排名全国第十二位。公共图书馆总流通人次为1 078万人次,排名全国第十四位。每万人公共图书馆建筑面积为83.3平方米,排名全国第十四位。每万人拥有群众文化设施建筑面积237.1平方米,排名全国第十一位。博物馆参观人数为1 643.48万人次,排名全国第十四位。

二、问题与不足

1. 与往年相比,公共文化服务的个别核心指标增长幅度不明显

首先,重庆市2013年文化事业费占财政支出比重为0.36%,比

2012年的0.45%有所降低,涨幅为-20.00%,排名全国第二十七位,仅高于湖北省(-26.09%)、江西省(-28.95%)、西藏自治区(-34.21%)、青海省(-36.36%)。

其次,2013年重庆市文化馆机构数为40个,与2012年一样,因而其涨幅为0,排名全国第二十一位。

再次,2013年重庆市群众文化机构组织文艺活动次数为15 818次,少于2012年的16 235次,涨幅为-2.57%,排名全国第三十位,仅高于山东省(-12.86%)。

然后,2013年公共图书馆从业人员数为848人,与2012年一样,因而涨幅为0,排名全国第二十二位。

最后,2013年公共图书馆人均购书0.759元,略少于2012年的0.785元,涨幅为-3.31%,排名全国第二十九位,仅高于贵州省(-29.08%)、宁夏回族自治区(-36.77%)。而2013年博物馆参观人数为1 643.48万人次,比2012年的1 721万人次有所减少,其涨幅为-4.50%,排名全国第三十位,仅高于安徽省(-15.79%)。

2. 与其他省市相比,公共文化服务的多个维度的总量与人均量都居于全国中下游

重庆市在公共文化服务的六大维度中,除了"公共文化投入"一项进步较为明显以外,其他维度的变化都不大,基本居于全国中下游。

首先从总量来看,重庆市"公共文化机构"一项指标2013年的得分43.54分,比2012年的45.1分略有下降,在全国的排名也从第二十四位下降到第二十五位,仅高于上海市(40.17分)、北京市(39.97分)、青海省(37.15分)、天津市(31.34分)、宁夏回族自治区(28.59分)、海南省(26.64分)。而从人均量来看,"公共文化机构"一项指标2013年的得分39.77分,比2012年的47.47分有明显下降,因而排名也从2012年的第十六位下降到2013年的第十九位。

虽然"公共文化产品"一项指标总量2013年的得分(46.97分)比2012年(43.34分)略高,但在全国的排名却下降了一位,从第二十五位下降到第二十六位。仅高于贵州省(41.21分)、青海省(31.12分)、宁夏回族自治区(30.37分)、海南省(30.01分)、西藏自治区(26.5分)。而从人均量来看,虽然"公共文化产品"一项指标2013

年的得分(48.26分)比2012年(44.14分)有所提高,但其排名却从2012年的第十二位下降到第十七位。

同样,"公共文化活动"一项指标2013年的得分(48.62分)也比2012年(44.51分)略高,在全国排第二十二位,仅比2012年的第二十三位高出一位,仅高于甘肃省(47.59分)、贵州省(41.66分)、吉林省(41.48分)、内蒙古自治区(41.04分)、天津市(33.87分)、海南省(22.43分)、青海省(20.48分)、宁夏回族自治区(20.42分)、西藏自治区(12.39分)。不过"公共文化活动"一项指标的人均量则居于全国的中上游,排名第九位,仅次于上海市(92.9分)、北京市(84.72分)、新疆维吾尔自治区(80.31分)、浙江省(75.39分)、福建省(67.15分)、辽宁省(66.57分)、广东省(65.84分)、天津市(65.24分)。

"公共文化队伍"一项指标2013年的得分为51.92分,排名全国第二十五位,仅高于新疆维吾尔自治区(51.23分)、天津市(40.46分)、西藏自治区(37.58分)、宁夏回族自治区(31.23分)、青海省(26.95分)、海南省(25.84分)等六个省市。而人均指标的情况稍好,"公共文化队伍"一项指标2013年的得分为60.29分,排名全国第十六位。

然而,"公共文化享受"一项指标2013年的得分(83.86分)虽然比2012年(80.78分)略高,但是排名却比2012年降低了两位,从2012年的全国第十八位下降到第二十位,仅高于天津市(83.62分)、吉林省(83.46分)、云南省(83.46分)、甘肃省(82.71分)、内蒙古自治区(82.55分)、新疆维吾尔自治区(81.83分)、宁夏回族自治区(80.2分)、海南省(79.75分)、贵州省(79.4分)、青海省(79.22分)、西藏自治区(78.3分)。不过"公共文化享受"一项指标的人均量则居于全国的中上游,排名第九,仅次于上海市(98.52分)、浙江省(94.83分)、天津市(94.08分)、江苏省(93.17分)、北京市(92.64分)、广东省(91.5分)、福建省(90.77分)、辽宁省(90.46分)。

三、对策与建议

1. 在统筹城乡综合配套改革的实践背景下落实并不断推进公共文化服务建设

重庆市是我国西部地区唯一的直辖市,也是全国统筹城乡综合配套改革试验区之一(另一个是四川省成都市)。因而,公共文化服务的建设应当放置于这样一个大背景之下来考量,这既是重庆市的特色所在,也是现实的需要。

就目前已有实践来看,这一互相结合的特点还是比较明确的,这从重庆市《2014年政府工作报告》当中能够得到一定的体现:"完善重大公共文化设施,推进区县、乡镇文化场馆标准化和有效利用,扩大免费开放。推动公共文化服务向基层倾斜、向农村延伸。推动全民阅读。"①

具体而言,比较有特色的实践有"广播村村响,电视户户通"的攻坚行动,使得重庆市"在全国率先将广播电视明确纳入公共文化服务体系;在全国率先建立起农村地区广播电视公共服务平台;在全国率先建立起覆盖全市农村的户外智能综合广播信息系统;在全国率先建立将农村广播纳入应急体系建设"。②此外,截至2013年6月,重庆市已经建成文化共享工程乡镇(街道)基层服务点950个,这也为统筹城乡的公共文化服务提供了一个良好的现实基础。

所以重庆市未来的发展方向应当继续坚持在统筹城乡综合配套改革的实践背景下,落实并不断推进公共文化服务建设,才能既走出自己的特色,也能切实地造福于一方百姓。

2. 公共文化服务的总量与人均量都需要进一步地提高,切实满足人民群众对公共文化的需求

从对2013年各项公共文化服务指标的分析来看,重庆市在各项指标的总量和人均量上总体在全国排名较为靠后,这与其西部唯一的直辖市以及西南地区的"心脏"的地位不太相称,所以未来发展的关键是公共文化服务的总量与人均量都需要进一步地提高。

---

① 重庆市《2014年政府工作报告》,http://www.cq.gov.cn/today/news/2014/1/28/1199980.shtml。
② 《广播村村响电视户户通攻坚行动》,http://www.cqcrtv.gov.cn/Html/1/ggwhfw/gbdscctgc/2013-03-23/10818.html。

此外，2013年重庆市公共文化服务投入与产出绩效总量和人均量也都不高，总量得分为40.989 653 11分，排名仅居全国第二十六位，人均量得分为54.116 296 16分，排名仅居全国第二十二位，由此可以看出，未来在增加总量投入的同时也需要探索加大产出的方法，这样才可能有效地改进公共文化服务，使得全民充分地共享。

第二十九章 2013年四川省公共文化服务分析报告

2013年四川省公共文化服务建设卓有成效,不但广播电视村村通等重点文化惠民工程稳步推进,而且公共文化服务单位全部免费开放,因而公共文化服务的大多数核心指标增幅明显,总量居于全国前列。不过,公共文化服务的人均量还比较有限,有待进一步地提升。

一、进步与成就

1. 与往年相比,公共文化服务的多数核心指标增长幅度显著

首先,四川省2013年文化事业费占财政支出比重为0.44%,而2012年为0.34%,涨幅达29.41%,排名全国第一位。2013年人均文化事业费为34.04元,而2012年为25.56元,涨幅达33.18%,排名全国第七位,仅次于海南省(51.66%)、青海省(49.52%)、新疆维吾尔自治区(40.66%)、广西壮族自治区(40.37%)、西藏自治区(38.72%)、辽宁省(34.5%)。2013年公共图书馆财政拨款38 337万元,2012年仅有28 597万元,涨幅34.06%,排名全国第九位,仅次于内蒙古自治区(127.58%)、海南省(100.52%)、重庆市(72.03%)、广西壮族自治区(68.90%)、山西省(60.76%)、新疆维吾尔自治区(52.39%)、江西省(44.52%)、宁夏回族自治区(34.89%)。

其次,四川省2013年公共广播节目套数为203套,而2012年仅为117套,涨幅高达73.5%,排名全国第四位,仅次于贵州省(225.81%)、云南省(224.49%)、广西壮族自治区(84.13%)。

再次,2013年群众文化机构组织文艺活动次数为52 552次,而2012年为39 449次,涨幅排名全国第一,达到33.22%。

然后,四川省2013年公共图书馆从业人员为2 051人,而2012年为1 984人,涨幅排名全国第六,达到3.38%,仅次于西藏自治区(51.67%)、天津市(21.03%)、新疆维吾尔自治区(9.07%)、陕西省(7.77%)、安徽省(3.55%)。

最后,2013年每万人公共图书馆建筑面积55.4平方米,而2012年为48.1平方米,涨幅排名全国第五,达到15.18%,仅次于天津市(49.67%)、湖北省(36.17%)、北京市(29.47%)、江苏省(21.56%)。

2. 与其他省市相比,公共文化服务各个维度的总量均居全国前列,其中"公共文化机构"一项指标排名全国第一

就公共文化服务总量来看,四川省2013年在全国31个省市自治区当中排名第六,得分为80.63分,仅次于广东省(89.08分)、江苏省(86.76分)、浙江省(84.48分)、山东省(82.5分)与河南省(80.71分)。

具体到公共文化服务的六大维度分别来看,在2013年,"公共文化投入"一项指标总量排名为全国第五位,得分为73.02分,仅次于广东省(97.23分)、浙江省(95.39分)、上海市(88.65分)、江苏省(80.76分)。

而"公共文化机构"一项指标的综合指数得分为85.87分,虽然比2012年的86.17分略有降低,但其排名与2012年持平,均为全国第一。

"公共文化产品"一项指标则排名全国第五位,得分为74.47分,仅次于江苏省(86.02分)、广东省(79.48分)、上海市(79.24分)、山东省(75.79分)。

"公共文化活动"一项指标的得分(74.25分)比2012年(68.01分)有明显提高,排名则持平,为全国第五位,仅次于广东省(92.58分)、江苏省(81.39分)、山东省(79.95分)、浙江省(79.25分)。

"公共文化队伍"一项指标2013年的得分为77.34分,虽然排名比2012年略有下降,但变化不大,由2012年的第五位下降至2013年的第七位,仅次于河南省(89.52分)、山东省(89.06分)、广东省(80.28分)、浙江省(79.78分)、陕西省(78.99分)、江苏省(78.87分)。

"公共文化享受"一项指标的得分为87.73分,排名全国第七位,仅次于广东省(96.94分)、江苏省(95.53分)、浙江省(93.8分)、山东省

(90.31分)、河南省(88.71分)、上海市(88.69分)。

二、问题与不足

1. 与往年相比,公共文化服务的个别核心指标增长幅度不明显

首先,四川省2013年群众文化机构财政拨款94 848万元,2012年为83 339万元,增长幅度为13.81%,仅排全国第二十一位。2013年群众文化机构有4 800个,仅比2012年的4 798个多两个,增长幅度仅为0.04%,排在全国第十九位。而2013年文化馆机构数为183个,与2012年的数量相同,因而增长幅度为0,排在全国第二十二位。2013年文化站机构数为4 595个,仅比2012年的4 593多两个,增长幅度仅为0.04%,排在全国第十七位。

其次,四川省2013年群众文化机构举办训练班26 129班次,2012年为22 212班次,增长幅度为17.63%,排在全国第十九位。

再次,四川省2013年文化站从业人员数为6 163人,2012年为5 912人,增长幅度为4.25%,排在全国第十九位。

最后,四川省2013年公共图书馆人均购书0.463元,2012年为0.437元,增长幅度为5.95%,仅排在全国第二十五位。2013年公共图书馆总流通人次为1 528万人次,2012年为1 433万人次,增长幅度为6.63%,仅排在全国第二十六位。每万人拥有群众文化设施建筑面积为235.4平方米,2012年为234.1平方米,增长幅度为0.56%,仅排在全国第二十五位。

2. 与其他省市自治区相比,四川省公共文化服务的各个维度人均量基本居于全国中下游

虽然总量居于高位,四川省公共文化服务的人均量却并不高,2013年在全国的排名为第二十位,仅比2012年提升一名。

具体来看公共文化服务的六大维度,虽然2013年"公共文化投入"一项指标的综合指数人均得分(51.12分)比2012年(47.6分)提高了些,但排名却只在第十九位,比2012年还下降了一名。而排名第一的上海市得分却高达98.65分。

"公共文化机构"一项指标人均得分则比2012年下降了不少,从

2012年的51.14分下降到了2013年的40.82分,相应地,排名也下降了不少,从第九位下降到第十六位。而2013年"公共文化机构"人均排名第一位的西藏自治区得分却高达96.72分。

虽然四川省"公共文化产品"一项指标人均得分比2012年有明显提高,从2012年的38.48分提高到了2013年的48.18分,但是在全国的排名却仍然维持在第二十位。而2013年"公共文化产品"人均排名第一位的上海市得分虽然没有其在2012的得分(93.44分)高,但也拿到了86.11分。

"公共文化活动"一项指标也同样如此,虽然得分稍有提高,从2012年的53.53分提高到了56.46分,但是在全国的排名却仍然维持在第十八位。而2013年"公共文化活动"一项指标人均排名第一的仍然是上海市,其得分为92.9分。

四川省"公共文化队伍"一项指标则是得分比2012年略有降低,从56.5分降低到了54.74分,不过这两年在全国的排名倒是维持不变,都是第二十四位。而2013年"公共文化队伍"人均排名第一的也是上海市,其得分为85.05分。

四川省"公共文化享受"一项指标的得分比2012年略有提高,从84.28分提高到了87.79分,排名则提高比较显著,从全国的第二十八位提高到第二十二位。而2013年"公共文化享受"四川省人均排名第一的还是上海市,其得分高达98.52分。

三、对策与建议

1. 保持与发扬特色优势,坚持将公共文化服务与城乡统筹发展的实践相结合

自从党的十六大以来,建设和完善"公共文化服务体系"就被作为一个明确的任务提了出来,尤其是近年来其重要性被不断地强调,由此四川省因地制宜开展了一系列具体举措,不断地打造有本省特色的公共文化服务体系。其中最大的一个特色就是将建设公共文化服务体系的实践置于城乡统筹发展以及新型城镇化建设的范畴之中。《2014年四川省人民政府工作报告》中明确提出"在城乡统筹上,进一步推进城乡规划、基础设施、产业发展、公共服务、社会管理'五个统筹'"。①

具体来看,报告提出"2014年要加快文化改革发展。推进国有经营性文化单位转企改制,促进转制文化企业健康发展。广泛开展群众性文化创建和全民阅读活动,实施重点文化惠民工程,加快'幸福美丽乡村(社区)文化院坝'建设。办好邓小平同志诞辰110周年纪念活动,举办省第七届少数民族艺术节和首届农民艺术节。深入实施全民健身计划,办好省第十二届运动会和第八届残疾人运动会"。②

2013年是《文化部"十二五"时期公共文化服务体系建设实施纲要》发布的年份,纲要进一步明确了公共文化服务体系建设的基本原则,其中特别提出了要"统筹城乡、突出基层"。应当说,四川省目前的公共文化服务体系发展思路很好地落实了这项基本原则,未来的发展方向仍是应当坚持围绕"统筹城乡"的特色探索出更多的实践思路。

2. 在保持公共文化服务总量稳定增长的同时注重提升公共文化服务的人均量

从对2013年各项公共服务指标的分析来看,四川省在各项指标"总量"上的全国排名都比较靠前,但"人均量"却大多排名相对靠后。这种状况固然一方面是由于四川省人口众多造成的,即便总量不低甚至连年增长,但一旦平均到个人,绝对数值就不高或者涨幅不明显。另一方面,也需要检视公共文化服务的落实情况,如果落实环节不理想,也可能在总量丰富的情况下导致人均不足,所以未来需要特别考量的是如何将公共文化服务的已有成果真正有效地落实到每个人身上。

从2013年公共文化服务投入产出绩效来看,四川省无论是总量还是在人均量上,在全国的排名都始终处于中下游,其总量仅排名全国第十六位,而人均量仅排名全国第二十一位,因而在公共文化投入有限的情况下可以看出其总体产出量也并不是很高。未来需要重视和改进的是如何尽可能地提高公共文化产出量,这样才有可能增加公共文化的人均享有。

---

①② 《2014年四川省人民政府工作报告》,http://www.sc.gov.cn/10462/10464/10797/2014/1/18/10291429.shtml。

第三十章 2013年贵州省公共文化服务分析报告

　　2013年贵州省公共文化服务进步显著,尤其是以"村村通"为基础的广播电视公共服务成为了统筹城乡发展的重要举措,其取得的成绩成为了贵州省公共文化服务在这一年当中最大的亮点,实实在在地解决了不少问题。当然,贵州省的公共文化服务也存在一些不足,未来还需要通过一系列的文化惠民工程进行改进。

一、进步与成就

1. 与往年相比,贵州省2013年公共文化部分服务核心指标涨幅显著,其中公共广播节目涨幅排名全国第一名

　　首先,2013年贵州省人均文化事业费为27.81元,2012年为21.56元,涨幅为28.99%,排名全国第九位,仅次于海南省(51.66%)、青海省(49.52%)、新疆维吾尔自治区(40.66%)、广西壮族自治区(40.37%)、西藏自治区(38.72%)、辽宁省(34.50%)、四川省(33.18%)、江苏省(30.16%)八个省市自治区。

　　其次,贵州省2013年群众文化机构数为1 661个,2012年为1 579个,涨幅为5.19%,排名全国第二位,仅次于天津市(9.69%)。2013年贵州省文化站机构数为1 564个,2012年为1 482个,涨幅为5.53%,排名居全国第二位,仅次于天津市(10.46%)。

　　再次,贵州省2013年公共广播节目套数为101套,而2012年仅有31套,涨幅高达225.81%,排名全国第一位。

然后，贵州省2013年群众艺术馆从业人员数为388人，2012年为355人，涨幅为9.30%，排名全国第八位，仅次于宁夏回族自治区（61.58%）、广西壮族自治区（38.75%）、西藏自治区（12.57%）、重庆市（11.27%）、内蒙古自治区（11.16%）、吉林省（10.79%）、海南省（10.53%）。

最后，贵州省2013年公共图书馆总流通人次为420万人次，2012年为314万人次，涨幅为33.76%，排名全国第五位，仅次于海南省（80.00%）、新疆维吾尔自治区（51.76%）、江西省（39.81%）、重庆市（38.74%）。

2. 与其他省市自治区相比，贵州省2013年公共文化服务的部分核心指标排名居全国中上游

首先，贵州省2013年群众文化机构数为1 661个，排名全国第九位，仅次于四川省（4 800个）、湖南省（2 617个）、河南省（2 514个）、河北省（2 393个）、山东省（1 979个）、江西省（1 950个）、陕西省（1 772个）、广东省（1 744个）八个省。文化站机构数为1564个，也排名全国第九位，仅次于四川省（4 595个）、湖南省（2 475个）、河南省（2 309个）、河北省（2 212个）、江西省（1 835个）、山东省（1 821个）、陕西省（1 650个）、广东省（1 599个）。

其次，贵州省文化站从业人员数为3 954人，排名全国第十一位，仅次于广东省（7 996人）、河南省（7 198人）、四川省（6 163人）、湖南省（5 553人）、山东省（4 987人）、陕西省（4 773人）、江苏省（4 770人）、安徽省（4 635人）、河北省（4 440人）、浙江省（4 390人）。

二、问题与不足

1. 与往年相比，贵州省2013年公共文化服务部分核心指标涨幅不明显或略有下降

首先，贵州省2013年公共图书馆财政拨款为10 903万元，2012年为9 616万元，涨幅为13.38%，排名全国第二十四位，仅高于上海市（12.83%）、辽宁省（12.74%）、吉林省（11.89%）、福建省（11.67%）、西藏自治区（3.33%）、湖北省（-3.19%）、天津市（-16.59%）。

其次，贵州省2013年群众文化机构财政拨款为28 838万元，比2012年的30 443万元有所下降，涨幅为-5.27%，排名全国第二十五位，仅高于河南省（-5.44%）、青海省（-7.26%）、安徽省（-7.36%）、湖南省（-8.54%）、西藏自治区（-18.36%）、新疆维吾尔自治区（-27.81%）六个省市自治区。2013年文化馆机构数为87个，与2012年一样，涨幅为0，排名全国第二十三位，仅高于云南省（0）、西藏自治区（0）、甘肃省（0）、青海省（0）、江西省（-0.97%）、山东省（-1.41%）、浙江省（-2.17%）、宁夏回族自治区（-4.76%）。

再次，贵州省2013年群众文化机构组织文艺活动次数为12 731次，2012年为11 988次，涨幅为6.20%，排名全国第二十二位，仅高于海南省（4.73%）、上海市（4.49%）、新疆维吾尔自治区（3.73%）、广东省（2.30%）、天津市（0.76%）、辽宁省（-1.45%）、陕西省（-2.06%）、重庆市（-2.57%）、山东省（-12.86%）。而2013年群众文化机构举办训练班次为6 059班次，明显低于2012年的13 760班次，涨幅为-55.97%，排名全国第三十一位。2013年群众文化机构培训人次为40.5万人次，2012年为37.0万人次，涨幅为9.46%，排名全国第二十四位，仅高于山东省（6.48%）、辽宁省（4.82%）、甘肃省（4.51%）、江西省（3.64%）、内蒙古自治区（-11.84%）、宁夏回族自治区（-35.90%）、广东省（-36.37%）。

然后，贵州省2013年文化站从业人员数为3 954人，略低于2012年的3 973人，涨幅为-0.48%，排名全国第二十八位，仅高于天津市（-0.86%）、福建省（-3.17%）、北京市（-3.79%）。

最后，贵州省2013年公共图书馆人均购书0.261元，低于2012年的0.368元，涨幅为-29.08%，排名全国第三十位，仅高于宁夏回族自治区（-36.77%）。2013年每万人公共图书馆建筑面积为46.7平方米，低于2012年的49.3平方米，涨幅为-5.27%，排名全国第二十八位，仅高于宁夏回族自治区（-9.15%）、山东省（-21.10%）、福建省（-22.02%）。2013年每万人拥有群众文化设施建筑面积为173.0平方米，低于2012年的180.0平方米，涨幅为-3.89%，排名全国第二十九位，仅高于天津市（-16.80%）、北京市（-17.75%）。2013年博物馆参观人数为936.49万人次，低于2012年的974万人次，涨幅为-3.85%，排名全国第二十九位，仅高于重庆市（-4.50%）、安徽省（-15.79%）。

2. 与其他省市自治区相比,贵州省2013年公共文化服务总量与人均量得分排名均较低,各个维度基本都居于全国下游

首先,总量方面,贵州省2013年公共文化服务综合指标总量得分为59.22分,排名全国第二十六位,仅高于天津市(57.24分)、宁夏回族自治区(50.63分)、西藏自治区(50.47分)、青海省(50.19分)、海南省(50.04分)等五个省市自治区。而人均量方面,贵州省2013年公共文化服务综合指数人均量得分为62.95分,排名全国第三十一位。

具体到公共文化服务的各个维度,"公共文化投入"一项指标总量2013年得分为45.69分,排名全国第二十六位,仅高于江西省(44.31分)、海南省(42.3分)、宁夏回族自治区(41.41分)、青海省(35.51分)、西藏自治区(27.93分)。人均量得分为44.08分,排名全国第二十三位,仅高于广西壮族自治区(43.42分)、黑龙江省(42.36分)、山东省(42.19分)、安徽省(40.08分)、湖南省(39.55分)、江西省(38.78分)、河南省(36.83分)、河北省(36.19分)。

"公共文化机构"一项指标2013年贵州省得分为54.48分,排名全国第二十二位,仅高于西藏自治区(50.15分)、吉林省(48.33分)、重庆市(43.54分)、上海市(40.17分)、北京市(39.97分)、青海省(37.15分)、天津市(31.34分)、宁夏回族自治区(28.59分)、海南省(26.64分)。其人均量得分为37.24分,排名全国第二十四位,仅高于海南省(37.22分)、湖南省(36.83分)、吉林省(36.58分)、湖北省(34.27分)、广西壮族自治区(33.68分)、山东省(32.69分)、广东省(31.02分)。

"公共文化产品"一项指标2013年贵州省得分为41.21分,排名全国第二十七位,仅高于青海省(31.12分)、宁夏回族自治区(30.37分)、海南省(30.01分)、西藏自治区(26.5分)。而人均量得分为38.81分,排名全国第三十位,仅高于河南省(37.9分)。

"公共文化活动"一项指标总量贵州省2013年得分为41.66分,排名全国第二十四名,仅高于吉林省(41.48分)、内蒙古自治区(41.04分)、天津市(33.87分)、海南省(22.43)、青海省(20.48分)、宁夏回族自治区(20.42分)、西藏自治区(12.39分)。人均量得分为49.07分,排名全国第二十六位,仅高于河南省(48.96分)、安徽省(47.78分)、河北省(47.6分)、海南省(46.51分)、西藏自治区(41.62分)。

"公共文化队伍"一项指标总量 2013 年贵州省得分为 52.44 分，排名全国第二十四位，仅高于重庆市（51.92 分）、新疆维吾尔自治区（51.23 分）、天津市（40.46 分）、西藏自治区（37.58 分）、宁夏回族自治区（31.23 分）、青海省（26.95 分）、海南省（25.84 分）。人均量得分为 55.66 分，排名全国第二十二位，仅高于江苏省（54.98 分）、四川省（54.74 分）、福建省（53.47 分）、河北省（53.33 分）、安徽省（52.22 分）、湖南省（51.57 分）、广西壮族自治区（51.53 分）、海南省（50.35 分）、广东省（49.24 分）。

"公共文化享受"一项指标总量 2013 年贵州省得分为 79.4 分，排名全国第二十九位，仅高于青海省（79.22 分）、西藏自治区（78.3 分）两个省市自治区。人均量则得分为 83.89 分，排名全国第三十一位。

三、对策与建议

1. 坚持城乡一体的公共文化服务体系建设思路，尤其要加强广大农村地区的公共文化服务投入

贵州省是国家西部建设的重点对象之一，其经济发展、人均收入等指标相较中东部的大多数省市来说有一定的差距，公共文化服务建设任务也比较艰巨。由于广大农村地区以及欠发达区域的存在，贵州省的公共文化服务建设思路应该更多地着力于城乡一体化，只有缩小城乡差距的公共文化服务体系才能真正有效地惠及全体民众。

就贵州省过去几年的实践来看，对这一点认识较明确。有资料表明："'十一五'期间，我省共投入农村文化建设专项资金 4 000 万元，对每个村投入 3 万元，在 1 000 多个村实施千村推进计划。与此同时，我省又投入 500 万元建设了 60 个乡镇精神文明示范点……2010 年底，全面实现 20 户以上已通电自然村'村村通'广播电视。至此，贵州省广播电视'村村通'工程设备安装已突破百万套，占全国 865 万套的近四分之一，居全国首位。2012 年，启动'户户通'工程，以全面解决 20 户以下自然村收听、收看广播电视难的问题。2011 年，农家书屋覆盖全省 1.96 万个行政村的 60%。2012 年，'农家书屋计划'迎来全覆盖，届时每个行政村都会拥有图书室。2009 年 4 月，省新闻出版局在农家书屋基础上启动了'贵州省数字农家书屋'建设项目。2011年在全省建设500个数字农家书屋，2012年继续建立200个。"①

因此，贵州省未来也应当在此基础上加强与完善现状，从而进一步落实公共文化服务的城乡一体化。

2. 公共文化服务的总量与人均量都需要进一步地提高，使百姓的需求得到真正的满足

从投入与产出绩效来看，贵州省2013年的得分为39.988 691 43，仅排名全国第二十七位，因而在投入有限的情况下可以想见其公共文化服务的产出量也并不高。所以，未来贵州省需要首先加大公共文化服务的投入，在此基础上设法提高产出量，这样才有可能进一步地提高公共文化服务的总量与人均量，从而真正满足广大人民群众的公共文化需求。

---

① 《润物有声　惠及黔地——我省创新公共文化服务体系观察》，http://gz.wenming.cn/zt/zrhy/ggwh/201301/t20130115_1029398.shtml。

第三十一章　2013年云南省公共文化服务分析报告

2013年云南省公共文化服务取得了一些进步，尤其是在城乡联动方面做出了一些成绩，出现了诸如保山这样虽然相对贫困但公共文化服务体系却走在全国前列的城市，形成了"保山模式"。当然，个案的突出是不够的，云南省未来还需要做出更多的探索，通过更多有针对性的文化惠民工程使得公共文化服务普遍惠及民众。

一、进步与成就

1. 与往年相比，云南省公共文化服务的部分核心指标涨幅显著

首先，2013年云南省文化事业费占财政支出比重为0.42%，2012年为0.38%，涨幅为10.53%，排名全国第七位，仅次于四川省(29.41%)、甘肃省(23.68%)、山西省(17.50%)、宁夏回族自治区(13.64%)、江苏省(12.12%)、上海市(10.71%)。

其次，2013年云南省群众文化机构数为1 526个，2012年为1 519个，涨幅为0.46%，排名全国第九位，仅次于天津市(9.69%)、贵州省(5.19%)、内蒙古自治区(2.44%)、宁夏回族自治区(1.59%)、安徽省(1.44%)、河北省(1.40%)、北京市(0.88%)、陕西省(0.62%)。2013年文化站机构数为1 378个，2012年为1 371个，涨幅为0.51%，排名全国第九位，仅次于天津市(10.46%)、贵州省(5.53%)、内蒙古自治区(2.73%)、安徽省(1.49%)、宁夏回族自治区(1.34%)、河北省(1.33%)、北京市(0.94%)、陕西省(0.55%)。

再次,2013年云南省公共广播节目套数为159套,2012年仅为49套,涨幅高达224.49%,排在全国第二名,仅次于贵州省(225.81%)。

然后,2013年云南省群众文化机构举办训练班次为12 834班次,而2012年为9 305班次,涨幅达37.93%,排名全国第六位,仅次于江西省(92.61%)、天津市(83.76%)、海南省(70.94%)、广西壮族自治区(61.63%)、吉林省(59.63%)。2013年群众文化机构培训人次为128.6万人次,2012为85.9万人次,涨幅达49.71%,排名全国第六位,仅次于青海省(91.49%)、山西省(80.37%)、天津市(66.55%)、西藏自治区(62.50%)、海南省(55.17%)。

最后,2013年云南省公共图书馆从业人员为1 783人,2012年为1 734人,涨幅为2.83%,排名全国第九位,仅次于西藏自治区(51.67%)、天津市(21.03%)、新疆维吾尔自治区(9.07%)、陕西省(7.77%)、安徽省(3.55%)、四川省(3.38%)、湖北省(3.26%)、福建省(2.93%)。2013年文化馆从业人员数为1 906人,少于2012年的2 081人,涨幅为-8.41%,排名全国第三位,仅次于广西壮族自治区(11.38%)、重庆市(-7.17%)。2013年文化站从业人员数为3 928人,2012年为3 340人,涨幅达17.60%,排名全国第五位,仅次于甘肃省(49.07%)、西藏自治区(26.44%)、重庆市(20.12%)、江西省(18.60%)。

2. 与其他省市自治区相比,2013年云南省公共文化服务的部分核心指标排名全国前列

首先,2013年云南省群众文化机构财政拨款为43 072万元,排名全国第九位,仅次于广东省(136 560万元)、浙江省(131 636万元)、四川省(94 848万元)、上海市(94 322万元)、江苏省(89 287万元)、山东省(56 024万元)、河南省(45 600万元)、陕西省(45 548万元)。文化馆机构数为131个,排名全国第六位,仅次于河南省(186个)、四川省(183个)、河北省(168个)、山东省(140个)、黑龙江省(131个)。

其次,2013年云南省公共电视节目套数为159套,排名全国第六位,仅次于四川省(203套)、新疆维吾尔自治区(198套)、河北省(178套)、山东省(171套)、河南省(166套)。

再次,2013年云南省群众文化机构培训人次为128.6万人次,排名全国第八位,仅次于四川省(211.1万人次)、广东省(192.3万人次)、山东省(190.5万人次)、上海市(173.2万人次)、浙江省(149.8万人次)、江苏省(149.2万人次)、河南省(137.0万人次)。

最后,2013年云南省群众艺术馆从业人员数为513人,排名全国第八位,仅次于辽宁省(692人)、山东省(645人)、四川省(643人)、广东省(572人)、河南省(568人)、河北省(538人)、内蒙古自治区(518人)。文化馆从业人员数为1906人,排名全国第六位,仅次于河南省(3077人)、山东省(2388人)、陕西省(2174人)、四川省(2115)、河北省(1969人)。

二、问题与不足

1. 与往年相比,云南省公共文化服务的个别核心指标涨幅不明显或略有下降

首先,2013年云南省人均文化事业费为28.07元,2012年为26.26元,涨幅为6.89%,排名全国第二十七位,仅高于黑龙江省(6.36%)、吉林省(2.01%)、天津市(1.93%)、安徽省(-1.50%)。2013年公共图书馆财政拨款20102万元,2012年为17720万元,涨幅为13.44%,排名全国第二十三位,仅高于贵州省(13.38%)、上海市(12.83%)、辽宁省(12.74%)、吉林省(11.89%)、福建省(11.67%)、西藏自治区(3.33%)、湖北省(-3.19%)、天津市(-16.59%)。

其次,2013年云南省文化馆机构数为131个,与2012年相同,因而涨幅为0,仅高于西藏自治区(0)、甘肃省(0)、青海省(0)、江西省(-0.97%)、山东省(-1.41%)、浙江省(-2.17%)、宁夏回族自治区(-4.76%)。

再次,2013年云南省公共图书馆总流通人次为1070万人次,2012年为993万人次,涨幅为7.75%,排名全国第二十三位,仅高于安徽省(7.48%)、上海市(7.06%)、四川省(6.63%)、山东省(6.27%)、青海省(6.25%)、广东省(5.70%)、宁夏回族自治区(-9.87%)、河南省(-20.56%)。2013年云南省每万人公共图书馆建筑面积为71.0平方米,略少于2012年的72.2平方米,涨幅为-1.66%,仅高于湖南省(-3.24%)、贵州省(-5.27%)、宁夏回族自治区(-9.15%)、山东省

(-21.10%)、福建省(-22.02%)。2013年每万人拥有群众文化设施建筑面积为197.7平方米,2012年为193.2平方米,涨幅为2.33%,排名全国第二十二位,仅高于青海省(0.97%)、江西省(0.76%)、四川省(0.56%)、湖北省(0.54%)、新疆维吾尔自治区(-0.25%)、福建省(-2.61%)、贵州省(-3.89%)、天津市(-16.80%)、北京市(-17.75%)。2013年云南省博物馆参观人数为1 078.36万人次,2012年为1 020万人次,涨幅为5.72%,排名全国第二十五位,仅高于江苏省(5.53%)、江西省(1.57%)、北京市(-0.79%)、贵州省(-3.85%)、重庆市(-4.50%)、安徽省(-15.79%)。

2. 与其他省市自治区相比,云南省公共文化服务个别维度总量不高,人均量则普遍不高,排名基本居于全国中下游

首先,虽然"公共文化产品"一项指标总量2013年云南省得分为44.54分,排名全国第二十五位,仅高于甘肃省(44.49分)、湖南省(44.38分)、河北省(41.44分)、安徽省(40.46分)、贵州省(38.81分)、河南省(37.9分)。其次,"公共文化享受"一项指标总量2013年云南省得分83.46分,排名全国第二十三位,仅高于甘肃省(82.71)、内蒙古自治区(82.55分)、新疆维吾尔自治区(81.83分)、宁夏回族自治区(80.2分)、海南省(79.75分)、贵州省(79.4分)、青海省(79.22分)、西藏自治区(78.3分)。

而人均量方面,云南省公共文化服务的六大维度指标普遍不高,基本都居于全国中下游。首先,"公共文化投入"一项指标2013年云南省得分为48.43分,排名全国第二十一位,仅高于湖北省(44.31分)、贵州省(44.08分)、广西壮族自治区(43.42分)、黑龙江省(42.36分)、山东省(42.19分)、安徽省(40.08分)、湖南省(39.55分)、江西省(38.78分)、河南省(36.83分)、河北省(36.19分)。

"公共文化机构"一项指标云南省在全国的排名则略高一点,排到全国第十八名,得分为40.26分,不但与排名第一的西藏自治区得分(96.72分)差距较大,而且与排在后五名的省市得分并未拉开差距——吉林省36.58分,湖北省34.27分,广西壮族自治区33.68分,山东省32.69分,广东省31.02分。

"公共文化产品"一项指标云南省得分44.54分,仅排名全国第二十五位,仅高于甘肃省(44.49分)、湖南省(44.38分)、河北省(41.44分)、安徽省(40.46分)、贵州省(38.81分)、河南省(37.9分)。

云南省"公共文化享受"一项指标的人均量也不高,虽然从2012年、2013年连续两年的得分来看都不低,且2013年(87分)还比2012年(84.38分)略高,但其在全国的排名却下降三位,从2012年的第二十六名下降到2013年的第二十九名,仅高于西藏自治区(26.6分)、贵州省(83.89分)。

三、对策与建议

1. 在公共文化服务的过程中坚持发扬少数民族文化与基层服务的特色

云南省是全国多个少数民族聚居的省份,同时也是国家西部开发与建设的重点对象,因而,无论是从现实需要还是从未来发展来说,少数民族与基层服务都应当成为云南省公共文化服务最为显著的特色。

为此,早在2009年云南省就开始积极推进农村公共文化服务体系建设,开展了一系列既富民族特色又满足广大农民需求的活动,例如"开展'云南省文化大篷车千乡万里送戏行'活动,建成'文化信息资源共享工程农民素质教育网络培训学校',启动'文化惠民示范村'创建活动,开展'大家乐'群众文化广场舞蹈比赛,举办乡镇文化站站长的任职资格培训。"[①]

至于未来的发展方向,《2014年云南省人民政府工作报告》明确提出:"加快民族文化强省建设。支持转企改制国有文艺院团改革,健全文博、新闻出版、广播电视事业单位法人治理结构。加快'三馆一站'达标进度,推进重大文化基础设施建设。扩大政府文化资助和文化采购,支持文艺精品创作。启动普洱茶申遗工作,强化非物质文化遗产和历史文化保护。扎实推进基层文化建设。"[②]

---

① 《云南省积极推进农村公共文化服务体系建设》,http://www.whyn.gov.cn/doc/public/view.php?cata=pubcul&id=578。
② 《2014年云南省人民政府工作报告》,http://yn.yunnan.cn/html/2014-01/20/content_3045684.htm。

2. 在进一步提高公共文化服务总量的同时,尤其要寻找切实有效的方法提高各项人均量,使得公共文化服务更好地落实于最广大的人民群众

从各项数据可以看出,云南省公共文化服务总量与人均量在全国来看都不算高,尤其是各个维度的人均量都有提高的空间,无论是总量还是人均的投入与产出绩效都居于全国中下游的位置(总量得分42.722 239 85 分,排名全国第二十二位,人均量得分 54.651 310 53 分,排名全国第二十位)。所以,未来云南省一方面需要尽可能地进一步加大各项投入,确保总量的增加,在此基础之上探索多种增加产出的方式,并改进内部与外部环境以将其更好地落实于最广大的人民群众。

第三十二章 2013年西藏自治区公共文化服务分析报告

2013年西藏自治区公共文化服务建设的力度较大，基本建立了覆盖全区的新闻出版体系，启动了文化信息资源共享工程数字资源库的建设，此外，艺术团体和艺术作品等也得到了明显的发展与支持，因而这一年公共文化服务的人均量有显著提升。不过，相比全国其他地区，西藏自治区的公共文化服务总量还比较不足，未来需要进一步加强投入，从而更为全面地惠及广大农牧民群众。

一、进步与成就

1. 与往年相比，公共文化服务人均量有明显进步，其部分核心指标增长幅度显著

2013年西藏自治区公共文化服务的人均量得分为72.71分，不但在分值上高于2012年的66.72分，而且在排名上更是由2012年的全国第十四名上升至2013年第七名。

就其公共文化服务的核心指标来看，首先，2013年的人均文化事业费为88.09元，而2012年仅为63.50元，其增长幅度达38.72%，排名全国第五位，仅次于海南省（51.66%）、青海省（49.52%）、新疆维吾尔自治区（40.66%）、广西壮族自治区（40.37%）。

其次，2013年西藏自治区群众文化机构培训人次为3.9万人次，2012年仅为2.4万人次，增长幅度为62.50%，排名全国第四位，仅次于青海省（91.49%）、山西省（80.37%）、天津市（66.55%）。

再次，2013 年西藏自治区公共图书馆从业人员数为 91 人，2012 年仅为 60 人，增长幅度高达 51.67%，排名全国第一位。而 2013 年群众艺术馆从业人员数为 188 人，2012 年为 167 人，增长幅度为 12.57%，排名全国第三位，仅次于宁夏回族自治区（61.58%）、广西壮族自治区（38.75%）。2013 年文化站从业人员数为 110 人，2012 年为 87 人，增长幅度为 26.44%，排名全国第二位，仅次于甘肃省（49.07%）。

最后，2013 年西藏自治区公共图书馆人均购书 0.643 元，2012 年仅为 0.383 元，其增长幅度高达 67.89%，排名全国第四位，仅次于海南省（127.13%）、湖北省（96.23%）、山西省（92.94%）。2013 年西藏自治区公共图书馆总流通人次为 4 万人次，而 2012 年仅为 3 万人次，增长幅度达 33.33%，排名全国第六位，仅次于海南省（80.00%）、新疆维吾尔自治区（51.76%）、江西省（39.81%）、重庆市（38.74%）、贵州省（33.76%）。2013 年西藏自治区每万人拥有群众文化设施建设面积 522.1 平方米，2012 年为 477.2 平方米，增长幅度为 9.41%，排名全国第八位，仅次于江苏省（20.94%）、宁夏回族自治区（19.28%）、海南省（13.33%）、浙江省（12.77%）、吉林省（11.20%）、甘肃省（10.84%）、安徽省（9.71%）。

2. 与其他省市自治区相比，公共文化服务多个维度的人均量都位居全国前列，其中"公共文化机构"排名全国第一位

具体来看，2013 年西藏自治区公共文化服务多个维度指标的人均量都位居全国前列，其中"公共文化机构"一项指标排名全国第一位，并且得分比排名第二的青海省（60.1 分）高出许多，该项指标西藏自治区得分高达 96.72 分。

"公共文化队伍"一项指标的人均量西藏自治区排名全国第三位，得分 75.44 分，比 2012 年提高了两名，仅次于上海市（85.05 分）、陕西省（81.87 分）。此外，"公共文化投入"一项指标的人均量排名全国第十位，得分为 57.72 分，虽然比 2012 年下降了两名，但仍然保持在全国中上游的水平，仅次于上海市（98.65 分）、浙江省（75.92 分）、北京市（75.07 分）、内蒙古自治区（66.72 分）、天津市（66.68 分）、宁夏回族自治区（65.87 分）、海南省（60.91 分）、青海省（60.11 分）、广东省（58.75 分）。

二、问题与不足

1. 与往年相比,公共文化服务总量进步不大,且个别核心指标涨幅不明显或略有下降

西藏自治区公共文化服务总量在2012年与2013年连续两年在全国排名都比较靠后,2012年得分45.27分,排名全国第三十一位,2013年得分50.47分,提高了两名,排在全国第二十九位,仅高于青海省(50.19分)、海南省(50.04分)。

而具体到公共文化服务的一系列核心指标来看,首先,2013年西藏自治区文化事业费占财政支出比重为0.25%,比2012年的0.38%有明显下降,涨幅为负(-34.21%),排名全国第三十位,仅高于青海省(-36.36%)。而2013年西藏自治区公共图书馆财政拨款为1366万元,2012年为1322万元,涨幅仅为3.33%,排名为全国第二十九位,仅高于湖北省(-3.19%)、天津市(-16.59%)。

其次,2013年西藏自治区群众文化机构财政拨款为4518万元,明显低于2012年的5534万元,涨幅为-18.36%,排名全国第三十位,仅高于新疆维吾尔自治区(-27.81%)。2013年西藏自治区文化馆机构数为73个,与2012年一样,涨幅为0,排名全国第二十五位,仅高于甘肃省(0)、青海省(0)、江西省(-0.97%)、山东省(-1.41%)、浙江省(-2.17%)、宁夏回族自治区(-4.76%)。

最后,2013年西藏自治区文化馆从业人员数为76人,明显低于2012年的222人,涨幅为-65.77%,排名全国第三十一名。

2. 与其他省市自治区相比,公共文化服务各个维度指标的总量与部分人均量都位居全国下游

再具体到公共文化服务的各个维度指标来看,西藏自治区"公共文化投入"总量得分2012年、2013年连续两年都位居全国第三十一位,2012年得分为28分,2013年略有下降,为27.93分,与连续两年都位居全国第一名的广东省差距较大(2012年广东省得分为96.4分,2013年得分为97.23分)。

"公共文化机构"一项指标总量的状况稍好,西藏自治区2012年得分为 42.58 分,排名全国第二十五位,2013 年得分为 50.15 分,排名提高了两位,排在全国第二十三名。但可以看出,西藏自治区总体水平仍居全国下游,仅高于吉林省(48.33 分)、重庆市(43.54 分)、上海市(40.17 分)、北京市(39.97 分)、青海省(37.15 分)、天津市(31.34 分)、宁夏回族自治区(28.59 分)、海南省(26.64 分)。

"公共文化产品"一项指标总量则与"公共文化投入"的状况相同,西藏自治区 2012 年、2013 年连续两年都位居全国第三十一位,2012 年得分为 23.77 分,2013 年得分为 26.5 分,与 2012 年第一名的上海市(82.77 分)以及 2013 年第一名的江苏省(86.02 分)差距明显。而在人均量方面,虽然西藏自治区 2013 年的得分为 48.26 分,比 2012 年的 46.43 分略高,但排名却比 2012 年下降了九位,排到了全国第十九名,处于中下游的位置。

同样,西藏自治区"公共文化活动"一项指标总量也于 2012 年、2013 年连续两年位居全国第三十一位,2012 年得分仅为 10.78 分,2013 年略高,为 12.39 分,与连续两年都位居第一位的广东省差距不小(2012 年广东省得分为 93.41 分,2013 年得分为 92.58 分)。而人均量方面,西藏自治区也同样连续两年位居全国第三十一位,2012 年得分为 37.25 分,2013 年为 41.62 分,与连续两年排名第一的上海市(2012 年上海市得分为 89.05 分,2013 年得分为 92.9 分)也差距明显。

"公共文化队伍"一项指标总量的状况仅仅略好,2012 年西藏自治区得分为 29.38 分,排名全国第二十九位,2013 年得分稍有提高,为 37.58 分,排名也提高了一名,排到了第二十八名,仅高于宁夏回族自治区(31.23 分)、青海省(26.95 分)、海南省(25.84 分)。

而"公共文化享受"一项指标虽然西藏自治区 2012 年、2013 年连续两年得分并不低,分别为 74.09 分、78.3 分,与连续两年排名第一位的广东省差距并不算大(2012 年广东省得分为 95.66 分,2013 年得分为 96.94 分),但仍然连续两年排名全国第三十一名。同样,人均量的状况也不乐观,2012 年西藏自治区该项指标得分为 84.35 分,排名全国第二十七位,2013 年得分为 86.6 分,但排名却下降到全国第三十位,仅高于贵州省(83.89 分)。因而,该项指标无论是总量还是人均量排名都处于全国下游。

三、对策与建议

1. 进一步发扬少数民族特色,以更为丰富的手段真正实现公共文化服务较为全面的基层对接

西藏自治区是一个少数民族聚集区,公共文化服务的具体内容具有鲜明的少数民族特色。这点在《2014年西藏自治区人民政府工作报告》中有着明确的体现和表述:"积极促进文化大发展,基层文化设施逐步完善,公共文化设施全部免费开放,群众文化生活日益丰富。百幅唐卡工程、百种藏汉文对照惠民图画书、大型实景剧《文成公主》等文化产品受到广泛好评,26个文化艺术精品获国家奖项。广播电视综合覆盖率分别达94.4%和95.5%。藏语文社会用字规范工作成效明显。非物质文化遗产保护得到加强。新建贝叶经抢救保护基地。新增全国重点文物保护单位20处、自治区级文物保护单位181处。"①因而,未来西藏自治区公共文化服务的发展方向理应坚持少数民族的定位,这既是该地区的根基所在,也是其特色所在。

此外西藏自治区的百姓主体为广大的农牧民,因而公共文化服务的方向应当紧紧围绕他们的需求展开。这就需要在现有基础上进一步了解和开掘更多满足广大农牧民文化需求的有效方式,从而真正实现公共文化服务较为全面的基层对接。

2. 采取更为有效的措施尽可能地提高公共文化服务各个维度的总量

从前面的分析来看,2013年西藏自治区公共文化服务多数人均指标处于全国前列,但总量却总体排名较为靠后,这与西藏自治区的总人口相对较少有直接关系,事实上,从各个核心指标的绝对数值上也能看出这一状况,某些人均指标或者涨幅排名靠前,但其绝对数值与全国其他地区却有不小的差距。

此外,从2013年西藏自治区公共文化服务的投入与产出绩效来

---

① 《2014年西藏自治区人民政府工作报告》,http://www.tibet3.com/news/content/2014-01/19/content_1431369.htm。

看,总量得分 47.778 583 63 分,排名全国第十三位,虽然位居全国中上游水平,然而却未必乐观,它与投入以及产出的双重不足有一定的关系,所以,西藏自治区未来在强调加大投入的同时,也需要重视更加有效的产出,这样才是比较理想的公共文化服务体系。

第三十三章 2013年陕西省公共文化服务分析报告

陕西省是一个拥有丰富历史资源的文化大省。近年来公共文化服务呈现进步态势，基本公共文化体系逐步健全，公共文化产品供给和服务能力逐渐增强。2013年不仅全面启动了30个重点文化项目建设，加强了对延安革命旧址群和汉长安城等遗址的保护，推进了丝绸之路联合申遗，加强了秦腔等非物质文化遗产保护，而且文化惠民和文艺精品创作也取得了丰硕成果，成功申办2016年中国艺术节，在广播电视户户通和农家书屋建设上颇有建树。2013年陕西省公共文化服务进步不小，但有个别指标出现下滑，离公共文化服务均衡发展还有一定距离。

一、进步与成就

对陕西省公共文化发展状况的分析，先分析其在全国31个省市自治区中的地位，主要与全国前五名、特别是第一名的差距，优于最末一名的分数，与全国31个省市自治区中的中位省份即第十六名的差距。再分析其在区域公共文化中的地位，主要在西北地区的地位。最后，找出其优势与亮点所在。

1. 公共文化服务总量排名第十一位、人均排名第八位

公共文化服务总量排名全国前五位延续了2012年的排序，依然是广东省、江苏省、浙江省、山东省和河南省，得分依次为89.08分、86.76分、84.48分、82.5分、80.71分。陕西省为71.73分，比第一名的广东省低17.35分,但比排名最末的海南省(50.04分)高出21.69分,比中位省份云南省的67.43分也高出4.3分;与2012年度一样,在西北地区仍然名列前茅。在人均方面,陕西省名列全国第八位,为72.3分,排名前五位依次是:上海市(90.89分)、北京市(79.64分)、浙江省(78.13分)、天津市(76.43分)、新疆维吾尔自治区(73.37分)。陕西省比第一名上海市低18.59分,但比排名末位的贵州省(62.95分)高出9.35分,比中位省份广东省70.44分也高出1.86分。在西北地区,与2012年一样,人均排名依然紧跟新疆维吾尔自治区,在西北地区排名第二。

2. 公共文化投入总量排名第十二位,人均排名第十七位

公共文化投入总量排名前五位依然不变,还是广东省、浙江省、上海市、江苏省和四川省,得分依次为97.23分、95.39分、88.65分、80.76分和73.02分。陕西省为55.77分,比第一名的广东省低41.46分,但比最末一名的西藏自治区高27.84分,比中位的河南省的54.16分高出1.61分;与2012年度一样,在西北地区仍然独占鳌头。在人均排名方面,陕西省排名保持上一年的序列,仍然是第十七位,得分为52.08分,前五名的分别为:上海市(98.65分)、浙江省(75.92分)、北京市(75.07分)、内蒙古自治区(66.72分)和天津市(66.68分)。陕西省比第一名上海市低了46.57分,比中位的甘肃省(52.61分)低了0.53分,不过比末位的河北省(36.19分)高了15.89分。

3. 公共文化机构总量和人均排名都是第十位

公共文化机构总量排在前五位的依次是四川省、河南省、江苏省、河北省和山东省,得分依次为:85.87分、81.63分、77.27分、73.33分和73.09分;陕西省为67.54分,比第一名四川省低18.33分,但比最后一名的海南省高出40.9分,比中位省份黑龙江省高出6.32分,与往年一样,陕西省的公共文化机构在西北地区排名第一。在人均排名方面,排在前五位的依次是西藏自治区、青海省、北京市、浙江省和新疆维吾尔自治区,得分依次为:96.72分、60.1分、50.78分、49.64分和49.54分。陕西省为44.22分,比第一名西藏自治区低52.5分,但比最后一位的广东省高13.2分,比中位省份四川省高3.4分。

4. 公共文化产品综合指数的总量排名第十四,人均排名第十一

总量排名前五位的依次是江苏省、广东省、上海市、山东省和四川省,得分依次为 86.02 分、79.48 分、79.24 分、75.79 分和 74.47 分,陕西省得分 62.1 分,比第一名的江苏省低 23.92 分,但比最后一名的西藏自治区高 35.6 分,比中位省份安徽省高 3.76 分。在人均排名方面,排名前五位的分别是上海市、新疆维吾尔自治区、吉林省、天津市和北京市,得分依次为:86.11 分、68 分、67.85 分、67.22 分和 66.05 分。陕西省为 54.63 分,比第一名上海市低 31.48 分,但比最后一名的河南省高 16.73 分,也比中位省份山东省高 5.48 分。无论是总量还是人均方面,陕西省在西北地区排名第二,仅次于新疆维吾尔自治区。

5. 公共文化活动总量排名第十七,人均排名第十六

该项指标全国排名前五位的依次是广东省、江苏省、山东省、浙江省和四川省,得分依次为:92.58 分、81.39 分、79.95 分、79.25 分、74.25 分。陕西省得分为 54.19 分,比第一名的广东省低 38.39 分,但比最后一名的西藏自治区高 41.8 分,略比中位省份江西省低 1.06 分;在西北地区,陕西省排名第一。在人均方面,陕西省正好在中位,为 57.28 分,排名前五位的依次是上海市、北京市、新疆维吾尔自治区、浙江省和福建省,得分依次为 92.9 分、84.72 分、80.31 分、75.39 分和 67.15 分,陕西省比第一名的上海市低 35.62 分,但比最后一名的西藏自治区高 15.66 分。

6. 公共文化队伍总量排名第五位,人均排名第二位

该项指标总量排名全国前五位的分别是河南省、山东省、广东省、浙江省和陕西省,得分依次为 89.52 分、89.06 分、80.28 分、79.78 分和 78.99 分,陕西省比第一名低 10.53 分,但比最后一名的海南省高了 53.15 分,也比中位省份江西省高 18.18 分。陕西省保持了在西北地区的第一的位置。在人均方面,陕西省(81.87 分)仅次于上海市(85.05 分),随后的三位依次分别为西藏自治区(75.44 分)、内蒙古自治区(75.39 分)和甘肃省(72.98 分)。陕西省只比第一名上海市低 3.18 分,比中位省份重庆市高出 21.58 分,更比最后一名的广东省高出 32.63 分。

7. 公共文化享受总量排名第十三位,人均排名第十二位

在公共文化享受的总量和人均方面,全国各地得分都比较高。排在前五位的依次是广东省、江苏省、浙江省、山东省和河南省,得分依次为 96.94 分、95.53 分、93.8 分、90.31 分和 88.71 分,陕西省得分为

84.7 分，比第一名的广东省低 12.24 分，比中位省份江西省高 0.26 分，比最后一名的西藏自治区高 6.4 分。陕西省在西北地区排名第一。在人均排名方面，排在前五位的依次是上海市、浙江省、天津市、江苏省和北京市，得分依次为 98.52 分、94.83 分、94.08 分、93.17 分和 92.64 分，陕西省得分 89.18 分，比第一名的上海市低 9.34 分，比中位省份内蒙古自治区高 0.72 分，比最后一名的贵州省高 5.29 分。在西北地区，陕西省排名第二，仅次于宁夏回族自治区。

根据对公共文化服务多项指标的研究结果，2013 年陕西省的公共文化发展进步不小，发展速度在全国居中等偏上的水平。陕西省公共文化服务有三大亮点：

一是横向进步。陕西省的公共文化服务指标大多较上年有所提升，基本都处于全国中上游水平。特别是公共文化队伍方面，无论是总量还是人均得分都很高，人均仅次于上海市，排名第二，总量排名第五，在全国处于比较领先的水平。

二是纵向上升。陕西省公共文化服务总体比上年有所进步。在公共文化服务总量方面，公共文化投入、公共文化队伍两项指标排名都上升了两名，公共文化服务综合指数、公共文化机构相关指标排名都比上年前进了一名。从人均考察，公共文化服务综合指标排名已经比 2012 年提升了七个位次，公共文化享受指标排名提升了五个位次，公共文化产品指标排名提升了三个位次，公共文化队伍和公共文化活动相关指标的得分排名各上升两名，人均公共文化队伍指标排名从 2012 年的第四名跃居第二名，成绩斐然。

三是公共文化服务的投入产出绩效有所改善。陕西省的投入产出绩效指数在全国排名正好在中位，这是一个值得肯定的成就。同时，从总量来看，排名比上年提升了一个名次，而人均排名则提升了六个名次，使陕西省的公共文化服务投入产出绩效排名，从上年的偏下游，提升到了中游水平。

二、问题与不足

2013 年陕西省公共文化服务总体上进步态势良好。然而，不可否认,陕西省公共文化服务也还面临着一些挑战。

1. 公共文化发展速度与传统文化大省的地位不相适应

陕西省地处中原腹地,是中华文明的重要发祥地,有着异常丰富的历史文博资源。陕西省的公共文化服务队伍在总量和人均方面都有不少的增长,分别提升了两个位次,特别是群众文化机构财政拨款较上年有较大增长,涨幅达34.83%,名列全国第四,公共图书馆从业人员数、文化馆从业人员数,涨幅排名全国第四位,文化馆机构数也有增长,排全国第五位。但是队伍的增长并没有相应带来公共文化享受的增加,虽然在人均方面从85.39分增长到89.18分,提升了五个位次,在总量方面从81.88分上升到84.7分,但却保持着第十三名的地位。这说明,陕西省的文化服务队伍的增长,并没有伴随着群众文化享受方面质的飞跃。

2. 群众文化设施投入与历史文博资源发掘不相适应

从公共文化投入分析,陕西省的人均文化事业费为40.87元,略低于全国的平均数44.60元,虽然远低于第一名上海市的120.65元,但比最少的安徽省15.08元要高出许多。在各项投入中,陕西省文物科研机构支出是全国平均水平的4倍多,形成一枝独秀的局面,但公共图书馆的投入远低于全国平均水平,特别是公共图书馆人均购书仅0.498元,远低于全国平均的1.121元的水平,涨幅排名全国倒数第四。除了博物馆相关指标外,在公共文化产品、公共文化活动、公共文化享受方面大多低于全国平均水平,这在一定程度上说明陕西省存在重历史文博、轻群众性公共文化的问题。

三、对策与建议

1. 重新部署公共文化服务格局,协调历史与现代元素

作为一个历史文化大省,一个有着异常丰富的文物资源的省份来说,重视历史资源的开发利用无可厚非,但同时,应该重新规划其群众性的公共文化投入。公共文化服务既要弘扬历史文化遗产,但更要服务于当下的社会大众。也就是说,使文化生活与普通百姓的生活更密切地结合起来,让人民大众有更多的机会与条件去享受公共文化服务。

2. 继续增加公共文化服务投入比重,适应文化大省的地位

陕西省作为一个文化大省,具有悠久的历史,拥有无数文物古迹,拥有194个博物馆,资源可谓得天独厚。但是,陕西省的文化事业费占财政支出的比重基本上只是全国平均数,人均文化事业费更是比全国平均数低3.73元,因此需要增加对公共文化事业费的投入,特别需要增加公共图书馆的拨款和购书开支,增加少儿读物出版种数、增加对动漫等文化创意产业的资助力度,增强对群众性文化活动的支持。

3. 继续提高公共文化产出绩效,改善公共文化整体质量

投入产出绩效的计算公式是:(公共文化产品+公共文化活动+公共文化享受)÷公共文化投入。陕西省的公共文化投入水平一般,分母不大,但是,由于公共文化产品、公共文化活动及享受也不特别突出,因此产出绩效也处中游。如果要提高绩效比,在公共文化投入基数大致不变的情况下,就必须增加公共文化产品,推动公共文化活动,提高公共文化享受的水平,特别是公共图书馆的面积、藏书、利用率、流通等方面还有很大的发展空间,在增加群众文化机构组织文艺活动的次数上还有很大潜力。

4. 增加公共图书馆建筑面积,提高公共图书馆利用水平

在公共文化享受方面,需要根本改变图书馆建筑面积相对小、购买图书少、图书馆总流通人次非常低的状况,把图书馆变成普通民众时常涉足的文化场馆,提高公共图书馆的使用水平。

陕西省的公共文化事业已有相当的进步,而在此基础上重新部署公共文化格局,加大对公共文化事业投入,解决个别指标下滑问题,继续提高公共文化服务产出绩效,必将会进一步推动陕西省历史文化与群众文化的协调发展。

第三十四章 2013年甘肃省公共文化服务分析报告

甘肃省是一个历史文化大省，敦煌文化、丝绸之路享誉海内外。近年来，甘肃省公共文化服务呈现不断进步的态势，公共文化投入、公共文化产品、公共文化队伍、民众的公共文化享受等都有不小的进步。2013年，金昌市被命名为首批国家公共文化服务体系示范区，省博物馆手机语音导览系统、数字博物馆在2013年正式启用，提升了公共文化享受程度。当然，甘肃省的公共文化服务也有不足之处，亟须改进。

一、进步与成就

甘肃省公共文化发展状况大致按如下思路进行分析，先分析其在全国31个省市自治区中的地位，主要与全国前五名、特别是第一名的差距，优于最后一名的分数，与全国31个省市自治区中的中位省份即第十六名的差距，再分析其在区域公共文化中的地位，主要分析其在西北地区的地位。最后，找出其优势与亮点所在。

1. 公共文化服务总量排名第二十三位、人均排名第十四位

公共文化服务总量全国排名前五名的省份，延续了2012年的排序，依然是广东省、江苏省、浙江省、山东省和河南省，得分依次为89.08分、86.76分、84.48分、82.5分、80.71分，甘肃省为63.83分，比第一名的广东省低25.25分，但比排名最后的海南省（50.04分）高出13.79分，比中位省份云南省的67.43也低3.6分。与2012年度一样，甘肃省在西北地区位居中游。在人均方面，甘肃省名列第十四位，为70.65分，排名前五位的依次是：上海市（90.89分）、北京市（79.64分）、浙江省（78.13分）、天津市（76.43分）、新疆维吾尔自治区（73.37分）。甘肃省比第一名上海市低20.24分，但比排名末位的贵州省（62.95分）高出7.7分，比中位省份广东省70.44分也高出0.21分。

2. 公共文化投入总量排名第二十三位，人均排名第十六位

公共文化投入总量全国排名前五位依然不变，还是广东省、浙江省、上海市、江苏省和四川省，得分依次为97.23分、95.39分、88.65分、80.76分和73.02分，甘肃省为49.89分，比第一名的广东省低47.34分，但比最后一名的西藏自治区高21.96分，也比中位的河南省（54.16分）低了4.27分，与2012年度一样，其在西北地区仍然位居中游。在人均排名方面，甘肃省的排名从第十八位上升到第十六位，得分为52.61分，而排在前五名的分别为：上海市（98.65分）、浙江省（75.92）分、北京市（75.07分）、内蒙古自治区（66.72分）和天津市（66.68分），甘肃省比第一名上海市低了46.04分，比最后一位的河北省（36.19分）高了16.42分，在西北地区，则超越了陕西省，从2012年的末位上升了一个位次。

3. 公共文化机构总量全国排名第十七位，人均排名第七位

公共文化机构总量排在全国前五位的依次是四川省、河南省、江苏省、河北省和山东省，得分依次为：85.87分、81.63分、77.27分、73.33分和73.09分；甘肃省为59.19分，比第一名四川省低26.68分，但比最后一名的海南省高出32.55分，比中位的黑龙江省低2.03分，与往年一样，甘肃省的公共文化机构在西北地区排名第二位，仅次于陕西省。在人均排名方面，排在前五位的依次是西藏自治区、青海省、北京市、浙江省和新疆维吾尔自治区，得分依次为：96.72分、60.1分、50.78分、49.64分和49.54分。甘肃省为46.7分，比第一名西藏自治区低50.02分，但比最后一位的广东省高15.68分，比中位的四川省高5.88分，在西北地区，甘肃省得分虽然落后于青海省和新疆维吾尔自治区，但却高于陕西省和宁夏回族自治区。

4. 公共文化产品综合指标的总量排名第二十五位，人均排名第二十六位

该项指标总量排名全国前五位的依次是江苏省、广东省、上海市、山东省和四川省，得分依次为86.02分、79.48分、79.24分、75.79分和

74.47 分,甘肃省得分 48.46 分,比第一名的江苏省低 37.56 分,但比最后一名的西藏自治区高 21.96 分,也比中位的安徽省低 9.88 分,在西北地区位居中游。该项指标人均排名方面,排在全国前五位的分别是上海市、新疆维吾尔自治区、吉林省、天津市和北京市,得分依次为:86.11 分、68 分、67.85 分、67.22 分和 66.05 分,甘肃省为 44.49 分,比第一名上海市低 41.62 分,但比最后一名的河南省高 6.59 分,也比中位的山东省低 4.66 分。

5. 公共文化活动总量排名第二十三位,人均排名第十一位

该项指标全国排名前五位的依次是广东省、江苏省、山东省、浙江省和四川省,得分依次为:92.58 分、81.39 分、79.95 分、79.25 分、74.25 分,甘肃省得分为 47.59 分,比第一名的广东省低 44.99 分,但比最后一名的西藏自治区高 35.2 分,略比中位的江西省低 7.66 分,在西北地区,甘肃省位列中游,界于陕西省、新疆维吾尔自治区和青海省宁夏回族自治区之间。该项指标全国人均排名前五位的依次是上海市、北京市、新疆维吾尔自治区、浙江省和福建省,得分依次为 92.9 分、84.72 分、80.31 分、75.39 分和 67.15 分,甘肃省为 61.42 分,比第一名的上海市低 31.48 分,但比最后一名的西藏自治区高 19.8 分。在西北地区排名第二位,仅次于新疆维吾尔自治区。

6. 共文化队伍总量排名第十九位,人均排名第五位

该项指标总量排名前五位的分别是河南省、山东省、广东省、浙江省和陕西省,得分依次为 89.52 分、89.06 分、80.28 分、79.78 分和 78.99 分,甘肃省得分为 58.81 分,比第一名低 30.71 分,但比最后一名的海南省高了 32.97 分,比中位的江西省低 2 分。人均方面,甘肃省进入了五强:上海市(85.05 分)、陕西省(81.87 分)、西藏自治区(75.44 分)、内蒙古自治区(75.39 分)和甘肃省(72.98 分)。甘肃省只比第一名上海市低 12.07 分,比中位的重庆市高出 12.69 分,更比最后一名的广东省高出 23.74 分。无论是总量还是人均,甘肃省在西北地区仅次于陕西省,稳居第二。

7. 公共文化享受总量排名第二十四位,人均排名第十四位

在公共文化享受的总量和人均方面,全国各地得分都比较高,几乎都在 80 分以上。总量排在前五位的依次是广东省、江苏省、浙江

省、山东省和河南省,得分依次为96.94分、95.53分、93.8分、90.31分和88.71分,甘肃省得分为82.71分,比第一名的广东省低14.23分,比中位的江西省低1.73分,比最末一名的西藏自治区高4.41分,在西北地区排名第二,仅次于陕西省。该项指标人均排名方面,排在全国前五位的依次是上海市、浙江省、天津市、江苏省和北京市,得分依次为98.52分、94.83分、94.08分、93.17分和92.64分,甘肃省得分88.71分,比第一名的上海市低9.81分,比中位省份内蒙古自治区高0.25分,比最后一名的贵州省高4.82分。在西北地区,甘肃省位居中游,稍逊于宁夏回族自治区和陕西省,但略优于新疆维吾尔自治区和青海省。

甘肃省公共文化服务虽然还处于全国中下游水平,但整体呈现发展态势。其进步与发展有两大亮点:

一是文化事业费占财政支出的比重较上年涨幅全国排名第二,为23.68%,仅次于四川省29.41%的上涨幅度。

二是公共文化服务多项指标有所进步。公共文化服务、公共文化投入、公共文化产品、公共文化队伍和公共文化享受,无论是总量还是人均得分都有进步。公共文化服务总量较2012年前进一位,人均则前进了三位。人均公共文化队伍指标从往年的第七名进到前五强,名列西北地区的第二。其中文化站从业人员数从2012年的2 207人增加到3 290人,上涨49.07%,涨幅排名全国第一。公共文化享受人均指标排名,从第二十四名跃升到第十四名,从下游进入中游。虽然公共文化机构名次有所下降,但某些类项还有增长,如文物机构数从207个增加到212个,文物保护科学研究机构、管理机构从5个增加到54个。

二、问题与不足

2013年甘肃省公共文化服务各领域虽有小幅进步,但也有些方面后退,面临着比较严峻的挑战。

1. 公共文化活动徘徊低迷,影响民众的文化活动水平

甘肃省的公共文化各项指数总量排名大多位于全国中下游。从得分来看,除了公共文化服务综合指数总量超过60分外,其他五项全部不及格,都在60分以下,而公共文化产品和公共文化活动得分只有

47–48分左右。人均排名也一样,除了公共文化队伍和公共文化机构相关得分排在上游外,其他各项也在中下游。公共文化投入、公共文化机构、公共文化产品都没有及格。公共文化服务综合指数人均排名在西北地区垫底。特别是公共文化活动,无论是总量还是人均,在全国的排名都在下降。

2. 公共文化服务发展欠平衡,阻碍公共文化全面发展

一是对公共图书馆和群众文化机构的财政拨款有所增长,但是文物科研机构的财政拨款却大大下降,从43 928万元降到23 095万元,说明甘肃省对文博事业的资助力度有所减弱。二是艺术表演团体新增了19个,出版图书增长了369种,少儿图书出版增加了71种,公共图书馆举办的展览增加了72个,参观人次增长了22.63万人次,但国有书店及国有发行点(处)、报纸出版数(种)都呈下降趋势。

3. 公共文化服务产出绩效下降,降低民众公共文化享受度

在公共文化服务投入产出绩效上,甘肃省的差距似乎在拉大。虽然人均绩效则保持了2012年的第二十四位,在西北地区处于中游水平,但总量绩效在全国的排名从2012年的第九名急剧下降到第二十一名,从上等水平下降到中下游。绩效指标的这种变动,说明公共文化享受的均等性和普遍性还有待改善。

三、对策与建议

虽然甘肃省在公共文化服务方面取得了一定的进步,但也不能忽视在公共文化发展方面的严重问题与不足,因此亟须改进。

1. 进一步增加对公共文化服务的投资

2013年甘肃省文化事业费占财政支出的比重,虽然从2012年的0.38%增长到0.47%,但人均文化事业费增长极其有限,仅仅从32.52元增加到35.38元,涨幅排名全国第二十六位。因此需要进一步增加对公共文化服务的投资。特别是对公共图书馆财政拨款、群众文化机构拨款远低于全国平均水平,需要增加投入,文物科研机构财政拨款虽然已经是西北地区最多,但与中国平均水平相比还有一定的差距,应继续加大投入。

2. 保持群众文化与历史文化的平衡发展

甘肃省是一个历史文化大省，有比较丰富的文博和历史资源，特别是拥有丝绸之路、敦煌文化及嘉峪关长城等海内外知名的文化遗产，需要弘扬历史文化遗产，推进华夏文明的传承，同时也需要加强对群众文化活动的资助，如加强对公共图书馆和群众文化机构的支持力度，保护历史文化与群众文化的平衡发展，争取文化各部门发展相对平衡。

3. 提高公共文化服务的投入与产出绩效

甘肃省的公共文化投入不多，同时公共文化产品、文化活动和文化享受指标也不突出，因此投入产出绩效也较低。怎么提高投入产出绩效呢？公共文化投入不能减只能增，所以需要进一步增加分子，即增加公共文化产品，增强公共文化活动，增加公共文化享受等各项指标，这样才能逐步提高公共文化投入产出绩效。由于甘肃省公共文化产品和公共文化活动总量得分低，公共文化产品人均得分也没有及格，在各方面都有着比较大的提升空间，因此建议增加公共文化产品的供给。例如，可以增加有线广播电视用户数，把占家庭总户数26.07%的用户比例提上去，因为这远低于全国平均水平（51.78%），即使在西北地区也是最低的；其他如图书、期刊、少儿读物出版数量也远低于全国平均水平，需要努力提升；大力扶持和资助全国文化产业示范基地园区和产业示范基地获得著作权和发展专利，这项指标全国平均水平为466.55项，而甘肃省仅有5项，有着很大的差距；以及大力倡导公共文化活动。这样，就可能阻止绩效下滑，提高甘肃省的公共文化服务投入与产出绩效。

通过加大对公共文化服务的投资，加大对群众文化活动的资助，提高投入产出绩效，甘肃省这个历史文化大省，必将迎来历史文化与群众文化的大发展。

第三十五章 2013年青海省公共文化服务分析报告

青海省是一个特色明显、文化丰富的省份。近年来,采取各种文化惠民措施,实施文化进村入户、农村牧区电影放映等公共文化建设,提前两年完成了广播电视"'十二五'村村通"工程目标,提高了全省各级博物馆、图书馆、文化馆免费开放的服务水平。在2013年11月6日由文化部、财政部在上海市召开国家公共文化服务体系示范区(项目)创建工作会议上,青海省格尔木市成为首批国家公共文化服务体系示范区,西宁市获得第二批国家公共文化服务体系示范区(项目)创建城市资格,成就显然不小。但是,与全国其他各省市自治区相比,青海省的公共文化服务进步不够明显,还面临着比较大的挑战。

一、进步与成就

对青海省公共文化服务大致按如下思路进行分析,先分析其在全国31个省市自治区中的地位,主要与全国前五名、特别是第一名的差距,优于最后一名的分数,与全国31个省市自治区中的中位省份即第十六名的差距;再分析其在区域公共文化中的地位,主要在西北地区的地位。最后,找出其优势与亮点所在。

1. 公共文化服务总量排名第三十位,人均排名第十二位

公共文化服务总量全国排在前五名延续了2012年的排序,依然是广东省、江苏省、浙江省、山东省和河南省,得分依次为89.08分、86.76分、84.48分、82.5分、80.71分,青海省为50.19分,比第一名的广东省低38.89分,也比中位省份云南省的67.43分也低17.24分,仅比排名最后的海南省(50.04分)高出0.15分;与2012年度一样,排在西北地区的末尾。在人均方面,排名前五位的依次是:上海市(90.89分)、北京市(79.64分)、浙江省(78.13分)、天津市(76.43分)、新疆维吾尔自治区(73.37分),青海省位列第十二名,为71.01分。青海省比第一名上海市低19.88分,只比中位省份广东省(70.44分)高0.57分,但比排名末位的贵州省(62.95分)高出8.06分。在西北地区,与2012年一样,青海省该项人均排名依然仅高于甘肃省。

2. 公共文化投入总量排名第三十位,人均排名第八位

公共文化投入总量排名前五位依然不变,还是广东省、浙江省、上海市、江苏省和四川省,得分依次为97.23分、95.39分、88.65分、80.76分和73.02分,青海省为35.51分,比第一名的广东省低61.72分,也比中位省份河南省(54.16分)低18.65分,只比最后一名的西藏自治区高7.58分;与2012年度一样,在西北地区被宁夏回族自治区超越,成为西北地区最后一名。在人均排名方面,青海省从2012年的第五名降为第八名,得分为60.11分,而占前五名的分别为:上海市(98.65分)、浙江省(75.92分)、北京市(75.07分)、内蒙古自治区(66.72分)和天津市(66.68分),青海省比第一名上海市低了38.54分,比最后一位的河北省(36.19分)高了23.92分,也比中位省份甘肃省(52.61分)高了7.5分,名列西北地区的第二名。

3. 公共文化机构总量排名第二十八位,人均排名保持第二位

公共文化机构总量排在全国前五位的依次是四川省、河南省、江苏省、河北省和山东省,得分依次为:85.87分、81.63分、77.27分、73.33分和73.09分;青海省为37.15分,比第一名四川省低48.72分,也比中位省份黑龙江省低24.07分,只比最后一名的海南省高出10.51分,与往年一样,青海省的公共文化机构总量得分在西北地区排名第四。在人均排名方面,青海省排名第二位,仅次于西藏自治区,排在前五位的依次是西藏自治区、青海省、北京市、浙江省和新疆维吾尔自治区,得分依次为:96.72分、60.1分、50.78分、49.64分和49.54分。青海省比第一位的西藏自治区低36.62分,比最后一位的广东省高29.08分,比中位省份四川省高19.28分,在西北地区,青海省独占鳌头。

4. 公共文化产品综合指数的总量排名第二十九位,人均排名第十八位

该项指标总量排名前五位的依次是江苏省、广东省、上海市、山东省和四川省,得分依次为 86.02 分、79.48 分、79.24 分、75.79 分和 74.47 分,青海省得分 31.12 分,比第一名的江苏省低 54.9 分,也比中位省份安徽省低 27.22 分,但比最后一名的西藏自治区高 4.62 分。在人均排名方面,排前五位的分别是上海市、新疆维吾尔自治区、吉林省、天津市和北京市,得分依次为:86.11 分、68 分、67.85 分、67.22 分和 66.05 分,青海省为 48.32 分,比第一名上海市低 37.79 分,也比中位省份山东省低 0.83 分,但比最末一名的河南省高 10.42 分。无论是总量还是人均方面,青海省在西北地区排名第四位。

5. 公共文化活动总量排名保持第二十九位,人均排名第十四位

该项指标排名前五位的依次是广东省、江苏省、山东省、浙江省和四川省,得分依次为:92.58 分、81.39 分、79.95 分、79.25 分、74.25 分,青海省得分为 20.48 分,比第一名的广东省低 72.1 分,但比最后一名的西藏自治区高 8.09 分,略比中位省份江西省低 34.77 分,在西北地区,青海省略高于宁夏回族自治区,排名第四位。在人均方面,排名前五位的依次是上海市、北京市、新疆维吾尔自治区、浙江省和福建省,得分依次为 92.9 分、84.72 分、80.31 分、75.39 分和 67.15 分,青海省为 58.36 分,比第一名的上海市低 34.54 分,比中位省份陕西省高 1.08 分,也比最后一名的西藏自治区高 16.74 分。在西北地区处于中游水平。

6. 公共文化队伍总量排名第三十位,人均排名第八位

该项指标总量排前五位的分别是河南省、山东省、广东省、浙江省和陕西省,得分依次为 89.52 分、89.06 分、80.28 分、79.78 分和 78.99 分,青海省得分 26.95 分,比第一名低 62.57 分,也比中位省份江西省低 33.86 分,但比最后一名的海南省高了 1.11 分。青海省仍然是西北地区的末尾。在人均方面,全国排名前五位的依次是上海市(85.05 分)、陕西省(81.87 分)、西藏自治区(75.44 分)、内蒙古自治区(75.39 分)和甘肃省(72.98 分),青海省(68.28 分)比第一名的上海市低 16.77 分,比中位省份重庆市高出 7.99 分,更比最后一名的广东省高出 19.04 分,在西北地区优于新疆维吾尔自治区。

7. 公共文化享受总量排名第三十位,人均排名第二十七位

在公共文化享受的总量和人均方面,全国省份得分都比较高。排在前五位的依次是广东省、江苏省、浙江省、山东省和河南省,得分依次为 96.94 分、95.53 分、93.8 分、90.31 分和 88.71 分,青海省得分为 79.22 分,比第一名的广东省低 17.72 分,比中位省份江西省低 5.22 分,比最后一名的西藏自治区高 0.92 分。在人均排名方面,排在前五位的依次是上海市、浙江省、天津市、江苏省和北京市,得分依次为 98.52 分、94.83 分、94.08 分、93.17 分和 92.64 分,青海省得分 87.44 分,比第一名的上海市低 11.08 分,比中位省份内蒙古自治区低 1.02 分,比最后一名的贵州省高 3.55 分。

根据对公共文化的多项指标研究结果,青海省整体上仍然处于下游地位,但公共文化服务仍有值得肯定之处,其亮点有:

一是纵向看,青海省人均公共文化机构综合指数一枝独秀,依然保持排名全国第二的地位,仅次于西藏自治区。其中群众文化机构培训人次全年涨幅排名全国第一位,涨幅为 91.49%,远高于全国平均 13.88%。人均公共文化队伍得分也处于全国上游水平。

二是公共文化产品相关指数呈现良好上升势头,其中总量上升两个名次,而人均则上升了 7 个名次,从下游水平的第二十五名上升到第十八名,进步比较显著。

三是人均文化事业费也有很大增长,从 2012 年的 60.8 元增加到 2013 年的 89.8 元,较上年涨幅 49.52%,全国排名第三位。

二、问题与不足

根据对公共文化的多项指标研究结果,从横向看,青海省的公共文化发展在全国处于明显的下游地位,特别是公共文化享受一项得分排在全国和西北地区的末尾。从纵向看,人均公共文化机构一枝独秀,依然保持排名全国第二位的地位。公共文化产品总量一项得分排名前移两名,其他或者保持不变,甚至还有所下降。不可否认,青海省公共文化发展面临着严峻的挑战。

1. 公共文化发展相对滞后

在考察的6类58个分项中,与全国平均水平相比,青海省除了人均文化事业费得分(全国排名第三位)、人均拥有公共图书馆藏书册数、每万人公共图书馆建筑面积这3项超过全面平均数,广播、电视节目综合人口覆盖率则接近平均数,其他53项则全部低于全国平均水平。特别是文化事业费占财政支出的比重全国垫底,从2012年的0.55%下降到2013年的0.35%,跌幅达36.36%。

2. 公共文化投入不均衡

青海省人均文化事业费从2012年的60.06元增加到2013年的89.8元,公共图书馆财政拨款从2012年的4 003万元增加到2013年的5 072万元。但其他各项投入或者大大减少或者变化不大,群众文化机构拨款、文物科研机构拨款都急剧减少。尤其是对公共图书馆的财政拨款、对群众文化机构的财政拨款全国排名倒数第二位。这些低投入,相应导致了青海省在群众文化机构举办训练班、组织文艺活动能力的下降,导致了公共图书馆从业人数、文化馆从业人数的大幅下降,全国排名倒数第三位。这些数据说明青海省公共文化投入比较单一。

3. 公共文化服务的投入与产出绩效偏低

与2012年的排名全国第四位相比,青海省2013年虽然绩效总量得分增加到57.60分,但在全国的排名却下降到第二十位。我们研究的目的主要考察公共文化服务的公益性、基本性、均等性、便利性这四个基本特征,研究公民对公共文化的切实感受程度,而不是考察其重点标志性设施、重大项目、重要活动情况,等等。青海省的公共文化投入比较少,公共文化产品、公共文化活动及公共文化享受也欠佳,投入产出绩效自然偏低。

三、对策与建议

公共文化服务在某些方面的进步表现,不能掩盖存在的问题与不足,因此建议从以下几个方面着手,逐渐改变甘肃省的弱势地位。

1. 突破公共文化服务弱势类项,促进公共文化各部门整体进步

由于青海省在公共文化服务上相对滞后,建议每年筛选几个重点类项进行突破,用几年时间逐步改变现状。一种方法是从几个最弱的类项着手,逐渐夯实公共文化服务基础,从而稳步提高公共文化服务水平。另一种思路是挑选接近全国平均数的类项,提高这些类项的得分。这种方法的优点是比较容易做到,而且见效比较快,例如可以在群众文化机构和设施上努力,多成立几个群众艺术馆机构,从原有的9个到全国平均的12.32个只差3.68个,每万人拥有的群众文化设施建筑面积229.1平方米到全国平均243.6平方米也相对容易达到。

2. 增加公共文化服务的投入,保持公共文化各部门均衡发展

从2012年到2013年,青海省群众文化机构财政拨款从9 247万元减少到8 576万元,文物科研机构财政拨款从4 981万元减少到670万元。建议逐渐增加对公共文化服务的财政拨款,除了对公共图书馆财政拨款增加外,对群众文化机构和文物科研机构也应该相应增加拨款,从而保持公共文化投入的大致平衡。

3. 改善公共文化服务产出绩效,提高公共文化享受水平

如果要提高公共文化服务投入产出绩效,在公共文化投入基数大致不变的情况下,就必须增加公共文化产品供给,增加公共文化活动,提高公共文化享受的水平。而如果增加对公共文化投入的话,就更应该增加公共产品的得分,增加政府购买公共产品的供给量,特别是在公共图书馆的建筑面积、藏书、利用率、流通等方面还有很大的发展空间。至于增加公共文化活动服务,提高公共文化享受也有很大的可操作性,比如举办各种艺术文化节,开展广泛的群众性娱乐活动,都可以提升公众的文化享受水平。

第三十六章 2013年宁夏回族自治区公共文化服务分析报告

宁夏回族自治区有着独特的地方文化色彩。近年来,宁夏回族自治区注重发展民族特色文化,加强文物和非物质文化遗产保护,通过文化惠民工程,构建覆盖城乡的公共文化服务体系,提高了公共文化的供给和服务能力。2013年11月6日,在上海市召开的全国公共文化服务体系建设会议上,银川市被授予国家首批公共文化服务体系示范区称号。秦腔《花儿声声》等剧目摘得国家大奖。但是宁夏回族自治区的公共文化服务形势仍然不容乐观,与全国省市自治区相比,在各项指标上或者有所后退,或者保持不变,情况不容乐观,提高公共文化服务还任重道远。

一、进步与成就

宁夏回族自治区公共文化发展状况大致按如下思路进行分析,先分析其在全国31个省市自治区中的地位,主要与全国前五名、特别是第一名的差距,优于最后一名的分数,与全国31个省市自治区中的中位省份即第十六名的差距。再分析其在区域公共文化服务中的地位,主要在西北地区的地位。最后,找出其优势与亮点所在。

1. 公共文化服务总量保持2012年的排名第二十八位、人均排名第十一位

公共文化服务总量全国排名前五位延续了2012年的排序,依然是广东省、江苏省、浙江省、山东省和河南省,得分依次为89.08分、

86.76分、84.48分、82.5分、80.71分，宁夏回族自治区为50.63分，比第一名的广东省低38.45分，但比排名最后的海南省（50.04分）高出0.59分，也比中位省份云南省（67.43分）低16.8分，与2012年一样，在西北地区仍然仅优于青海省。在人均方面，排名前五位的依次是：上海市（90.89分）、北京市（79.64分）、浙江省（78.13分）、天津市（76.43分）、新疆维吾尔自治区（73.37分）。宁夏回族自治区从往年的第七名下降为第十一名，为71.23分，比第一名上海市低19.66分，但比排名最后一位的贵州省（62.95分）高出8.28分，比中位省份广东省（70.44分）也高出0.79分，在西北地区，被陕西省超过，排名第三位。

2. 公共文化投入总量保持2012年的第二十九名，人均保持2012年的第六名

公共文化投入总量全国排名前五位依然不变，还是广东省、浙江省、上海市、江苏省和四川省，得分依次为97.23分、95.39分、88.65分、80.76分和73.02分，宁夏回族自治区为41.41分，比第一名的广东省低55.82分，但比最后一名的西藏自治区高13.48分，比中位省份河南省的54.16分低12.75分，在西北地区超越青海省，不再是西北地区最后一名。在人均排名方面，宁夏回族自治区排名保持上一年的序列，仍然是第六位，得分为65.87分，而排名全国前五名的分别为：上海市（98.65分）、浙江省（75.92分）、北京市（75.07分）、内蒙古自治区（66.72分）和天津市（66.68分），宁夏回族自治区比第一名的上海市低了32.78分，比中位省份甘肃省（52.61分）高13.26分，更比末位的河北省（36.19分）高出29.68分，在西北地区超越青海省，名列榜首。

3. 公共文化机构总量保持第三十名，人均排名从第七名下滑到第十三名

公共文化机构总量全国排名在前五位的依次是四川省、河南省、江苏省、河北省和山东省，得分依次为：85.87分、81.63分、77.27分、73.33分和73.09分，宁夏回族自治区为28.59分，比第一名的四川省低57.28分，比最后一名的海南省高出1.95分，更比中位省份黑龙江省低32.63分，与往年一样，宁夏回族自治区的公共文化机构在西北地区排在末位。在人均排名方面，排名全国前五位的依次是西藏自治区、青海省、北京市、浙江省和新疆维吾尔自治区，得分依次为：96.72分、60.1分、

50.78分、49.64分和49.54分。宁夏回族自治区为42.15分,比第一名西藏自治区低54.57分,但比最后一位的广东省高11.13分,比中位省份四川省高1.33分。

4. 公共文化产品综合指数的总量保持第二十九名,人均排名第十四位

该项指标总量全国排名前五位的依次是江苏省、广东省、上海市、山东省和四川省,得分依次为86.02分、79.48分、79.24分、75.79分和74.47分,宁夏回族自治区得分30.37分,比第一名的江苏省低55.65分,比中位省份安徽省低27.97分,但比最后一名的西藏自治区高3.87分,在西北地区,宁夏回族自治区位居最后。在人均排名方面,全国排名前五位的分别是上海市、新疆维吾尔自治区、吉林省、天津市和北京市,得分依次为:86.11分、68分、67.85分、67.22分和66.05分;宁夏回族自治区为51.6分,比第一名的上海市低34.51分,但比最后一名的河南省高13.7分,也比中位省份山东省高2.45分。宁夏回族自治区在西北地区仍居中游。

5. 公共文化活动总量排名保持第三十位,人均排名第二十一位

该项指标排名全国前五位的依次是广东省、江苏省、山东省、浙江省和四川省,得分依次为:92.58分、81.39分、79.95分、79.25分、74.25分,宁夏回族自治区得分为20.42分,比第一名的广东省低72.16分,也比中位省份江西省低34.83分,只比最后一名的西藏自治区高8.03分。在人均方面,排名全国前五位的依次是上海市、北京市、新疆维吾尔自治区、浙江省和福建省,得分依次为92.9分、84.72分、80.31分、75.39分和67.15分,宁夏回族自治区为54.66分,比第一名的上海市低38.24分,也比中位省份的陕西省低2.62分,但比最后一名的西藏自治区高13.04分。

6. 公共文化队伍总量排名第二十九位,人均排名第六位

该项总量全国排前五位的分别是河南省、山东省、广东省、浙江省和陕西省,得分依次为89.52分、89.06分、80.28分、79.78分和78.99分,宁夏回族自治区得分为31.23分,比第一名低58.29分,比中位省份江西省低29.58分,但比最后一名的海南省高了5.39分,保持了在西北地区的第四名的位置。在人均方面,全国排名前五位的分别是上海市

(85.05分)、陕西省(81.87分)、西藏自治区(75.44分)、内蒙古自治区(75.39分)和甘肃省(72.98分),宁夏回族自治区(71.82分)只比第一名上海市低13.23分,比处于中位的重庆市高出11.53分,更比最后一名的广东省高出22.58分,在西北地区位居中游。

7. 公共文化享受总量排名保持第二十七位,人均排名第十一位

在公共文化享受的总量和人均方面,全国各地得分都比较高,排在前五位的依次是广东省、江苏省、浙江省、山东省和河南省,得分依次为96.94分、95.53分、93.8分、90.31分和88.71分,宁夏回族自治区得分为80.2分,比第一名的广东省低16.74分,也比中位省份江西省低4.24分,只比最后一名的西藏自治区高1.9分,在西北地区排名第四位。在人均排名方面,排在前五位的依次是上海市、浙江省、天津市、江苏省和北京市,得分依次为98.52分、94.83分、94.08分、93.17分和92.64分,宁夏回族自治区得分89.34分,比第一名的上海市低9.18分,比中位省份内蒙古自治区高0.88分,比最后一名的贵州省高5.45分,同上年一样,名列西北地区的榜首。

宁夏回族自治区的公共文化服务发展状况确实不容乐观,但也有一些亮点:

一是公共文化投入表现不俗。公共文化投入人均得分排名保持了上年的全国第六名的水平;人均文化事业费全国排名第五,文化事业费占财政支出的比重全国排名第五,涨幅全国排名第四位,为23.68%;群众文化机构财政拨款增长喜人,从6 456万元增加到11 545万元,涨幅全国排名第二位,为78.83%。

二是公共文化产品人均得分进步较快。全国排名从第十八名提升到第十四名,提升了四个位次。其中,每万人拥有群众文化设施建筑面积较上年(239.1平方米)有较大增长,达285.2平方米,仅次于江苏省的366.7平方米,涨幅为19.28%,排名全国第二位。每万人拥有的公共图书馆建筑面积为160.9平方米,仅次于天津市和上海市。

三是基本保住总量指标的2012年全国名次。在分析的六大指标中,在总量方面除了公共文化队伍在全国排名稍有下降外,其他五个指标基本上都维持了上年的位次。个别类项还有进步,如群众文化机构数、群众文化机构组织文艺活动次数较上年涨幅全国排名第四位。

即使是公共文化队伍人均指标排名下降了三个名次，但也有曙光，比如群众艺术馆从业人数2013年较2012年涨幅全国排名第一位，增长了61.58%。

二、问题与不足

不可否认，宁夏回族自治区公共文化发展面临着巨大的挑战。

1. 公共文化人均指标有所下滑

宁夏回族自治区地处中原腹地，是中华文明的重要发祥地，有着丰富的历史文博资源。但是，公共文化服务发展速度却相对比较缓慢。虽然人均指标得分排名均在中上游，不少指标在全国排名却出现了不同程度的下滑，如公共文化机构排名下滑六个位次，公共文化活动排名下滑七个位次，公共文化队伍排名下滑三个位次，公共文化享受排名下滑两个位次。这种状况与文化大省地位不相称。

2. 公共文化投入有偏颇

虽然宁夏回族自治区的人均文化事业费（66.84元）远高于全国的平均数（44.60元），但对群众文化设施的投入欠平衡，对图书馆、文物科研机构和群众文化机构的投入力度不够。宁夏回族自治区公共图书馆财政拨款数额也远低于全国平均水平，只比西藏自治区和青海省好一些。公共图书馆人均购书0.588元，低于上年的0.93元，也低于全国平均的1.121元，跌幅排名全国第一，达36.77%。文物科研机构的财政拨款也大幅下跌，从上年的8886万元下降到2178万元，跌幅达75.49%。群众文化机构财政拨款数虽然较上年增长较快，从6456万元增加到11545万元，但仍然大大低于全国平均水平，全国排倒数第二。

3. 群众文化服务有弱项

群众文化机构数有下降，文化馆数涨幅排名全国倒数第一，为负4.76%。公共文化产品发展不均衡，公共广播节目仅24套，远低于全国平均数83.87套。群众文化活动较少，群众文化机构培训7.5万人次，较上年涨幅负35.9%，涨幅排名全国倒数第二位，群众文化机构组织文艺活动次数也排名不佳。群众文化队伍萎缩，公共图书馆、文化站从业人员数排名全国倒数第四位，公共图书馆和文化馆从业人员数排名较上年涨幅也排末尾。群众公共文化享受不高，公共图书馆流通人次与涨幅、博物馆参观人数排名也在末尾，每万人公共图书馆建筑面积较上年涨幅负9.15%，涨幅排名全国倒数第三位，公共图书馆流通总人数从上年的233万次人下降到210万人次，跌幅达9.87%，跌幅排名全国第二位。

4. 公共文化服务投入产出绩效排名有下跌

宁夏回族自治区的公共文化服务投入与产出绩效不甚理想，无论是总量还是人均，排名均在末游。虽然公共文化投入产出绩效人均得分在全国排名保持不变，总量得分也有增长，但在全国的排名却迅速从2012年的第三名，急速下降到第二十八名。

三、对策与建议

宁夏回族自治区公共文化服务的存在的问题与不足，正说明了宁夏回族自治区公共文化服务有着较大的提升空间，建议从以下几个方面着手：

1. 大力发展公众文化服务事业，提高公共文化服务总体水平

作为一个历史文化大省，一个有着丰富的文物资源的省份来说，重视历史资源的开发利用是题中之意。但应该重新规划群众性公共文化服务，大力发展公共文化服务事业，提高公共文化服务水平，从而逐渐改变宁夏回族自治区公共文化服务总量指标在下游的状况。

2. 继续增加对公共文化服的投入，实现公共文化服务投入基本均衡

继续增加对公共文化服务的投入，特别是加强对公共图书馆和文化机构的财政投入。宁夏回族自治区公共文化投入的力度有目共睹，但总量仍然偏低，投入不够均衡，对公共图书馆财政拨款在全国排名倒数第三位。建议加大对公共图书馆和群众文化机构的财政拨款力度，增加公共图书馆的购书开支，实现公共文化服务的投入基本均衡。

3. 集中力量专攻公共文化服务弱项，达到公共文化各类项大致协调

针对宁夏回族自治区公共文化服务中存在的明显弱项，集中力量进行专门攻关。建议增加对群众文化机构数,特别是文化馆、文化站的建设力度;增加公共广播节目套数,丰富人民群众的业余文化生活;增加群众文化活动频率,特别是增加群众文化机构的培训班次和组织文艺活动次数;制止并改变群众文化队伍萎缩问题,特别是重视公共图书馆、文化馆文化站队伍建设;给群众提供更多的文化享受机会,加大公共图书馆和博物馆开放宣传力度,提高服务水平,吸引更多群众前来参观访问。

4. 扭转公共文化产出绩效下跌,满足公共文化的公益性要求

宁夏回族自治区的公共文化投入总量偏低,公共文化产品、公共文化活动及公共文化享受总量也偏低,因此投入产出绩效偏低。如果要提高投入产出绩效,在公共文化投入基数大致不变的情况下,就必须增加公共文化产品供给、公共文化活动,提高公共文化享受的水平;如果增加了文化投入力度,那么提高投入产出绩效就更具挑战性了。建议宁夏回族自治区在公共文化产品供给上下工夫,大大增加公共广播、有线电视节目套数,增加图书、期刊、报纸的出版种数,加大对动漫原创作品的扶持力度;丰富群众文化活动,提高公共文化享受水平,改变图书馆建筑面积相对小、购买图书少、图书馆流通人次非常低的状况。

第三十七章 2013年新疆维吾尔自治区公共文化服务分析报告

新疆维吾尔自治区地处西北边陲，是一个地域辽阔、文化多元的民族自治区，近年来通过实施一系列重大工程和重大项目，建设了一批公共文化服务设施。2013年，新疆维吾尔自治区举办了第三届中国新疆国际民族舞蹈节，出版了《新疆文库》首批24卷图书，推出了一批富有时代精神的精品力作，展示了一体多元、融合开放的新疆维吾尔自治区特色现代文化，建成了区地县乡四级公共文化服务网络，完善了公共文化服务体系。在丰富和满足各族人民群众的精神文化生活上取得了一定成就，但与全国各省市自治区相比，新疆维吾尔自治区2013年公共文化服务既有进步，但也面临着一些挑战。

一、进步与成就

对新疆维吾尔自治区公共文化服务大致按如下思路进行分析，首先研究其进步与优势项，接着分析其在全国31个省市自治区中的地位，主要与全国前五名、特别是第一名的差距，优于最后一名的分数，与全国31个省市自治区中的中位省份即第十六名的差距，再分析其在区域公共文化中的地位，主要在西北地区的地位。最后找出其优势与亮点所在。

1. 公共文化服务总量排名第二十位，人均排名第五位

公共文化服务总量排名全国前五位延续了2012年的排序，依然是广东省、江苏省、浙江省、山东省和河南省，得分依次为89.08分、86.76

分、84.48 分、82.5 分、80.71 分,新疆维吾尔自治区为 65.19 分,比第一名的广东省低 23.89 分,但比排名最后的海南省(50.04 分)高出 15.15 分,比中位省份云南省(67.43 分)也低 2.24 分,与 2012 年一样,在西北地区仍然名列第二。在人均方面,新疆维吾尔自治区名列第五位,为 73.37 分,排名前四位依次是:上海市(90.89 分)、北京市(79.64 分)、浙江省(78.13 分)、天津市(76.43 分),新疆维吾尔自治区取代辽宁省成为第五名。新疆维吾尔自治区比第一名上海市低 17.52 分,但比排名末位的贵州省(62.95 分)高出 10.42 分,比中位省份广东省(70.44 分)也高出 2.93 分。在西北地区,与 2012 年一样,新疆维吾尔自治区人均排名依然是第一。

2. 公共文化投入总量排名第二十一位,人均排名第十一位

公共文化投入总量排名全国前五位依然不变,还是广东省、浙江省、上海市、江苏省和四川省,得分依次为 97.23 分、95.39 分、88.65 分、80.76 分和 73.02 分,新疆维吾尔自治区为 50.16 分,比第一名的广东省低 40.07 分,但比最后一名的西藏自治区高 22.23,也比中位省份河南省的 54.16 分低 4 分,与 2012 年度一样,在西北地区仍然排在第二位,仅次于陕西省。在人均排名方面,新疆维吾尔自治区排名下降了两个名次,从第九名变成第十一名,得分为 56.35 分,而排在前五名的分别为:上海市(98.65 分)、浙江省(75.92 分)、北京市(75.07 分)、内蒙古自治区(66.72 分)和天津市(66.68 分),新疆维吾尔自治区比第一名上海市低了 42.3 分,但比中位省份甘肃省(52.61 分)高出 3.74 分,更比最后一位河北省(36.19 分)高了 20.16 分,与 2012 年一样,仍然是西北地区的第三名。

3. 公共文化机构总量排名第十九位,人均排名第五位

公共文化机构总量排在前五位的依次是四川省、河南省、江苏省、河北省和山东省,得分依次为:85.87 分、81.63 分、77.27 分、73.33 分和 73.09 分;新疆维吾尔自治区为 56.89 分,比第一名四川省低 28.98 分,但比最后一名的海南省高出 30.25 分,也比中位省份黑龙江省低 4.33 分,与往年一样,新疆维吾尔自治区的公共文化机构在西北地区排名第三位。在人均排名方面,排在前五位的依次是西藏自治区、青海省、北京市、浙江省和新疆维吾尔自治区,得分依次为:96.72 分、60.1 分、50.78 分、49.64 分和 49.54 分。新疆维吾尔自治区比第一名西藏自治区低47.18分,但比最后一位的广东省高18.52分,比中位省份四川省高8.72分,在西北地区,新疆维吾尔自治区得分仅次于青海省,排名西北地区第二名。

4. 公共文化产品总量排名第七位,人均排名第二位

该项指标总量排名全国前五位的依次是江苏省、广东省、上海市、山东省和四川省,得分依次为86.02分、79.48分、79.24分、75.79分和74.47分,新疆维吾尔自治区得分70.78分,比第一名的江苏省低15.24分,但比最后一名的西藏自治区高44.28分,比中位省份安徽省高12.44分。在人均排名方面,新疆维吾尔自治区仅次于上海市,位列第二,接着的三位依次是吉林省、天津市和北京市,得分从高到低依次为:86.11分、68分、67.85分、67.22分和66.05分,新疆维吾尔自治区比第一名上海市低18.11分,比最后一名的河南省高30.1分,也比中位省份山东省高18.85分。无论是总量还是人均方面,新疆维吾尔自治区在西北地区保持排名第一。

5. 公共文化活动总量排名第二十位,人均排名第三位

该项全国排名前五位的依次是广东省、江苏省、山东省、浙江省和四川省,得分依次为:92.58分、81.39分、79.95分、79.25分、74.25分,新疆维吾尔自治区得分为53.42分,比第一名的广东省低39.16分,但比最后一名的西藏自治区高41.03分,略比中位省份江西省低1.83分,在西北地区,新疆维吾尔自治区排名第二位,仅次于陕西省。在人均方面,新疆维吾尔自治区进入三强,排名前五位的依次是上海市、北京市、新疆维吾尔自治区、浙江省和福建省,得分依次为92.9分、84.72分、80.31分、75.39分和67.15分,新疆维吾尔自治区比第一名的上海市低12.59分,比中位省份陕西省高23.03分,更比最后一名的西藏自治区高出38.69分,在西北地区远远地把其他省市自治区抛在后面。

6. 公共文化队伍总量新疆维吾尔自治区排名第二十六位,人均排名第十一位

该项总量全国排名前五位的分别是河南省、山东省、广东省、浙江省和陕西省,得分依次为89.52分、89.06分、80.28分、79.78分和78.99分,新疆维吾尔自治区得分为51.23分,比第一名低38.29分,但比最后一名的海南省高了25.39分,也比中位省份江西省低9.58分,在西北地区新疆维吾尔自治区处于中等地位。在人均方面，全国前五名分别是上海市、陕西省、西藏自治区、内蒙古自治区和甘肃省，得分依次为85.05分、81.87分、75.44分、75.39分和72.98分，新疆维吾尔自治区为65.21分。新疆维吾尔自治区比第一名的上海市低19.84分，比中位的重庆市高出4.92分，更比最后一名的广东省高出15.97分。

7. 公共文化享受总量排名第二十六位，人均排名第十九位

在公共文化享受的总量和人均方面，全国各地得分都比较高。总量方面，排在前五位的依次是广东省、江苏省、浙江省、山东省和河南省，得分依次为96.94分、95.53分、93.8分、90.31分和88.71分，新疆维吾尔自治区得分为81.83分，比第一名的广东省低15.11分，比中位省份江西省低2.61分，更比最后一名的西藏自治区高3.53分，在西北地区位居中游。在人均排名方面，排在前五位的依次是上海市、浙江省、天津市、江苏省和北京市，得分依次为98.52分、94.83分、94.08分、93.17分和92.64分，新疆维吾尔自治区得分88.2分，比第一名的上海市低10.32分，比中位省份内蒙古自治区低0.26分，比最后一名的贵州省高4.31分。

2013年度新疆维吾尔自治区公共文化服务有几大亮点：

第一个亮点是"公共文化产品"指标一枝独秀，人均排名超过北京市、天津市等地，从2012年的全国第六名跃居第二名，较往年提升四个名次，仅次于上海市；总量排名提升两个位次，进入全国七强。特别是广播电视节目众多，其中公共广播节目159套，排名全国第一；公共电视节目198套，排名全国第二，说明新疆维吾尔自治区在某些公共产品的供给上有着一定的优势。

第二个亮点是新疆维吾尔自治区的公共文化服务投入产出绩效大幅提高，从2012年的中下游快速进入上游行列，进步较大。由于新疆维吾尔自治区公共产品排名突出，人均公共文化活动表现良好，因此公共文化投入产出人均绩效表现不俗，从上年的全国第二十一名迅速跳到第十名，提升了十一位。投入产出总量绩效提升四个位次，居全国第八位。

第三个亮点是人均文化事业费涨幅喜人，从上年的39.82元提高到56.01元，涨幅仅次于海南省和青海省，达40.66%。

第四个亮点是公共文化服务人均指标继续保持良好态势，公共文化

服务指数、公共文化产品、公共文化活动、公共文化队伍各项指标全国排名都有所前移。人均公共文化活动排名第三位,公共文化服务指数排名第五位。

此外,新疆维吾尔自治区文化机构数涨幅名列前茅,公共图书馆总流通人次涨幅、公共图书馆从业人员数涨幅全国排名分别为第二、第三位,每万人拥有群众文化设施建设面积全国排名第五。

二、问题与不足

新疆维吾尔自治区公共文化发展总体上步履蹒跚,在公共文化服务总量方面,综合指数、公共文化投入、公共文化机构、公共文化活动、公共文化队伍等指标全国排名都有所下滑。由此可见,新疆维吾尔自治区的公共文化发展面临着比较严峻的挑战。

1. 公共文化服务投入偏少、失衡

新疆维吾尔自治区公共文化服务的投入总量不高,对公共文化服务各部门的投入不够均衡。文化事业费占财政支出比重从上年的0.42%下降到0.39%,低于全国平均水平(0.4%)。在公共文化服务投入上有轻有重,如对公共图书馆财政拨款涨幅居全国第六,为52.39%,但对群众文化机构的财政拨款从上年的40 946万元下跌到29 557万元,跌幅全国最大,达27.81%,对文物科研机构的财政拨款从10 506万元下跌到901万元,跌幅达到了91.4%。

2. 公共文化产品供给品种单一

新疆维吾尔自治区公共文化产品指标全国排名不错,人均排名第二位,总量排名第七位。然而,仔细考察其公共文化产品的构成,可以看到基本上只是广播套数比较多,电视节目套数比较多,与之相关的公共文化产品供应多,如电视剧播出数(部)近2万,远超出全国平均数的7 758.32。其他公共产品如动漫企业原创作品、文化产业示范基地等极为稀缺。这说明新疆维吾尔自治区的公共文化产品虽然有增长,但却极不均衡,品种比较单一。

3. 公共文化队伍建设滞后

2013年统计数据显示,在公共文化队伍的15个分项中,新疆维吾尔自治区只有分等级教练员发展人数和艺术表演专业技术人才两项超过全国平均数，其他所有分项都低于全国平均值，特别是文博从业人员和专业技术人才数量大大低于全国平均水平，严重滞后，这与新疆维吾尔自治区博物馆机构数、文物业机构数低于全国平均数的情况相对应。

三、对策与建议

2013年新疆维吾尔自治区公共文化服务亮点不少，但也暴露出一些问题，因此需要继续完善公共文化服务体系。

1. 提高文化事业费占财政支出比重，改变公共文化投入失衡

虽然新疆维吾尔自治区的人均文化事业费涨势不错，但文化事业费占财政支出比重的下降也是事实。因此需要提高文化事业在财政开支中的比例，比公共文化事业发展创造物质条件。同时保持公共文化服务投入均衡，提高对群众文化机构、图书馆和文物科研机构的财政拨款力度。

2. 推进广播电视普及推广，增进公共文化产品全面繁荣

新疆维吾尔自治区广播电视节目套数很多，但却只有35.78%的有线广播电视用户家庭（216.81万户），这个比例远低于全国平均的51.78%，在西北地区也只是略高于甘肃省。因此需要进一步推进广播电视户户通工作，让更多的人享受到丰富的广播电视节目。同时，促进其他公共文化产品发展，如增加对动漫企业原创作品的支持与推动，增加对文化产业示范基地的投入，从而增加产业示范基地获得著作权、发明专利的数量，真正提高群众的文化享受水平。

3. 加大文博机构建设力度，促进公共文化机构全面发展

新疆维吾尔自治区地处西北边陲，文化发展与认同至关重要，因此需要大力发展面向大众的博物馆、文化馆，扩大文化影响力。新疆维吾尔自治区目前的文物保护管理机构数高于全国平均数，但真正面向大众的博物馆、文物业机构数却偏少，因此建议加强博物馆和文物业机构的建设力度，动员从政府到民间的力量，参与公益性文博机构的建设，使新疆维吾尔自治区的文博事业逐渐赶上全国平均水平，促进新疆维吾尔自治区公共文化机构全面发展。

附录一 2013年综合指数(总量)的主成分分析计算结果

表1 31省市自治区公共文化服务各评价指标(总量)的主成分

主成分	特征值	贡献率	累计贡献率	特征值平方根
第1主成分	34.40180831	50.590895%	50.590895%	5.865305474
第2主成分	10.57030237	15.544562%	66.135457%	3.251200143
第3主成分	3.784253294	5.5650784%	71.700535%	1.945315731
第4主成分	2.698897992	3.9689676%	75.669503%	1.642832308
第5主成分	2.303220507	3.3870890%	79.056592%	1.517636487
第6主成分	2.243454589	3.2991979%	82.355790%	1.497816607
第7主成分	1.763979783	2.5940879%	84.949878%	1.328149006
第8主成分	1.539929716	2.2646025%	87.214480%	1.240939046
第9主成分	1.331833724	1.9585790%	89.173059%	1.154051006
第10主成分	1.141505598	1.6786847%	90.851744%	1.068412654
第11主成分	1.021482096	1.5021796%	92.353923%	1.010683974
第12主成分	0.834847675	1.2277172%	93.581641%	0.913699992
第13主成分	0.780301355	1.1475020%	94.729143%	0.883346679
第14主成分	0.609523297	0.8963578%	95.625500%	0.780719730
第15主成分	0.450245685	0.6621260%	96.287626%	0.671003491
第16主成分	0.433740466	0.6378536%	96.925480%	0.658589755
第17主成分	0.347370657	0.5108392%	97.436319%	0.589381588
第18主成分	0.305144464	0.4487419%	97.885061%	0.552398827

续表

主成分	特征值	贡献率	累计贡献率	特征值平方根
第19主成分	0.280661981	0.4127382%	98.297799%	0.529775406
第20主成分	0.245643857	0.3612410%	98.659040%	0.495624714
第21主成分	0.196974520	0.2896684%	98.948709%	0.443818116
第22主成分	0.156499141	0.2301458%	99.178855%	0.395599723
第23主成分	0.130357708	0.1917025%	99.370557%	0.361050838
第24主成分	0.103540627	0.1522656%	99.522823%	0.321777294
第25主成分	0.085049782	0.1250732%	99.647896%	0.291632958
第26主成分	0.075411811	0.1108997%	99.758796%	0.274612109
第27主成分	0.059046686	0.0868334%	99.845629%	0.242995240
第28主成分	0.045265944	0.0665676%	99.912197%	0.212757947
第29主成分	0.033306266	0.0489798%	99.961176%	0.182500044
第30主成分	0.026400100	0.0388237%	100.00000%	0.162481075
第31主成分	$3.09258e{-}15$	$4.548e{-}15$%	100.00000%	$5.561095e{-}8$
第32主成分	$1.94828e{-}15$	$2.865e{-}15$%	100.00000%	$4.413937e{-}8$
第33主成分	$1.34477e{-}15$	$1.978e{-}15$%	100.00000%	$3.667112e{-}8$
第34主成分	$9.93459e{-}16$	$1.461e{-}15$%	100.00000%	$3.151918e{-}8$
第35主成分	$9.58837e{-}16$	$1.410e{-}15$%	100.00000%	$3.096510e{-}8$
第36主成分	$8.91914e{-}16$	$1.312e{-}15$%	100.00000%	$2.986493e{-}8$
第37主成分	$8.34465e{-}16$	$1.227e{-}15$%	100.00000%	$2.888711e{-}8$
第38主成分	$7.64396e{-}16$	$1.124e{-}15$%	100.00000%	$2.764772e{-}8$
第39主成分	$6.66744e{-}16$	$9.805e{-}16$%	100.00000%	$2.582138e{-}8$
第40主成分	$5.68288e{-}16$	$8.357e{-}16$%	100.00000%	$2.383879e{-}8$
第41主成分	$5.66825e{-}16$	$8.336e{-}16$%	100.00000%	$2.380809e{-}8$
第42主成分	$4.70547e{-}16$	$6.920e{-}16$%	100.00000%	$2.169210e{-}8$
第43主成分	$3.85088e{-}16$	$5.663e{-}16$%	100.00000%	$1.962365e{-}8$
第44主成分	$3.09429e{-}16$	$4.550e{-}16$%	100.00000%	$1.759059e{-}8$
第45主成分	$2.45572e{-}16$	$3.611e{-}16$%	100.00000%	$1.567073e{-}8$
第46主成分	$1.93614e{-}16$	$2.847e{-}16$%	100.00000%	$1.391452e{-}8$

续表

主成分	特征值	贡献率	累计贡献率	特征值平方根
第47主成分	1.35087e-16	1.987e-16%	100.00000%	1.162268e-8
第48主成分	6.03376e-17	8.873e-17%	100.00000%	7.767730e-9
第49主成分	4.30326e-17	6.328e-17%	100.00000%	6.559922e-9
第50主成分	1.75042e-17	2.574e-17%	100.00000%	4.183808e-9
第51主成分	0.000000000	0.0000000%	100.00000%	0.000000000
第52主成分	0.000000000	0.0000000%	100.00000%	0.000000000
第53主成分	0.000000000	0.0000000%	100.00000%	0.000000000
第54主成分	0.000000000	0.0000000%	100.00000%	0.000000000
第55主成分	0.000000000	0.0000000%	100.00000%	0.000000000
第56主成分	0.000000000	0.0000000%	100.00000%	0.000000000
第57主成分	0.000000000	0.0000000%	100.00000%	0.000000000
第58主成分	0.000000000	0.0000000%	100.00000%	0.000000000
第59主成分	0.000000000	0.0000000%	100.00000%	0.000000000
第60主成分	0.000000000	0.0000000%	100.00000%	0.000000000
第61主成分	0.000000000	0.0000000%	100.00000%	0.000000000
第62主成分	0.000000000	0.0000000%	100.00000%	0.000000000
第63主成分	0.000000000	0.0000000%	100.00000%	0.000000000
第64主成分	0.000000000	0.0000000%	100.00000%	0.000000000
第65主成分	0.000000000	0.0000000%	100.00000%	0.000000000
第66主成分	0.000000000	0.0000000%	100.00000%	0.000000000
第67主成分	0.000000000	0.0000000%	100.00000%	0.000000000
第68主成分	0.000000000	0.0000000%	100.00000%	0.000000000

表2　31省市自治区公共文化服务各评价指标（总量）的主成分载荷

变量（评价指标）	第1主成分	第2主成分	第3主成分	第4主成分
X1	-0.029436764	0.192655649	-0.089160402	0.015732937
X2	-0.146355424	0.115507084	0.005013104	-0.037675740
X3	-0.128386007	0.169601905	0.015807057	0.017111460

续表

变量(评价指标)	第1主成分	第2主成分	第3主成分	第4主成分
X4	-0.125560400	0.179989666	-8.507460e-4	0.007571135
X5	-0.117649889	0.204376069	-0.022779162	-0.042031485
X6	-0.144213858	0.099550115	0.058773168	-0.088322497
X7	-0.143910214	0.109491106	0.064045417	-0.096595156
X8	-0.144304317	-0.057620468	-0.049303925	-0.043485268
X9	-0.105513765	-0.210734070	0.137338645	0.035214886
X10	-0.098274093	-0.187440586	0.133343036	0.050934847
X11	-0.093419543	-0.157104858	0.247144505	0.090835132
X12	-0.104449069	-0.223111669	0.096945582	0.026125038
X13	-0.096994230	-0.183884931	0.133116944	0.051451514
X14	-0.095944801	-0.029210555	-0.071935154	-0.117280742
X15	-0.135838403	0.016350367	-0.184492492	-0.057418043
X16	-0.149426423	0.051792226	0.006874871	-0.066020624
X17	-0.120887117	-0.095921765	-0.076222063	-0.073552043
X18	-0.080968569	-0.164329674	-0.118059561	-0.249422681
X19	0.010405710	-0.161523550	-0.089147258	-0.281306885
X20	-0.121845224	-0.149510600	0.047869734	0.147718887
X21	-0.113093394	-0.179307127	0.149439660	0.152028170
X22	-0.157024247	0.026741402	0.036888556	-0.071550640
X23	-0.069023343	0.240808098	-0.149093277	0.066994507
X24	-0.092538172	0.127034272	-0.111466438	0.239126913
X25	-0.120223080	0.094063072	-0.074118537	0.205020159
X26	-0.141946546	-0.036286018	0.060266479	0.195414655
X27	-0.043230731	0.113373349	-0.112883701	0.217088198
X28	-0.084217502	0.125052842	-0.111950026	0.205413269
X29	-0.091544557	0.134541213	0.095116750	-0.133572136
X30	-0.089981323	-0.180511389	0.051279995	0.257694215
X31	-0.159812063	0.018353127	0.091921197	-0.016642391

续表

变量（评价指标）	第1主成分	第2主成分	第3主成分	第4主成分
X32	−0.122166635	0.093291386	0.227070581	−0.100072137
X33	−0.150836102	0.057822533	0.132954182	−0.057616305
X34	−0.147156720	0.047580712	0.154788566	−0.044711954
X35	−0.135341961	−0.045624196	−0.064694346	−0.090455268
X36	−0.152398477	0.011997325	−0.011323274	−0.119603057
X37	−0.151466424	−0.024761634	−0.001304014	0.062541978
X38	−0.147429749	0.067496448	−0.004904838	0.023197420
X39	−0.150465503	0.023602415	−7.659656e−4	0.036022480
X40	−0.092049240	−0.132348783	−0.174608428	0.031497367
X41	−0.020274145	−0.024261404	−0.009166091	0.333554681
X42	−0.143729878	−0.075374012	−0.116585141	−0.033445358
X43	−0.149745883	4.579337e−4	−0.101123005	0.015684168
X44	−0.156996003	0.020007639	0.050952256	0.061938200
X45	−0.103826714	−0.161715310	0.164128764	0.108753251
X46	−0.125418717	−0.154930063	−0.023099482	0.154551217
X47	−0.144347656	−0.077917746	0.103047347	−0.054045435
X48	−0.102285798	−0.148760242	−0.245651113	−0.130070381
X49	−0.137009159	−0.091064763	−0.167155433	0.026704265
X50	−0.015542357	−0.134042589	−0.260019263	−0.216033101
X51	−0.073756454	−0.168980721	−0.183353079	0.018721350
X52	−0.128279529	−0.027161208	−0.101957675	−0.046356046
X53	−0.141674505	−0.025745081	−0.182317219	0.076438360
X54	−0.145816553	−0.108626322	0.081443284	0.007706259
X55	−0.111064010	0.025649406	−0.172702180	−0.087210039
X56	−0.071760525	0.058444172	0.207497102	−0.113303738
X57	−0.143817430	0.120325788	0.111469558	−0.126754325
X58	−0.142968176	0.145482418	0.002235272	−0.008409206
X59	−0.139501791	0.130157714	0.047454611	−0.112811681

续表

变量(评价指标)	第1主成分	第2主成分	第3主成分	第4主成分
X60	−0.084001349	0.170668241	0.193046750	0.028849034
X61	−0.158160703	0.066358436	0.085690422	−0.053589366
X62	−0.158346509	0.047032601	0.071398017	−0.119036673
X63	−0.080053630	−0.155162669	−0.153853478	0.018434783
X64	−0.106302102	−0.029864020	−0.102198203	0.139510745
X65	−0.151680966	−0.057046060	−0.091244901	−0.097407743
X66	−0.151041871	−0.045057601	−0.023189718	−0.084140409
X67	−0.081924744	0.121592867	−0.188302449	0.158726636
X68	−0.081731475	0.134889791	−0.161876806	0.163463895

表3 31省市自治区公共文化服务指数(总量)各评价指标的系数

	评价指标	在31省市自治区中的平均值	在公共文化服务指数(总量)中的系数
公共文化投入	文化事业费占财政支出比重(%)	0.400322581	0.264179300
	文化事业费(万元)	145836.7634	1.686700e−6
	公共图书馆财政拨款(万元)	27939.51613	6.575510e−6
	公共图书馆总支出(万元)	28843.51613	5.909780e−6
	公共图书馆购书费(万元)	4107.848585	2.521380e−5
	群众文化机构财政拨款(万元)	41957.83871	4.416970e−6
	群众文化机构总支出(万元)	47348.51613	4.011740e−6
公共文化机构	博物馆机构数(个)	98.80645161	0.002322300
	公共图书馆机构数(个)	99.19354839	0.002354640
	群众文化机构数(个)	1415.354839	1.086600e−4
	群众艺术馆机构数(个)	12.32258065	0.015175440
	文化馆机构数(个)	94.16129032	0.002290190
	文化站机构数(个)	1308.870968	1.126130e−4

续表

	评价指标	在31省市自治区中的平均值	在公共文化服务指数(总量)中的系数
公共文化机构	艺术表演团体机构数(个)	235.6129032	4.683560e-4
	艺术表演场馆机构数(个)	76.03225806	0.002224430
	出版物发行机构数(处)	5564.580645	4.044010e-5
	国有书店及国有发行点(处)	303.2258065	5.243330e-4
	文物业机构数(个)	197.1612903	7.383450e-4
	文物保护管理机构数(个)	87.25806452	1.221931e-4
公共文化产品	公共广播节目套数(套)	83.87096774	0.002663150
	全年公共电视节目套数(套)	104.5483871	0.002056190
	有线广播电视用户数(万户)	691.9641935	2.939450e-4
	有线广播电视用户数占家庭总户数的比重(%)	51.78290323	0.002970770
	图书出版种数(种)	7864.580645	1.577970e-5
	期刊出版种数(种)	224.9354839	9.196150e-4
	报纸出版种数(种)	54.77419355	0.006018230
	少年儿童读物出版种数(种)	797.5161290	4.938540e-5
	课本出版种数(种)	1059.774194	7.723600e-5
	全国文化产业示范基地(试验)园区和产业示范基地获得著作权、发明专利总数(项)	466.5483871	9.719080e-5
	电视剧播出数(部)	7758.322581	1.743280e-5
公共文化活动	公共图书馆举办展览(个)	397.4193548	6.609090e-4
	参观公共图书馆举办展览人次(万人次)	95.93645161	0.001191480
	公共图书馆组织各类讲座次数(次)	1430.612903	1.537310e-4
	参加公共图书馆组织讲座人次(万人次)	26.50225806	0.007408440
	博物馆基本陈列(个)	263.8064516	7.113250e-4
	博物馆举办展览(个)	379.5161290	5.213980e-4

续表

	评价指标	在31省市自治区中的平均值	在公共文化服务指数(总量)中的系数
公共文化活动	群众文化机构组织文艺活动次数(次)	22209.09677	1.163960e-5
	群众文化机构举办训练班次(班次)	12490.35484	1.827790e-5
	群众文化机构培训人次(万人次)	88.70000000	0.002666120
	执行事业会计制度艺术表演团体演出场次(万场)	1.032258065	0.092516370
	执行事业会计制度艺术表演场馆演出场次(万场)	0.864516129	0.021252710
公共文化队伍	博物馆从业人员数(人)	2220.161290	9.470050e-5
	博物馆专业技术人才(人)	839.5161290	2.848760e-4
	公共图书馆从业人员数(人)	1728.096774	1.755070e-4
	群众艺术馆从业人员数(人)	380.8064516	5.604090e-4
	文化馆从业人员数(人)	1348.129032	1.854650e-4
	文化站从业人员数(人)	3310.677419	7.470840e-5
	文物从业人员数(人)	3925.580645	3.791190e-5
	文物专业技术人才(人)	1303.483871	1.717110e-4
	文物保护管理机构从业人员数(人)	1124.322581	1.165580e-5
	文物保护管理机构专业技术人才(人)	288.2903226	2.820760e-4
	艺术表演团体从业人员数(人)	7699.354839	2.602300e-5
	艺术表演团体专业技术人才(人)	3860.677419	7.169770e-5
	群众文化机构从业人员数(人)	5039.612903	5.552290e-5
	分技术等级运动员发展人数(人)	1481.774194	1.173730e-4
	分等级教练员发展人数(人)	24.54838710	0.003309190
公共文化享受	公共图书馆总流通人次(万人次)	1389.000000	1.039600e-4
	公共图书馆藏书册数(万册)	2399.243981	8.186840e-5
	累计发放有效借书证(个)	752091.7419	1.743920e-7
	少儿公共图书馆总流通人次(万人次)	62.50483871	0.001134540
	公共图书馆建筑面积(万平方米)	32.87839312	0.007555900
	群众文化设施建筑面积(万平方米)	101.1149429	0.001928700

续表

	评价指标	在31省市自治区中的平均值	在公共文化服务指数(总量)中的系数
公共文化享受	艺术表演团体演出观众人次(万人次)	951.2580645	7.141580e-5
	艺术表演场所观众人次(万人次)	113.7096774	0.001306540
	文物参观人数(万人次)	2084.281613	9.976390e-5
	博物馆参观人数(万人次)	1740.482903	1.145980e-4
	广播节目综合人口覆盖率(%)	97.17419355	0.032963880
	电视节目综合人口覆盖率(%)	97.96774194	0.050486810

表4 31个省市自治区公共文化服务指数(总量)得分和排名

排名	省市自治区	公共文化服务指数(总量)得分	公共文化服务指数(总量)百分制得分
1	广东	32.77650918	89.08
2	江苏	31.09297463	86.76
3	浙江	29.47883055	84.48
4	山东	28.11335123	82.50
5	河南	26.91014627	80.71
6	四川	26.85676392	80.63
7	上海	23.03221045	74.67
8	河北	22.11258314	73.17
9	湖北	21.96458932	72.92
10	辽宁	21.69367386	72.47
11	陕西	21.25480358	71.73
12	湖南	21.13319185	71.53
13	安徽	20.18318911	69.90
14	山西	19.22706252	68.23
15	福建	18.87656286	67.60
16	云南	18.77956453	67.43

续表

排名	省市自治区	公共文化服务指数（总量）得分	公共文化服务指数（总量）百分制得分
17	江西	18.42691017	66.79
18	黑龙江	18.02817447	66.06
19	广西	17.90777365	65.84
20	新疆	17.55653428	65.19
21	内蒙古	17.31201476	64.74
22	北京	17.23502730	64.59
23	甘肃	16.83025371	63.83
24	吉林	16.49474314	63.19
25	重庆	15.91634280	62.07
26	贵州	14.48505578	59.22
27	天津	13.53193632	57.24
28	宁夏	10.58962756	50.63
29	西藏	10.52268498	50.47
30	青海	10.40611426	50.19
31	海南	10.34391051	50.04
	理想最大值	41.30670799	100

表5 31省市自治区公共文化投入各评价指标（总量）的主成分

主成分	特征值	贡献率	累计贡献率	特征值平方根
第1主成分	5.923885800	84.626940%	84.626940%	2.433903408
第2主成分	0.646162616	9.2308945%	93.857835%	0.803842407
第3主成分	0.281698084	4.0242583%	97.882093%	0.530752375
第4主成分	0.104399372	1.4914196%	99.373512%	0.323108916
第5主成分	0.027768067	0.3966867%	99.770199%	0.166637531
第6主成分	0.013333643	0.1904806%	99.960680%	0.115471397
第7主成分	0.002752419	0.0393203%	100.000000%	0.052463502

表6 31省市自治区公共文化投入各评价指标(总量)的主成分载荷

变量(评价指标)	第1主成分	第2主成分	第3主成分	第4主成分
X1	−0.264063642	−0.945629647	0.175876411	−0.059344771
X2	−0.398121542	0.138987651	0.126124257	−0.534982620
X3	−0.396823047	0.063728661	−0.426450528	−0.287481368
X4	−0.396814939	0.043687159	−0.461230508	−0.135799276
X5	−0.391709889	−0.010750613	−0.306084155	0.757250324
X6	−0.389751927	0.210671063	0.473006269	0.091104032
X7	−0.389224618	0.189734607	0.491064237	0.165700985

表7 31省市自治区公共文化投入指数(总量)中各评价指标的系数

	评价指标	在31省市自治区中的平均值	在公共文化投入指数(总量)中的系数
公共文化投入	文化事业费占财政支出比重(%)	0.400322581	2.369830690
	文化事业费(万元)	145836.7634	4.588220e-6
	公共图书馆财政拨款(万元)	27939.51613	2.032400e-5
	公共图书馆总支出(万元)	28843.51613	1.867700e-5
	公共图书馆购书费(万元)	4107.848585	8.394810e-5
	群众文化机构财政拨款(万元)	41957.83871	1.193730e-5
	群众文化机构总支出(万元)	47348.51613	1.085030e-5

表8 31个省市自治区公共文化投入指数(总量)得分和排名

排名	省市自治区	公共文化投入指数(总量)得分	公共文化投入指数(总量)百分制得分
1	广东	11.10993057	97.23
2	浙江	10.69194932	95.39
3	上海	9.236055123	88.65
4	江苏	7.664441752	80.76

续表

排名	省市自治区	公共文化投入指数（总量）得分	公共文化投入指数（总量）百分制得分
5	四川	6.265800330	73.02
6	北京	5.065184582	65.65
7	山东	4.799655801	63.91
8	内蒙古	4.680201067	63.11
9	辽宁	4.090350712	59.00
10	福建	3.840010282	57.16
11	湖北	3.770531091	56.64
12	陕西	3.654712165	55.77
13	云南	3.619088353	55.50
14	山西	3.472938869	54.36
15	重庆	3.465758477	54.31
16	河南	3.446614102	54.16
17	湖南	3.175473477	51.98
18	吉林	3.136447776	51.66
19	广西	2.997734251	50.51
20	安徽	2.995382236	50.49
21	新疆	2.956760450	50.16
22	天津	2.955797505	50.15
23	甘肃	2.924651362	49.89
24	河北	2.802433719	48.83
25	黑龙江	2.502997845	46.15
26	贵州	2.453683586	45.69
27	江西	2.307329514	44.31
28	海南	2.102947127	42.30
29	宁夏	2.015102513	41.41
30	青海	1.482028227	35.51
31	西藏	0.916922724	27.93
	理想最大值	11.75134136	100

表9　31省市自治区公共文化机构各评价指标（总量）的主成分

主成分	特征值	贡献率	累计贡献率	特征值平方根
第1主成分	6.725933028	56.049442%	56.049442%	2.593440385
第2主成分	1.976726284	16.472719%	72.522161%	1.405960982
第3主成分	1.324039292	11.033661%	83.555822%	1.150669063
第4主成分	0.624666803	5.2055567%	88.761378%	0.790358655
第5主成分	0.470778949	3.9231579%	92.684536%	0.686133332
第6主成分	0.315004126	2.6250344%	95.309571%	0.561252284
第7主成分	0.265543374	2.2128615%	97.522432%	0.515309008
第8主成分	0.172600635	1.4383386%	98.960771%	0.415452326
第9主成分	0.103791822	0.8649318%	99.825703%	0.322167382
第10主成分	0.018979331	0.1581611%	99.983864%	0.137765491
第11主成分	0.001936356	0.0161363%	100.00000%	0.044004043
第12主成分	1.57480e−17	1.312e−16%	100.00000%	3.968380e−9

表10　31省市自治区公共文化机构各评价指标（总量）的主成分载荷

变量（评价指标）	第1主成分	第2主成分	第3主成分	第4主成分
X8	0.307242422	−0.233030690	−0.036070450	−0.429390117
X9	0.346388516	0.232088410	0.141870279	−0.050806728
X10	0.329936883	0.187061517	0.253062101	0.339300974
X11	0.290529123	0.216006142	0.284572609	−0.368785845
X12	0.351438645	0.220963585	0.101732986	−0.058965623
X13	0.325764356	0.183179652	0.258306812	0.362040708
X14	0.235032020	−0.338155752	−0.158872242	0.491276786
X15	0.254585533	−0.386796740	−0.204716209	0.090873107
X16	0.266503258	−0.408072441	0.013132087	0.129900350
X17	0.288040518	−0.285847708	−0.071251106	−0.341187752
X18	0.276151447	0.184549176	−0.532952456	−0.156428293
X19	0.111423713	0.426086674	−0.632488049	0.141422905

表11 31省市自治区公共文化机构指数(总量)中各评价指标的系数

	评价指标	在31省市自治区中的平均值	在公共文化机构指数(总量)中的系数
公共文化机构	博物馆机构数(个)	98.80645161	0.004944481
	公共图书馆机构数(个)	99.19354839	0.007729986
	群众文化机构数(个)	1415.354839	3.648070e-4
	群众艺术馆机构数(个)	12.32258065	0.047194710
	文化馆机构数(个)	94.16129032	0.007705790
	文化站机构数(个)	1308.870968	3.782208e-4
	艺术表演团体机构数(个)	235.6129032	0.001147312
	艺术表演场馆机构数(个)	76.03225806	0.004168983
	出版物发行机构数(处)	5564.580645	7.212518e-5
	国有书店及国有发行点(处)	303.2258065	0.001249339
	文物业机构数(个)	197.1612903	0.002518199
	文物保护管理机构数(个)	87.25806452	0.001308437

表12 31个省市自治区公共文化机构指数(总量)得分和排名

排名	省市自治区	公共文化机构指数(总量)得分	公共文化机构指数(总量)百分制得分
1	四川	11.30257980	85.87
2	河南	10.21314052	81.63
3	江苏	9.151249918	77.27
4	河北	8.243281600	73.33
5	山东	8.189045670	73.09
6	浙江	8.003040420	72.26
7	广东	7.889231662	71.74
8	安徽	7.699440824	70.87
9	湖南	7.274001802	68.89

续表

排名	省市自治区	公共文化机构指数（总量）得分	公共文化机构指数（总量）百分制得分
10	陕西	6.991692049	67.54
11	云南	6.609347513	65.67
12	山西	6.304926876	64.14
13	辽宁	6.136887092	63.28
14	江西	5.959994246	62.36
15	湖北	5.835666196	61.70
16	黑龙江	5.745648106	61.22
17	甘肃	5.370654328	59.19
18	广西	5.008366471	57.16
19	新疆	4.960674972	56.89
20	福建	4.782137620	55.86
21	内蒙古	4.575454446	54.64
22	贵州	4.549179548	54.48
23	西藏	3.854238697	50.15
24	吉林	3.580511511	48.33
25	重庆	2.905739516	43.54
26	上海	2.366338495	40.17
27	北京	2.343224777	39.97
28	青海	2.024147974	37.15
29	天津	1.440158282	31.34
30	宁夏	1.198770937	28.59
31	海南	1.040780692	26.64
	理想最大值	15.32786942	100

表13　31省市自治区公共文化产品各评价指标(总量)的主成分

主成分	特征值	贡献率	累计贡献率	特征值平方根
第1主成分	5.243164463	47.665131%	47.665131%	2.289795725
第2主成分	2.953032571	26.845751%	74.510882%	1.718438993
第3主成分	1.136466634	10.331515%	84.842397%	1.066051891
第4主成分	0.709605610	6.4509601%	91.293357%	0.842380918
第5主成分	0.290462305	2.6405664%	93.933923%	0.538945549
第6主成分	0.224081683	2.0371062%	95.971030%	0.473372669
第7主成分	0.141468477	1.2860771%	97.257107%	0.376122955
第8主成分	0.123285729	1.1207794%	98.377886%	0.351120676
第9主成分	0.086839501	0.7894500%	99.167336%	0.294685428
第10主成分	0.060897709	0.5536155%	99.720952%	0.246774611
第11主成分	0.030695317	0.2790483%	100.00000%	0.175200792

表14　31省市自治区公共文化产品各评价指标(总量)的主成分载荷

变量(评价指标)	第1主成分	第2主成分	第3主成分	第4主成分
X20	0.292386389	0.389104845	−5.599907e−4	0.164733444
X21	0.263512232	0.439174809	−0.012319489	0.071118937
X22	0.363366924	0.027514378	0.261101534	0.329777051
X23	0.228408598	−0.435261073	0.102660052	0.044550339
X24	0.335935688	−0.270776436	−0.313362400	0.012328154
X25	0.380950812	−0.165375986	0.051466450	−0.336324095
X26	0.388433985	0.187987985	0.029555926	−0.064847902
X27	0.175740811	−0.262810701	−0.583468830	0.570551634
X28	0.325265835	−0.238899870	−0.079602601	−0.555933589
X29	0.237330993	−0.159026835	0.636200848	0.288761198
X30	0.242898188	0.421986895	−0.260561910	−0.147043772

表15　31省市自治区公共文化产品指数(总量)中各评价指标的系数

	评价指标	在31省市自治区中的平均值	在公共文化产品指数(总量)中的系数
公共文化产品	公共广播节目套数(套)	83.87096774	0.006390637
	全年公共电视节目套数(套)	104.5483871	0.004791012
	有线广播电视用户数(万户)	691.9641935	6.802136e-4
	有线广播电视用户数占家庭总户数的比重(%)	51.78290323	0.009830735
	图书出版种数(种)	7864.580645	5.728394e-5
	期刊出版种数(种)	224.9354839	0.002913985
	报纸出版种数(种)	54.77419355	0.016468771
	少年儿童读物出版种数(种)	797.5161290	2.007608e-4
	课本出版种数(种)	1059.774194	2.983017e-4
	全国文化产业示范基地(试验)园区和产业示范基地获得著作权、发明专利总数(项)	466.5483871	2.519689e-4
	电视剧播出数(部)	7758.322581	4.705852e-5
	公共广播节目套数(套)	83.87096774	0.006390637

表16　31个省市自治区公共文化产品指数(总量)得分和排名

排名	省市自治区	公共文化产品指数(总量)得分	公共文化产品指数(总量)百分制得分
1	江苏	10.13245216	86.02
2	广东	8.650879194	79.48
3	上海	8.597574632	79.24
4	山东	7.866375555	75.79
5	四川	7.593427754	74.47
6	湖北	7.014862178	71.57
7	新疆	6.861002117	70.78
8	浙江	6.668517610	69.78

续表

排名	省市自治区	公共文化产品指数（总量）得分	公共文化产品指数（总量）百分制得分
9	辽宁	6.608263519	69.47
10	吉林	6.157078836	67.06
11	河南	6.059246494	66.52
12	湖南	5.452416829	63.10
13	河北	5.413476429	62.88
14	陕西	5.281002197	62.10
15	黑龙江	4.838205803	59.44
16	安徽	4.660179133	58.34
17	福建	4.619121423	58.08
18	内蒙古	4.504751799	57.36
19	广西	4.400554441	56.69
20	江西	4.307154968	56.08
21	山西	4.193773158	55.34
22	北京	3.997438184	54.03
23	云南	3.953180813	53.73
24	天津	3.313564301	49.19
25	甘肃	3.216043592	48.46
26	重庆	3.020751297	46.97
27	贵州	2.325403520	41.21
28	青海	1.325743093	31.12
29	宁夏	1.263273223	30.37
30	海南	1.233146544	30.01
31	西藏	0.961457823	26.50
	理想最大值	13.69324642	100

附录一 2013年综合指数（总量）的主成分分析计算结果

表17 31省市自治区公共文化活动各评价指标（总量）的主成分

主成分	特征值	贡献率	累计贡献率	特征值平方根
第1主成分	7.243145076	65.846773%	65.846773%	2.691309175
第2主成分	1.242546960	11.295881%	77.142655%	1.114695905
第3主成分	1.120299209	10.184538%	87.327193%	1.058441878
第4主成分	0.699183318	6.3562120%	93.683405%	0.836171823
第5主成分	0.351826339	3.1984213%	96.881826%	0.593149508
第6主成分	0.119459113	1.0859919%	97.967818%	0.345628577
第7主成分	0.079010189	0.7182744%	98.686093%	0.281087511
第8主成分	0.057674816	0.5243165%	99.210409%	0.240155815
第9主成分	0.042649968	0.3877270%	99.598136%	0.206518686
第10主成分	0.025455268	0.2314115%	99.829548%	0.159547073
第11主成分	0.018749745	0.1704522%	100.000000%	0.136929708

表18 31省市自治区公共文化活动各评价指标（总量）的主成分载荷

变量（评价指标）	第1主成分	第2主成分	第3主成分	第4主成分
X31	−0.358231159	−0.003390316	−0.065968687	−0.105718146
X32	−0.294041209	0.345051734	−0.252871311	−0.373745562
X33	−0.346801419	0.169334704	−0.068427776	−0.185007292
X34	−0.339654351	0.112516193	−0.077714793	−0.316765067
X35	−0.280514110	−0.308256072	0.405416849	−0.158197602
X36	−0.328766924	−0.199829204	0.229433048	−0.276556170
X37	−0.330393226	−0.026769754	−0.026737441	0.493184673
X38	−0.332719445	0.205020864	−0.022987956	0.402601776
X39	−0.335644856	0.099468831	0.025316809	0.454717932
X40	−0.168564919	−0.727714131	0.018484610	0.031171428
X41	−0.043180229	−0.349897234	−0.837707574	9.790994e−4

表19　31省市自治区公共文化活动指数（总量）中各评价指标的系数

	评价指标	在31省市自治区中的平均值	在公共文化活动指数（总量）中的系数
公共文化活动	公共图书馆举办展览（个）	397.4193548	0.001481480
	参观公共图书馆举办展览人次（万人次）	95.93645161	0.002867760
	公共图书馆组织各类讲座次数（次）	1430.612903	3.534580e-4
	参加公共图书馆组织讲座人次（万人次）	26.50225806	0.017099520
	博物馆基本陈列（个）	263.8064516	0.001474320
	博物馆举办展览（个）	379.5161290	0.001124800
	群众文化机构组织文艺活动次数（次）	22209.09677	2.538950e-5
	群众文化机构举办训练班次（班次）	12490.35484	4.124950e-5
	群众文化机构培训人次（万人次）	88.70000000	0.005947340
	执行事业会计制度艺术表演团体演出场次（万场）	1.032258065	0.169420350
	执行事业会计制度艺术表演场馆演出场次（万场）	0.864516129	0.045264400

表20　31个省市自治区公共文化活动指数（总量）得分和排名

排名	省市自治区	公共文化活动指数（总量）得分	公共文化活动指数（总量）百分制得分
1	广东	11.88188242	92.58
2	江苏	9.184472537	81.39
3	山东	8.861440699	79.95
4	浙江	8.706453407	79.25
5	四川	7.643891040	74.25
6	河南	7.168138809	71.91
7	上海	5.841654600	64.91
8	辽宁	5.321323058	61.96
9	湖南	5.127132041	60.81

续表

排名	省市自治区	公共文化活动指数（总量）得分	公共文化活动指数（总量）百分制得分
10	湖北	5.109000259	60.71
11	河北	4.761257424	58.60
12	云南	4.514011758	57.06
13	福建	4.489900364	56.91
14	安徽	4.387110981	56.25
15	广西	4.292681320	55.65
16	江西	4.231806562	55.25
17	陕西	4.071132261	54.19
18	山西	4.043947484	54.01
19	北京	4.006404577	53.76
20	新疆	3.956718376	53.42
21	黑龙江	3.428671302	49.73
22	重庆	3.277187054	48.62
23	甘肃	3.140259263	47.59
24	贵州	2.406593538	41.66
25	吉林	2.385372240	41.48
26	内蒙古	2.335442319	41.04
27	天津	1.590791356	33.87
28	海南	0.697625037	22.43
29	青海	0.581678982	20.48
30	宁夏	0.578203778	20.42
31	西藏	0.212674777	12.39
	理想最大值	13.86330233	100

表21 31省市自治区公共文化队伍各评价指标(总量)的主成分

主成分	特征值	贡献率	累计贡献率	特征值平方根
第1主成分	8.947483661	59.649891%	59.649891%	2.991234471
第2主成分	1.806620321	12.044135%	71.694027%	1.344105770
第3主成分	1.233306896	8.2220460%	79.916073%	1.110543514
第4主成分	0.928365543	6.1891036%	86.105176%	0.963517277
第5主成分	0.601841917	4.0122794%	90.117456%	0.775784711
第6主成分	0.506129255	3.3741950%	93.491651%	0.711427618
第7主成分	0.360145346	2.4009690%	95.892620%	0.600121110
第8主成分	0.265386408	1.7692427%	97.661862%	0.515156683
第9主成分	0.132269433	0.8817962%	98.543659%	0.363688648
第10主成分	0.091657870	0.6110525%	99.154711%	0.302750508
第11主成分	0.070908773	0.4727252%	99.627436%	0.266287013
第12主成分	0.039064403	0.2604294%	99.887866%	0.197647167
第13主成分	0.015996271	0.1066418%	99.994507%	0.126476364
第14主成分	8.239031e-4	0.0054927%	100.00000%	0.028703713
第15主成分	4.11834e-16	2.746e-15%	100.00000%	2.029370e-8

表22 31省市自治区公共文化队伍各评价指标(总量)的主成分载荷

变量(评价指标)	第1主成分	第2主成分	第3主成分	第4主成分
X42	0.301977400	0.036952376	0.002387691	0.168375187
X43	0.290264312	0.128445745	−0.063146649	0.180381046
X44	0.285596952	0.263677603	0.002329521	−0.025794613
X45	0.234197419	0.061027409	0.496870414	−0.255477793
X46	0.297038197	−0.006755368	0.315307877	−0.051056718
X47	0.285064250	0.217969534	0.091564238	−0.012204145
X48	0.268883208	−0.356016275	−0.071417385	−0.076633035
X49	0.310884993	−0.113311867	0.048776535	0.085016722
X50	0.104422538	−0.616593784	−0.171759894	−0.343606008

续表

变量(评价指标)	第1主成分	第2主成分	第3主成分	第4主成分
X51	0.228699822	−0.405604295	0.202826371	−0.095297937
X52	0.245223620	0.040892380	−0.341475504	0.299300477
X53	0.275996758	−0.032107967	−0.271172631	0.329621685
X54	0.302730630	0.162927678	0.183605969	−0.040148229
X55	0.219840027	0.002733043	−0.510969928	−0.215839857
X56	0.101040947	0.384426374	−0.279744475	−0.695517990

表23　31省市自治区公共文化队伍指数(总量)中各评价指标的系数

	评价指标	在31省市自治区中的平均值	在公共文化队伍指数(总量)中的系数
公共文化队伍	博物馆从业人员数(人)	2220.161290	1.989664e−4
	博物馆专业技术人才(人)	839.5161290	5.521972e−4
	公共图书馆从业人员数(人)	1728.096774	3.192715e−4
	群众艺术馆从业人员数(人)	380.8064516	0.001264089
	文化馆从业人员数(人)	1348.129032	4.392504e−4
	文化站从业人员数(人)	3310.677419	1.475376e−4
	文物从业人员数(人)	3925.580645	9.966077e−5
	文物专业技术人才(人)	1303.483871	3.896261e−4
	文物保护管理机构从业人员数(人)	1124.322581	7.831064e−5
	文物保护管理机构专业技术人才(人)	288.2903226	8.746457e−4
	艺术表演团体从业人员数(人)	7699.354839	4.974647e−5
	艺术表演团体专业技术人才(人)	3860.677419	1.396746e−4
	群众文化机构从业人员数(人)	5039.612903	1.152713e−4
	分技术等级运动员发展人数(人)	1481.774194	2.323277e−4
	分等级教练员发展人数(人)	24.54838710	0.004659444

表24 31个省市自治区公共文化队伍指数(总量)得分和排名

排名	省市自治区	公共文化队伍指数(总量)得分	公共文化队伍指数(总量)百分制得分
1	河南	12.43840177	89.52
2	山东	12.31176661	89.06
3	广东	10.00378253	80.28
4	浙江	9.879236786	79.78
5	陕西	9.683941410	78.99
6	江苏	9.654947765	78.87
7	四川	9.282850449	77.34
8	河北	9.199912088	76.99
9	湖北	7.655656302	70.23
10	辽宁	7.433355433	69.21
11	山西	6.943442064	66.89
12	湖南	6.740381915	65.90
13	安徽	6.701097515	65.71
14	上海	6.439815232	64.41
15	云南	5.860554725	61.45
16	江西	5.739989763	60.81
17	内蒙古	5.718793375	60.70
18	黑龙江	5.653324072	60.35
19	甘肃	5.368528148	58.81
20	广西	5.038294468	56.98
21	福建	4.950260228	56.48
22	北京	4.598154473	54.43
23	吉林	4.591416062	54.39
24	贵州	4.267886347	52.44
25	重庆	4.184536464	51.92
26	新疆	4.073551423	51.23
27	天津	2.540995036	40.46

续表

排名	省市自治区	公共文化队伍指数（总量）得分	公共文化队伍指数（总量）百分制得分
28	西藏	2.192190982	37.58
29	宁夏	1.513879052	31.23
30	青海	1.127504179	26.95
31	海南	1.036171170	25.84
	理想最大值	15.52061239	100

表25　31省市自治区公共文化享受各评价指标（总量）的主成分

主成分	特征值	贡献率	累计贡献率	特征值平方根
第1主成分	7.361185531	61.343213%	61.343213%	2.713150481
第2主成分	1.682537456	14.021145%	75.364358%	1.297126615
第3主成分	1.260433757	10.503615%	85.867973%	1.122690410
第4主成分	0.672887445	5.6073954%	91.475368%	0.820297169
第5主成分	0.410719931	3.4226661%	94.898034%	0.640874349
第6主成分	0.250626297	2.0885525%	96.986587%	0.500625905
第7主成分	0.146148523	1.2179044%	98.204491%	0.382293766
第8主成分	0.114616184	0.9551349%	99.159626%	0.338550120
第9主成分	0.048187179	0.4015598%	99.561186%	0.219515782
第10主成分	0.029406600	0.2450550%	99.806241%	0.171483528
第11主成分	0.016264549	0.1355379%	99.941779%	0.127532542
第12主成分	0.006986547	0.0582212%	100.00000%	0.083585567

表26　31省市自治区公共文化享受各评价指标（总量）的主成分载荷

变量（评价指标）	第1主成分	第2主成分	第3主成分	第4主成分
X57	−0.345757845	0.104353012	0.217452489	0.118384726
X58	−0.332234647	0.137618826	0.152728771	−0.089314924
X59	−0.343060537	0.102198885	0.178703445	0.071242420

续表

变量(评价指标)	第1主成分	第2主成分	第3主成分	第4主成分
X60	−0.238245792	0.418096271	0.131834862	0.432254382
X61	−0.358210378	9.983722e−4	0.118506017	0.059461865
X62	−0.345942954	−0.099711119	0.218503407	−0.049227749
X63	−0.129859042	−0.534627404	−0.356635847	0.256924630
X64	−0.221234298	−0.232521909	−0.338054978	0.606662585
X65	−0.300327422	−0.362790026	−0.007352076	−0.327685581
X66	−0.304750512	−0.312134416	0.078459642	−0.363341686
X67	−0.217336871	0.320769519	−0.537577769	−0.259882268
X68	−0.226971636	0.321167588	−0.530674522	−0.197853259

表27　31省市自治区公共文化享受指数(总量)中各评价指标的系数

	评价指标	在31省市自治区中的平均值	在公共文化享受指数(总量)中的系数
公共文化享受	公共图书馆总流通人次(万人次)	1389.000000	2.499350e−4
	公共图书馆藏书册数(万册)	2399.243981	1.902490e−4
	累计发放有效借书证(个)	752091.7419	4.288610e−7
	少儿公共图书馆总流通人次(万人次)	62.50483871	0.003217800
	公共图书馆建筑面积(万平方米)	32.87839312	0.017112990
	群众文化设施建筑面积(万平方米)	101.1149429	0.004213680
	艺术表演团体演出观众人次(万人次)	951.2580645	1.158470e−4
	艺术表演场所观众人次(万人次)	113.7096774	0.002719150
	文物参观人数(万人次)	2084.281613	1.975320e−4
	博物馆参观人数(万人次)	1740.482903	2.312190e−4
	广播节目综合人口覆盖率(%)	97.17419355	0.087449370
	电视节目综合人口覆盖率(%)	97.96774194	0.140203920

表28 31个省市自治区公共文化享受指数(总量)得分和排名

排名	省市自治区	公共文化享受指数(总量)得分	公共文化享受指数(总量)百分制得分
1	广东	33.20140081	96.94
2	江苏	32.24071249	95.53
3	浙江	31.08561080	93.80
4	山东	28.81239259	90.31
5	河南	27.80636904	88.71
6	上海	27.78958213	88.69
7	四川	27.19296629	87.73
8	湖北	27.16856637	87.69
9	辽宁	26.67902400	86.90
10	湖南	26.55974659	86.70
11	河北	26.32776738	86.32
12	福建	26.21842791	86.14
13	陕西	25.34683568	84.70
14	安徽	25.33214842	84.68
15	北京	25.28136159	84.59
16	江西	25.19310252	84.44
17	广西	25.07875517	84.25
18	黑龙江	25.00685091	84.13
19	山西	24.97073375	84.07
20	重庆	24.84565278	83.86
21	天津	24.70203586	83.62
22	吉林	24.61067410	83.46
23	云南	24.60943956	83.46
24	甘肃	24.17110824	82.71
25	内蒙古	24.07471343	82.55
26	新疆	23.65847582	81.83
27	宁夏	22.72735737	80.20

续表

排名	省市自治区	公共文化享受指数(总量)得分	公共文化享受指数(总量)百分制得分
28	海南	22.46808462	79.75
29	贵州	22.27647232	79.40
30	青海	22.17106863	79.22
31	西藏	21.65999985	78.30
	理想最大值	35.33089778	100

附录二 2013年综合指数(人均)的主成分分析计算结果

表29 31省市自治区公共文化服务各评价指标(人均)的主成分

主成分	特征值	贡献率	累计贡献率	特征值平方根
第1主成分	21.08563602	31.008288%	31.008288%	4.591909844
第2主成分	16.89409513	24.844258%	55.852546%	4.110242709
第3主成分	6.535361374	9.6108255%	65.463371%	2.556435286
第4主成分	4.084305371	6.0063314%	71.469703%	2.020966445
第5主成分	3.282199877	4.8267645%	76.296467%	1.811684265
第6主成分	2.505837287	3.6850548%	79.981522%	1.582983666
第7主成分	2.192255136	3.2239046%	83.205427%	1.480626602
第8主成分	1.928461762	2.8359732%	86.041400%	1.388690665
第9主成分	1.427387225	2.0990989%	88.140499%	1.194733119
第10主成分	1.331286629	1.9577745%	90.098273%	1.153813949
第11主成分	1.088902026	1.6013265%	91.699600%	1.043504684
第12主成分	0.885757644	1.3025848%	93.002185%	0.941146983
第13主成分	0.783599114	1.1523516%	94.154536%	0.885211339
第14主成分	0.628177974	0.9237911%	95.078327%	0.792576793
第15主成分	0.607776790	0.8937894%	95.972117%	0.779600404
第16主成分	0.527634663	0.7759333%	96.748050%	0.726384652
第17主成分	0.425426434	0.6256271%	97.373677%	0.652247219

续表

主成分	特征值	贡献率	累计贡献率	特征值平方根
第18主成分	0.332449851	0.4888968%	97.862574%	0.576584643
第19主成分	0.278800576	0.4100008%	98.272575%	0.528015697
第20主成分	0.256316528	0.3769361%	98.649511%	0.506277125
第21主成分	0.202208675	0.2973657%	98.946877%	0.449676189
第22主成分	0.166258882	0.2444984%	99.191375%	0.407748553
第23主成分	0.125120408	0.1840006%	99.375376%	0.353723632
第24主成分	0.106500303	0.1566181%	99.531994%	0.326343842
第25主成分	0.076751689	0.1128701%	99.644864%	0.277040951
第26主成分	0.070358906	0.1034690%	99.748333%	0.265252532
第27主成分	0.060347166	0.0887458%	99.837079%	0.245656601
第28主成分	0.044961294	0.0661196%	99.903198%	0.212040784
第29主成分	0.042745938	0.0628617%	99.966060%	0.206750907
第30主成分	0.023079336	0.0339402%	100.00000%	0.151918846
第31主成分	2.21135e-15	3.252e-15%	100.00000%	4.702503e-8
第32主成分	1.26590e-15	1.862e-15%	100.00000%	3.557945e-8
第33主成分	1.07334e-15	1.578e-15%	100.00000%	3.276183e-8
第34主成分	9.32819e-16	1.372e-15%	100.00000%	3.054209e-8
第35主成分	9.10675e-16	1.339e-15%	100.00000%	3.017740e-8
第36主成分	8.33663e-16	1.226e-15%	100.00000%	2.887322e-8
第37主成分	7.93048e-16	1.166e-15%	100.00000%	2.816110e-8
第38主成分	6.46788e-16	9.512e-16%	100.00000%	2.543203e-8
第39主成分	6.04183e-16	8.885e-16%	100.00000%	2.458013e-8
第40主成分	5.63763e-16	8.291e-16%	100.00000%	2.374369e-8
第41主成分	5.00192e-16	7.356e-16%	100.00000%	2.236496e-8
第42主成分	3.50219e-16	5.150e-16%	100.00000%	1.871414e-8
第43主成分	3.24925e-16	4.778e-16%	100.00000%	1.802567e-8
第44主成分	3.09090e-16	4.545e-16%	100.00000%	1.758095e-8

续表

主成分	特征值	贡献率	累计贡献率	特征值平方根
第 45 主成分	2.66936e−16	3.926e−16%	100.00000%	1.633816e−8
第 46 主成分	2.37867e−16	3.498e−16%	100.00000%	1.542293e−8
第 47 主成分	2.03688e−16	2.995e−16%	100.00000%	1.427193e−8
第 48 主成分	1.74720e−16	2.569e−16%	100.00000%	1.321816e−8
第 49 主成分	5.75324e−17	8.461e−17%	100.00000%	7.585013e−9
第 50 主成分	3.03590e−17	4.465e−17%	100.00000%	5.509899e−9
第 51 主成分	0.000000000	0.0000000%	100.00000%	0.000000000
第 52 主成分	0.000000000	0.0000000%	100.00000%	0.000000000
第 53 主成分	0.000000000	0.0000000%	100.00000%	0.000000000
第 54 主成分	0.000000000	0.0000000%	100.00000%	0.000000000
第 55 主成分	0.000000000	0.0000000%	100.00000%	0.000000000
第 56 主成分	0.000000000	0.0000000%	100.00000%	0.000000000
第 57 主成分	0.000000000	0.0000000%	100.00000%	0.000000000
第 58 主成分	0.000000000	0.0000000%	100.00000%	0.000000000
第 59 主成分	0.000000000	0.0000000%	100.00000%	0.000000000
第 60 主成分	0.000000000	0.0000000%	100.00000%	0.000000000
第 61 主成分	0.000000000	0.0000000%	100.00000%	0.000000000
第 62 主成分	0.000000000	0.0000000%	100.00000%	0.000000000
第 63 主成分	0.000000000	0.0000000%	100.00000%	0.000000000
第 64 主成分	0.000000000	0.0000000%	100.00000%	0.000000000
第 65 主成分	0.000000000	0.0000000%	100.00000%	0.000000000
第 66 主成分	0.000000000	0.0000000%	100.00000%	0.000000000
第 67 主成分	0.000000000	0.0000000%	100.00000%	0.000000000
第 68 主成分	0.000000000	0.0000000%	100.00000%	0.000000000

表30 31省市自治区公共文化服务各评价指标（人均）的主成分载荷

变量（评价指标）	第1主成分	第2主成分	第3主成分	第4主成分
X1	-0.154396905	-0.012123746	0.040341461	0.048760348
X2	-0.129824985	-0.159898174	0.013903510	-0.064521819
X3	-0.180096419	-0.066031617	0.028019522	-0.116269826
X4	-0.186548621	-0.060854918	0.013753997	-0.090535264
X5	-0.201017343	-0.048864163	-0.053730759	0.011705843
X6	-0.159939404	-0.104842872	0.047692205	0.053217973
X7	-0.145607610	-0.138225311	-0.002291728	0.064758197
X8	-0.071809334	-0.002086756	0.253200830	0.250680526
X9	0.085601546	-0.217309787	-0.051167805	0.012304512
X10	0.120888059	-0.165850379	0.096508735	0.020810647
X11	0.088521033	-0.199820613	0.018100350	-0.039527708
X12	0.088168735	-0.215624485	-0.052794741	0.026105106
X13	0.122990183	-0.140642684	0.133073138	0.020084775
X14	0.018359762	-0.177605359	-0.158099698	0.071947927
X15	-0.077371598	-0.179447390	-0.125633855	0.076312918
X16	-0.173810293	-0.019854518	-0.052749137	-0.103992347
X17	0.041204508	-0.153729016	0.055763971	0.108639243
X18	0.070281344	-0.211251181	-0.118441528	0.068094332
X19	0.073058510	-0.208645526	-0.127893738	0.056810985
X20	0.034395928	-0.078738909	0.274666873	-0.099884090
X21	0.053268755	-0.075951560	0.284314892	-0.157125899
X22	-0.176420929	0.044236461	-0.114524267	0.021843366
X23	-0.195817957	0.008182786	-0.123052308	0.004543929
X24	-0.157793392	-0.049772687	0.008304746	-0.114045771
X25	-0.150844196	-0.114282795	0.010385316	-0.071426049
X26	0.008504958	-0.227528251	0.040945582	-0.081227815
X27	-0.116808327	-0.014054421	-0.049493333	-0.170752770

续表

变量（评价指标）	第1主成分	第2主成分	第3主成分	第4主成分
X28	−0.156072899	−0.092373224	0.057058137	−0.024072470
X29	−0.120398299	0.001247686	−0.074936775	0.090188747
X30	0.033263298	−0.054446498	0.267972593	−0.177593852
X31	−0.133832691	−0.011169086	0.188434642	−0.043402400
X32	−0.111526157	0.031732848	−0.030062682	3.386332e−4
X33	−0.187045042	0.020969594	−0.013911894	−0.087971377
X34	−0.146797288	0.072839794	−0.031530371	−0.070447057
X35	−0.062652305	0.030877408	0.155891882	0.300521540
X36	−0.105512319	−0.025491688	0.044572232	0.271596434
X37	−0.131847000	−0.109412536	0.058709502	−0.154543574
X38	−0.189764696	−0.038917976	−0.034879686	−0.083221773
X39	−0.182495967	−0.047097091	0.006930296	−0.073113576
X40	0.048349591	−0.192670683	0.052445907	0.077579714
X41	−0.030415679	−0.077488269	0.150033250	−0.182602870
X42	−0.122469205	−0.006454836	0.148688948	0.286125576
X43	−0.165436891	−0.035159996	0.089874458	0.142673872
X44	−0.137901922	−0.064291807	0.131104255	−0.161828372
X45	0.082869333	−0.187955923	0.037317771	−0.073271628
X46	−0.041209143	−0.055931737	0.265587872	−0.151732335
X47	−0.082448390	1.738013e−4	0.236435293	0.133932949
X48	0.057136470	−0.213001409	−0.120019612	0.080963188
X49	−0.105141306	−0.111895834	0.143221720	0.122838613
X50	0.067040810	−0.208889477	−0.137947531	0.051968599
X51	0.054546871	−0.139758182	0.061357008	−0.014679423
X52	−0.019424513	−0.211077863	−0.094310823	0.087433287
X53	−0.047069409	−0.223350813	−0.036557416	0.024132809
X54	−0.050603209	−0.083516822	0.290104937	0.027814421
X55	0.017094984	−0.209119023	−0.161361261	−0.005776415

续表

变量(评价指标)	第1主成分	第2主成分	第3主成分	第4主成分
X56	0.044714596	−0.163880920	−0.161188871	−0.017656964
X57	−0.188175339	0.025969151	−0.080785338	0.024109359
X58	−0.195618024	−0.034417123	−0.012951123	−0.009914852
X59	−0.188733719	−0.002346385	−0.092397906	−0.001942128
X60	−0.139243255	0.023858366	−0.136112521	−0.148371243
X61	−0.149508778	−0.074473034	−0.014686535	−0.120122694
X62	−0.097621504	−0.152555731	−0.023460667	0.125421817
X63	0.058185665	−0.101969639	0.152964028	0.110266201
X64	−0.064748753	−0.153413169	−0.019388707	−0.122351668
X65	−0.110966669	−0.015339231	−0.014753248	0.280927164
X66	−0.113535424	0.070069700	0.035786584	0.322188317
X67	−0.122821330	0.055244535	−0.085536941	0.045052183
X68	−0.131897314	0.079062645	−0.091086095	0.013359457

表31 31省市自治区公共文化服务指数(人均)中各评价指标的系数

	评价指标	在31省市自治区中的平均值	在公共文化服务指数(人均)中的系数
公共文化投入	文化事业费占财政支出比重(%)	0.400322581	1.385630070
	文化事业费(人/元)	44.60096774	0.004754450
	公共图书馆财政拨款(人/元)	8.319103138	0.028496510
	公共图书馆总支出(人/元)	8.522680324	0.027006350
	公共图书馆购书费(人/元)	1.120709677	0.143453230
	群众文化机构财政拨款(人/元)	11.33373433	0.022842280
	群众文化机构总支出(人/元)	12.84215149	0.018707070

续表

	评价指标	在31省市自治区中的平均值	在公共文化服务指数(人均)中的系数
公共文化机构	博物馆机构数(个/百万人)	2.421572741	0.064224620
	公共图书馆机构数(个/百万人)	3.439388480	0.019882301
	群众文化机构数(个/百万人)	37.84273754	0.006427078
	群众艺术馆机构数(个/百万人)	0.441148659	0.172559360
	文化馆机构数(个/百万人)	3.196621391	0.021592282
	文化站机构数(个/百万人)	34.20496749	0.008096133
	艺术表演团体机构数(个/百万人)	6.498640692	0.003182469
	艺术表演场馆机构数(个/百万人)	2.098749764	0.047759440
	出版物发行机构数(处/百万人)	140.1175565	0.002054430
	国有书店及国有发行点(处/百万人)	7.492411992	0.012370029
	文物业机构数(个/百万人)	9.794812566	0.002557322
	文物保护管理机构数(个/百万人)	7.054587989	0.002644316
公共文化产品	公共广播节目套数(套/百万人)	2.258804289	0.026855445
	全年公共电视节目套数(套/百万人)	2.762965115	0.036745628
	有线广播电视用户数(户/百人)	15.56457062	0.030754920
	有线广播电视用户数占家庭总户数的比重(%)	51.78290323	0.008428030
	图书出版种数(种/百万人)	231.7204554	7.400300e-4
	期刊出版种数(种/百万人)	6.749942272	0.029656490
	报纸出版种数(种/百万人)	1.809621188	0.005908315
	少年儿童读物出版种数(种/百万人)	23.75473115	0.003508160
	课本出版种数(种/百万人)	31.87436375	0.003746760
	全国文化产业示范基地(试验)园区和产业示范基地获得著作权、发明专利总数(项/百万人)	10.04371811	0.006401400
	电视剧播出数(部/百万人)	204.4065209	2.132933e-4

续表

	评价指标	在31省市自治区中的平均值	在公共文化服务指数(人均)中的系数
公共文化活动	公共图书馆举办展览(个/百万人)	9.853523604	0.030848720
	参观公共图书馆举办展览人次(人次/百人)	2.108155917	0.078647630
	公共图书馆组织各类讲座次数(次/百万人)	33.98396435	0.011738220
	参加公共图书馆组织讲座人次(人次/百人)	0.587178204	0.570914960
	博物馆基本陈列(个/百万人)	6.396661846	0.020246540
	博物馆举办展览(个/百万人)	8.911576578	0.030896200
	群众文化机构组织文艺活动次数(次/百万人)	585.3211004	4.400010e-4
	群众文化机构举办训练班次(班次/百万人)	321.4232093	8.395050e-4
	群众文化机构培训人次(人次/百人)	2.239250100	0.132672590
	执行事业会计制度艺术表演团体演出场次(场/百人)	0.028536775	1.816559995
	执行事业会计制度艺术表演场馆演出场次(场/百人)	0.027142157	0.829280770
公共文化队伍	博物馆从业人员数(人/百万人)	52.46178664	0.004428210
	博物馆专业技术人才(人/百万人)	20.96944310	0.015213860
	公共图书馆从业人员数(人/百万人)	47.31830701	0.006688920
	群众艺术馆从业人员数(人/百万人)	12.75815160	0.006635058
	文化馆从业人员数(人/百万人)	35.55356228	0.003277260
	文化站从业人员数(人/百万人)	79.90041981	0.002877590
	文物从业人员数(人/百万人)	152.9634964	1.739834e-4
	文物专业技术人才(人/百万人)	33.79318487	0.007638050
	文物保护管理机构从业人员数(人/百万人)	83.23925984	2.109028e-4
	文物保护管理机构专业技术人才(人/百万人)	7.990477212	0.009849352
	艺术表演团体从业人员数(人/百万人)	219.4932044	1.243740e-4
	艺术表演团体专业技术人才(人/百万人)	114.9432461	6.009810e-4
	群众文化机构从业人员数(人/百万人)	128.2121337	0.001387550
	分技术等级运动员发展人数(人/百万人)	53.63287532	2.280387e-4
	分等级教练员发展人数(人/百万人)	0.750385625	0.048027112

续表

	评价指标	在31省市自治区中的平均值	在公共文化服务指数(人均)中的系数
公共文化享受	公共图书馆总流通人次(人次/百人)	31.38020267	0.009597100
	公共图书馆藏书册数(册/人)	0.642903226	0.396730060
	累计发放有效借书证(个/百人)	1.749455293	0.145023890
	少儿公共图书馆总流通人次(人次/百人)	1.555471254	0.072098810
	公共图书馆建筑面积(平方米/万人)	86.39677419	0.004415670
	群众文化设施建筑面积(平方米/万人)	243.5967742	8.748690e-4
	艺术表演团体演出观众人次(人次/百人)	23.60551339	0.003157849
	艺术表演场所观众人次(人次/百人)	3.209598111	0.028786640
	文物参观人数(人次/百人)	47.71894100	0.005797630
	博物馆参观人数(人次/百人)	37.61370601	0.007220850
	广播节目综合人口覆盖率(%)	97.17419355	0.049419350
	电视节目综合人口覆盖率(%)	97.96774194	0.081475030

表32　31个省市自治区公共文化服务指数(人均)得分和排名

排名	省市自治区	公共文化服务指数(人均)得分	公共文化服务指数(人均)百分制得分
1	上海	41.00505807	90.89
2	北京	31.48625547	79.64
3	浙江	30.30312958	78.13
4	天津	28.99716598	76.43
5	新疆	26.71999530	73.37
6	江苏	26.37901900	72.90
7	西藏	26.24411126	72.71
8	陕西	25.94314226	72.30
9	辽宁	25.36720040	71.49

续表

排名	省市自治区	公共文化服务指数(人均)得分	公共文化服务指数(人均)百分制得分
10	内蒙古	25.28766315	71.38
11	宁夏	25.18248810	71.23
12	青海	25.03004322	71.01
13	福建	25.00895943	70.98
14	甘肃	24.77582104	70.65
15	吉林	24.70787637	70.55
16	广东	24.62571731	70.44
17	重庆	24.23873442	69.88
18	山西	23.82157752	69.28
19	湖北	22.81089218	67.79
20	四川	22.60712782	67.49
21	黑龙江	22.53482938	67.38
22	海南	21.99450978	66.57
23	云南	21.97914340	66.54
24	江西	21.96930462	66.53
25	山东	21.80195635	66.27
26	广西	21.43051603	65.71
27	湖南	20.83302096	64.78
28	安徽	20.32623640	63.99
29	河南	20.31975415	63.98
30	河北	19.96190221	63.42
31	贵州	19.67211997	62.95
	理想最大值	49.63698440	100

表33　31省市自治区公共文化投入各评价指标(人均)的主成分

主成分	特征值	贡献率	累计贡献率	特征值平方根
第1主成分	5.507061850	78.672312%	78.672312%	2.346712988
第2主成分	0.569812151	8.1401736%	86.812486%	0.754859027
第3主成分	0.492378469	7.0339781%	93.846464%	0.701696850
第4主成分	0.320970239	4.5852891%	98.431753%	0.566542354
第5主成分	0.068179179	0.9739883%	99.405741%	0.261111431
第6主成分	0.038411569	0.5487367%	99.954478%	0.195988697
第7主成分	0.003186541	0.0455220%	100.000000%	0.056449458

表34　31省市自治区公共文化投入各评价指标(人均)的主成分载荷

变量(评价指标)	第1主成分	第2主成分	第3主成分	第4主成分
X1	−0.323371346	0.227973120	0.865177399	−0.277711728
X2	−0.372289712	−0.046727340	−0.406471551	−0.653157887
X3	−0.392284482	−0.493983010	0.019918896	−0.072342240
X4	−0.396621899	−0.471682483	0.015749892	0.048092534
X5	−0.385617713	−0.111706443	0.021023866	0.684006252
X6	−0.394722916	0.413960874	−0.135678696	0.111024216
X7	−0.375670195	0.543598472	−0.258366819	0.092324158

表35　31省市自治区公共文化投入指数(人均)中各评价指标的系数

	评价指标	在31省市自治区中的平均值	在公共文化投入指数(人均)中的系数
公共文化投入	文化事业费占财政支出比重(%)	0.400322581	2.902085780
	文化事业费(人/元)	44.60096774	0.013633980
	公共图书馆财政拨款(人/元)	8.319103138	0.062070860
	公共图书馆总支出(人/元)	8.522680324	0.057418340
	公共图书馆购书费(人/元)	1.120709677	0.275190720
	群众文化机构财政拨款(人/元)	11.33373433	0.056373680
	群众文化机构总支出(人/元)	12.84215149	0.048264570

表36 31个省市自治区公共文化投入指数(人均)得分和排名

排名	省市自治区	公共文化投入指数(人均)得分	公共文化投入指数(人均)百分制得分
1	上海	13.69295012	98.65
2	浙江	8.110313020	75.92
3	北京	7.930068941	75.07
4	内蒙古	6.262885428	66.72
5	天津	6.256699903	66.68
6	宁夏	6.104467344	65.87
7	海南	5.219816080	60.91
8	青海	5.084670855	60.11
9	广东	4.856843603	58.75
10	西藏	4.688397741	57.72
11	新疆	4.468312060	56.35
12	重庆	4.379998044	55.79
13	江苏	4.142096518	54.26
14	吉林	4.010988065	53.39
15	福建	4.010468773	53.39
16	甘肃	3.893759256	52.61
17	陕西	3.816522216	52.08
18	山西	3.700458082	51.28
19	四川	3.677054792	51.12
20	辽宁	3.509624902	49.94
21	云南	3.300555192	48.43
22	湖北	2.762929696	44.31
23	贵州	2.734483139	44.08
24	广西	2.652633907	43.42
25	黑龙江	2.525195104	42.36
26	山东	2.504647278	42.19
27	安徽	2.260140699	40.08

续表

排名	省市自治区	公共文化投入指数(人均)得分	公共文化投入指数(人均)百分制得分
28	湖南	2.200870073	39.55
29	江西	2.115691261	38.78
30	河南	1.908708090	36.83
31	河北	1.842855623	36.19
	理想最大值	14.07022127	100

表37　31省市自治区公共文化机构各评价指标(人均)的主成分

主成分	特征值	贡献率	累计贡献率	特征值平方根
第1主成分	7.309608014	60.913400%	60.913400%	2.703628675
第2主成分	1.888615740	15.738465%	76.651865%	1.374269166
第3主成分	1.262936144	10.524468%	87.176332%	1.123804317
第4主成分	0.628942956	5.2411913%	92.417524%	0.793059239
第5主成分	0.376579175	3.1381598%	95.555684%	0.613660472
第6主成分	0.232068032	1.9339003%	97.489584%	0.481734400
第7主成分	0.176068722	1.4672394%	98.956823%	0.419605436
第8主成分	0.109320549	0.9110046%	99.867828%	0.330636581
第9主成分	0.013687019	0.1140585%	99.981886%	0.116991533
第10主成分	0.002135942	0.0177995%	99.999686%	0.046216248
第11主成分	3.770705e-5	3.1423e-4%	100.00000%	0.006140606
第12主成分	0.000000000	0.0000000%	100.00000%	0.000000000

表38　31省市自治区公共文化机构各评价指标(人均)的主成分载荷

变量(评价指标)	第1主成分	第2主成分	第3主成分	第4主成分
X8	0.046288809	−0.037654070	−0.837181302	0.001900609
X9	−0.364934999	−0.011378012	0.055567748	0.082765625
X10	−0.316281379	−0.288353574	−0.162905870	0.230260490

续表

变量(评价指标)	第1主成分	第2主成分	第3主成分	第4主成分
X11	-0.337629533	-0.103194842	-0.041351649	0.228164432
X12	-0.365533652	-0.015963423	0.051911759	0.058419712
X13	-0.281951789	-0.349252424	-0.214260959	0.261691683
X14	-0.276018718	0.363168566	0.074723958	-0.267684348
X15	-0.215887803	0.512400531	-0.146009891	0.195320504
X16	0.090799818	0.606954260	-0.186165664	0.399070176
X17	-0.246152489	0.075539065	-0.314720440	-0.737872671
X18	-0.351504237	0.084619078	0.152590708	-0.035364322
X19	-0.349793881	0.081963056	0.187871581	-0.037459437

表39　31省市自治区公共文化机构指数(人均)中各评价指标的系数

	评价指标	在31省市自治区中的平均值	在公共文化机构指数(人均)中的系数
公共文化机构	博物馆机构数(个/百万人)	2.421572741	0.051752377
	公共图书馆机构数(个/百万人)	3.439388480	0.075702869
	群众文化机构数(个/百万人)	37.84273754	0.008761023
	群众艺术馆机构数(个/百万人)	0.441148659	0.511479912
	文化馆机构数(个/百万人)	3.196621391	0.079478223
	文化站机构数(个/百万人)	34.20496749	0.007105335
	艺术表演团体机构数(个/百万人)	6.498640692	0.069965094
	艺术表演场馆机构数(个/百万人)	2.098749764	0.254439880
	出版物发行机构数(处/百万人)	140.1175565	0.002059117
	国有书店及国有发行点(处/百万人)	7.492411992	0.076556942
	文物业机构数(个/百万人)	9.794812566	0.012892919
	文物保护管理机构数(个/百万人)	7.054587989	0.012728010

表40 31个省市自治区公共文化机构指数（人均）得分和排名

排名	省市自治区	公共文化机构指数（人均）得分	公共文化机构指数（人均）百分制得分
1	西藏	16.27080410	96.72
2	青海	6.282397400	60.10
3	北京	4.484812465	50.78
4	浙江	4.285081384	49.64
5	新疆	4.269346981	49.54
6	山西	4.141963314	48.80
7	甘肃	3.792467085	46.70
8	安徽	3.620959091	45.63
9	上海	3.593481663	45.45
10	陕西	3.400815904	44.22
11	内蒙古	3.364443117	43.98
12	江苏	3.140714889	42.49
13	宁夏	3.089942435	42.15
14	辽宁	3.041986098	41.82
15	福建	2.939959571	41.11
16	四川	2.897747034	40.82
17	江西	2.829335681	40.33
18	云南	2.819159669	40.26
19	重庆	2.751280414	39.77
20	河南	2.684770315	39.29
21	黑龙江	2.682627891	39.27
22	天津	2.639850902	38.96
23	河北	2.631719940	38.90
24	贵州	2.412090272	37.24
25	海南	2.410015878	37.22
26	湖南	2.359047340	36.83
27	吉林	2.327506914	36.58

续表

排名	省市自治区	公共文化机构指数(人均)得分	公共文化机构指数(人均)百分制得分
28	湖北	2.042267016	34.27
29	广西	1.972892820	33.68
30	山东	1.859163348	32.69
31	广东	1.673570779	31.02
	理想最大值	17.39269062	100

表41　31省市自治区公共文化产品各评价指标(人均)的主成分

主成分	特征值	贡献率	累计贡献率	特征值平方根
第1主成分	4.546722186	41.333838%	41.333838%	2.132304431
第2主成分	3.261561709	29.650561%	70.984399%	1.805979432
第3主成分	1.044800306	9.4981846%	80.482584%	1.022154737
第4主成分	0.930955761	8.4632342%	88.945818%	0.964860488
第5主成分	0.416532146	3.7866559%	92.732474%	0.645393017
第6主成分	0.384226562	3.4929687%	96.225442%	0.619860115
第7主成分	0.135047857	1.2277078%	97.453150%	0.367488581
第8主成分	0.115101849	1.0463804%	98.499531%	0.339266634
第9主成分	0.073294869	0.6663170%	99.165848%	0.270730251
第10主成分	0.057054343	0.5186758%	99.684524%	0.238860510
第11主成分	0.034702412	0.3154765%	100.00000%	0.186285833

表42　31省市自治区公共文化产品各评价指标(人均)的主成分载荷

变量(评价指标)	第1主成分	第2主成分	第3主成分	第4主成分
X20	0.189976034	−0.446274737	0.158051280	−0.279284716
X21	0.225903664	−0.446768186	0.095247505	−0.247796270
X22	−0.392830816	0.086841656	0.205916827	−0.334775609
X23	−0.429634323	0.036698524	0.061293552	−0.260341820
X24	−0.370134823	−0.233363767	0.229793335	0.205850206

续表

变量(评价指标)	第1主成分	第2主成分	第3主成分	第4主成分
X25	−0.344360348	−0.280783092	−0.266715603	0.186409441
X26	−0.010348539	−0.383839029	−0.424584096	0.432947995
X27	−0.296834770	−0.097600166	0.604870576	0.299286843
X28	−0.334448124	−0.305501066	−0.201331592	0.029584181
X29	−0.293505222	0.002122726	−0.409715805	−0.518309385
X30	0.179366293	−0.457009190	0.203237196	−0.238925250

表43 31省市自治区公共文化产品指数(人均)中各评价指标的系数

	评价指标	在31省市自治区中的平均值	在公共文化产品指数(人均)中的系数
公共文化产品	公共广播节目套数(套/百万人)	2.258804289	0.148328343
	全年公共电视节目套数(套/百万人)	2.762965115	0.155831911
	有线广播电视用户数(户/百人)	15.56457062	0.068480990
	有线广播电视用户数占家庭总户数的比重(%)	51.78290323	0.018491520
	图书出版种数(种/百万人)	231.7204554	0.001735880
	期刊出版种数(种/百万人)	6.749942272	0.067702430
	报纸出版种数(种/百万人)	1.809621188	0.007189030
	少年儿童读物出版种数(种/百万人)	23.75473115	0.008914980
	课本出版种数(种/百万人)	31.87436375	0.008028910
	全国文化产业示范基地(试验)园区和产业示范基地获得著作权、发明专利总数(项/百万人)	10.04371811	0.015605240
	电视剧播出数(部/百万人)	204.4065209	0.001150145
	公共广播节目套数(套/百万人)	2.258804289	0.148328343

表44 31个省市自治区公共文化产品指数(人均)得分和排名

排名	省市自治区	公共文化产品指数(人均)得分	公共文化产品指数(人均)百分制得分
1	上海	11.70254011	86.11
2	新疆	7.297546691	68.00
3	吉林	7.264705190	67.85
4	天津	7.130065208	67.22
5	北京	6.885791227	66.05
6	江苏	6.180902512	62.58
7	浙江	5.262251820	57.74
8	辽宁	5.246617503	57.66
9	福建	5.177287248	57.28
10	内蒙古	4.770534886	54.98
11	陕西	4.710073368	54.63
12	湖北	4.376026998	52.66
13	广东	4.221637519	51.72
14	宁夏	4.201550874	51.60
15	黑龙江	3.984675946	50.25
16	山东	3.811884684	49.15
17	重庆	3.708381029	48.48
18	青海	3.684248041	48.32
19	西藏	3.675298787	48.26
20	四川	3.663701729	48.18
21	山西	3.602970191	47.78
22	江西	3.471243006	46.90
23	广西	3.426454836	46.60
24	海南	3.386422078	46.32
25	云南	3.130721400	44.54
26	甘肃	3.124225640	44.49
27	湖南	3.108779522	44.38

续表

排名	省市自治区	公共文化产品指数(人均)得分	公共文化产品指数(人均)百分制得分
28	河北	2.710147658	41.44
29	安徽	2.583677202	40.46
30	贵州	2.376544644	38.81
31	河南	2.267321030	37.90
	理想最大值	15.78143795	100

表45 31省市自治区公共文化活动各评价指标(人均)的主成分

主成分	特征值	贡献率	累计贡献率	特征值平方根
第1主成分	4.961867095	45.107883%	45.107883%	2.227524881
第2主成分	1.715043851	15.591308%	60.699190%	1.309596828
第3主成分	1.589546453	14.450422%	75.149613%	1.260772165
第4主成分	1.121156450	10.192331%	85.341944%	1.058846755
第5主成分	0.564646289	5.1331481%	90.475092%	0.751429497
第6主成分	0.325480054	2.9589096%	93.434002%	0.570508593
第7主成分	0.287794711	2.6163156%	96.050317%	0.536465014
第8主成分	0.185226728	1.6838793%	97.734197%	0.430379748
第9主成分	0.154117698	1.4010700%	99.135267%	0.392578270
第10主成分	0.071974241	0.6543113%	99.789578%	0.268280154
第11主成分	0.023146429	0.2104221%	100.00000%	0.152139506

表46 31省市自治区公共文化活动各评价指标(人均)的主成分载荷

变量(评价指标)	第1主成分	第2主成分	第3主成分	第4主成分
X31	−0.356390582	−0.116922234	0.239408801	0.248981733
X32	−0.307798812	−0.075019920	−0.106279141	0.526637202
X33	−0.392654241	−0.014360525	−0.220191711	−0.091580573
X34	−0.336546579	−0.062974137	−0.331582910	0.285981552

续表

变量(评价指标)	第1主成分	第2主成分	第3主成分	第4主成分
X35	−0.047005870	−0.625195800	0.302333791	−0.210434997
X36	−0.163559915	−0.544602186	0.324094821	−9.102790e−4
X37	−0.342225431	0.291218770	0.181900203	−0.297117024
X38	−0.398334795	0.081185444	−0.089177878	−0.377552089
X39	−0.400743810	0.101036576	6.915282e−4	−0.342577023
X40	0.064351037	0.323876308	0.586473744	−0.047599946
X41	−0.203267761	0.287339885	0.437631205	0.419233003

表47　31省市自治区公共文化活动指数(人均)中各评价指标的系数

	评价指标	在31省市自治区中的平均值	在公共文化活动指数(人均)中的系数
公共文化活动	公共图书馆举办展览(个/百万人)	9.853523604	0.082148800
	参观公共图书馆举办展览人次(人次/百人)	2.108155917	0.217058020
	公共图书馆组织各类讲座次数(次/百万人)	33.98396435	0.024641460
	参加公共图书馆组织讲座人次(人次/百人)	0.587178204	1.308876200
	博物馆基本陈列(个/百万人)	6.396661846	0.015190280
	博物馆举办展览(个/百万人)	8.911576578	0.047893740
	群众文化机构组织文艺活动次数(次/百万人)	585.3211004	0.001142080
	群众文化机构举办训练班次(班次/百万人)	321.4232093	0.001762200
	群众文化机构培训人次(人次/百人)	2.239250100	0.291336400
	执行事业会计制度艺术表演团体演出场次(场/百人)	0.028536775	2.417756148
	执行事业会计制度艺术表演场馆演出场次(场/百人)	0.027142157	5.542077365

表 48　31 个省市自治区公共文化活动指数(人均)得分和排名

排名	省市自治区	公共文化活动指数(人均)得分	公共文化活动指数(人均)百分制得分
1	上海	12.83120317	92.90
2	北京	10.66962733	84.72
3	新疆	9.589192720	80.31
4	浙江	8.449204578	75.39
5	福建	6.704169176	67.15
6	辽宁	6.587999477	66.57
7	广东	6.445068866	65.84
8	天津	6.327788570	65.24
9	重庆	6.022295112	63.65
10	山西	5.926162916	63.14
11	甘肃	5.608469622	61.42
12	江苏	5.455406683	60.58
13	云南	5.089785289	58.51
14	青海	5.062653202	58.36
15	广西	5.040542787	58.23
16	陕西	4.877369941	57.28
17	江西	4.843209595	57.08
18	四川	4.739671108	56.46
19	吉林	4.715448319	56.32
20	湖北	4.495922412	54.99
21	宁夏	4.442070849	54.66
22	山东	4.417437374	54.51
23	黑龙江	4.251520659	53.48
24	内蒙古	4.206827039	53.20
25	湖南	4.119029299	52.64
26	贵州	3.579013377	49.07

续表

排名	省市自治区	公共文化活动指数(人均)得分	公共文化活动指数(人均)百分制得分
27	河南	3.562952255	48.96
28	安徽	3.393678144	47.78
29	河北	3.368977051	47.60
30	海南	3.216041504	46.51
31	西藏	2.575051543	41.62
	理想最大值	14.86632210	100

表49 31省市自治区公共文化队伍各评价指标(人均)的主成分

主成分	特征值	贡献率	累计贡献率	特征值平方根
第1主成分	6.084982705	40.566551%	40.566551%	2.466775771
第2主成分	4.510406476	30.069377%	70.635928%	2.123771757
第3主成分	1.600205599	10.668037%	81.303965%	1.264992332
第4主成分	1.111601943	7.4106796%	88.714645%	1.054325350
第5主成分	0.627462320	4.1830821%	92.897727%	0.792125192
第6主成分	0.419155917	2.7943728%	95.692100%	0.647422518
第7主成分	0.250490463	1.6699364%	97.362036%	0.500490223
第8主成分	0.159793711	1.0652914%	98.427328%	0.399742055
第9主成分	0.094019935	0.6267996%	99.054127%	0.306626703
第10主成分	0.075334814	0.5022321%	99.556359%	0.274471882
第11主成分	0.033730811	0.2248721%	99.781231%	0.183659498
第12主成分	0.019637493	0.1309166%	99.912148%	0.140133841
第13主成分	0.013118906	0.0874594%	99.999607%	0.114537791
第14主成分	5.890565e-5	3.9270e-4%	100.000000%	0.007675002
第15主成分	0.000000000	0.0000000%	100.000000%	0.000000000

表50　31省市自治区公共文化队伍各评价指标(人均)的主成分载荷

变量(评价指标)	第1主成分	第2主成分	第3主成分	第4主成分
X42	0.009107884	−0.370545185	0.379727528	0.034365391
X43	−0.033961657	−0.385131835	0.331557989	−0.266024845
X44	−0.067136595	−0.344086887	−0.158142795	−0.427228800
X45	−0.314191698	0.012415977	−0.411016248	0.098782368
X46	−0.053579079	−0.348854303	−0.434825885	−0.095380348
X47	0.060878763	−0.322093890	0.140250079	0.632801176
X48	−0.385509472	0.094191060	0.072274874	0.104061472
X49	−0.172718750	−0.392408472	0.070826332	−0.199092538
X50	−0.380662475	0.132619537	0.040094975	0.094299533
X51	−0.261786500	−0.096307028	−0.420518073	−0.034999506
X52	−0.350318201	0.010185654	0.237374933	0.017442272
X53	−0.359642815	−0.077373643	0.189286498	−0.062545206
X54	−0.078244991	−0.369078942	−0.180496493	0.498097854
X55	−0.377753812	0.087188074	0.100284688	−0.080038120
X56	−0.310147606	0.175343067	0.140334768	0.083216310

表51　31省市自治区公共文化队伍指数(人均)中各评价指标的系数

	评价指标	在31省市自治区中的平均值	在公共文化队伍指数(人均)中的系数
公共文化队伍	博物馆从业人员数(人/百万人)	52.46178664	0.011438068
	博物馆专业技术人才(人/百万人)	20.96944310	0.032233036
	公共图书馆从业人员数(人/百万人)	47.31830701	0.016081692
	群众艺术馆从业人员数(人/百万人)	12.75815160	0.011717221
	文化馆从业人员数(人/百万人)	35.55356228	0.026156359
	文化站从业人员数(人/百万人)	79.90041981	0.008672849
	文物从业人员数(人/百万人)	152.9634964	3.385668e−4

续表

评价指标		在31省市自治区中的平均值	在公共文化队伍指数（人均）中的系数
公共文化队伍	文物专业技术人才（人/百万人）	33.79318487	0.030960462
	文物保护管理机构从业人员数（人/百万人）	83.23925984	2.374596e-4
	文物保护管理机构专业技术人才（人/百万人）	7.990477212	0.038694580
	艺术表演团体从业人员数（人/百万人）	219.4932044	0.001065051
	艺术表演团体专业技术人才（人/百万人）	114.9432461	0.003151481
	群众文化机构从业人员数（人/百万人）	128.2121337	0.009836838
	分技术等级运动员发展人数（人/百万人）	53.63287532	0.001512327
	分等级教练员发展人数（人/百万人）	0.750385625	0.003465746

表52 31个省市自治区公共文化队伍指数（人均）得分和排名

排名	省市自治区	公共文化队伍指数（人均）得分	公共文化队伍指数（人均）百分制得分
1	上海	13.15617046	85.05
2	陕西	12.19139155	81.87
3	西藏	10.35154468	75.44
4	内蒙古	10.33770011	75.39
5	甘肃	9.686966257	72.98
6	宁夏	9.382216368	71.82
7	北京	8.562473102	68.61
8	青海	8.479056010	68.28
9	山西	8.227071290	67.26
10	天津	7.976494503	66.23
11	新疆	7.733001867	65.21
12	浙江	7.669153623	64.94
13	吉林	7.410648006	63.83
14	辽宁	7.350676373	63.57

续表

排名	省市自治区	公共文化队伍指数(人均)得分	公共文化队伍指数(人均)百分制得分
15	黑龙江	6.804741869	61.17
16	重庆	6.610715569	60.29
17	云南	6.259791953	58.67
18	湖北	6.123982902	58.03
19	江西	6.006560726	57.47
20	河南	5.829710627	56.62
21	山东	5.741314145	56.19
22	贵州	5.634411974	55.66
23	江苏	5.498334615	54.98
24	四川	5.450208985	54.74
25	福建	5.200692963	53.47
26	河北	5.172395619	53.33
27	安徽	4.960276422	52.22
28	湖南	4.837224154	51.57
29	广西	4.829209153	51.53
30	海南	4.610613420	50.35
31	广东	4.410184376	49.24
	理想最大值	18.18702054	100

表53　31省市自治区公共文化享受各评价指标(人均)的主成分

主成分	特征值	贡献率	累计贡献率	特征值平方根
第1主成分	5.391230739	44.926923%	44.926923%	2.321902397
第2主成分	1.761053723	14.675448%	59.602371%	1.327046994
第3主成分	1.550989474	12.924912%	72.527283%	1.245387279
第4主成分	1.110179638	9.2514970%	81.778780%	1.053650624

续表

主成分	特征值	贡献率	累计贡献率	特征值平方根
第5主成分	0.694407289	5.7867274%	87.565507%	0.833311040
第6主成分	0.470236841	3.9186403%	91.484148%	0.685738172
第7主成分	0.350067636	2.9172303%	94.401378%	0.591665138
第8主成分	0.223814238	1.8651186%	96.266496%	0.473090095
第9主成分	0.176595278	1.4716273%	97.738124%	0.420232409
第10主成分	0.113077807	0.9423151%	98.680439%	0.336270437
第11主成分	0.106543736	0.8878645%	99.568303%	0.326410380
第12主成分	0.051803601	0.4316967%	100.000000%	0.227604044

表54　31省市自治区公共文化享受各评价指标（人均）的主成分载荷

变量（评价指标）	第1主成分	第2主成分	第3主成分	第4主成分
X57	-0.400103185	0.024975010	-0.052809194	-0.198649928
X58	-0.352181683	-0.120226062	-0.126729031	-0.281644641
X59	-0.393619394	-0.070905042	-0.097560903	-0.092330031
X60	-0.302767843	0.146568676	-0.362594924	0.125798231
X61	-0.315598890	-0.289108486	-0.247413318	0.055180522
X62	-0.223606440	-0.470396711	0.137929776	-0.287570506
X63	0.123366967	-0.450500796	0.329357560	0.355333691
X64	-0.130082257	-0.492166971	-0.027120880	0.421479753
X65	-0.212318881	-0.017157623	0.605889927	-0.035299868
X66	-0.232935582	0.232738262	0.515887995	-0.241158772
X67	-0.298820156	0.266777879	0.105673234	0.468050385
X68	-0.314492972	0.287652646	0.079359654	0.434443064

表55　31省市自治区公共文化享受指数（人均）中各评价指标的系数

	评价指标	在31省市自治区中的平均值	在公共文化享受指数（人均）中的系数
公共文化享受	公共图书馆总流通人次（人次/百人）	31.38020267	0.020405590
	公共图书馆藏书册数（册/人）	0.642903226	0.714254530
	累计发放有效借书证（个/百人）	1.749455293	0.302459010
	少儿公共图书馆总流通人次（人次/百人）	1.555471254	0.156770250
	公共图书馆建筑面积（平方米/万人）	86.39677419	0.009321050
	群众文化设施建筑面积（平方米/万人）	243.5967742	0.002003930
	艺术表演团体演出观众人次（人次/百人）	23.60551339	0.006695366
	艺术表演场所观众人次（人次/百人）	3.209598111	0.057833260
	文物参观人数（人次/百人）	47.71894100	0.011092940
	博物馆参观人数（人次/百人）	37.61370601	0.014814690
	广播节目综合人口覆盖率（%）	97.17419355	0.120235620
	电视节目综合人口覆盖率（%）	97.96774194	0.194267210

表56　31个省市自治区公共文化享受指数（人均）得分和排名

排名	省市自治区	公共文化享受指数（人均）得分	公共文化享受指数（人均）百分制得分
1	上海	42.88740080	98.52
2	浙江	39.73256039	94.83
3	天津	39.10378989	94.08
4	江苏	38.35522789	93.17
5	北京	37.91633563	92.64
6	广东	36.99495049	91.50
7	福建	36.40429241	90.77
8	辽宁	36.15543020	90.46
9	重庆	35.69762505	89.88
10	湖北	35.45292694	89.58

续表

排名	省市自治区	公共文化享受指数(人均)得分	公共文化享受指数(人均)百分制得分
11	宁夏	35.26732218	89.34
12	陕西	35.14131282	89.18
13	吉林	34.93026863	88.91
14	甘肃	34.77003329	88.71
15	黑龙江	34.65479628	88.56
16	内蒙古	34.57689244	88.46
17	山东	34.52560603	88.40
18	山西	34.48093579	88.34
19	新疆	34.37239226	88.20
20	江西	34.33846295	88.16
21	海南	34.16291745	87.93
22	四川	34.05193630	87.79
23	广西	33.94646592	87.65
24	河南	33.93865156	87.64
25	河北	33.84541433	87.52
26	湖南	33.83798628	87.51
27	青海	33.78017467	87.44
28	安徽	33.66795117	87.29
29	云南	33.44389390	87.00
30	西藏	33.13814127	86.60
31	贵州	31.09819617	83.89
	理想最大值	44.18407365	100

附录三 31省市自治区公共文化服务各评价指标的原始数据

表57 I-1 公共文化投入

指标名称 省市区	II-1 文化事业费占财政支出比重(%)	II-2 人均文化事业费(元)	II-3 公共图书馆财政拨款(万元)	II-4 公共图书馆总支出(万元)	II-5 公共图书馆人均购书(元)	II-6 群众文化机构财政拨款(万元)	II-7 群众文化机构总支出(万元)	II-8 文物科研机构财政拨款(万元)	II-9 文物科研机构财政总支出(万元)
全国平均	0.40	44.60	27939.52	28843.52	1.121	41957.84	47348.52	3697.71	4810.65
北京	0.55	110.55	43528	45592	2.689	24267	27501	1122	6091
天津	0.42	56.11	25123	25863	2.967	12807	14617		4592
河北	0.26	15.74	18771	18744	0.328	32256	32522	1975	4592
山西	0.47	36.34	21448	20849	0.656	31256	33970	7616	10350
内蒙古	0.43	65.12	47688	50213	1.140	33897	34549	3339	2949
辽宁	0.28	33.53	39276	37498	1.147	35809	37465	4136	4396

续表

指标名称 省市区	Ⅱ-1 文化事业费占财政支出比重(%)	Ⅱ-2 人均文化事业费(元)	Ⅱ-3 公共图书馆财政拨款(万元)	Ⅱ-4 公共图书馆总支出(万元)	Ⅱ-5 公共图书馆人均购书(元)	Ⅱ-6 群众文化机构财政拨款(万元)	Ⅱ-7 群众文化机构总支出(万元)	Ⅱ-8 文物科研机构财政拨款(万元)	Ⅱ-9 文物科研机构财政总支出(万元)
吉林	0.42	34.53	19800	19559	0.903	28294	36163	1365	1628
黑龙江	0.31	24.40	16870	16986	0.446	23500	23534	424	435
上海	0.62	120.65	66891	76427	7.698	94322	100647	628	
江苏	0.37	37.59	55797	61874	1.524	89287	98533	3601	1370
浙江	0.75	65.20	69686	73446	2.854	131636	149577	668	4981
安徽	0.28	15.08	17942	20465	0.419	38763	46197	81	2481
福建	0.49	33.90	21355	26184	0.896	25393	55413	1239	147
江西	0.27	17.71	16182	15909	0.347	22329	26077	3701	1236
山东	0.35	21.36	32611	31732	0.485	56024	66096	7428	3015
河南	0.29	15.99	22181	21725	0.201	45600	47003	5152	12857
湖北	0.34	24.00	31304	34313	0.728	26331	36247	4415	5766
湖南	0.28	19.12	19894	21159	0.349	39078	43986	4495	4458
广东	0.50	36.30	87426	91435	1.643	136560	150638		6733

续表

指标名称 省市区	Ⅱ-1 文化事业费占财政支出比重(%)	Ⅱ-2 人均文化事业费(元)	Ⅱ-3 公共图书馆财政拨款(万元)	Ⅱ-4 公共图书馆总支出(万元)	Ⅱ-5 公共图书馆人均购书(元)	Ⅱ-6 群众文化机构财政拨款(万元)	Ⅱ-7 群众文化机构总支出(万元)	Ⅱ-8 文物科研机构财政拨款(万元)	Ⅱ-9 文物科研机构财政总支出(万元)
广西	0.33	25.00	22675	18759	0.531	27169	31984	270	1540
海南	0.48	64.50	9633	9918	1.281	12071	8335		
重庆	0.36	41.00	20379	21121	0.759	41300	53870	1894	3450
四川	0.44	34.04	38337	36464	0.463	94848	97885	17784	16163
贵州	0.33	27.81	10903	11838	0.261	28838	33659	381	1479
云南	0.42	28.07	20102	21077	0.573	43072	45554	452	5726
西藏	0.25	88.09	1366	1228	0.643	4518	7584	160	168
陕西	0.41	40.87	19896	19462	0.498	45548	47509	15459	16050
甘肃	0.47	35.38	17173	15418	0.699	26242	27220	23095	23653
青海	0.35	89.80	5072	5168	0.412	8576	9153	670	1098
宁夏	0.50	68.84	9264	8011	0.588	11545	11459	2178	1291
新疆	0.39	56.01	17552	15712	0.614	29557	32857	901	5027

表58　Ⅰ-2　公共文化机构

指标名称 省市区	Ⅱ-10 博物馆机构数（个）	Ⅱ-11 公共图书馆机构数（个）	Ⅱ-12 群众文化机构数（个）	Ⅱ-13 群众艺术馆机构数（个）	Ⅱ-14 文化馆、文化站机构数（个）	Ⅱ-15 艺术表演团体机构数（个）	Ⅱ-16 艺术表演场馆机构数（个）	Ⅱ-17 出版物发行机构数（处）	Ⅱ-18 国有书店及国有发行点（处）	Ⅱ-19 文物业机构数（个）	Ⅱ-20 文物保护科学研究机构数（个）
全国平均	98.81	99.19	1415.35	12.32	94.16	1308.87	235.61	76.03	5564.58	303.23	197.16	87.26
北京	41	24	343	1	19	323	324	96	8998	124	97	26
天津	20	31	283	1	18	264	48	35	3060	71	29	8
河北	75	172	2393	13	168	2212	448	138	7272	376	249	164
山西	92	126	1538	12	119	1407	301	129	2945	396	225	109
内蒙古	65	114	1132	13	103	1016	137	20	1942	227	155	87
辽宁	62	129	1550	24	99	1427	155	111	5964	294	127	57
吉林	68	66	965	14	63	888	41	37	2600	113	122	48
黑龙江	104	106	1641	17	131	1493	85	43	3031	239	207	93
上海	90	25	240	1	26	213	147	117	8526	144	99	5
江苏	266	112	1419	14	105	1300	434	217	14497	875	347	58

续表

指标名称\省市区	II-10 博物馆机构数(个)	II-11 公共图书馆机构数(个)	II-12 群众文化机构数(个)	II-13 群众艺术馆机构数(个)	II-14 文化馆、文化站机构数(个)	II-15 艺术表演团体机构数(个)	II-16 艺术表演场馆机构数(个)	II-17 出版物发行机构数(处)	II-18 国有书店及国有发行点(处)	II-19 文物业机构数(个)	II-20 文物保护科学研究机构数(个)
浙江	166	97	1447	12	90	1345	609	271	11057	558	275	92
安徽	141	102	1554	14	107	1433	1015	72	8588	649	240	92
福建	94	87	1199	10	85	1104	341	53	4387	233	149	52
江西	109	114	1950	13	102	1835	187	73	3414	326	187	70
山东	178	150	1979	18	140	1821	303	103	7127	520	296	95
河南	180	156	2514	19	186	2309	364	145	8938	1068	331	124
湖北	161	111	1379	13	105	1261	226	66	4933	236	214	42
湖南	95	136	2617	15	127	2475	157	83	7711	390	196	86
广东	168	137	1744	22	123	1599	337	93	13180	398	205	26
广西	79	112	1290	15	108	1167	68	20	5007	255	151	60
海南	19	20	233	3	18	212	61	13	723	28	36	17
重庆	39	43	1038	1	40	997	244	31	3486	267	89	39

续表

指标名称 省市区	II-10 博物馆机构数(个)	II-11 公共图书馆机构数(个)	II-12 群众文化机构数(个)	II-13 群众艺术馆机构数(个)	II-14 文化馆、文化站机构数(个)		II-15 艺术表演团体机构数(个)	II-16 艺术表演场馆机构数(个)	II-17 出版物发行机构数(处)	II-18 国有书店及国有发行点(处)	II-19 文物业机构数(个)	II-20 文物保护科学研究机构数(个)
四川	152	188	4800	22	183	4595	469	130	10565	214	329	170
贵州	66	93	1661	10	87	1564	79	10	3736	221	151	81
云南	85	152	1526	17	131	1378	220	60	8769	241	211	120
西藏	2	77	320	8	73	239	92	22	131	52	480	475
陕西	194	112	1772	11	111	1650	116	98	4680	205	443	207
甘肃	149	103	1423	17	86	1320	103	25	2203	295	212	54
青海	22	49	413	9	46	358	40	23	1052	55	53	29
宁夏	9	26	254	7	20	227	16	7	989	31	34	22
新疆	72	105	1259	16	100	1143	137	16	2991	299	173	97

表59 I-3 公共文化产品

指标名称　　省市区	II-21 公共广播节目套数（套）	II-22 全年公共电视节目套数（套）	II-23 有线广播电视用户数（万户），占家庭总户数的比重（%）		图书、期刊和报纸出版种数（种）	II-24	II-25 少年儿童读物和课本出版种数（种）		II-26 动漫企业原创动画作品（部）	II-27 全国文化产业示范基地（试验）园区和产业示范基地获得著作权、发明专利总数（项）	II-28 电视剧播出数（部）
全国平均	83.87	104.55	691.96	51.78	7864.58	224.94	54.77	797.52	1059.77	79.71	466.55	7758.32
北京	25	26	498.60	100.54	9431	170	37	2458	748	297	3	494
天津	22	32	277.94	80.37	5319	251	27	652	667	31	268	3450
河北	131	178	792.61	35.08	3976	229	66	90	350	32	235	14361
山西	108	115	474.76	38.50	3403	198	60	592	24	181	281	6255
内蒙古	124	120	319.83	38.23	2863	148	61	431	869	273	56	12416
辽宁	115	119	921.59	61.49	9998	320	69	1165	2489	135	9	9598
吉林	69	76	512.17	52.91	22263	240	52	4039	1387	3	277	7608
黑龙江	102	118	613.24	49.86	4218	315	69	385	473	279	61	3912
上海	21	25	647.99	124.13	23777	635	72	1612	5110	145	1515	1162

续表

指标名称 省市区	Ⅱ-21 公共广播节目套数（套）	Ⅱ-22 全年公共电视节目套数（套）	Ⅱ-23 有线广播电视用户数（万户），占家庭总户数的比重（%）		Ⅱ-24 图书、期刊和报纸出版种数（种）		Ⅱ-25 少年儿童读物和课本出版种数（种）		Ⅱ-26 动漫企业原创动画作品（部）	Ⅱ-27 全国文化产业示范基地（试验）园区和产业示范基地获得著作权、发明专利总数（项）	Ⅱ-28 电视剧播出数（部）
江苏	126	130	2177.86	89.80	20407	467	81	1461	3004	278	3309	9631
浙江	108	114	1357.34	83.89	11478	222	71	2287	1120	108	21	8754
安徽	106	115	518.83	24.50	9094	186	51	1256	602	11	55	10404
福建	89	97	659.67	64.61	3413	176	43	309	450	49	2879	3475
江西	105	113	539.84	44.62	5127	161	41	1375	230	22	128	10071
山东	157	171	1835.40	61.42	11654	269	87	918	1543	22	518	11309
河南	151	166	850.44	27.42	6314	246	78	262	777	33	277	15590
湖北	86	115	1048.38	51.64	14145	422	74	436	2242	51	129	13728
湖南	99	139	745.88	37.19	10821	248	50	1392	905	48	230	10784
广东	130	153	1913.01	75.34	9851	389	101	507	1371	340	3443	6496
广西	63	116	622.99	45.83	8667	186	54	988	417	25	72	6358

续表

指标名称 / 省市区	Ⅱ-21 公共广播节目套数（套）	Ⅱ-22 全年公共电视节目套数（套）	Ⅱ-23 有线广播电视用户数（万户），占家庭总户数的比重（%）		图书、期刊和报纸出版种数（种）	Ⅱ-24 期刊和报纸出版种数（种）	Ⅱ-25 少年儿童读物和课本出版种数（种）		Ⅱ-26 动漫企业原创动画作品（部）	Ⅱ-27 全国文化产业示范基地（试验）园区和产业示范基地获得著作权、发明专利总数（项）	Ⅱ-28 电视剧播出集数（部）
海南	24	15	95.08	36.59	3315	43	12	149	17			759
重庆	34	45	509.27	44.10	5052	137	26	49	1534	10	7	4716
四川	122	203	1392.68	46.11	7794	348	88	650	1670	3	210	18046
贵州	39	101	396.61	32.93	966	88	31	113	99	11	4	2619
云南	49	159	551.90	43.11	7901	127	42	92	213		51	9984
西藏	8	10	18.59	26.64	546	35	23	15	152		3	568
陕西	107	123	596.28	48.68	8468	283	44	378	1857	39	281	8261
甘肃	87	106	201.17	26.07	2617	134	50	154	102	27	5	7069
青海	10	15	60.92	38.62	557	53	27	17	235		38	1164
宁夏	24	28	83.21	39.27	1676	37	14	38		3	21	1823
新疆	159	198	216.81	35.78	8691	210	97	453	2196	15	77	19643

表60 I-4 公共文化活动

指标名称 省市区	II-29 公共图书馆举办展览(个)、参观展览人次(万人次)		II-30 公共图书馆组织各类讲座次数(次)、参加讲座人次(万人次)		II-31 博物馆基本陈列(个)、举办展览(个)		II-32 群众文化机构组织文艺活动次数(次)	II-33 群众文化机构举办训练班次(班次)	II-34 群众文化机构培训人次(万人次)	II-35 执行事业会计制度艺术表演团体演出场次(万场)	II-36 执行事业会计制度艺术表演场馆演出场次(万场)
全国平均	397.42	95.94	1430.61	26.50	263.81	379.52	22209.10	12490.35	88.70	1.03	0.86
北京	240	54.32	1573	17.94	103	158	29076	19465	111.9	0.3	1.0
天津	118	18.62	709	7.10	64	78	6354	7198	47.3	0.3	0.4
河北	396	108.33	1500	21.18	127	293	33456	14876	91.9	2.2	1.6
山西	331	122.15	1417	22.33	134	157	18473	10719	88.2	2.4	2.3
内蒙古	210	31.48	832	9.20	226	173	11482	3940	33.5	1.7	0.3
辽宁	519	145.96	1820	38.09	177	219	27852	19206	128.4	0.3	0.4
吉林	163	33.24	937	20.17	130	309	11153	5627	39.2	0.1	1.5
黑龙江	387	58.22	806	18.75	318	426	18834	5736	44.8	0.8	0.4
上海	425	87.18	1795	25.97	225	352	32762	27506	173.2	0.7	0.9
江苏	787	148.20	2556	52.14	780	1212	39352	19016	149.2	3.6	0.1

续表

指标名称 省市区	Ⅱ-29 公共图书馆举办展览(个)、参观展览人次(万人次)		Ⅱ-30 公共图书馆组织各类讲座次数(次)、参加讲座人次(万人次)		Ⅱ-31 博物馆基本陈列(个)、举办展览(个)		Ⅱ-32 群众文化机构组织文艺活动次数(次)	Ⅱ-33 群众文化机构举办训练班次(班次)	Ⅱ-34 群众文化机构培训人次(万人次)	Ⅱ-35 执行事业会计制度艺术表演团体演出场次(万场)	Ⅱ-36 执行事业会计制度艺术表演场馆演出场次(万场)
浙江	875	290.47	2399	55.49	411	899	40738	25300	149.8	0.8	1.3
安徽	358	52.49	1191	15.82	470	518	20196	13580	104.8	0.2	0.2
福建	503	188.33	1669	27.49	239	477	12522	7163	54.6	1.1	2.9
江西	383	104.64	1331	36.75	331	310	14759	12350	51.3	1.2	0.8
山东	818	99.59	2525	49.75	735	940	42095	22633	190.5	1.9	0.5
河南	509	50.35	2080	42.82	427	740	38639	19207	137.0	4.2	0.9
湖北	427	72.46	1554	42.76	429	508	19638	9881	83.8	1.6	2.4
湖南	410	65.52	2133	40.77	192	364	29331	12904	100.6	1.5	1.3
广东	1022	541.78	5292	97.94	440	977	38842	30198	192.3	0.7	0.6
广西	489	94.94	1362	32.85	166	250	25171	14254	71.5	0.2	0.9
海南	54	14.76	72	1.03	121	86	2856	2118	13.5	0.1	
重庆	333	96.30	1033	20.71	144	198	15818	11115	80.1	0.1	

续表

指标名称 省市区	Ⅱ-29 公共图书馆举办展览(个)、参观展览次(万人次)		Ⅱ-30 公共图书馆组织各类讲座次数(次)、参加讲座人次(万人次)		Ⅱ-31 博物馆基本陈列(个)、举办展览(个)		Ⅱ-32 群众文化机构组织文艺活动次数(次)	Ⅱ-33 群众文化机构举办训练班次(班次)	Ⅱ-34 群众文化机构培训人次(万人次)	Ⅱ-35 执行事业会计制度艺术表演团体演出场次(万场)	Ⅱ-36 执行事业会计制度艺术表演场馆演出场次(万场)
四川	636	192.38	1985	29.40	437	457	52552	26129	211.1	0.6	0.4
贵州	157	35.08	986	23.19	174	184	12731	6059	40.5	0.3	
云南	371	86.23	1632	25.48	168	356	25839	12834	128.6	0.6	0.1
西藏	3	0.63	6	0.02	5	24	2173	459	3.9	0.4	0.1
陕西	435	40.83	1220	15.19	492	406	16961	8985	69.6	1.2	0.4
甘肃	310	43.78	904	11.45	324	406	11588	6482	55.6	1.1	0.6
青海	94	2.04	177	1.25	39	63	3432	1287	9.0	0.1	0.3
宁夏	60	3.93	143	3.13	22	43	6178	1402	7.5	0.2	
新疆	497	89.80	710	15.41	128	182	27629	9572	86.5	1.5	4.2

附录三　31省市自治区公共文化服务各评价指标的原始数据　399

表61　Ⅰ-5　公共文化队伍

指标名称 省市区	Ⅱ-37 博物馆从业人员数(人)、专业技术人才(人)		Ⅱ-38 公共图书馆从业人员数(人)	Ⅱ-39 群众艺术馆从业人员数(人)	Ⅱ-40 文化馆、文化站从业人员数(人)		Ⅱ-41 文物从业人员数(人)、专业技术人才(人)		Ⅱ-42 文物保护管理机构从业人员数(人)、专业技术人才(人)		Ⅱ-43 艺术表演团体从业人员数(人)、专业技术人才(人)		Ⅱ-44 群众文化机构从业人员数(人)	Ⅱ-45 分技术等级运动员发展人数(人)	Ⅱ-46 分等级数练员发展人数(人)
全国平均	2220.16	839.52	1728.10	380.81	1348.13	3310.68	3925.58	1303.48	1124.32	288.29	7699.35	3860.68	5039.61	1481.77	24.55
北京	1171	379	1258	60	787	1474	5172	888	3016	275	7489	4346	2321	1880	20
天津	717	464	1272	64	562	347	918	582	102	57	2328	1805	973	1835	16
河北	2152	657	1852	538	1969	4440	6858	1749	4146	854	14515	6810	6947	2602	22
山西	2451	753	1550	410	1573	2470	6106	1673	1680	436	13711	5882	4453	740	2
内蒙古	1328	764	1937	518	1423	2479	2000	1204	596	396	6330	4602	4420	993	2
辽宁	2170	1063	2971	692	1671	3144	3635	1557	1110	327	5414	3224	5507	1978	51
吉林	942	491	1652	503	1689	1677	1495	819	373	270	2803	2027	3869	1207	21
黑龙江	1788	911	1796	432	1496	2705	2244	1252	380	286	5010	3530	4633	1030	24
上海	2915	1460	2089	60	991	3724	3164	1551	73	32	9910	6024	4775	2020	4

续表

指标名称 省市区	II-37 博物馆从业人员数(人)、专业技术人才(人)	II-38 公共图书馆从业人员数(人)	II-39 群众艺术馆从业人员数(人)	II-40 文化馆、文化站从业人员数(人)	II-41 文物从业人员数(人)、专业技术人才(人)	II-42 文物保护管理机构从业人员数(人)、专业技术人才(人)	II-43 艺术表演团体从业人员数(人)、专业技术人才(人)	II-44 群众文化机构从业人员数(人)	II-45 分技术等级运动员发展人数(人)	II-46 分等级数练员发展人数(人)
江苏	4966 1924	2901	467	1538 4770	5764 2220	397 145	10565 6797	6775	2699	49
浙江	3624 1373	3096	473	1596 4390	5334 1994	1408 530	19053 7570	6459	2883	35
安徽	2236 843	1312	283	1225 4635	2885 1206	457 277	17438 4741	6143	1692	27
福建	1728 702	1263	201	715 2109	1958 801	154 66	12281 5184	3025	1564	67
江西	2475 1031	1454	391	1319 3105	3508 1382	457 168	5815 3509	4815	1012	9
山东	4353 1986	2647	645	2388 4987	9468 3798	3644 1190	8417 6210	8020	3360	35
河南	5199 1291	2867	568	3077 7198	10705 2476	2497 571	15378 6102	10843	4000	26
湖北	3078 1558	2219	448	1777 2819	4334 2048	647 236	9216 5428	5044	1656	9
湖南	2385 659	2080	493	1752 5553	3995 1059	692 134	5929 3665	7798	1254	10
广东	3277 1462	4237	572	1666 7996	3931 1608	280 46	13712 4845	10234	2554	74
广西	1529 610	1467	487	1605 2735	2021 850	271 146	2744 1707	4827	883	83

续表

指标名称 省市区	II-37 博物馆从业人员数(人)、专业技术人才(人)	II-38 公共图书馆从业人员数(人)	II-39 群众艺术馆从业人员数(人)	II-40 文化馆、文化站从业人员数(人)	II-41 文物从业人员数(人)、专业技术人才(人)	II-42 文物保护管理机构从业人员数(人)、专业技术人才(人)	II-43 艺术表演团体从业人员数(人)、专业技术人才(人)	II-44 群众文化机构从业人员数(人)	II-45 分技术等级运动员发展人数(人)	II-46 分等级数练员发展人数(人)
海南	250	317	63	157	513	231	49	2342	912	784	419	4
重庆	1624	607	848	79	803	2143	168	100	4725	1666	4494	2030	44
四川	4904	1219	2051	643	2115	6307	1002	451	12360	4965	8921	514	13
贵州	1166	357	976	388	978	2166	437	201	2369	1303	5320	1125	33
云南	986	624	1783	513	1906	1704	625	514	6607	3466	6347	5	2
西藏	63	38	91	188	76	5781	5455	67	2659	1297	374	1304	15
陕西	5425	1524	2163	428	2174	10133	2777	670	7161	4175	7375	500	27
甘肃	2682	712	1413	394	1114	4394	665	160	4788	2732	4798	841	6
青海	180	103	394	173	317	416	95	63	1446	657	910	141	
宁夏	209	122	545	286	325	609	334	119	663	491	1139	487	1
新疆	852	269	1070	345	1008	2032	685	101	5502	4009	3885	727	30

表 62 I-6 公共文化享受

指标名称 省市区	II-47 公共图书馆总流通人次(万人次)	II-48 人均拥有公共图书馆藏书册数(册)	II-49 累计发放有效借书证(个)	II-50 少儿公共图书馆总流通人次(万人次)	II-51 每万人公共图书馆建筑面积(平方米)	II-52 每万人拥有群众文化设施建筑面积(平方米)	II-53 艺术表演团体演出观众人次(万人次)	II-54 艺术表演场所观众人次(万人次)	II-55 文物参观人数(万人次)	II-56 博物馆参观人数(万人次)	II-57 广播节目综合人口覆盖率(%)	II-58 电视节目综合人口覆盖率(%)
全国平均	1389.00	0.64	752091.74	62.50	86.40	243.60	951.26	113.71	2084.28	1740.48	97.17	97.97
北京	865	1.01	720301	44.57	107.2	191.9	138	162	1890.98	528.77	100.00	100.00
天津	630	1.04	498022	95.22	181.7	177.3	178	97	535.28	493.88	100.00	100.00
河北	1023	0.27	614488	43	46.7	138.0	1860	234	2373.77	1666.77	99.33	99.26
山西	475	0.40	244462	10.8	81.6	239.6	2611	193	1886.27	1247.16	95.36	98.10
内蒙古	417	0.49	182322	6.71	105.0	247.6	1209	88	1020.91	939.77	97.92	96.84
辽宁	1939	0.79	918208	193.99	108.4	225.8	246	114	1257.33	1069.82	98.59	98.68
吉林	691	0.62	253700	118.47	67.9	144.9	121	110	862.70	860.01	98.55	98.69
黑龙江	836	0.48	7773133	6.05	70.3	194.6	699	69	1418.99	1310.20	98.58	98.78
上海	2062	3.03	1313133	138.48	162.4	536.4	315	101	1642.45	1633.10	100.00	100.00
江苏	4527	0.82	2909009	149.22	104.3	366.7	1844	63	5723.91	5500.36	99.99	99.88

续表

指标名称 省市区	Ⅱ-47 公共图书馆总流通人次(万人次)	Ⅱ-48 人均拥有公共图书馆藏书册数(册)	Ⅱ-49 累计发放有效借书证(个)	Ⅱ-50 少儿公共图书馆总流通人次(万人次)	Ⅱ-51 每万人公共图书馆建筑面积(平方米)	Ⅱ-52 每万人拥有群众文化设施建筑面积(平方米)	Ⅱ-53 艺术表演团体演出观众人次(万人次)	Ⅱ-54 艺术表演场所观众人次(万人次)	Ⅱ-55 文物参观人次(万人次)	Ⅱ-56 博物馆参观人数(万人次)	Ⅱ-57 广播节目综合人口覆盖率(%)	Ⅱ-58 电视节目综合人口覆盖率(%)
浙江	4572	0.98	2407446	73.7	125.7	539.5	920	329	4345.36	3122.31	99.54	99.60
安徽	1264	0.38	529348	47.1	47.1	151.4	167	26	2261.80	2164.96	97.85	98.10
福建	1526	0.77	644104	142.59	89.6	227.4	724	135	1874.82	1843.02	98.04	98.58
江西	1057	0.40	530852		70.3	172.8	922	92	2084.13	1877.04	97.23	98.40
山东	2035	0.44	1381603	9.02	57.6	236.9	1782	176	5382.18	3843.28	98.33	98.03
河南	1638	0.24	765966	45.9	45.7	130.4	5980	232	4211.44	3425.47	97.89	97.94
湖北	1516	0.44	1384404	88.38	83.2	184.8	1654	189	2392.23	2229.74	98.72	98.75
湖南	1490	0.38	731996	84.92	53.8	177.2	1004	267	3506.62	3213.86	92.95	97.17
广东	6418	0.62	3417295	322.25	95.6	326.7	1028	198	3467.94	3203.51	99.47	99.43
广西	1366	0.45	394761	165.9	60.9	141.6	275	94	1190.97	1124.96	96.05	97.74
海南	270	1.01	98702		96.7	121.6	175	7	433.77	255.81	96.48	95.45
重庆	1078	0.52	321465	77.71	83.3	237.1	227	14	1663.50	1643.48	98.16	98.76

续表

指标名称 省市区	Ⅱ-47 公共图书馆总流通人次(万人次)	Ⅱ-48 人均拥有公共图书馆藏书册数(册)	Ⅱ-49 累计发放有效借书证(个)	Ⅱ-50 少儿公共图书馆总流通人次(万人次)	Ⅱ-51 每万人公共图书馆建筑面积(平方米)	Ⅱ-52 每万人拥有群众文化设施建筑面积(平方米)	Ⅱ-53 艺术表演团体演出观众人次(万人次)	Ⅱ-54 艺术表演场所观众人次(万人次)	Ⅱ-55 文物参观人数(万人次)	Ⅱ-56 博物馆参观人数(万人次)	Ⅱ-57 广播节目综合人口覆盖率(%)	Ⅱ-58 电视节目综合人口覆盖率(%)
四川	1628	0.42	523512	7.68	55.4	235.4	547	82	4587.27	4210.00	96.78	97.75
贵州	420	0.40	331956	0.72	46.7	173.0	186	0	1113.79	936.49	88.46	92.99
云南	1070	0.40	375725	44.28	71.0	197.7	737	61	1232.38	1078.36	96.03	97.04
西藏	4	0.22	8217		88.0	522.1	161	24	129.19	23.91	93.38	94.51
陕西	727	0.37	266318	9.92	64.0	204.0	1125	128	3574.02	2550.32	97.15	98.12
甘肃	558	0.47	257958	11.07	71.2	242.3	1411	75	1481.69	1179.10	96.89	97.56
青海	102	0.66	134560		93.7	229.1	102	31	90.31	88.22	94.14	96.33
宁夏	210	0.82	88777		160.9	285.2	264	4	187.46	84.01	95.20	98.90
新疆	645	0.59	293101		82.4	352.5	877	130	789.27	607.28	95.34	95.62

附录四 我国31省市自治区2010年第六次人口普查人口数

表63　31省市自治区2010年第六次人口普查

单位：人

省市自治区	2010年第六次全国人口普查人口数
北京	19612368
天津	12938224
河北	71854202
山西	35712111
内蒙古	24706321
辽宁	43746323
吉林	27462297
黑龙江	38312224
上海	23019148
江苏	78659903
浙江	54426891
安徽	59500510
福建	36894216
江西	44567475
山东	95793065
河南	94023567
湖北	57237740

续表

省市自治区	2010年第六次全国人口普查人口数
湖南	65683722
广东	104303132
广西	46026629
海南	8671518
重庆	28846170
四川	80418200
贵州	34746468
云南	45966239
西藏	3002166
陕西	37327378
甘肃	25575254
青海	5626722
宁夏	6301350
新疆	21813334

附录五 2013年公共文化服务指数相关统计指标解释

国民经济行业分类

国民经济行业分类是对全社会经济活动进行的标准分类。国民经济行业分类采用经济活动的同质性原则划分行业类别,即每一个行业类别都按照相同性质的经济活动归类,而不是依据行政事业编制、会计制度和部门管理归类。

一个行业(或产业)是指从事相同性质的经济活动的所有机构的集合,是按照各机构(或劳动者)从事的经济活动进行分类。在划分国民经济行业时,一个机构的行业性质是根据该机构所从事的经济活动确定的。如果一个机构从事两种或两种以上的经济活动,则按主要活动确定行业。

我国《国民经济行业分类》的三次产业划分:

第一产业,指农业、林业、牧业、渔业。

第二产业,指采矿业、制造业、电力、燃气及水的生产和供应业、建筑业。

第三产业,指除上述第一、二产业以外的其他各类产业。

第三产业的分类包括:交通运输、仓储和邮政业,信息传输、计算机服务和软件业,批发和零售业,住宿和餐饮业,金融业,房地产业,租赁和商务服务业,科学研究、技术服务和地质勘查业,水利、环境和公共设施管理业,居民服务和其他服务业,教育,卫生、社会保障和社会福利业,文化、体育和娱乐业,公共管理和社会组织,国际组织。

文化及相关产业:是指为社会公众提供文化、娱乐产品和服务的活动,以及与这些活动有关联的活动的集合。根据提供文化、娱乐产品和服务活动的属性特点,划分为公益性文化活动和经营性文化活动两大类。

文化及相关产业是第三产业的重要组成部分,是在我国《国民经济行业分类》基础上的派生分类,有文化服务和相关文化服务两大类。

文化服务：主要有新闻服务,出版发行和版权服务,广播、电视、电影服务,文化艺术服务,网络文化服务,文化休闲娱乐服务,其他文化服务。

相关文化服务：主要有文化用品、设备及相关文化产品的生产,文化用品、设备及相关文化产品的销售。

调查的文化及相关产业,根据提供文化、娱乐产品和服务活动的属性特点和财务核算形式划分,有文化事业和文化产业两大类。

文化及相关产业活动的价值体现在社会效益与经济效益的一致性上,即为社会提供文化、娱乐产品和服务的同时,为国民经济发展创造物质财富。

非文化及相关产业：指由文化部门主办的不属于文化及相关产业的其他各类行业活动。

非文化及相关产业在为国民经济发展创造物质财富的同时,也为文化的繁荣与发展提供一定的物质条件。

文艺创作与表演：指文学、美术创造和表演艺术(如戏剧、戏曲、歌舞、舞蹈、音乐、曲艺、杂技、马戏、木偶、皮影等各种表演艺术)等活动,包括文学(含电影、电视剧剧本)、音乐、歌曲、舞蹈、戏曲、曲艺等的创作,美术(绘画、雕塑)、工艺品、书法、篆刻等的艺术创作,编导、演员的表演、创作活动,剧务、舞台美工、服装道具、灯光音响等活动,民族艺术创作,其他未列明的文艺创作、表演及辅助活动。

艺术创作机构：指有专职创作人员、独立建制的剧目创作室(组)、美术创作室(组)及各类画院等专门从事艺术创作的机构。不包括业余性质的文艺创作机构。

艺术表演团体：指由文化部门主办或实行行业管理(经文化行政部门审批并领取营业性演出许可证),专门从事表演艺术等活动的各类专业艺术表演团体,含民间职业剧团(不包括群众业余文艺表演团队)。

艺术表演场馆：指由文化部门主办或实行行业管理[向文化行政部门备案或领取合资(合作)演出场所许可证]，有观众席、舞台、灯光设备，公开售票、专供文艺团体演出的文化活动场所。附属于文化部门机构内非独立核算的剧场、排演场，公开营业的也应单独统计。

图书馆：指各类图书馆的管理与服务(对文献和信息的搜集、整理、存储、利用和管理，向社会公众开放并提供科学、文化等各种知识普及教育)。包括公共图书馆和各类机构内部举办的或单独举办的图书馆的管理与服务。不包括部队系统以及文化馆(文化中心、群众艺术馆)、文化站内设的图书室。

公共图书馆：指文化部门主办的面向社会服务的图书馆。

其他部门图书馆：是指除文化部门主办的公共图书馆以外的图书馆机构，如教育、科研、厂矿企业等举办的图书馆。

群众文化活动：指开展群众文化活动的场所的管理和组织活动。包括文化馆(含综合性文化中心、群众艺术馆)、文化站、文化宫、少年宫等群众文化活动。在本制度中，目前暂不统计文化部门以外的文化宫和少年宫。

文化馆(含综合性文化中心、群众艺术馆)、文化站：指专门从事群众文化活动的群众文化场馆。不包括临时抽调人员组成、没有编制的农村和街道文化工作队、服务站等。

美术馆：指由文化部门主办或实行行业管理的，具备展览、典藏、研究及公共教育和服务功能的、向公众开放的国有美术馆；以及在民政部门登记注册并在文化部门备案的，具备展览、典藏、研究及公共教育和服务功能的、向公众开放的、非营利性的民营美术馆。

画院：指由文化部门主办或实行行业管理的，各级国有和民营的非营利性的专门的美术创作、研究机构，有专职创作研究人员和独立建制，包括书画院、书法院、油画雕塑院等。不包括业余性质的美术创作机构。

文化市场行政执法机构：指经法律法规授权或依法接受委托专门从事文化市场行政执法工作的机构。

文化艺术研究机构：指有明确的研究方向和任务，有一定水平的学术带头人和一定数量、质量的研究人员，有开展工作的基本条件，主要进行文化艺术研究(含科技)的机构。

文化部门教育机构：指文化部门主办的高等艺术职业院校和中等专业学校、文化干部院校、其他文化艺术教育机构。

高等艺术职业院校：指按国家规定的设置标准和审批程序批准主办的，纳入国家招生计划，通过国家统一招生考试，招收高中毕业生和相当于高中学历者为主要培养对象，实施高等教育的全日制、独立设置的学院和高等专科艺术学校。高等艺术院校均应填报国家教委统一印发的学年度"普通高等学校基层报表"，高等艺术院校举办的分校（教学点）或大专班，不计校数。机构、学生人数应与向各级教委填报的"普通高等学校基层报表"的数字相一致。职工人数应填报年末时点数；培训干部应填报当年累计结业人数。在本制度中，只统计由文化部门主办和管理的院校。

中等艺术学校：指文化部门内由文化部或省、自治区、直辖市人民政府批准举办，纳入国家招生计划，按国家规定组织入学考试，招收小学或初中（或部分高中）毕业生和具有同等学历者，实施中等艺术教育、培养中等艺术人才的全日制专业学校。中等艺术学校均应填报国家教委的学年度"中等专业学校基层报表"，各校举办的分校（或校外班）不计校数。机构、学生人数应与向各级教委填报的学年度"中等专业学校基层报表"的数字相一致。职工人数和培训干部人数的填报口径同"高等艺术院校"。

文化干部院校：指各级文化行政主管部门领导的培养和训练文化干部的成人高等教育院校。

其他教育机构：指不填报国家教委制发的教育事业基层报表的非正规的艺术学校、训练班等教育机构。不包括随团的学员班。

其他文化事业机构、其他文化企业：指不属于以上分类的文化部门内其他的文化事业机构和其他的各类企业机构。

文化市场经营机构：指经文化市场行政部门审批或备案并领取相关许可或备案文件的、从事文化经营和文化服务活动的机构。

文化市场经营机构主要由以下统计调查对象组成：

演出经纪机构：指经文化市场行政管理部门审批并申请营业性演出许可证的从事演出组织、制作、营销等经营活动，演出居间、代理等经纪活动和演员签约、推广、代理等经纪活动的经营单位。不包括作家、艺术家个人的经纪代理活动,影视演员经纪人代理活动,演员推荐、选派活动,出版和著作权代理活动等。

文艺表演团体:同"艺术表演团体"。

演出场所经营单位:同"艺术表演场馆"。

娱乐场所:指以营利为目的,并向公众开放、消费者自娱自乐的歌舞、游艺等场所,以及各地文化行政部门依据相关规定管理并发放《娱乐场所经营许可证》的其他娱乐场所。

经营性互联网文化单位:指经文化行政部门和电信管理机构批准,从事经营性互联网活动的互联网信息服务提供者。其中,经营性互联网文化活动是指以营利为目的,通过向上网用户收费或者电子商务、广告、赞助等方式获取利益,提供互联网文化产品及其服务的活动。

互联网上网服务营业场所(网吧):指通过计算机等设备向公众提供互联网上网服务的营业性娱乐文化服务场所。

艺术品经营机构:指从事艺术品销售、艺术品经纪代理、拍卖以及与艺术品销售有直接关系的各种服务类经营活动的机构,主要包括画廊、画店、艺术品公司、艺术品拍卖企业、艺术品经纪代理机构和艺术品展览、艺术品评估、鉴定机构。

文化市场连锁经营机构:指由文化市场行政管理部门审核批准的文化市场连锁经营机构,不包括直营门店。

本制度对文化市场经营机构实行行业性统计。各地根据实际情况,确定由文化市场行政部门或文化市场管理执法机构,依法对本辖区的文化市场经营机构进行统计调查,并完成全部数据的录入、审核和汇总。

动漫企业:经文化部、财政部、国家税务总局三部门联合认定的从事漫画创作、动画创作、网络动漫(含手机动漫)创作、动漫舞台剧制作、动漫软件开发和动漫衍生产品研发等动漫业务的企业。

博物馆:指为了研究、教育、欣赏的目的,收藏、保护、展示人类活动和自然环境的见证物,向公众开放,非营利性、永久性社会服务机构,包括以博物馆(院)、纪念馆(舍)、科技馆、陈列馆等专有名称开展活动的单位。

综合性博物馆：指综合收藏、展示自然、历史（含革命史和建设成就）、艺术等方面藏品的博物馆。

历史类博物馆：指主要收藏、展示关于国家（地区）、民族、社会发展、重大事件和人物的历史（古代史、近代史、战争史、革命纪念馆、历史名人纪念馆等）的文物资料的博物馆。

艺术类博物馆：指主要收藏、展示艺术品、工艺品文物（工艺品、绘画、书法、篆刻、民间艺术）的博物馆。

自然、科技类博物馆：指主要收藏、展示自然物种历史、发展以及反映科学技术成果方面标本、实物的博物馆。

其他博物馆：指上述四类博物馆之外，内容独特的行业性、专门性博物馆。如中国丝绸博物馆、中国茶叶博物馆以及农业、体育、邮电、中药、交通、水利、煤炭、林业、公安、儿童等专门博物馆。

文物考古研究所：是各省级文物行政管理部门领导下的文物保护和科学研究机构承担有关文物的调查、保护、发掘、研究和宣传工作，对地、市、县的文物工作进行业务辅导的机构。

文物商店：经国务院文物行政部门或者省、自治区、直辖市人民政府文物行政部门依法批准设立的文物购销经营单位。

非物质文化遗产保护中心：指从事非物质文化遗产的调查、抢救、保护、研究、宣传、展示，以及其他相关保护活动的专业综合机构。

调查的从业人员：指在文化部门主办或实行行业管理的文化及相关产业机构以及由文化部门主办的非文化产业等机构中工作，并取得劳动报酬的全部人员。包括职工、再就业的离退休人员以及在各机构中工作的外方人员和港、澳、台方人员。

专业技术人员：指在专业技术岗位上工作的人员，不包括在管理岗位上工作具有专业技术职称（职务）的人员（包括正高级职称、副高级职称、中级职称以及初级及以下人员）。

安全保卫人员：指从事文物安全保卫工作和安全管理工作的人员，包括聘用人员。

在编人员：指经当地编办批准、列入事业编制的人员。

专职人员：指长期从事业务工作的专业人员。

总藏量：指本馆已编目的古籍、图书、期刊和报纸的合订本、小册子、手稿，以及缩微制品、录像带、录音带、光盘等视听文献资料数量之和。

对同一书名，但分若干册（卷）的图书，按每一册（卷）作为一册统计。期刊和报纸均以每一合订本为一册统计。至填报本表时，尚未装订成册编目的期刊和报纸不应统计在内。

报刊：指刊登当前事件的专题或综合新闻，每周至少出版一张并按年、月、日顺序或按编号排列的连续出版物，或者是同一刊名下，按顺序号或按年、月、日出版的定期或不定期的一种连续出版物。包括报纸和期刊。

古籍、善本：实际成书和出版年代在 1911 年（含 1911 年）以前的线装、卷轴装、经折装、蝴蝶装、包背装等书籍为古籍。其中清乾隆六十年，即 1795 年（含 1795 年）以前的古籍为善本，1795 年至 1911 年间的具有历史文献性、学术资料性和印刷装帧艺术代表性的也归为善本。

电子图书：包括本馆通过各种方式取得当前使用权的电子图书，以及本馆自建或与其他机构合作建设的电子图书。

视听文献：包括各类型声频文献（唱片、录音带、盒式磁带等）、视频文献（例如幻灯片、透明正片等）和声频与视频混合文献（例如有声电影、录像片等）。

缩微文献：指所有经过缩微处理制成缩微胶卷和缩微平片，使用时需要放大的文献资料。

少儿文献：指供少儿阅读的文献，包括图书、绘本、画册、连环画等，不论其是否装订成册，或页数是否达到 49 页，均按 1 个"册件"计算在内。"少儿文献"不纳入"总藏量"加总计算，在图书、报刊、视听文献、缩微制品中，涉及少儿文献的，仍然分别统计在内。

本年度新增藏量：指本年度内，通过购买、接受缴送、征集、受捐、交换、竞拍、数字化转换、许可授权等各种方式新入藏的各类型文献资源总量。

有效借书证数：指由本馆或本馆所在总分馆体系中其他图书馆发放，并在当年内在本馆、本馆下辖分馆或本馆派出各类馆外服务设施中使用过至少一次的借书证数。

总流通人次：指本年度内到图书馆场馆接受图书馆服务的总人次，包括借阅书刊、咨询问题，以及参加各类读者活动等。

书刊文献外借人次：指通过本馆或本馆所辖分馆以及本馆派出的馆外服务设施将本馆各类型文献资源借出阅读的读者人次。

书刊文献外借册次：指读者通过本馆或本馆所辖分馆以及本馆派出的馆外服务设施借出阅读的本馆各类型文献册次。

组织各类讲座次数、参加人次：指由本馆举办或与外机构联合举办的各类讲座次数及参加这些讲座的人次。

举办展览个数、参观人次：指本馆举办或与外机构联合举办的在馆内或馆外展览的个数及参观人次。个数按展览的内容计算。同一内容的展览不论在哪些地点展出和展出时间多久，只计算一个。

举办训练班班次、培训人次：指本馆举办或与外机构联合举办的各种科普、文化、艺术等训练班，按截止到年底办完的班数及培训人数，分别计算班次及培训人次。截止到年底未办完的班数和人数均在下一年度统计。

图书馆网站访问量：指本年度中图书馆网站中所有网页（含文件及动态网页）被访客浏览的总次数。图书馆网站指有独立域名的 web 站点，其中包括 cn 和通用顶级域名下的 web 站点。

新增藏量购置费：指本馆本年购进图书、报刊、缩微制品和视听文献等藏品所用经费之和。

少儿阅览室坐席数：指图书馆中专门提供给少年儿童使用的座位数。

盲人阅览室坐席数：是指图书馆中专门提供给盲人使用，并配置有专门的辅助阅读、视听设备的座位数。

分馆数量：指在以本馆为中心馆的总分馆体系中，接受本馆统一管理，具有独立馆舍、一定数量的馆藏、专职管理人员的图书馆数量。总馆对分馆负有业务指导关系，并且总、分馆之间实现文献资源共建共享、通借通还。

组织品牌活动：是指由文化馆负责长期组织开展，当地群众广泛参与，在一定区域内具有较大影响，对当地文化生活及经济社会发展产生积极影响的群众文化活动。

组织文艺活动次数：指本馆组织或与外机构联合组织各种文艺演出（包括调演、汇演）次数，不论地点和内容，每组织一次算一次。

举办训练班班次：指本馆举办或与外机构联合举办的各种文化、艺术、科普（包括图书、讲演、创作、表演、音乐、舞蹈、美术、文学、摄影等）训练班，按截止到年底办完的班数及培训人数，分别计算班次。

举办展览个数：指本馆举办或与外机构联合举办的在馆内或者馆外展览的个数。个数按展览的内容计算。同一内容的展览不论在哪些地点展出和展出时间多久，只计算一个。

组织公益性讲座次数：指由本馆组织的公益性讲座的次数总和。

业务活动专项经费：指本馆报告期内财政拨款中用于开展群众文化活动的专项经费。

馆办文艺团体：指由本馆人员组成的为群众提供文艺演出的演出团队。

馆办文艺团体演出场次：指由本馆人员组成的为群众提供文艺演出的演出团队演出场次。

馆办老年大学：指由本馆举办的专为老年人进行文艺培训的场所。

群众业余文艺团队：指业务上受本馆指导的城镇和农村各种业余文艺演出团队。

主体建筑建成年份：根据填报机构公用房屋建筑的具体建成年份填报，填报机构如有分属不同年份房屋建筑的，按照主体建筑的具体建成年份填报。

本团原创首演剧目：指由戏曲、话剧、歌剧、舞剧、歌舞剧、木偶、皮影等艺术表演团体原生创作并首演且单个剧目演出时间超过一小时的表演剧目，但不包括音乐、舞蹈、曲艺、杂技等单个小节目的创作演出。

演出场次：指以场为计量单位的在国内和国外的艺术表演的次数。包括售票、包场等有演出收入的场次和政府采购的公益性演出场次及参加汇演、调演等无演出收入的公开演出场次，包括流动舞台车演出场次，不包括彩排和内部观摩等无演出收入的场次。

场数的计算，通常以售票、发票一次（或在其他地点进行一次艺术表演活动相当于剧场演出一场的时间)为一场。按时收费的,按日场、晚场或早场等一般习惯(约1至2小时)计算。评弹等曲艺演出计算场数,可按演出1至2小时为一场的原则进行折算。独幕剧或音乐、舞蹈、戏曲、杂技、木偶、皮影节目组成专场演出时,不论包括几个独幕剧或节目,一律按一场计算。

农村演出场次及观众人次:指本团到(乡镇及以下)农村和林区、牧区、渔区的演出。不论在本省或外省,凡到上述地区演出,均计入农村演出。

演出收入:指艺术表演团体通过售票或包场演出所取得的票房收入,不包括政府采购的公益性演出补贴收入。

政府采购的公益性演出场次、观众人次:指本团报告期内不进行售票、免费给社会公众演出并从财政部门获取一定场次补贴的公益性演出场次、观众人次。

政府采购的公益性演出补贴收入:指本团报告期内因进行公益性演出而取得的补贴收入,为财政拨款的其中项。

坐席数:指公开营业艺术表演场馆可向观众售票的实际坐席数。

演(映)出业务用房:指在艺术表演场馆中用于演(映)出服务的设施面积。多功能艺术表演的场所应包括观众厅、门厅、舞台部分(主台、侧台、后台)的建筑面积和辅助设施,如休息室、化妆间、服装间、道具间、舞台设备控制间(灯控间、音控间、放映间等)的建筑面积以及配电设施、消防通道的建筑面积。若属非独立建筑的,则按使用面积计算。

电子游戏及游艺机台数:指游艺娱乐场所用于经营的游戏、游艺设备台数。

注册用户数:指消费或使用经营性互联网文化单位提供的互联网文化产品及其服务,并正式注册的用户数量。

日均访问量:指经营性互联网文化单位所提供互联网文化产品及其服务的终端浏览次数,通称网站点击数。

拥有自主知识产权的网络游戏产品数:指网络游戏经营单位自主研发或拥有知识产权的网络游戏产品数。

所运营网络游戏产品日均在线人数:所运营国产网络游戏产品和

进口网络游戏产品的每日平均在线人数。

计算机终端数：指互联网上网服务营业场所内由文化市场行政管理部门审核批准的向公众提供上网服务的计算机终端设备数量。

上网人次：指互联网上网服务场所（网吧）接待上网消费者人次。

藏品：藏品是文博机构根据收藏品的文化属性、自然属性等情况，所划分的文物藏品、标本藏品、模型藏品（含具有收藏、展示价值的雕塑、绘画等艺术作品）和复制品藏品的总和。本指标所统计的藏品是指报告期末，该机构已经整理并登记入账的藏品数。尚未整理或正在整理的藏品，应在整理造册入账后列入下年统计。一级品、二级品、三级品均根据入账情况如实填写。

藏品数：指按历年来以件、套为计量机构统计的藏品数量，即单件藏品编一个号者按一件计算，成套藏品按整体编一个号者，也按一件计算（其组成部分即使有分号，也按一件计）。不易计数的藏品，如粮食、药材及液体等，不论数量多少，均按一件计算。

本年新增藏品数：指本年从各种渠道获得的新增入库藏品总数。

本年从有关部门接收文物数：指本年从公安、工商、海关等司法及检查部门移交接收的文物。

本年藏品征集数：本年从社会上征集为馆藏的文物数量（包括标本数）。

本年修复文物数：本年运用技术手段进行修复保养的馆藏文物数量（包括标本）。

基本陈列：指由本馆设计布陈、地点固定、时间较长的展出。

举办展览：展览指在本机构内设置，由本馆设计布陈，形式比较多样的展出。同一内容的巡回展览，均按一个计算。展览的计量单位不是指每次展出的文物藏品件数。与系统外机构合办的展览，由本馆统计；与系统内机构合办的，由主办馆统计。基本陈列不作为展览统计。

参观人次和未成年人参观人次：参观人次指本报告期末，向社会开放的文物保护管理机构当年接待的所有参观人次的累计数。

未成年人参观人次是指接待有组织的集体参观人次与零散观众中能够确切统计的未成年人参观人次的总和。

本年承担课题、项目数：指本机构报告期内承担的课题和项目数量。

专利数：向中央及地方专利局申请并得到承认的专利数量。

专著或图录：由本单位人员完成，经过正式出版部门编印出版的科技专著、高等院校教科书、科普著作和论文集。

论文数：指由本机构的人员完成，并在省级以上刊物公开发表的论文数之和。

古建维修报告：地上不可移动文物维修保护工程全过程记录及应用技术研究介绍的综合性技术报告。

艺术表演团体：指由文化部门主办或实行行业管理（经文化市场行政部门审批或已申报登记并领取相关许可证），专门从事表演艺术等活动的各类专业艺术表演团体，含民间职业剧团。不包括群众业余文艺表演团体。

艺术表演场馆：由文化部门主办或实行行业管理（经文化市场行政部门审批或已申报登记并领取相关许可证），有观众席、舞台、灯光设备，公开售票、专供文艺团体演出的文化活动场所。

财政拨款：反映填表单位本年度世纪收到的本级财政拨款。包括一般预算财政拨款和政府性基金预算财政拨款。一级预算单位收到的应拨给下级单位使用的款项，年终时尚未拨出的，在编制财务决算表和填报统计报表时，应列为本单位的财政拨款。

广播节目综合人口覆盖率：根据国家广电总局制定的《广播电视人口覆盖率统计技术标准和方法》进行统计调查的，在对象区内能接收到由中央、省、地市或县通过无线、有线或卫星等各种技术方式转播的各级广播节目的人口数占中国总人口数的百分比。

电视节目综合人口覆盖率：根据国家广电总局制定的《广播电视人口覆盖率统计技术标准和方法》进行统计调查的，在对象区内能接收到由中央、省、地市或县通过无线、有线或卫星等各种技术方式转播的各级电视节目的人口数占中国总人口数的百分比。

等级运动员：指经考核正式批准授予运动员称号的运动员，等级称号由高到低依次为国际级运动健将、运动健将、一级运动员、二级运动员、三级运动员。

等级教练员：指经考核正式批准授予等级教练员职称的教练员，

等级职称由高到低依次为国家级教练员、高级教练员、中级教练员、初级教练员。

博物馆：指为了研究、教育、欣赏的目的，收藏、保护、展示人类活动和自然环境的见证物，向公众开放，非营利性、永久性社会服务机构，包括以博物馆（院）、纪念馆（舍）、科技馆、陈列馆等专有名称开展活动的单位。

举办训练班班次、培训人次：指本馆举办或与外机构联合举办的各种科普、文化、艺术等训练班，按截止到年底办完的班数及培训人数、分别计算班次及培训人次。截止到年底未办完的班数和人数均在下一年度统计。

艺术表演观众人数（人次）：指售票、包场演出或民族地区免费演出的艺术表演观众人次数，不包括彩排审查和内部观摩演出的观看人次数。

有线广播电视入户率：通过广播电视有线传输网收看电视节目的用户数占中国总户数的百分比。

文物及文化保护：指对具有历史、文化、艺术、科学价值，并经有关部门鉴定，列入文物保护范围的不可移动文物的保护和管理活动；古文化遗址、古墓地、古建筑、石窟寺、石刻等的保护；民族语言、文字遗产保护；民间艺术（民间传说、神话、歌谣、故事、音乐、舞蹈、戏曲、曲艺、皮影、会话、剪纸等）遗产保护；民族制作（建筑风格、服饰、家具、木器、陶器、铜器等）遗产保护；其他未列明的文物与文化保护。①

---

① 中华人民共和国国家统计局：《中国统计年鉴（2013）》，中国统计出版社2013年版。中华人民共和国文化部：《中国文化文物统计年鉴（2013）》，国家图书馆出版社2013年版。

参考文献

一、国外公共文化类

Roy Rothwell, Hans Wissema, "Technology, Culture and Public Policy", *Technovation* 4: 2（1986）: 91-115.

Ann L. Owen, Julio R.Videras, "Culture and Public goods: the Case of Religion and the Voluntary Provision of Environmental Quality", *Journal of Environmental Economics and Management* 54: 2（2007）: 162-180.

J. West, I.Bailey, M.Winter, "Renewable Energy Policy and Public Perceptions of Renewable Energy: a Cultural Theory Approach", *Energy Policy* 38: 10（2010）: 5739-5748.

John S. Petterson, "Policy And Culture: The Bristol Bay Case", *Coastal Zone Management Journal New York* 10: 4（1983）: 313-330.

Taggart Smith, "Changing University Culture Through Promotion Policies", *Proceedings Frontiers in Education Conference*（1994）: 552-556.

S.Rowlinson, "Matrix Organizational Structure, Culture and Commitment: a Hong Kong Public Sector Case Study of Change", *Construction Management and Economics* 19: 7（2001）: 669-673.

R. D. Launius, "Evolving Public Perceptions of Spaceflight in American Culture", *Acta Astronautica* 53: 4-10（2003）: 823-831.

Donald G. Zauderer, Bernard H. Ross, "Curriculum Reform And Organizational Culture: Public Administration at the American University",

Journal of Urban Analysis 3: 2（1976）: 187-196.

J. R. Herkert, "Sustainable Development and Engineering: Ethical and Public Policy Implications", *International Symposium on Technology and Society*（1997）: 175-180.

Daniel J. Weitzner, "Semantic Web Public Policy Challenges: Privacy, Provenance, Property and Personhood", *Lecture Notes in Computer Science* (including subseries Lecture Notes in Artificial Intelligence and Lecture Notes in Bioinformatics) 3729 LNCS（2005）: 5. The Semantic Web, ISWC 2005-4th International Semantic Web Conference, ISWC 2005, Proceedings.

Sangeeta Sahney, D.K.Banwet, S. Karunes, "Organizational Culture, Sri Lanka, Public Sector Organizations, Total Quality Management, Hospitals: an Administrative Staff Perspective in the Indian Context", *TQM Journal* 22: 1（2010）: 56-71.

Heather Merrill;Donald Carter, "Inside and Outside Italian Political Culture: Immigrants and Diasporic Politics in Turin", *Geo Journal* 58: 2-3（2002）: 167-175.

Beth E. Kolko, "International IT Implementation Projects: Policy and Cultural Considerations", *IEEE International Professional Communication Conference*（2002）: 352-359.

Henri Angelino, Nigel Collier, "Comparison of Innovation Policy and Transfer of Technology from Public Institutions in Japan, France, Germany and the United Kingdom", *NII Journal* 8（2004）: 53-90.

UN Development Programme (UNDP), "China Human Development Report 2005: Development with Equity", www.undp.org.cn/downloads/nhdr2005/NHDR2005_complete.pdf.

UN Development Programme (UNDP), "Human Development Report 2007/2008. Fighting Climate Change: Human Solidarity in a Divided World", http: //hdr.undp.org/en/media/HDR_20072008_EN_Complete.pdf.

UNDP and the China Institute for Reform and Development, "Human Development Report, China 2007/08: Access for all: Basic Public Services for 1.3 Billion People", http: //hdr.undp.org/en/reports/nationalreports/asiathepacific/china/China_2008_en.pdf.

Prewitti Kenneth, "Foundations as Mirrors of Public Culture", *American Behavioral Scientist* 42: 6（1999）.

Kevin V. Mulcahy, "The Public Interest in Public Culture", *The Journal of Arts Management and Law* 21: 1（1991）.

Robert M. Zecker, "Public Culture: Diversity, Democracy, and Community in the United States", *Journal of Multilingual & Multicultural Development* 32: 6（2011）.

Jim Grossman, "Citizenship, History, and Public Culture", *Perspectives Online* 49: 1（2011）.

Nick Schuermans, Maarten P.J. Loopmans, Joke Vandenabeele, "Public Space, Public Art and Public Pedagogy", *Social & Cultural Geography* 13: 7（2012）.

Justin Walden, "Book Review. Lee Edwards and Caroline E.M. Hodges（eds）Public Relations, Society and Culture - Theoretical and Empirical Explorations", *Media, Culture & Society* 34: 4（2012）.

John Corner, "Public Knowledge and Popular Culture: Spaces and Tensions", *Media, Culture & Society* 31: 1（2009）.

David John Lee, Kate Oakley, Richard Naylor, "'The Public Gets What the Public Wants'? The uses and Abuses of 'public value' in Contemporary British Cultural Policy", *International Journal of Cultural Policy* 17: 3（2011）.

二、统计年鉴类

国家统计局社会和科技统计司；《中国社会统计年鉴（2012）》，中国统计出版社2012年版。

中华人民共和国国家统计局：《中国统计年鉴（2013）》，中国统计出版社2013年版。

中华人民共和国文化部：《中国文化文物统计年鉴》，国家图书馆出版社 2013 年版。

中国人民共和国文化部:《中国文化年鉴 2012》,新华出版社 2012 年版。

《浙江文化年鉴》编辑委员会:《浙江文化年鉴 2012》,中华书局 2013 年版。

四川省文化厅:《四川文化年鉴 2012》,四川师范大学电子出版社 2013 年版。

屠光绍:《上海文化年鉴 2012》,《上海文化年鉴》编辑部 2012 年版。

章剑华:《江苏文化年鉴 2012》,广陵书社 2013 年版。

广西壮族自治区文化厅:《广西文化年鉴 2012》,南海出版公司 2013 年版。

大舜研究会:《山东省大舜文化研究会年鉴(2007—2010)》,山东人民出版社 2011 年版。

中国图书馆学会、国家图书馆:《中国图书馆年鉴 2011》,国家图书馆出版社 2011 年版。

中国民间博物馆年鉴编委会:《中国民间博物馆年鉴 2011》,中国书店 2011 年版。

中国国家博物馆:《中国国家博物馆年鉴 2012》,中国国家博物馆 2012 年版。

中国博物馆协会:《中国博物馆年鉴 2010》,科学出版社 2010 年版。

国家图书馆:《国家图书馆年鉴 2013》,国家图书馆出版社 2013 年版。

三、发展报告类

中华人民共和国国家统计局:《2013 中国发展报告》,中国统计出版社 2013 年版。

欧阳友权、柏定国:《2009 中国文化品牌报告》,中国市场出版社 2009 年版。

王晓玲:《中国广州文化发展报告 2011》,社会科学文献出版社 2011 年版。

叶辛、蒯大申:《上海文化发展报告:文化世博》,社会科学文献出版社2010年版。

叶辛、蒯大申:《上海文化发展报告:提升城市文化软实力》,社会科学文献出版社2011年版。

李建盛:《北京文化发展报告2010—2011》,社会科学文献出版社2011年版。

张锐、谷建全:《河南文化发展报告2011》,社会科学文献出版社2011年版。

杨尚勤、石英、王长寿:《陕西文化发展报告2010》,社会科学文献出版社2010年版。

丁世显:《2010年郑州文化发展报告》,社会科学文献出版社2011年版。

陈野:《2008年浙江发展报告·文化卷》,杭州出版社2008年版。

张锐:《河南文化发展报告2010》,社会科学文献出版社2010年版。

李景源、陈威:《中国公共文化服务发展报告2009》,社会科学文献出版社2009年版。

衣俊卿:《2009年黑龙江文化发展报告》,哈尔滨:黑龙江大学出版社2010年版。

刘世锦:《中国文化遗产事业发展报告(2010)》,社会科学文献出版社2010年版。

侯水平:《四川文化产业发展报告(2008)》,社会科学文献出版社2009年版。

乐正:《深圳与香港文化创意产业发展报告(2010)》,社会科学文献出版社2010年版。

张晓明、胡惠林、章建刚:《2009年中国文化产业发展报告》,社会科学文献出版社2009年版。

张晓明、胡惠林、章建刚:《2010年中国文化产业发展报告》,社会科学文献出版社2010年版。

张晓明、胡惠林、章建刚:《2011年中国文化产业发展报告》,社会科学文献出版社2011年版。

张晓明、陈新亮、李平:《2007 国际文化产业发展报告·第 1 卷》,社会科学文献出版社 2007 年版。

国家民委文宣司:《中国少数民族文化发展报告 2007—2008》,民族出版社 2009 年版。

王亚南:《中国文化消费需求景气评价报告 2011》,社会科学文献出版社 2011 年版。

四、蓝皮书类

尹欣、纳麒:《2009—2010 云南文化发展蓝皮书》,云南大学出版社 2010 年版。

林起:《2011 年厦门文化体制改革与文化发展蓝皮书》,厦门大学出版社 2011 年版。

孙洪敏、牟岱:《辽宁文化发展蓝皮书 2009》,人民出版社 2010 年版。

林起等:《2006 年厦门文化体制改革与文化发展蓝皮书》,厦门大学出版社 2007 年版。

杨春光:《2010 宁夏文化蓝皮书》,宁夏人民出版社 2010 年版。

五、国内公共文化类

王列生、郭全中、肖庆:《国家公共文化服务体系论》,文化艺术出版社 2009 年版。

彭泽明:《重庆公共文化服务体系发展与展望》,现代教育出版社 2011 年版。

陈瑶:《公共文化服务:制度与模式》,浙江大学出版社 2012 年版。

刘悦笛:《公共文化服务的"嘉兴模式"》,社会科学文献出版社 2012 年版。

曹爱军、杨平:《公共文化服务的理论与实践》,科学出版社 2011 年版。

曹爱军:《公共文化服务:理论蕴涵与价值取向》,《湖北省社会科学》,2009（3）:40-42。

曹爱军:《新农村公共文化服务发展构想》,《四川行政学院学报》,2009（3）:16-18。

陈建一:《改革——公共文化服务体系建设的助推器》,《中国文化报》,2007年2月2日。

陈筠泉、李景源:《新世纪文化走向——论市场经济与文化、伦理建设》,社会科学文献出版社1999年版。

陈民宪:《人人享受文化——宁波社区文化建设的理念与实践》,《中国文化报》,2004年10月21日。

陈鸣:《西方文化管理概论》,书海出版社、山西人民出版社2006年版。

陈威:《公共文化服务体系研究》,深圳报业集团出版社2006年版。

陈振明:《评西方的"新公共管理"范式》,《中国社会科学》,2000（6）:73-82。

陈振明:《政府再造——西方"新公共管理运动"述评》,中国人民大学出版社2003年版。

程国顺:《当代中国农村政治发展研究》,天津人民出版社2000年版。

丹尼尔·贝尔,严蓓雯译:《资本主义文化矛盾》,江苏人民出版社2007年版。

丁言:《建构我国基层文化制度体系的理性分析》,《广东行政学院学报》,2006（3）:82-86。

冯云廷:《城市公共服务体制:理论探索与实践》,中国财政经济出版社2004年版。

弗雷德里克·杰姆逊,马丁译:《全球化的文化》,南京大学出版社2002年版。

傅才武、宋丹娜:《我国文化体制的缘起、演进和改革对策》,《江汉大学学报》,2004（2）:83-89。

哈贝马斯,李黎、郭官义译:《作为"意识形态"的技术与科学》,学林出版社1999年版。

侯彬:《社会转型期的政府能力研究》,（博士学位论文）,中共中央党校,2005年。

侯玉兰:《新公共服务理论与建设服务型政府》,《国家行政学院学报》,2005(4):31-34。

胡惠林:《文化政策学》,上海文艺出版社2003年版。

胡惠林:《文化产业学——现代文化产业理论与政策》,上海文艺出版社2006年版。

黄飚:《文化行政学》,上海文艺出版社2003年版。

蒋建梅:《政府公共文化服务体系绩效评价研究》,《上海行政学院学报》,2008(7):60-65。

蒋晓丽、石磊:《公益与市场:公共文化建设的路径选择》,《广州大学学报(社会科学版)》,2006(8):65-69。

克里斯托弗·胡德:《国家的艺术:文化、修辞与公共管理》,彭勃、邵春霞译,上海人民出版社2004年版。

孔凡河、蒋云根:《我国公共服务市场化的多维困境及其路径选择》,《学习与探索》,2006(5):73-76。

李俊霞:《甘肃文化产业发展的重点领域》,《甘肃社会科学》,2004(6):245-246。

李少惠、曹爱军、王峥嵘:《行政变革中的公共文化服务及其路向》,《中国行政管理》,2007(4):25-27。

李少惠、王峥嵘:《论城市社区文化发展中的公共行政——基于新公共服务视角的探析》,《经济体制改革》,2006(5):41-43。

李书剑:《充分发挥农村文化社团的作用》,《梅州日报》,2006年8月21日。

刘俊生:《公共文化服务组织体系及其变迁研究——从旧思维到新思维的转变》,《中国行政管理》,2010(1):39-42。

王凤青:《城乡公共文化服务体系一体化建设面临的问题及对策》,《中国农村小康科技》,2010(4):3,29。

陈波、胡小红:《我国区域公共文化服务体系的实践模式及发展趋势》,《江汉大学学报》(人文科学版),2010(3):69-72。

刘日:《政府职能定位与履行视角下的公共文化服务体系建设问题》,《安徽行政学院学报》,2010(1):12-17。

王瑞涵:《农村公共文化服务体系建设:财政责任与经费保障机制》,《地方财政研究》,2010(8):46-52。

刘艳卿:《中国公共文化服务理论的建构研究》(硕士学位论文),陕西师范大学,2009年。

谢佳祎:《富锦市公共文化服务体系建设现状及未来发展方向》(硕士学位论文),黑龙江大学,2010年。

李文龙:《甘肃农村公共文化服务事业发展研究》(硕士学位论文),兰州大学,2007年。

尹丹:《公共文化建设评估体系构建研究》(硕士学位论文),兰州大学,2008年。

姜亦凤:《我国公共文化服务体系构建中的公民参与研究》(硕士学位论文),中国海洋大学,2008年。

王玉明、刘湘云:《农村公共文化服务提供的多元复合模式》,中国行政管理学会编,《中国行政管理学会2011年年会暨"加强行政管理研究,推动政府体制改革"研讨会论文集》,中国行政管理学会2011年。

尚志华:《吉林省公共文化服务体系创新研究》(硕士学位论文),吉林大学,2008年。

刘翌:《我国公司治理文化理论与实证研究》(硕士学位论文),浙江大学,2002年。

向泽映:《重庆城乡文化产业统筹发展模式及分区策略研究》(硕士学位论文),西南大学,2008年。

张桂琳:《社会公正与我国公共文化服务的均等化》,澳门特别行政区行政暨公职局、中山大学行政管理研究中心、澳门大学、澳门基金会编,《21世纪的公共管理:机遇与挑战:第三届国际学术研讨会文集》,澳门特别行政区行政暨公职局、中山大学行政管理研究中心、澳门大学、澳门基金会,2008年。

何云峰:《世博与公共文化:机遇与挑战并存》,上海市人民政府发展研究中心、上海师范大学都市文化研究中心、加拿大文化更新研究中心、上海市高校都市文化E-研究院编,《世博会与都市发展国际学术研讨会论文集》,上海市人民政府发展研究中心、上海师范大学都市文化研究中心、加拿大文化更新研究中心、上海高校都市文化E-研究院,2010年。

赵路:《构建公共文化服务财政保障机制 满足人民群众基本文化需求》,《中国财政》,2008(21):12-15。

卢映川、万鹏飞等:《创新公共服务的组织与管理》,人民出版社2007年版。

吕方:《构建公共文化服务体系:当代中国发展的新基石》,《学海》,2007(6):227-230。

珍妮特.V.登哈特、罗伯特.B.登哈特:《新公共服务:服务,而不是掌舵》,丁煌译,中国人民大学出版社2004年版。

罗争玉:《文化事业的改革与发展》,人民出版社2007年版。

马克斯·韦伯,韩水法译:《新教伦理与资本主义精神》,陕西师范大学出版社2002年版。

郝新凤:《关于公共文化服务体系建设的思考》,《学习论坛》,2006(8):59-61。

李燕:《构建农村公共文化服务体系》,《科学社会主义》,2006(6):84-86。

章剑华:《江苏农村公共文化服务体系的构建与发展》,《艺术百家》,2006(6):1-6。

苏红:《论农村公共文化服务体系及其构建》,《兰州大学学报》(社会科学版),2009(4):53-57。

薄君:《文化馆体系在构建公共文化服务体系中的职能定位与运营模式新探》,《山东省青年管理干部学院学报》,2006(5):140-143。

陈明春:《杭州公共文化服务体系建设研究》,《中共杭州市委党校学报》,2009(5):56-60。

孔进:《公共文化服务供给:政府的作用》(博士学位论文),山东大学,2010年。

刘敬严:《从文化需求看推进我省公共文化服务健康发展》,河北省社会科学界联合会,《第六届河北省社会科学学术年会论文专辑》,河北省社会科学界联合会,2011年。

张云峰:《黑龙江省建设农村公共文化服务体系研究》(硕士学位

论文),东北农业大学,2010年。

牛维麟:《国际文化创意产业园区发展研究报告》,中国人民大学出版社2007年版。

彭国甫:《地方政府公共事业管理绩效评估研究》,湖南人民出版社2004年版。

彭岚嘉:《甘肃文化资源的整合与开发》,《西北师范大学学报》(社会科学版),2003(6):130-132。

祁述裕:《中国和欧盟国家文化体制、文化政策比较分析》,《中国社会主义研究》,2005(2):57-62。

乔治·弗雷德里克森,张成福等译:《公共行政的精神》,中国人民大学出版社2003年版。

萨米尔·阿明:《世界一体化的挑战》,任有谅等译,社会科学文献出版社2003年版。

申维辰:《构建公共文化服务体系,发展社会主义先进文化》,《光明日报》,2005年12月30日。

沈荣华:《论政府公共服务机制创新》,《北京行政学院学报》,2004(5):12-16。

世界银行:《1997年世界发展报告——变革管理中的政府》,中国财政经济出版社1997年版。

宋一:《社会主义和谐文化建设视野中的公共文化服务体系》,《陕西理工学院学报》(社会科学版),2008(2):21-24。

孙萍:《文化管理学》,中国人民大学出版社2005年版。

陶一桃:《经济文化论》,冶金工业出版社2001年版。

托比·米勒、乔治·尤迪斯:《文化政策》,蒋淑珍等译,巨流图书公司,2006年版。

万林艳:《公共文化及其在当代中国的发展》,《中国人民大学学报》,2006(1):98-103。

汪杰贵:《政府文化职能概念新论》,《社会科学论坛》,2006(1):98-101。

王沪宁:《行政生态学》,复旦大学出版社1988年版。

王鲁娜:《文化生产力是一种客观现实的物质力量》,《学术论坛》,

2005（9）：47-49。

王铭铭：《村落视野中的文化与权力》，生活·读书·新知三联书店1997年版。

王宁：《全球化与文化：西方与中国》，北京大学出版社2002年版。

魏鹏举：《文化事业的财政资助研究》，《当代财经》，2005（7）：43-48。

徐承英：《对社会主义新农村文化建设的思考》，《探索与争鸣》，2007（1）：40-43。

徐浩：《农民经济的历史变迁：中英乡村社会区域发展比较》，社会科学文献出版社2002年版。

嵇亚林、李娟莉：《公民文化权利与公共文化服务——对构建江苏公共文化服务体系的分析与思考》，《艺术百家》，2006（07）：121-125。

陈立旭：《从传统'文化事业'到'公共文化服务体系'——浙江省重构公共文化发展模式的过程》，《中共宁波市委党校学报》，2008（6）：5-15。

王爱学：《公共产品政府供给绩效评估理论与实证分析》（博士学位论文），中国科学技术大学，2008年。

杨建新：《大力构建公共文化服务体系》，《今日浙江》，2005（10）：20-21。

俞萍：《公共文化娱乐消费市场的选择倾向和发展趋势——对重庆市公共文化娱乐消费市场的调查分析》，《重庆社会科学》，2004（2）：103-110。

周秀芬：《发展公共文化 推进政治文明——加强党的执政能力离不开建设社会主义先进文化》，《上海市社会主义学院学报》，2004（6）：33-35。

余君萍：《公共治理视野下我国农村公共文化服务绩效评估研究》（硕士学位论文），兰州大学，2010年。

王富军：《农村公共文化服务体系建设研究》（硕士学位论文），福建师范大学，2012年。

陈彪：《浙江省基本公共文化服务均等化研究》（硕士学位论文），浙江大学，2009年。

许士密:《文化生产力的价值理性与和谐社会的文化自觉》,《求实》,2007(2):75-79。

艺衡、任珺、杨立青:《文化权利:回溯与展望》,社会科学文献出版社2005年版。

于德运:《我国农民文化心态的变化与现阶段农村文化建设的价值取向》,《社会科学战线》,2003(3):177-181。

于小千、段安安、王京等:《公共服务绩效考核'海淀模式'实践与创新》,《中国党政干部论坛》,2010(1):35-37。

俞可平:《和谐社会与政府创新》,社会科学文献出版社2008年版。

俞楠:《"文化认同"的政治建构:当代中国公共文化服务战略研究》,华东师范大学博士论文,2008年。

约瑟夫·奈,吴晓辉译:《软力量——世界政坛成功之道》,东方出版社2005年版。

张波:《政府公共文化服务职能创新研究》,(博士学位论文),吉林大学,2009年。

周浩然、李荣启:《文化国力论》,辽宁人民出版社2000年版。

朱文镇、赵秋喜:《关于中国农村文化性贫困的若干思考》,《农村经济》,2004(1):82-84。

约翰·罗尔斯,何怀宏等译:《正义论》,中国社会科学出版社1988年版。

高建明:《论生态文化与文化生态》,《系统辩证学学报》,2005(7):82-87。

郝新凤:《关于公共文化服务体系建设的思考》,《学习论坛》,2006(8):59-61。

何继良:《关于构建公共文化服务体系、保障人民基本文化权益的若干问题思考》,《毛泽东邓小平理论研究》,2007(12):5-11。

谷红瑞:《建设公共文化服务体系保障人民基本文化权益》,《党建》,2008(3):30-31。

江金波:《论文化生态学的理论发展与新框架》,《人文地理》,2005(4):119-123。

康绍邦、赵黎青、杨青:《中国社会公共服务体制研究》,中共中央党校出版社 2008 年版。

李军鹏:《公共服务学:政府公共服务的理论与实践》,国家行政学院出版社 2007 年版。

陆岩:《试论社会主义主流文化建设》,《学习与探索》,2007(2):14-16。

毛少莹:《公共文化服务绩效评估指标体系的建构》,《中国公共文化服务发展报告(2007)》,社会科学文献出版社 2007 年版。

齐勇峰、王家新:《构建公共文化服务体系的探索》,《2006:中国文化产业发展报告》,社会科学文献出版社 2006 年版。

王雅莉:《公共部门管理》,东北财经大学出版社 2006 年版。

李少惠:《公共文化服务体系建设的主体构成及其功能分析》,《社科纵横》,2007(2):37-39。

刘玉堂、黄南珊、刘保昌:《构建新农村公共文化服务体系研究——以湖北省为个案》,《学习与实践》,2007(4):12-23,1。

闫平:《试论公共文化服务体系建设》,《理论学刊》,2007(12):112-116。

闫平:《服务型政府的公共性特征与公共文化服务体系建设》,《理论学刊》,2008(12):90-93。

陈立旭:《从传统'文化事业'到'公共文化服务体系'——浙江重构公共文化发展模式的过程》,《中共宁波市委党校学报》,2008(6):5-15。

巩玉丽:《公共文化服务体系的改革取向及职能定位》,《中共青岛市委党校(青岛行政学院学报)》,2008(2):27-30。

刘淑兰:《政府创新与新农村公共文化服务体系的构建——以福建省为例》,《福建农林大学学报》(哲学社会科学版),2008(2):41-45。

蒋建梅:《政府公共文化服务体系绩效评价研究》,《上海行政学院学报》,2008(4):60-65。

陈立旭:《以全新理念建设公共文化服务体系——基于浙江实践经验的研究》,《浙江社会科学》,2008(9):2-9,123。

夏国锋、吴理财:《公共文化服务体系研究述评》,《理论与改革》,

2011（1）：156-160。

焦德武：《公共文化服务体系的绩效评价》，《安徽农业大学学报》（社会科学版），2011（1）：47-52。

高福安、刘亮：《国家公共文化服务体系建设现状与对策研究》，《现代传播（中国传媒大学学报）》，2011（6）：1-5。

闫平：《关于农村公共文化建设若干问题的思考——以山东地区农村公共文化服务体系建设为例》，《中共青岛市委党校（青岛行政学院学报）》，2009（10）：33-38。

姜海英、佟阿伟：《农村基层公共文化服务体系建设情况调查》，《图书馆学研究》，2009（11）：64-66。

张云峰、郭翔宇：《建设农村公共文化服务体系的长效机制》，《学术交流》，2010（3）：185-188。

付春：《新农村公共文化服务体系建设及其基本思路》，《农村经济》，2010（4）：105-109。

刘文俭：《公民参与公共文化服务体系建设对策研究》，《行政论坛》，2010（3）：80-83。

吴蔚华：《关于公共文化服务体系建设的调研及发展方向探讨》（硕士学位论文），山东师范大学，2009年。

姜亦凤：《我国公共文化服务体系构建中的公民参与研究》（硕士学位论文），中国海洋大学，2008年。

尚志华：《吉林省公共文化服务体系创新研究》（硕士学位论文），吉林大学，2008年。

张哲：《论我国公共文化服务体系的完善》（硕士学位论文），吉林大学，2008年。

俞静月：《昆明市公共文化服务体系建设与对策研究》（硕士学位论文），云南大学，2011年。

刘涛：《社会主义新农村公共文化服务体系建设问题研究》（硕士学位论文），山东大学，2011年。

范应力：《苏州公共文化服务体系构建的成就、问题与对策研究》（硕士学位论文），苏州大学，2010年。

李燕：《构建农村公共文化服务体系》，《科学社会主义》，2006（6）：

84-86。

郭俊民:《构建河南公共文化服务体系的思考》,《学习论坛》,2007(3):49-52。

杨德辉:《大力加强公共文化服务体系建设的战略思考》,《创新》,2007(3):54-57。

刘保昌:《构建新农村公共文化服务体系》,《孝感学院学报》,2007(5):86-90。

陈坚良:《和谐社会视野下公共文化服务体系的构建》,《学术论坛》,2007(11):176-179。

吕方:《构建公共文化服务体系:当代中国发展的新基石》,《学海》,2007(6):227-230。

马海涛、龙军:《公共文化服务体系建设与财税政策支持——基于原理、制约和路径的分析》,《铜陵学院学报》,2007(6):3-8。

羊守森:《构建农村公共文化服务体系的策略思考》,《安徽农业科学》,2008(12):5189-5190,5195。

宋一:《社会主义和谐文化建设视野中的公共文化服务体系》,《陕西理工学院学报》(社会科学版),2008(2):21-24。

王琳:《构建农村公共文化服务体系,促进文明社会和谐发展》,《天津大学学报》(社会科学版),2008(5):417-420。

勾学海:《我国公共文化服务体系研究状况述略》,《河南图书馆学刊》,2008(5):2-4。

朱鸿召:《论我国公共文化服务体系建设的理论基础》,《南京邮电大学学报》(社会科学版),2009(1):37-42。

梁君:《江苏省公共文化服务体系建设探析》,《淮阴工学院学报》,2009(2):49-54。

卢华东:《政府构建农村公共文化服务体系的原则与任务》,《社科纵横》,2009(7):26-28。

王春娥:《公共文化服务体系主体建设阐微》,《黑龙江社会科学》,2009(4):49-51。

张丽萍:《近期有关公共文化服务体系研究综述》,《中共山西省委党校学报》,2009(6):110-112。

黄旭涛：《关于公共文化服务体系建设的研究——天津市公共文化服务体系建设状况的调研报告（2006～2008）》，《环渤海经济瞭望》，2010（1）：27-30。

张云峰、郭翔宇：《建设农村公共文化服务体系的长效机制》，《学术交流》，2010（3）：185-188。

马树华：《公共文化服务体系与城市文化空间拓展》，《福建论坛》（人文社会科学版），2010（6）：58-61。

许尧：《公共文化服务体系建设中的问题与出路》，《唯实》，2010（7）：85-88。

杨琳瑜：《和谐社会视角下公共文化服务体系建设的机制创新》，《内蒙古自治区农业大学学报》（社会科学版），2010（3）：232-234，253。

张建欣：《促进我国公共文化服务体系发展的财政政策研究》，《当代经济》，2010（15）：110-111。

焦德武、陈琳：《财政支持公共文化服务体系建设研究——以安徽省为例》，《浙江师范大学学报》（社会科学版），2010（5）：98-103。

傅才武：《国家公共文化服务体系建设的价值评估及政策定位》，《江汉大学学报》（人文科学版），2010（6）：17-22。

孙健：《西北民族地区农村公共文化服务体系的完善——以青海为例》，《青海社会科学》，2011（2）：59-63。

高福安、任锦鸾、张鑫：《基于服务科学的国家公共文化服务体系创新模式研究》，《现代传播》（中国传媒大学学报），2011（10）：12-16。

罗云川、张彦博、阮平南：《'十二五'时期我国公共文化服务体系建设研究》，《图书馆建设》，2011（12）：6-11。

傅才武：《当代公共文化服务体系建设与传统文化事业体系的转型》，《江汉论坛》，2012（1）：134-140。

张楠：《纵横结构的公共文化服务体系模型建构》，《浙江社会科学》，2012（3）：98-105，158-159。

向仕富：《出版公共文化服务体系研究》（硕士学位论文），重庆大学，2009年。

金栋昌:《西安曲江新区公共文化服务体系建设研究》(硕士学位论文),长安大学,2010年。

王磊:《服务型政府视野下的新农村公共文化服务体系问题研究》(硕士学位论文),福建农林大学,2011年。

张云峰:《黑龙江省建设农村公共文化服务体系研究》(博士学位论文),东北农业大学,2010年。

邓晓颖、周智生:《浅析少数民族地区农村公共文化服务体系的构建》,《宜春学院学报》,2011(2):45-47,145。

牟永泉:《构建天津公共文化服务体系对策研究》,《天津经济》,2011(3):38-41。

夏洁秋:《建设公共文化服务体系的路径探索——以上海为例》,《毛泽东邓小平理论研究》,2011(12):28-32,80-81。

齐勇锋、李平凡:《完善公共文化服务体系 提高国家文化软实力》,《中国特色社会主义研究》,2012(1):64-72。

夏国锋、吴理财:《公共文化服务体系建设的发展历程、基本逻辑与经验启示——深圳样本的表达》,《理论与改革》,2012(3):115-119。

张良:《政府主导、社会参与、市场配置:农村公共文化服务体系建设的理想模式》,《理论与现代化》,2012(4):25-30。

俞楠:《'文化认同'的政治建构:当代中国公共文化服务战略研究》(博士学位论文),华东师范大学,2008年。

王京生:《构建公共文化服务体系 实现公民基本文化权利》,《特区实践与理论》,2006(3):4-6,1。

深圳市文化局公共文化服务体系研究课题组、黄士芳、杨立青、毛少莹:《深圳公共文化服务体系研究》,《特区实践与理论》,2006(3):18-22。

王霞:《论公共文化服务体系的构建》,《南阳师范学院学报》,2007(11):23-24。

朱嘉兴:《'和谐海西'视域下农村公共文化服务体系的构建》,《内蒙古农业大学学报》(社会科学版),2007(6):53-54,59。

刘卫、谭宁:《进一步完善新农村公共文化服务体系的思考》,《农村经济与科技》,2007（12）:73-74.

张欣毅:《宁夏新农村公共文化服务管理体制调研报告》,《图书馆理论与实践》,2007（6）:102-106。

王河、鲜静林:《农村公共文化服务体系构建研究》,《现代农业科技》,2008（24）:279-280,283。

陈坚良:《论民族地区公共文化服务体系的构建》,《贵州民族研究》,2008（2）:34-38。

林怡:《整合文化资源 构建公共文化服务体系》,《经济与社会发展》,2008（6）:129-131。

周正刚:《加强湖南农村公共文化服务体系建设的探讨》,《湖湘论坛》,2008（6）:50-52,76。

陈冬发:《公共文化服务体系建设中公共财政投入机制研究》（硕士学位论文）,上海交通大学,2008年。

李海风:《吉林省社区公共文化服务体系建设研究》（硕士学位论文）,长春工业大学,2010年。

常苹:《沈阳市城市公共文化服务体系建设研究》（硕士学位论文）,东北大学,2008年。

梁媛:《农村公共文化服务体系建设现状及路径选择》（硕士学位论文）,东北师范大学,2011年。

逯弘秀、杨德军:《黑龙江公共文化服务体系建设对策研究》,《理论探讨》,2009（1）:175-177。

王彦璋:《浅论乌鲁木齐市社区公共文化服务体系存在的问题和对策》,《中共乌鲁木齐市委党校学报》,2009（1）:45-48。

王列生:《论公共文化服务体系中的项目目标及其功能测值方法》,《江汉论坛》,2009（4）:131-136。

顾金孚:《农村公共文化服务市场化的途径与模式研究》,《学术论坛》,2009（5）:171-175。

贵国强、王璠:《对甘肃省完善农村公共文化服务体系的思考》,《天水行政学院学报》,2010（1）:53-55。

朱旭光、郭晶晶:《双重失灵与公共文化服务体系建设》,《经济论坛》,2010（3）:57-59。

肖敏:《试论包头市公共文化服务体系的构建》(硕士学位论文),中央民族大学,2010年。

赵翔羣:《兰州市M社区公共文化服务体系建设研究》(硕士学位论文),兰州大学,2010年。

陈彪:《浙江省基本公共文化服务均等化研究》(硕士学位论文),浙江大学,2009年。

唐科:《乡村公共文化服务体系建设研究》(硕士学位论文),湘潭大学,2010年。

陈志强:《非政府组织在构建公共文化服务体系中的作用》,《北京观察》,2008(3):54-57。

李小群、吴兴国:《安徽省农村公共文化服务体系建设刍议》,《安徽农学通报》,2008(14):1-3,22。

中共青岛市委党校课题组、孙林东、赵立波:《论公共文化服务体系建设的关键环节》,《理论学刊》,2008(9):72-75。

曹萌、丛溆洋:《东北边境少数民族地区公共文化服务体系建设现状、问题与对策》,《民族教育研究》,2011(2):118-124。

李郁香:《大庆市公共文化服务体系建设研究》,《大庆社会科学》,2011(2):40-45。

汪盛玉:《马克思人学语境的公共文化服务体系建构》,《毛泽东邓小平理论研究》,2011(3):46-50,84。

郑孟七:《绍兴市公共文化服务体系建设现状分析》,《绍兴文理学院学报》(自然科学版),2011(2):117-120。

王璠:《对构建完备的农村公共文化服务体系的思考——以甘肃省为例》,《西北农林科技大学学报(社会科学版)》,2011(6):8-13。

陈立旭:《着力构建浙江省公共文化服务体系》,《中共宁波市委党校学报》,2012(1):5-12。

张都爱:《构建公共文化服务体系 促进公共文化服务均等化》,《保定学院学报》,2012(3):15-19。

张菊:《现代档案馆社会化功能定位及实现》,《天津档案》,2006(11):37-38。

中国博物馆学会:《回顾与展望:中国博物馆发展百年》,紫禁城出版社 2005 年版。

董晓东:《上海市公共文化服务现状、问题及对策研究》(硕士学位论文),华东师范大学,2010 年。

王超:《当前公共文化服务体系建设存在问题与对策建议》(硕士学位论文),郑州大学,2008 年。

曾海燕:《农村公共文化服务体系建设研究》(硕士学位论文),湘潭大学,2009 年。

王碧程:《我国农村公共文化服务体系构建中的供需矛盾研究》(硕士学位论文),长春工业大学,2010 年。

李文章:《吉林省公共文化服务体系构建中政府主导作用问题研究》(硕士学位论文),长春工业大学,2011 年。

魏崇:《图书馆在构建公共文化服务体系中的挑战与选择》(硕士学位论文),清华大学,2009 年。

吴京金:《政府管理与公共文化服务建设研究》(硕士学位论文),浙江海洋学院,2012 年。

李楠楠:《基层政府公共文化服务供给状况研究》(硕士学位论文),中央民族大学,2012 年。

史大波:《如何加强社会主义新农村公共文化服务体系建设》,《民营科技》,2009(1):104。

蒋鹏:《新农村建设中政府的文化职能研究——兼论农村公共文化服务体系的构建》,《传承》,2009(2):56-57。

牛华:《甘肃省公共文化服务机制创新问题研究》(硕士学位论文),兰州大学,2007 年。

刘文玉:《农民工的公共文化服务问题研究》(硕士学位论文),兰州大学,2007 年。

李文龙:《甘肃农村公共文化服务事业发展研究》(硕士学位论文),兰州大学,2007 年。

刘燕屏:《高度的文化自觉推动公共文化服务体系建设——以永州市为例》,《科技致富向导》,2012(27):49,65。

李欣:《村级文化建设与基层公共文化服务品牌建设》,《青春岁月》,2012(18):72。

林征宇、王建胜、何红柳、谢继瑾、葛平:《提高上海市城市公共文化娱乐设施的社会效益》,《上海大学学报(社会科学版)》,1986(1):90-93。

张国富:《内蒙古公共文化服务现状及发展路径研究》(硕士学位论文),内蒙古大学,2010年。

车凯龙:《西部地区新农村公共文化服务创新研究》(硕士学位论文),西北大学,2009年。

于萍:《四川省基本公共文化服务均等化问题研究》(硕士学位论文),浙江大学,2011年。

毛少莹:《深圳公共文化服务实践与中国公共文化服务模式创新》,《南方论丛》,2009(4):59-69。

苏峰:《文化权利·公共文化·群众文化》,北京市社会科学界联合会、北京师范大学,《2008学术前沿论坛·科学发展:社会秩序与价值建构——纪念改革开放30年论文集》(下卷),北京市社会科学界联合会、北京师范大学2008年版。

傅才武:《公共文化服务体系建设在国家文化战略中的价值定位》,《华中人文论丛》,2010(101):178-182。

周林兴、王婷婷:《基于公共文化服务体系建设的档案信息资源规划研究》,《档案学通讯》,2012(2):83-87。

陈宇佳:《促进公益文化事业繁荣 提升公共文化服务水平——对山东省菏泽市公共文化建设的调查》,山东省社会科学界联合会、山东省社会科学院、中共山东省委党校编,《建设经济文化强省:挑战·机遇·对策——山东省社会科学界2009年学术年会文集(4)》,山东省社会科学界联合会、山东社会科学院、中共山东省委党校2009年版。

柯鹭斌:《谈公共文化姓'公共'——探究公共文化服务体系的公众性》,《群文天地》,2012(4):32。

王智慧:《大型体育赛事举办后对承办地区居民幸福指数影响的实证研究》,《体育科学》,2012(3):28-38。

王雪梅:《城市规划中的文化发展策略研究》(硕士学位论文),中央美术学院,2012年。

张慧:《改进我国公共文化服务的对策研究》(硕士学位论文),中国海洋大学,2008年。

朱丽:《泰安市农村公共文化事业投入问题研究》(硕士学位论文),山东农业大学,2009年。

刘艳卿:《中国公共文化服务理论的建构研究》(硕士学位论文),陕西师范大学,2009年。

仲秋白:《从'汉字微调'方案浅论公共文化建设》,《文教资料》,2012(22):67-68。

田冬迪、芮建勋、陈能:《上海市公共文化设施数量特征与空间格局研究》,《规划师》,2011(11):24-28。

王昉荔:《海西公共文化服务体系建设探析——以福建省为例》,《福建农林大学学报》(哲学社会科学版),2009(3):8-11。

王林:《浅析高校图书馆如何在公共文化服务体系中发挥作用》,《科技情报开发与经济》,2009(16):29-31。

张静:《基于公共管理视角探讨图书馆公共文化服务体系构建中的政府角色》,《图书情报工作》,2009(7):125-128。

韩雪风:《论公共文化服务体系构建中的政府职责》,《探索》,2009(5):113-116。

李萍、霍军政:《加强河北省农村公共文化服务体系建设研究——以张家口市为例》,《河北经贸大学学报(综合版)》,2009(3):23-27。

杨泽喜、吴盛卿:《群众公共文化需求和公共文化机构职能研究——基于黄石市群众公共文化需求的调查与分析》,《黄石理工学院学报》(人文社会科学版),2012(4):19-24。

单协和:《经济全球化背景下的深圳公共文化建设》,《特区经济》,2006(5):17-19。

柯世渝:《加快公共文化建设步伐 不断增强公共文化实力》,《重庆行政》,2007(6):78-79。

羊守森:《构建农村公共文化服务体系的策略思考》,《安徽农业科学》,2008(12):5189-5190。

张铮、熊澄宇:《'文化和谐指数'的理论基础与基本构成》,《理论导刊》,2008(7):43-45。

林白茹:《关于构建农村公共文化服务体系的探讨——基于永嘉

县公共文化服务体系建设的调查研究》,《神州》,2012(12):6-8。

穆肃:《公共文化服务多 市民幸福指数高》,《东莞日报》,2011年3月2日。

吴冰:《东莞公共文化服务提升幸福指数》,《人民日报》,2011年12月2日。

张晓雪:《构建公共文化服务体系 加快淄博文化强市建设》,《2008山东省群众文化学会论文集》,2008年版。

广东省文化厅:《〈广东省公共文化服务促进条例〉解读》,《中国文化报》,2011年12月19日。

满真真:《论加强公共文化服务体系建设》,《改革与开放》,2009(5):151。

高伟华:《我国基本公共文化服务的地区差异分析》,《福建行政学院学报》,2010(2):55-60。

韩丽君、黄进东、解其斌:《完善公共文化服务体系建设 进一步促进河北省公共文化服务均等化》,《科技风》,2012(21):212。

袁铭:《浅议公共文化服务在乡村特色文化建设的重要作用——以浦口区乡村特色文化创建为例说开去》,《群文天地》,2012(23):115-116。

刘萱:《基于PUS指标的"科学文化"指数模型及效度分析》(硕士学位论文),中国科学技术大学,2010年。

郑克强、万一君、欧阳有旺:《江西建立覆盖全社会的公共文化服务体系》,南昌大学中国中部经济发展研究中心编,《2008年南昌大学中国中部经济发展研究中心学术年会暨中部区域发展与理论创新研讨会论文集》,南昌大学中国中部经济发展研究中心,2008年。

黄运涛:《构建公共体系 彰显服务本色 浅谈文化馆服务于新农村公共文化建设的职责履行》,见《中国民间文化艺术之乡建设与发展初探》,2010年。

鄂晶:《公共文化服务体系构建的现状与保障》,《文化研究论坛》,2011年。

李伟:《从两次设计实践看我国"多馆合一"类城市公共文化建筑》(硕士学位论文),同济大学,2007年。

周花:《公共文化视角下的农村生活方式转变》(硕士学位论文),四川省社会科学院,2007年。

许倩:《地方政府公共文化服务创新研究》(硕士学位论文),中央民族大学,2010年。

李文苑:《我国基本公共服务投入效率评价研究》(硕士学位论文),西北大学,2011年。

孙惠柱:《大都市的公共文化布局——纽约与上海市的比较》,上海市人民政府发展研究中心、上海师范大学都市文化研究中心、都市传播基金会(美国)、上海市高校都市文化E-研究院编,《都市文化与都市生活——上海、纽约都市文化国际学术研讨会论文集》,上海市人民政府发展研究中心、上海师范大学都市文化研究中心、都市传播基金会(美国)、上海市高校都市文化E-研究院,2008年。

陈亮:《论公共文化的基本特性》,《山东行政学院山东省经济管理干部学院学报》,2005(6):120-122。

赵立波、张素琴:《强化政府公共文化职能完善公共文化服务体系》,《青岛日报》,2008年4月19日。

高小康:《文化遗产的保护与公共文化服务》,中山大学中国非物质文化遗产研究中心编,《"非物质文化遗产保护视野下的传统戏剧研究"国际学术研讨会论文集(下)》,中山大学中国非物质文化遗产研究中心,2008年。

张峰涛、李明:《浅谈公共文化服务体系中的文化信息资源共享——关于太原市文化共享工程建设的几点思考》,《中国科教创新导刊》,2012(34):119-120。

范迪安:《以公众为中心,营造美术馆文化,加强公共文化服务——在"全国美术馆工作会议"上的发言》,《中国美术馆》,2007(7):54-57。

朱玉卿:《江苏:发挥全省公共文化设施优势 经营区域文化品牌》,《文化月刊》,2009(8):12。

朱玉卿:《深圳:以公共文化设施建设打造城市文化品牌》,《文化月刊》,2009(8):13。

石银、关俊华:《刍议公共文化服务体系建设的若干思考》,《学理论》,2009（27）:224-225。

陈觅:《论公共文化服务体系建设中的公民参与》,《中共青岛市委党校(青岛行政学院)学报》,2009（11）:39-42。

丁勇:《关于江苏构建公共文化服务体系的分析与思考》,《艺术百家》,2009（S2）:68-71,65。

郑建辉:《新公共服务理论下农村公共文化服务体系构建的路径——以福建省为例》,《郑州航空工业管理学院学报》(社会科学版),2010（1）:195-197。

邢晓舟:《关于博物馆和美术馆的功能及艺术评论的几点看法》,《上海艺术家》,2003（2）:25。

徐海静:《档案馆文化功能的社会实现》,《黑龙江省档案》,2007（2）:24-25。

姚新良:《对当代主流文化构建模式的思考》,《求索》,2007（11）:127-129。

杨团:《社区公共服务论析》,华夏出版社2002年版。

张春霞:《新疆基层反渗透的路径选择:健全公共文化服务体系》,《喀什师范学院学报》,2011（2）:1-5。

李真,刘小勇:《外溢性、公共产品与经济增长——基于空间面板模型的实证检验和效应分解》,《统计与信息论坛》,2012（10）:57-63。

贾旭东:《对提高公共文化服务评估科学性的思考》,《人民政协报》,2012年3月26日。

李君:《我市举行先进文化"六有"进寺庙全覆盖总结暨甘丹寺广播影视进寺庙开通仪式》,《拉萨晚报》,2012年4月11日。

王立平:《民族地区公益出版模式研究:以宁夏"文化图书进宗教场所"公益出版项目为个案》,《出版科学》,2012（2）:74-78。

张红娟:《我国公共文化投资对经济增长的作用分析》(硕士学位论文),兰州大学,2011年。

周光亮:《公共支出结构与经济增长的关联性研究——以山东省为例》,《经济问题》,2011（10）:41-44。

张良娟:《以创促建 四川全面提升公共文化服务格局》,《四川日报》,2013年11月14日。

蔡武:《国新办举行2013年文化改革发展情况和2014年重点工作新闻发布会》, http: //www.scio.gov.cn/ztk/xwfb/2014/gxbjh2013nwhggfzqkh2014n/30510/Document/1364582/1364582.htm。

郁鑫鹏:《江西: 公共文化服务走在春天里》, http: //news.jxgdw.com/jxxw/wh/2361310.html。

六、公共图书馆类

Veronica E.Nance-Mitchell、郭月珍:《创立多文化图书馆: 21世纪的战略决策》,《黄冈师范学院学报》,1998(2): 96-99。

柯平等:《公共图书馆的文化功能: 在社会公共文化服务体系中的作用》,上海交通大学出版社2010年版。

毕九江:《论社区图书馆的可持续发展》,《图书馆论坛》,2005(6): 74-76。

陈传夫、吴钢:《图书馆业态的变化与发展趋势"》,《中国图书馆学报》,2007(3): 5-14。

陈力:《公共服务中的图书馆服务》,《中国图书馆学报》,2006(1): 5-12。

陈鸣、谭梅:《当代西方国家公共文化服务制度改革中的若干问题》,《中国公共文化服务发展报告(2007)》,社会科学文献出版社2007年版。

陈瑞:《发挥省图书馆的中心作用——关于省级图书馆改革的几点思考》,《中国改革》,2000(7): 56-57。

尚庄:《从国家公共文化服务体系示范区(项目)创建看公共图书馆的发展路向》,《西北地区图书馆事业的创新与发展》,2012: 7。

贺咪娜、赵辉:《基层公共图书馆在农村公共文化服务体系建设中的作用——以渭南市临渭区图书馆为例》,《西北地区图书馆事业的创新与发展》,2012: 5。

李德戈:《拓展图书馆的服务功能 构建公共文化服务体系——构建公共文化服务体系专题研讨会暨2008年学术年会论文综述》,《图书馆学刊》,2009(2): 6-8。

姜海英、佟阿伟:《农村基层公共文化服务体系建设情况调查》,《图书馆学研究》,2009(11):64-66。

陈泰佐:《加强公共文化服务 积淀和谐社会文化底蕴——以鞍山市图书馆延伸公共文化服务为例》,《图书馆学刊》,2009(8):60-62。

陈威:《公共文化服务体系研究》,深圳报业集团出版社2006年版。

陈雪樵:《数字图书馆与文化共享工程》,中国环境科学出版社2008年版。

程焕文:《图书馆联盟——21世纪图书馆发展的大趋势》,《图书情报工作》,2004(7):5。

程小澜等:《省图书馆在公共图书馆服务体系中的定位与发展》,《国家图书馆学刊》,2007(3):6-11。

欧建华:《整合文化资源构建县级图书馆公共文化服务体系》,《图书馆理论与实践》,2011(1):97-99。

王清远:《基于公共文化服务体系建设的公共图书馆治理研究》(硕士学位论文),黑龙江大学,2010年。

史明明:《公共图书馆在公共文化服务体系构建中的作用》(硕士学位论文),湘潭大学,2011年。

程真:《论国家图书馆分层服务》,《国家图书馆学刊》,2006(1):2-6。

成都市图书馆:《21世纪中国公共图书馆发展与建设研究——第17届全国15城市公共图书馆工作研讨会论文集》,四川大学出版社2005年版。

崔凤雷、柯平:《将图书馆建设成未来的知识中心》,《高校图书馆工作》,2005(5):10-11,19。

崔钢:《"公共——社区图书馆"发展模式初探》,《图书馆杂志》,2002(12):47-48。

崔婷:《当代中西文化交流特点论析》,《理论学刊》,2006(7):112-113。

邓冰:《书中自有黄金屋——广西公共图书馆服务探索》,广西人民出版社,2007年版。

董莲玉:《公共图书馆在构建和谐社会中的角色定位及工作重

心》,《科技情报开发与经济》,2006(19):34-35。

董焱:《21世纪图书馆的主题形态——数字图书馆》,《图书馆杂志》,2000(2):10-13。

杜云:《谈公共图书馆的公益性》,《中国图书馆学报》,2005(1):92-94。

樊振佳:《我国公共图书馆与信息咨询公司"共生"的设想》,《图书馆建设》,2005(6):17-19。

范并思、胡小菁:《图书馆2.0:构建新的图书馆服务》,《大学图书馆学报》,2006(1):2-7。

范艳芬:《传统图书馆与数字图书馆关系定位》,《图书馆建设》,2003(4):5-6。

菲利普吉尔领导的工作小组代表公共图书馆专业委员会编:《公共图书馆服务发展指南》,林祖藻译,上海科学技术文献出版社2002年版。

冯建华:《中国图书馆离世界一流有多远?——国家图书馆馆长詹福瑞专访》,《国际人才交流》,2008(11):55-57。

付群:《学习型社会中公共图书馆功能的拓展》,《科技情报开发与经济》,2006(16):88-89。

高波等:《网络环境下我国图书馆信息资源共建共享现状调查报告》,《中国图书馆学报》,2001(4):48-52。

高文华:《做公共文化服务体系建设的柱石——省级公共图书馆"推动文化大发展"初探》,《图书馆建设》,2007(6):8-9。

郭斌:《创新、合作、发展、创新、合作与发展中的中小型公共图书馆》,解放军出版社2006年版。

宫平、杨溢:《开放存取环境下我国图书馆发展路径研究》,《图书馆建设》,2007(1):21-24。

顾敏:《千禧年初复合图书馆的服务及发展策略》,《图书情报工作》,2000(3):5-8。

韩军:《论公共文化服务体系的构建》,《党政干部论坛》,2008(1):16-17。

韩秀华:《我国城市社区图书馆面向弱势群体服务的策略研究》

（硕士学位论文），南开大学，2007年。

郝玉峰、王德恒：《中国公共图书馆可持续发展研究综述：问题与对策》，《图书馆工作与研究》，2002（3）：2-8。

贺子岳：《世纪之交中国图书馆事业发展研究综述》，《图书情报知识》，2002（3）：27-32。

胡昌斗：《图书馆品牌战略与策略》，《图书馆理论与实践》，2006（4）：13-14，34。

胡俊荣：《图书馆国际化的目标定位及实现措施》，《图书馆理论与实践》，2005（4）：14-16。

胡杨吉：《图书馆在信息社会中的逻辑定位》，《图书馆杂志》，2000（7）：5-7。

黄健荣：《公共管理新论》，社会科学文献出版社2005年版。

黄俊贵：《公共图书馆管理的前提是明确定位》，《新世纪图书馆》，2004（3）：3-5。

黄俊贵：《坚持理念导向，促进事业发展——珠江三角洲公共图书馆建设之回顾》，《国家图书馆学刊》，2002（1）：44-51。

黄宗忠、王晓燕：《论复合图书馆与图书馆发展趋向》，《图书馆学、信息科学、资料工作》，2003（1）：6-11，21。

黄宗忠：《论21世纪的虚拟图书馆与传统图书馆》，《图书馆理论与实践》，1998（1）：3-8。

黄宗忠：《论图书馆的新模式——复合图书馆》，《图书情报知识》，2002（3）：10-15，26。

黄宗忠：《服务是图书馆的永恒主题——兼评国外图书馆服务的新理念、新方法》，《图书馆论坛》，2005（12）：22-29。

计思诚：《知识经济时代的公共图书馆的定位》，《图书馆界》，2000（4）：15-18。

纪晓萍、王洋：《公共图书馆对城市文化发展的影响研究》，《图书馆学研究》，2007（9）：5-7。

贾旭东：《公共文化服务指数：思路、原理与指标体系》，《中国公共文化服务发展报告（2007）》，社会科学文献出版社2007年版。

姜东云：《应将图书馆定位为知识信息中心》，《理论探讨》，2003

(5):125-126。

蒋永福:《文化权利、公共文化服务体系与公共图书馆事业》,《国家图书馆学刊》,2007(4):16-20。

金明生:《影响中国图书馆事业未来发展的三个决定性因素》,《中国图书馆学报》,2003(4):44-46。

柯平、洪秋兰:《图书馆发展研究的新视角》,《国家图书馆学刊》,2007(4):6-11。

柯平、詹越:《基于群落生态原理的公共文化服务体系中公共图书馆定位研究》,《图书馆论坛》,2008(6):32-36。

柯平:《21世纪的图书馆员》,《图书馆建设》,2004(1):5-9。

柯平:《21世纪前半叶我国图书馆事业发展中的重大问题》,《图书馆工作与研究》,2006(3):2-7。

柯平:《当代图书馆服务的10个理念——新图书馆服务论之二》,《图书馆建设》,2006(4):1-5。

柯平:《当代图书馆服务的创新趋势》,《高校图书馆工作》,2008(2):1-7。

柯平:《图书馆服务理论探讨》,《大学图书馆学报》,2006(1):38-44。

柯平:《图书馆知识管理研究》,北京图书馆出版社2006年版。

柯平:《知识资源论——关于知识资源管理与图书馆学的研究对象》,《图书馆论坛》,2004(16):58-63,113。

孔青青:《城市公共图书馆延伸服务方法研究》(硕士学位论文),南开大学,2008年。

李春来:《公共图书馆在推进城市文化建设中的作用》,《国家图书馆学刊》,2006(1):37-39。

李东来等:《城市图书馆集群化管理研究与实践》,北京图书馆出版社2005年版。

李国新:《公共图书馆规划与建设标准解析》,国家图书馆出版社2009年版。

李国新:《公共图书馆'用地'与'建设'标准的性质、作用和特点》,《中国图书馆学报》,2009(1):4-10。

李国新:《我国公共图书馆事业进一步发展的突破口——县级图书馆的振兴与乡镇图书馆的模式》,《图书馆》,2005(6):1-5。

李若鹏:《简析公共空间论的理论价值》,《新世纪图书馆》,2007(4):20-22。

李少惠:《公共文化服务体系建设的主体构成及其功能分析》,《社科纵横》,2007(2):37-39。

李婷:《延伸图书馆公益服务,构建社会公共文化服务体系》,《图书馆》,2007(5):66-68。

李小玲:《谈乡镇图书馆的功能定位》,《图书馆》,2007(1):114-115。

李晓新:《我国公共图书馆可持续发展中的功能设计》,《图书馆理论与实践》,2005(1):83-87。

李修玲:《公共图书馆开展弱势群体服务的社会功能分析》,《科技情报开发与经济》,2007(13):24-25。

李煦:《论图书馆为社会弱势群体提供公益性知识服务》,《图书馆》,2008(1):78-80。

李雅丽:《论公共图书馆在构建社会主义和谐社会中的作用及其实现途径》,《科技情报开发与经济》,2008(3):48-50。

李益婷:《公共图书馆阅读文化领导权研究》(硕士学位论文),南开大学,2008年。

李玉梅:《基于新阅读形式下公共图书馆服务的思考》,《图书馆工作与研究》,2008(3):70-73。

李昭醇:《公共图书馆为弱势群体服务的思考》,《图书馆论坛》,2002(5)。

李正祥、彭昊:《是过渡,还是定位——关于复合图书馆发展之思考》,《情报资料工作》,2003(1):44-47。

李忠昊、王嘉陵:《四川省公共图书馆现状分析和发展战略》,北京图书馆出版社2007年版。

凌美秀:《网络环境中图书馆功能的演变及其定位》,《图书情报知识》,2002(2):28-30。

刘晨:《Google解读及对图书馆的应对思考》,《中国图书馆学报》,

2007（4）：88-90。

刘福贵：《21世纪图书馆与图书馆员的定位》，《图书馆论坛》，1999（4）：19-21,36。

刘洪辉：《现代化进程中的城市图书馆建设》，《第十八届全国十五城市公共图书馆工作研讨会论文集》，中山大学出版社2006年版。

刘洪辉主编：《公共图书馆建设与服务：广州市图书馆专业人才高级研修班论文集》，中山大学出版社2007年版。

刘丽团：《广东省公共图书馆发展现状分析及前景预测》（硕士学位论文），暨南大学，2007年。

刘炜、葛秋妍：《从Web2.0到图书馆2.0：服务因用户而变》，《现代图书情报技术》，2006（9）：8-12。

卢子博：《关于中国图书馆事业未来发展走向的几个问题》，《中国图书馆学报》，2002（2）：14-18。

卢子博：《乡镇图书馆工作》，北京图书馆出版社2000年版。

罗争玉：《文化事业的改革与发展》，人民出版社2006年版。

马涛：《城市公共图书馆功能拓展的设想》，《中国城市经济》，2007（3）：56-57。

潘寅生：《公共图书馆发展动因探析》，《图书馆论坛》，2007（6）：18-20。

潘拥军：《刍议城市公共图书馆的文化休闲功能》，《图书馆论坛》，2007（3）：16-18。

浦树柔：《做强公共文化服务》，《瞭望》，2007（28）：28。

邱冠华、于良芝、许晓霞：《覆盖全社会的公共图书馆服务体系：模式、技术支撑与方案》，北京图书馆出版社2008年版。

曲晓玮：《现代公共图书馆馆员的角色定位》，《图书馆论坛》，2000（6）：16-18。

沈丽英：《新时期省级公共图书馆的职能转换》，《图书馆建设与实践》，2005（2）：85-86。

石焕发：《公共图书馆拓展服务功能的探讨与实践》，《中国图书馆学报》，2005（4）：88-91。

石惠侠、谢林：《网络环境下公共图书馆的职能定位：价值取向及发展原则》,《图书与情报》,2000（1）:29-32。

石维彩:《论图书馆价值定位》,《图书与情报》,1998（4）:21-23。

史吉祥:《博物馆在现代社会中的功能》,《中国文化遗产》,2005（4）:15-18。

舒文颖、肖文建:《图书、情报、档案管理一体化制约因素分析与对策》,《情报资料工作》,2006（4）:28-31。

束漫:《公共图书馆服务研究》,国家图书馆出版社2009年版。

宋萍:《公共图书馆功能的拓展——文化休闲》,《图书馆理论与实践》,2006（4）:90-91。

苏海燕:《我国信息化进程中公共图书馆的历史职能》（硕士学位论文）,河北大学,2006年。

苏蓉晖:《公共文化服务体系中图书馆的发展》,《文史博览》,2007（9）:42-43。

孙杰:《论21世纪中国图书馆分层定位发展战略——基于知识经济、网络和虚拟环境的思考》,《情报杂志》,2001（12）:2-6。

孙丽文等:《公共空间论图书馆社会职能的新定位》,《图书馆工作与研究》,2007（2）:21-22。

谭丹丹:《Web2.0环境下公共图书馆网站服务功能创新研究》（硕士学位论文）,南开大学,2008年。

滕聿峰:《图书馆的先进文化建设初探》,《图书馆杂志》,2005（6）:21-22,25。

图书馆2.0工作室:《图书馆2.0:升级你的服务》,北京图书馆出版社2008年版。

王爱丽:《城市文化与图书馆的互动效应》,《大学图书情报学刊》,2007（2）:12-15。

王岗、徐黎:《浅论公共图书馆的发展模式》,《图书馆理论与实践》,2000（5）:34-35。

王浩:《社会主义新农村建设中农村公共文化服务体系研究》（硕士学位论文）,湖南师范大学,2008年。

王力丁、王鸿春、马仲良:《国外公共服务研究》,同心出版社,2009年版。

王丽丽:《文化生态平衡刍议》,《语文学刊》.2005(6):31-32。

王流芳、徐美莲:《社区图书馆的理论与实践》,中国民族摄影艺术出版社2002年版。

王日花:《图书馆服务补救管理体系的构建研究》(硕士学位论文),南开大学2008年。

王世伟:《当代城市图书馆的定位与图书馆建筑的软设计》,《图书馆论坛》,2008(6):237-239。

王世伟:《城市图书馆公共文化服务体系论丛》,上海社会科学院出版社2008年版。

王世伟:《城市中心图书馆发展若干问题研究》,《图书情报工作》,2009(1):10-14,41。

王世伟:《世界著名城市图书馆述略》,上海科学技术文献出版社2006年版。

王筱雯:《以知识援助构建公共图书馆的弱势群体服务体系》,《图书与情报》,2006(2):29-32。

王秀亮、夏跃军:《图书馆与现代公共文化服务体系建设》,《山东省图书馆学会第十三次科学讨论会论文集》,2006年。

王雅琴:《图书馆与城市文化建设》,《图书馆工作与研究》,2007(4):59-61。

王玉波:《国外图书馆社区服务的进展研究》,《图书馆》,2008(5):55-56,79。

王玉华、钟淑洁:《和谐社会需要和谐文化生态》,《科学社会主义》,2007(5):76-79。

韦劲:《试论知识经济下公共图书馆信息功能转型及定位》,《图书馆工作》,2002(1):5-6。

文化部计划财务司:《中国文化文物统计年鉴2004》,北京图书馆出版社2004年版。

吴谷:《建造一座儿童的乐园:论新世纪少年儿童图书馆的定位》,《图书馆建设》,2003(4):104-105。

吴慧珍:《拓展博物馆教育功能之我见》,《博物馆研究》,2006(4):7-12。

吴建中:《战略思考——图书馆发展十大热门话题》,上海科学技术文献出版社2002年版。

吴建中:《21世纪图书馆新论》,上海科学技术文献出版社2003年版。

吴建中:《图书馆走向国际化的思考》,《图书馆建设》,2003(1):1-3。

吴建中:《图书馆 VS 机构库——图书馆战略发展的再思考》,《中国图书馆学报》,2004(5):5-8。

吴建中:《公共图书馆发展战略思考》,北京图书馆出版社2007年版。

吴慰慈、董焱:《图书馆学概论》(修订本),北京出版社2002年版。

武英杰、宣姝:《论新形势下公共图书馆文化功能的拓展》,《现代情报》,2002(12):13-14。

肖永英、潘妙辉:《美国公共图书馆社区信息服务的发展及其启示》,《图书馆论坛》,2003(12):178-181。

肖永英、谭英、庞蓓:《我国公共图书馆社区信息服务研究的回顾和展望》,《图书情报工作》,2004(10):55-59。

徐苇、盛芳芳:《农村图书馆:中国图书馆事业发展中难解的一个结》,《图书馆论坛》,2004(10):24。

徐引篪、霍国庆:《现代图书馆学理论》,北京图书馆出版社1999年版。

许建业:《公共文化服务体系构建中的图书馆发展路向——兼论新公共文化服务理论对图书馆事业改革的启示》,《国家图书馆学刊》,2006(3):44-48。

许轫:《公共图书馆品牌发展研究》,《科技创新导报》,2007(33):254,256。

杨之光:《图书馆与出版社合作的可行性分析与研究》,《图书馆工作与研究》,2007(3):31-32。

杨之光:《乡镇图书馆服务模式探究》,《图书与情报》,2007(5):123-125。

杨之音、赵闯:《省级公共图书馆公共决策服务现状调查分析》,

《图书馆学研究》,2007（7）:66-69。

英国图书馆,李忠霞编译:《英国图书馆2005～2008年战略规划》,《图书情报工作动态》,2006（9）:1-8。

尹静:《省级公共图书馆在公共文化服务体系中的功能定位研究》（硕士学位论文）,南开大学,2008年。

于良芝、李晓新、王德恒:《拓展社会的公共信息空间:21世纪中国公共图书馆可持续发展模式》,科学出版社2004年版。

于良芝、陆行素、郝玉峰:《从信息政治经济学视角看公共图书馆发展的社会环境》,《中国图书馆学报》,2002（4）:40-44。

于良芝:《建立覆盖全社会的公共图书馆服务体系》,《图书与情报》,2007（5）:23-24。

于良芝:《科学发展观语境下的文化、公共文化及公共图书馆》,《图书馆建设》,2007（6）:5-6。

袁琳、郭韫丽:《走进社区延伸服务——我国公共图书馆社区信息服务调查研究》,《图书馆》,2008（3）:24-25,47。

詹越:《公共文化服务体系中公共图书馆地位及其作用探讨》,《图书馆论坛》,2008（8）:20-23。

张春燕:《公共图书馆在公共文化服务体系中的位置》,《经济与社会发展》,2007（4）:162-164。

张广钦:《国外公共图书馆建设标准与规范概览》,国家图书馆出版社2009年版。

张军营:《试论村级图书馆的定位和发展》,《新世纪图书馆》,2003（4）:74-76。

张俊玲:《面向'信息弱势群体'的公共图书馆人文关怀》,《图书馆》,2007（6）:68-69。

张丽:《论图书馆在城市文化建设中的作用》,《图书馆理论与实践》,2006（6）:21-22。

张乃清:《都市区级公共图书馆信息服务定位和战略》,《图书馆建设》,2006（3）:77-78,80。

张彤:《国内外城市社区图书馆发展现状的比较与思考》,《图书馆工作与研究》,2006（5）:15-17。

张晓林:《重新定位研究图书馆的形态、功能和职责》,《图书情报工作》,2006(12):5-10。

张欣毅:《宁夏新农村公共文化服务管理体制调研报告》,《图书馆理论与实践》,2007(6):102-106。

张正等:《城市发展与公共图书馆的互动关系——基于广州的实例分析》,《图书馆杂志》,2005(7):31-35。

赵佩纯:《应加强公共图书馆的文化娱乐功能》,《图书馆》,2005(6):60-63。

赵益民、詹越、柯平:《基于生态竞争的公共图书馆定位研究》,《国家图书馆学刊》,2008(4):35-39。

浙江省图书馆学会:《公共文化服务与图书馆实践的创新:浙江省图书馆学会第十次学术研讨会论文集》,杭州出版社2006年版。

中国图书馆学学会:《中国图书馆年度发展报告2007》,北京图书馆出版社2008年版。

钟琼、孙爱媛:《公共图书馆与公共文化服务体系建设》,《桂林师范高等专科学校学报》,2007(3):150-152。

朱洪涛:《区级图书馆的改革和发展》,《图书馆建设》,2002(6):96-97。

中华人民共和国住房和城市建设部、中华人民共和国发展与改革委员会、中华人民共和国文化部:《(建标[2005]19号)公共图书馆建设标准》,中国计划出版社2008年版。

祝丽君:《西部县级公共图书馆发展战略研究》,电子科技大学出版社2008年版。

邹婉芬:《构建阅读社会:图书馆的使命与对策》,《图书情报工作》,2007(3):113-116。

许建业:《公共文化服务体系建构中的图书馆发展路向——兼论新公共服务理论对图书馆事业改革的启示》,《国家图书馆学刊》,2006(3):44-48。

蒋永福:《文化权利、公共文化服务体系与公共图书馆事业》,《国家图书馆学刊》,2007(4):16-20。

李婷:《延伸图书馆公益服务,构建社会公共文化服务体系》,《图书馆》,2007（5）:66-68。

柯平、詹越:《基于群落生态原理的公共文化服务体系中公共图书馆定位研究》,《图书馆论坛》,2008（6）:32-36。

王世伟:《关于加强图书馆公共文化服务体系结构与布局的若干思考》,《图书馆》,2008（2）:5-7。

詹越:《公共文化服务体系中公共图书馆地位及作用探讨》,《图书馆论坛》,2008（4）:20-23。

柯平、尹静:《省级公共图书馆在公共文化服务体系中的功能定位》,《国家图书馆学刊》,2008（4）:40-45。

赵晶莹:《论大学图书馆在公共文化服务体系中的定位》,《图书与情报》,2011（3）:61-65。

周林兴、王婷婷:《基于公共文化服务体系建设的档案信息资源规划研究》,《档案学通讯》,2012（2）:83-87。

王瑞英:《公共文化服务体系中公共图书馆的服务定位》,《图书与情报》,2009（5）:122-126。

王彩云:《论高校图书馆与公共文化服务体系的构建》,《图书馆工作与研究》,2010（1）:26-29。

张春燕:《公共图书馆在公共文化服务体系中的位置》,《经济与社会发展》,2007（4）:162-164。

刘笑梅:《图书馆与公共文化服务体系的构建》,《四川图书馆学报》,2008（6）:6-8。

柯平、洪秋兰、孙情情:《公共文化服务体系中的图书馆与社会合作实证研究》,《图书情报工作》,2009（17）:8-12。

王芬林:《新农村公共文化服务体系建设探析》,《图书馆工作与研究》,2009（12）:20-22。

王艳:《公共文化服务体系中的县级公共图书馆发展研究》,《图书与情报》,2010（1）:124-126。

李国新:《公共文化服务体系建设中的图书馆》,《图书馆研究与工作》,2010（3）:5-11。

赵晶莹:《论大学图书馆在公共文化服务体系中的定位》,《图书与情报》,2011（3）:61-65。

龙军、吴丽娟、蒋文晖:《构建高校图书馆公共文化服务体系的思考》,《当代图书馆》,2011(1):24-26。

周月莲、魏闻潇、李波、张海涛:《公共文化服务体系建设中图书馆创新发展策略探讨》,《图书馆工作与研究》,2011(5):28-31。

周林兴:《公共文化服务体系建设进程中的公共档案馆职责研究》,《档案学研究》,2011(5):49-52。

程应红:《论公共图书馆在公共文化服务体系中的作用》,《高校图书馆工作》,2009(3):72-73,92。

张静、李书灿:《基于和谐文化建设的图书馆公共文化服务体系探析》,《图书馆论坛》,2009(2):5-8。

杨克香:《延伸高校图书馆的服务范围,构建公共文化服务体系》,《农业图书情报学刊》,2009(12):224-226。

李璞、黄春红:《浅谈公共文化服务体系中的公共图书馆》,《四川图书馆学报》,2010(1):15-18。

郭桂英:《公共图书馆在公共文化服务体系建设中的创新与发展》,《河北科技图苑》,2008(5):61-63,69。

杜香:《农村公共文化服务体系中的图书馆服务》,《农业网络信息》,2008(10):61-63。

陈滟:《挖掘历史文化名城文化内涵 提升县级公共文化服务能力——提升巍山县图书馆公共文化服务能力的途径思考》,《科技致富向导》,2012(11):324-326。

常青、周乐、刘溪:《城市公共文化设施规划建设的思考——以北京朝阳区公共图书馆、文化馆为例》,中国城市规划学会、南京市政府,《转型与重构——2011中国城市规划年会论文集》,中国城市规划学会、南京市政府,2011年。

段成荣、谭砢:《城市公共文化设施规划研究——宁波城市新区公共文化设施规划案例》,《人口研究》,2002(6):55-62。

王清远:《基于公共文化服务体系建设的公共图书馆治理研究》(硕士学位论文),黑龙江大学,2010年。

高青:《如何增强公共图书馆在公共文化服务体系建设中的作用》,《现代企业教育》,2009(10):165-166。

王丹:《浅论公共图书馆在构建公共文化服务体系中的基本原则》,《新课程学习(中学)》,2009(3):49。